教师专业知识发展研究

马云鹏 赵冬臣 等◎著

JIAOSHI
ZHUANYE ZHISHI
FAZHAN YANJIU

教育科学出版社
·北京·

前　言

作为师范院校的教师，教师教育是我们从事教学、研究始终关注的话题。特别是师范院校从事课程与教学论教学、研究的教师，广义来讲都是在做教师教育。然而，我们把研究聚焦于教师专业知识是从2008年开始的。

2008年，东北师范大学承担了教育部师范教育司专项课题“提高中小学教师队伍质量研究”（教师司〔2008〕23号）。作为课题的一部分，我们按照课题研究的目标对初中语文、数学、英语三个学科的在职教师和师范院校的师范生的专业知识状况进行了调查研究，并系统梳理了国内外教师的专业素养，特别是教师专业知识的研究进展、理论和方法，以建立教师专业知识研究的基本框架。

国际上对教师专业知识通行的提法是“teacher knowledge”，英语相关文献中一般采用的也是“teacher knowledge”，可译为“教师知识”，许多研究也用“教师知识”这样的表述。但为了与国内教师专业素养研究相一致，我们采用了国内一般的提法，即教师专业知识。

我们的目标是对教师专业知识进行实证研究，取得第一手数据资料。国内外有关教师专业素养的研究，尽管分析的维度和所包含的要素有所不同，但都包含一些共同的要素，如教师专业精神、教师专业知识和教师专业能力。因此，研究教师专业素养问题也大致从这三个维度展开。按照对教师专业素养的理解，我们确定一些共同的或相似的框架来分析，进而为提升教师专业素养采取有效措施。在教师专业知识这个维度中，我们采取量化研究的方法，吸收国内外有关教师专业知识研究的成果和框架，特别是美国学者舒尔曼

(L. S. Shulman) 等关于教师知识的观点，从四个方面对教师专业知识的发展进行了系统的调查研究，即教师的学科知识、教育学知识、课程知识和学科教学知识 (pedagogical content knowledge, PCK)。按照这一研究框架，我们针对初中语文、数学和英语三个学科开发了面向师范生和在职教师的测查问卷，选择部属和省属师范院校的1144名本科生、东北三省8所中学的421名教师进行了测查，测查结果呈现了师范生和在职教师的各类专业知识所表现的特征以及不同类型师范院校师范生的各类专业知识之间的差异。调查研究取得的成果对课题研究起到了重要的支撑作用，并作为课题研究成果之一在相关的成果中集中发表①。

课题的研究过程和所取得的成果引发了研究团队对教师专业知识的进一步思考和研究。我们越来越深刻地意识到，教师专业知识研究与教师教育问题研究，乃至与基础教育相关领域的研究有着密切关系，这包括不同阶段、不同学科教师自身的成长，教师的职前职后培养，教师专业素养与课程改革、学校改进、教育评价等领域的关系。沿着这样的思路，研究团队从不同角度分析研究数据，阐述了教师专业知识与不同领域问题的关系，分析了教师专业知识发展以及教师专业知识与基础教育课程、学校改革、教师培养等的关系，发表了一系列研究成果。在此基础上，研究团队又将研究拓展到小学、初中和高中的不同学科。到2016年年底，本研究已经对小学、初中和高中14个学科的教师专业知识状况进行了系统研究，形成了系列研究成果。这些研究成果一方面使我们系统深入地了解了我国中小学各阶段、各学科教师的专业知识状况，另一方面为深入研究教师专业成长过程及与教师专业发展相关的问题提供了有力的支撑和分析问题的依据。

为集中展示上述研究过程和成果，我们将研究的相关理论、方法、工具和成果进行整理，汇集成书，为教育理论研究者提供资源，也为教育实践工作者提供参考。本书分为三个部分展示这方面的研究。

第一部分是教师专业知识的理论研究和工具开发，重点阐述有关教师专

① 史宁中. 中学教师培养质量：标准、现状与对策 [M]. 长春：东北师范大学出版社，2008.

业素养和教师专业知识的理论观点与研究方法，形成本研究的理论框架，重点介绍研究开发的测查问卷结构框架的确定、项目的选择、问卷形成试测的过程和数据分析等。

第二部分是各阶段不同学科教师专业知识研究，展示了语文、数学、英语、理科（物理、化学和生物）、体育和信息技术等学科小学、初中和高中各阶段教师专业知识的发展状况及特征，包括不同阶段各学科教师专业发展状况测量工具的开发、实际测查过程以及测查结果的分析，以此为基础，详细分析了各学科教师专业知识发展的状况、特征、存在的问题，以及改进教师职前职后教育、提高教师专业素养的策略。

第三部分是有关教师专业知识研究成果对相关领域问题的作用与启示的分析，包括教师专业知识与职前教师教育改革、教师专业知识与在职教师培训等。

本书的导论与第一、二章的理论研究和工具开发统整全书内容，其他各章内容相对独立。读者既可以按各章呈现的顺序阅读本书，也可以根据自己的专业选择相关学段和学科的内容阅读。书后的附录是课题组在研究过程中所运用的各阶段各学科的教师专业知识问卷，以供同行选择运用，做进一步研究。

本书所呈现的内容大多为第一次发表，也有部分已在报刊或文集中发表。无论是否发表过，在形成本书时都按本书的要求进行了重新整理，增加了新的内容。本书附录提供的课题组在研究中所运用的问卷，大部分保持了原来研究的结构和内容，个别问卷在文字上做了一定修改。

本书各章节作者如下：导论由马云鹏（东北师范大学教育学部教授）撰写；第一、二章由赵冬臣（哈尔滨师范大学教育科学学院副教授）撰写；第三章第一、二节由李广（东北师范大学教育学部教授）撰写，第三、四、五节由宋祥（东北师范大学文学院教授）撰写；第四章第一、三、四、五节由韩继伟（东北师范大学数学与统计学院教授）撰写，第二节由丁锐（东北师范大学教育学部副教授）撰写；第五章第一、三节由赵晓光（吉林师范大学教育科学学院副教授）撰写，第二节由张冠群（深圳市螺岭外国语实验学校中学高级教师）撰写，第四、五节由刘丽艳（东北师范大学外国语学院教授）撰写；第六章第一节由侯恕（东北师范大学物理学院副教授）撰写，第二、四节由王秀红（东北师范大学化学学院教授）撰写，第三节由王永胜（东北师范大学生命科学学院教授）撰写；第七章第一节由柴娇（东北师范大学体育科学学院教授）撰写，第二节由张燕（新疆师范大学教育科学学院副教授）撰写；第八章由解书（东北师范大学教育学部副教授）撰写；第九章由孙兴华（东北师范大学教育学部副教授）撰写。

本书的出版是集体智慧的结晶。感谢参与本研究的所有老师和研究生，他们大多为东北师范大学教师，还有一些是曾经在东北师范大学攻读硕士、博士，取得学位后到其他院校任职的教师。除上述参与各章节内容写作的老师外，还有许多东北师范大学的教师和研究生，以及国内其他师范院校的教师、参与测量的师范院校和中小学校的师生给予了我们大力支持。

对教育科学出版社为本书的出版给予的大力支持，对韩敬波主任为本书的出版所做的周到细致的安排表示感谢。

对北京师范大学教师教育研究所宋萑教授在审阅书稿时提出的宝贵意见、建议表示感谢。

希望本书的出版为教师教育研究，特别是为教师专业知识研究提供一些有益的思考，同时也希望得到教师教育同行的关注和指导。

目　　录

导　论

教师是提高教育质量的关键因素，任何教育改革的实施都离不开教师，任何国家和地区在推进教育改革和提升教育质量的过程中也都把教师的参与和教师质量的提升作为重要的因素来看待。作为教育者，教师直接影响着教育对象的成长；作为学习者和研究者，教师自身的专业水平和专业发展受到普遍关注。有关教师教育的研究并不是一个新话题，但是 20 世纪 90 年代以来，在世界范围内的教育改革特别是课程改革的推动下，教师专业发展成为普遍关注的话题。而在教师专业发展的研究中，教师专业知识成为研究的一个重点范畴。教师专业知识是教师专业发展的重要组成部分，是教师专业发展中最活跃的要素，对教师专业知识的研究更适合用实证的方法进行探索。

一、研究背景

20 世纪后半叶，随着全球化趋势的加剧，知识经济日益显现，新一轮国际竞争越来越激烈，各国都将教育摆在提高国家竞争力的战略位置。1983 年，美国发表了《国家处在危险中：教育改革势在必行》的报告，引发了新一轮以提高教育质量为宗旨的教育改革。全美教学与未来委员会在 1996 年的报告《什么最重要：为美国未来而教》中指出，致力于零碎的改革并不能彻底改变美国过去僵化的教育体系，专家型教师是学校中决定学生学业成就的关键因素。2002 年，英国出版的《世界教育年鉴》以“教师教育：困境与前景”为标题，凸显对教师教育的重视。2005 年 6 月，经济合作与发展组织发表了题为《教师问题：吸引、发展和留住优秀教师》的报告。2002—2007

年，美国教育部每年向国会递交《迎接优质教师的挑战：关于教师质量的部长年度报告》，指出“教师质量是学生学业成就的关键。在这个全球经济竞争的时代，教师改善学生学业成就的认识与行动是保持国家经济增长最重要的方面之一。”可见，教师质量的提升是教育质量提升的关键，通过提升教师质量，来提高学生学业成就的水平、促进学校教育质量的改善。为有效提升教师质量，深入研究教师专业素养的结构与专业发展的特征，了解教师专业素质的状况，对于教育行政部门、教师教育机构以及教师本人的专业发展都具有重要的指导意义。

我国2001年开始实施义务教育阶段课程改革，2004年开始实施普通高中阶段课程改革，改革针对基础教育课程与教学存在的问题提出了许多新的理念与目标，对义务教育阶段和普通高中阶段的课程目标、内容结构、教学方法、评价方式和管理模式等进行了系统、全面的改革。新一轮基础教育课程方案的公布与实施，对基础教育改革产生了很大的影响，对基础教育的学校和教师也提出了新的挑战。有研究表明，教师在实施课程改革时遇到许多新的问题，教师队伍的状况在很大程度上制约着基础教育课程改革的实施，而教师对课程的理解和他们在实施过程中的行动直接影响着课程实施的效果。同时，从1999年开始的高校扩招，一方面在某种程度上缓解了民众上大学的压力，另一方面也使得社会对优质基础教育，特别是优质高中教育的需求扩大，向基础教育阶段教师的数量和质量的提升提出了新的问题。《国家中长期教育改革和发展规划纲要（2010—2020年）》明确提出：“到2020年，普及高中阶段教育，满足初中毕业生接受高中阶段教育需求。”这对适配教师队伍及教师培养和培训工作提出了新的要求和挑战。因而，提高基础教育质量的关键是教师教育的跟进与质量的提升。为适应基础教育课程改革，各级教育行政部门和教师培养与培训机构进行了不同层次的大规模的中小学教师培训，对提升教师质量起到了一定的作用。然而，如何更加科学有效地开展教师的培养与培训，需要对教师专业发展状况进行系统的研究，对教师专业素养的结构进行科学的分析，在此基础上，才能制定和实施有针对性的、可持续性的教师专业发展规划，切实有效地提升教师质量。

二、研究的理论基础

20 世纪 60 年代后期，受行为主义心理学派思想的影响，教学研究集中于教师行为而不是教师知识与信念。这些研究主要采用教师的一系列可观察行为和技巧来刻画教学，然后研究教师行为与学生学习的关系。到 70 年代前期，教学研究发生了很大转变，对教师认知的研究快速增长。自维特罗克（M. C. Wittrock）的《教学研究手册》发表以来，教师知识成了教育研究中的一个焦点问题。促成教学研究焦点发生转变的因素主要有两个：一个是认知心理学的发展。心理学家开始接受这样的观点：人能够建构他们自己的世界，并用自己独特的方式对现实产生反应。这使得心理学家开始对知识、思维与行为之间的相互影响产生兴趣。这些有关人类一般认知活动的研究为人们研究教学活动提供了新的理论和方法，直接促进了教师认知的研究。① 另一个是对已有教师行为研究的不满。只从行为和技巧的角度去研究教学会使很多教学技能无法解释。以过程—结果（process-product）为范式的研究常常是以系统观察的进度表来测量课堂互动，并把这些行为与学生的学习结果联系起来。然而，这些研究似乎没有对教学产生太大的推动作用。有些研究所得出的结论甚至被批评为是非常明显的无关紧要的结论②，而且这些研究经常产生一些矛盾的结果或结论③。与此同时，一些研究开始强调教学的复杂性和教师自身的理解对他们教学工作的重要贡献，如杰克逊（P. W. Jackson）④、史密斯（L. M. Smith）和杰弗里（W. Geoffrey）⑤。也有一些研究表明，对教

---

① Calderhead J. Teachers：beliefs and knowledge [M] //Berliner D C，Calfee R C. Handbook of educational psychology. New York：Simon & Schuster Macmillan，1996：709-725.

② McNamara D R. Attention，time-on-task and children's learning：research or ideology? [J]. Journal of Education for Teaching，1981，7 (3)：284-297.

③ Dunkin M J，Biddle B. The study of teaching [M]. New York：Holt，Rinehart and Winston，1974：11-16.

④ Jackson P W. Life in classrooms [M]. New York：Holt，Rinehart & Winston，1968.

⑤ Smith L M，Geoffrey W. The complexities of an urban classroom：an analysis toward a general theory of teaching [M]. New York：Holt，Rinehart & Winston，1968.

师课堂行为的训练离不开认知的过程①。瓦格纳（A. C. Wagner）比较了两种教师训练方法的差异②：一种是微格教学（microteaching）训练方法，让职前教师学习怎样使用教学技巧；另一种是认知识别（cognitive-discrimination）训练方法，教师在适当的时候学习技巧但并不进行实践。结果发现，认知识别训练方法的效果要比微格教学训练方法的效果好。格列斯曼（D. Gliessman）、皮尤（R. C. Pugh）和毕来特（B. Bielat）等人也得出了类似的研究结论③。这些研究促使教学研究的焦点由教师行为转向教师认知。

当对教学的研究从教师行为转向教师认知后，人们并不是直接就进入了教师知识的研究，教师知识的研究是教师认知研究发展过程中的一个阶段。对于教师认知研究的历史，考尔德黑德（J. Calderhead）做过如下概述④。具体来讲，教师认知研究大致经历三个历史阶段。教师认知研究的第一个阶段主要研究的是教师决策。教师决策被看成联系思维和行为之间的纽带，于是研究者用各种方法探讨教师所使用的决策，以及这些决策对教学结果的影响。然而，研究者很快就意识到教师决策的概念在解释教师心理活动方面有很大的局限性，更多的教师认知活动无法用教师决策来解释。这样一来，教师认知研究就由教师决策迅速扩大到感知、思维、判断、反思、评价等方面，这便是教师认知研究的第二个阶段。教师认知研究的第三个阶段开始进行教师教学实践背后的知识与信念的研究，在此我们重点介绍教师知识的研究。

（一）教师知识研究中的两种范式

布鲁纳（J. S. Bruner）提出思维有两种基本的模式：范式性的（paradig-

---

① Carter K. The teachers' knowledge and learning to teach [M] //Houston W R. Handbook of research on teacher education. New York: Macmillan, 1990: 291-310.

② Wagner A C. Changing teacher behavior: a comparison of microteaching and cognitive discrimination training [J]. Journal of Educational Psychology, 1973, 64 (3): 299-305.

③ Gliessman D, Pugh R C, Bielat B. Acquiring teaching skills through concept-based training [J]. The Journal of Educational Research, 1979, 72 (3): 49-154.

④ Calderhead J. Teachers: beliefs and knowledge [M] //Berliner D C, Calfee R C. Handbook of educational psychology. New York: Simon & Schuster Macmillan, 1996: 709-725.

matic）和叙述性的（narrative）。[①] 格罗斯曼（P. L. Grossman）、芒比（H. Munby）、拉塞尔（T. Russell）、马丁（A. K. Martin）从这个思想出发，提出在教师知识的研究中，对于什么是专业知识以及怎样概念化知识等基本问题的看法也存在着上述两种不同的取向。芒比、拉塞尔和马丁将这两种不同的取向称为教师知识研究中的一个基础性张力[②]。格罗斯曼与芒比、拉塞尔、马丁虽然在一些基本概念（如认知者、被认知者、知识、经验、教学活动等）上的取向是截然不同的，但他们都认为这两种范式在教师知识的研究中非常重要，只有同时使用这两种思维方式，才能对教师知识的研究及其发展有一个更为全面、完整的理解。

范式性思维方式强调适用于很大范围的一般性法则与原理，自然科学知识通常都是以范式性思维方式来描述的。以范式性思维方式为指导的教师知识研究将教师知识划分为抽象的、独立的类别[③]，如学科知识、学科教学知识、课程知识等，然后分别加以研究。这类研究将教师知识用命题的方式表达出来，比如人们可以自由地谈论教学的知识基础，这种知识既包括一些格言，也包括一些从课堂研究中得出的发现，是从理论的角度、命题式的立场来理解教师知识的。在这类研究中，对教师知识的分类千差万别。对于教师知识的不同分类方式，博尔克（H. Borko）和帕特南（R. Putnam）曾经指出，人们对知识所做的分类并不代表知识在人脑中实际的存储方式，这种知识的划分方式只不过是帮助我们思考教师知识的启发装置。也就是说，实际上教师头脑中的知识并不是抽象的、孤立的、离散的，而是各种类型的知识复杂地交织在一起。[④] 因此，研究教师知识不能被教师知识的分类法所限制。

---

① Bruner J. Narrative and paradigmatic modes of thought [M] //Eisner E. Learning and teaching the ways of knowing. Chicago: University of Chicago Press, 1985: 97-115.

② Munby H, Russell T, Martin A K. Teachers' knowledge and how it develops [M] //Richardson V. Handbook of research on teaching, 4th ed. Washington, D. C.: American Educational Research Association, 2001: 877-904.

③ Borko H, Putnam R. Learning to teach [M] //Berliner D C, Calfee R C. Handbook of educational psychology. New York: Macmillan, 1996: 673-708.

④ 同③.

叙述性思维方式的研究者反对一般性知识的思想，他们认为，教师知识是内在的、个人的，非常依赖某一特殊课堂的独特背景，教师也经常用逸事、故事等叙述性的方式去表达或交流他们的知识。这类研究关注的是教师从课堂实践中所获得的具有个人特点和背景印记的教学知识。对教师来讲，叙述性思维可能来得比范式性思维更自然。这类教师知识研究有不同的提法，格里梅特（P. P. Grimmett）和麦金农（A. M. MacKinnon）用技艺知识（craft knowledge），舍恩（D. A. Schön）用行动中的知识（knowledge-in-action），莱因哈特（G. Leinhardt）用情境知识（situated knowledge），卡特（K. Carter）和多伊尔（W. Doyle）用以事件为结构的知识（event-structured knowledge），康内利（F. M. Connelly）和柯兰迪宁（D. J. Clandinin）用个人实践知识（personal practical knowledge）。

可见，两种范式对教师知识的理解有很大差别。这种差别不仅是对概念理解上的不同，对于教师知识的研究也会产生不同的取向和方式。我们的研究倾向于采用第一种范式理解教师知识，一方面由于这种理解清楚地将教师知识分类，另一方面从研究的角度便于考查与分析。

（二）范式性思维方式下的教师知识的理解

我们的研究采用的是范式性的思维方式，但即使研究者采用的是同一种思维方式，大家对教师知识的看法也是多种多样的。范良火指出，研究者所使用的教师知识这个概念有几种不同的含义[①]：①教师所知道的东西；②关于教师的知识；③与教师有关的关于教学的知识。我们在这里所说的教师知识意指教师所知道的东西。

舒尔曼关于教师知识构成的观点得到了学术界的广泛认同。舒尔曼针对当时教学研究中只重视过程—结果的研究范式的缺陷，提出要加强教师学科知识的研究，并称缺乏教师学科知识研究的现象为“缺乏范式”（missing paradigm）[②]。舒尔曼提出这个问题后不久，各学科的教师学科知识的研究便

① 范良火．教师教学知识发展研究［M］．2 版．上海：华东师范大学出版社，2013：39.

② Shulman L S. Those who understand：knowledge growth in teaching［J］. Educational Researcher，1986（15）：7.

大量出现了。舒尔曼关于教师知识的观点不仅使人们重新开始关注教师学科知识的研究，而且他第一次提出了学科教学知识（pedagogical content knowledge，PCK）的概念，对后来的研究者有关教师知识的研究起了重要的推动作用。教师知识的研究以学科知识和学科教学知识这两种类型的知识为核心展开，对教师的学科知识和学科教学知识的研究成为教师知识研究的一个关注点。除教师的学科知识和学科教学知识外，教师知识还包括其他一些成分。舒尔曼提出教师应具备七种知识①：学科知识（content knowledge）、一般教学法知识（general pedagogical knowledge）、课程知识（curriculum knowledge）、学科教学知识、关于学生及其特点的知识（knowledge of learners and their characteristics）、教育情境知识（knowledge of educational contexts）以及关于教育宗旨、目的、价值及其历史、哲学背景的知识（knowledge of educational ends，purposes and values，and their philosophical and history grounds）。

格罗斯曼在舒尔曼的基础上提出教师知识包括六个成分②：①学科知识（knowledge of content），主要包括学科知识与明确的学科教学知识（即教学内容知识）；②学习者与学习的知识（knowledge of learner and learning），主要包括学习理论的知识，学生身体的、社会的、心理的、认知的发展，动机理论与实践以及学生的道德、社会经济及性别的差异；③一般教学法知识（knowledge of general pedagogy），主要包括课堂组织与管理的知识和一般教学法知识；④课程的知识（knowledge of curriculum），主要包括课程发展的过程和不同年级的学校课程；⑤情境的知识（knowledge of context），主要包括教师工作情境中的背景知识；⑥自我的知识（knowledge of self），主要是指教师关于他们自己的价值、倾向、优缺点、教育哲学、教学目的等的知识。格罗斯曼对教师知识成分的看法与舒尔曼有很大的相似。博尔克和帕特南也以舒尔曼的观点为基础，提出教师知识主要包括一般教学法知识、学科知识和学

---

① Shulman L S. Knowledge and teaching: foundations of the new reform [J]. Harvard Educational Review, 1987, 57 (1): 1-22.

② Grossman P L. Teacher's knowledge [M] //Anderson L W. International encyclopedia of teaching and teacher education, 2nd ed. Kidlington, Oxford, UK: Elsevier Science Ltd, 1995: 20-24.

科教学知识。①

（三）教师知识研究在学科教学研究中的运用

舒尔曼提出的七个方面教师知识对教师知识的研究具有里程碑式的意义，而教师专业知识的进一步研究必须与学科相结合。近年来，教师专业知识研究的深化与拓展也都与学科相关的研究分不开，这些研究对教师专业知识的某一方面或不同知识的关系与结构进行了深入探讨。

施瓦布（J. J. Schwab）聚焦生物学科阐述了对学科知识的理解，认为教育无论是以传授知识为目的还是以传授技能为目的，都需要重视学科的结构。② 以传授知识为例，正如一个单独词语的意思不仅要通过词典来给出，也要通过这个词语所在句子的上下文来给出一样，学科中一个单独的命题或者句子的含义也不可能完全包含在这个命题里面，需要通过这个命题所在的学科结构去理解它的正确含义。施瓦布给出认识学科结构的两种方式③：一种是从学科所表现出来的逻辑结构去了解学科结构；另一种是从定义、限制和分析所研究学科时使用的概念设计的角度实体性地去了解学科结构。

鲍尔（D. L. Ball）对数学教师的学科知识进行了系列研究，指出尽管现在大多数研究者都已放弃了先前用教师所修过的课程门数或者学分来代表教师学科知识的做法，但目前研究者还是用不同的方式理解和研究教师的“学科知识”④。面对研究中对学科知识的不同思考方式，鲍尔认为对数学的理解实际上是对学科的知识、信念与情感的混合物⑤。因此，数学学科知识有三个维度：数学的实体性知识（substantive knowledge of mathematics）、

① Borko H，Putnam R. Learning to teach［M］//Berliner D C，Calfee R C. Handbook of educational psychology. New York：Macmillan，1996：673-708.

② Schwab J J. Education and the structure of disciplines［M］//Westbury I，Wilkof N J. Science，curriculum，and literal education. Chicago：University of Chicago Press，1978：229-272.

③ 同②.

④ Ball D L. Knowledge and reasoning in mathematical pedagogy：examining what prospective teachers bring to teacher education［D］. East Lansing，Michigan：Michigan State University，1988.

⑤ 同④.

关于数学的知识（knowledge about mathematics）和数学倾向（dispositions toward mathematics）。① 鲍尔和麦克迪尔米德（G. W. McDiarmid）把对数学学科知识的界定推广到一般学科知识，相应地，学科知识也有三个维度：学科的实体性知识（substantive knowledge of the subject）、关于学科的知识（knowledge about the subject）和学科倾向（dispositions toward the subject）。②

此外，许多研究者还结合科学学科对教师的学科教学知识进行了深入研究。帕克（S. Park）和奥利弗（J. S. Oliver）认为学科教学知识是一种教师的理解和教学行动，在某种情境、文化和特定社会的学习环境中，通过多元教学策略、表征、评价来帮助某个学生群体理解特定的学科内容。③ 他们基于科学学科构建了教师学科教学知识的六边形结构，即科学教学的定位、科学中有关学生理解的知识、科学课程知识、科学教学策略知识、科学学习评价的知识、教师效能，并详细阐述了各要素之间的关系以及要素中所包含的内容。

此后，帕克和奥利弗在接下来的研究中发现教师效能这一要素在学科教学知识的研究中并不十分显著，因而将其删除调整为五边形的学科教学知识结构（如图 0-1 所示）。

---

① Ball D L. Knowledge and reasoning in mathematical pedagogy: examining what prospective teachers bring to teacher education [D]. East Lansing, Michigan: Michigan State University, 1988.

② Ball D L, McDiarmid G W. The subject matter preparation of teachers [M] //Houston W R. Handbook of research on teacher education. New York: Macmillan, 1990: 437-449.

③ Park S, Oliver J S. Revisiting the conceptualisation of pedagogical content knowledge (PCK): PCK as a conceptual tool to understand teachers as professionals [J]. Research in Science Education, 2008 (38): 279.

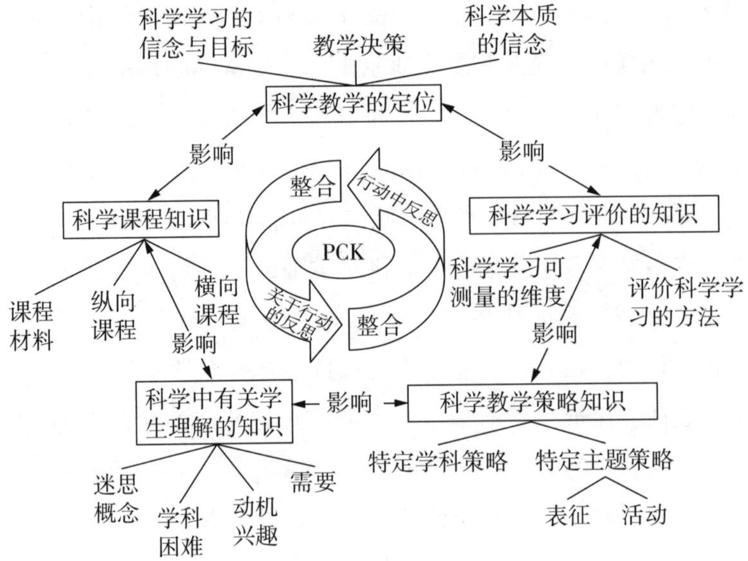

图 0-1　科学学科教师 PCK 的五边形结构图①

以上有关教师知识结构以及对具体学科教师知识的研究，对我们理解和研究教师专业知识，特别是不同学科教师专业知识的状况提供了丰富的参考。从 2008 年开始的对中小学不同学科教师专业知识的研究正是基于这些研究的理论与方法，结合我国中小学教师专业发展的状况进行设计和实施，并取得了系列研究成果。

三、研究问题与过程

国内外较多研究分析并阐述了教师专业素养的结构，尽管教师专业素养本身的含义不同，但其中包含了一些共同的要素，如教师专业精神、教师专业知识和教师专业能力。教师专业素养相关研究也主要围绕上述三个维度展开。根据对教师专业素养的理解，我们将确定一些共同的或相似的框架来分析理解教师专业素养，进而为提升教师专业素养寻找有效的措施。

---

① Park S, Oliver J S. National Board Certification (NBC) as a catalyst for teachers' learning about teaching: the effects of the NBC process on candidate teachers' PCK development [J]. Journal of Research in Science Teaching, 2008, 45 (7): 815.

2008年，东北师范大学承担了教育部师范教育司专项课题“提高中小学教师队伍质量研究”（教师司〔2008〕23号）。中学教师专业素养作为该课题研究的一部分，从教师专业精神、教师专业知识和教师专业能力三个维度对教师专业发展状况进行了研究与分析。

关于教师专业知识，国际上通行的提法是“teacher professional knowledge”，英语相关文献中一般采用的是“teacher knowledge”，可译为“教师知识”，许多研究也采用这样的表述。但为了与国内教师专业素养研究相一致，我们采用了国内一般的提法，即教师专业知识。

我们首先建立了对教师专业知识进行调查研究的基本框架。该框架吸收了国内外有关教师专业知识研究的成果，特别是美国学者舒尔曼关于教师知识的观点，即从四个方面对教师专业知识发展进行系统的调查研究：教师的学科知识、教育学知识、课程知识和学科教学知识。按照这一研究框架，我们首先针对初中阶段的语文、数学和英语三个学科开发了面向师范生和在职教师的测查问卷，再选择部属和省属师范院校的1144名本科生、东北三省8所中学的421名教师进行了测查。测查结果发现了师范生和在职教师在各类专业知识方面所表现的特征以及不同类型师范院校的师范生各类专业知识之间的差异。[①]

该研究的发现为本课题研究提供了支撑，同时引发了我们对教师专业知识做进一步思考和研究。因为教师专业知识与教师教育研究，乃至与基础教育相关领域的研究有着密切关系，涉及不同阶段、不同学科教师自身的成长，教师的职前职后培养，教师专业素养与课程改革、学校改进、教育评价等领域的关系。沿着这样的思路，课题组从不同角度分析研究数据，阐述教师专业知识与不同领域问题的关系，分析教师专业知识发展以及教师专业知识与基础教育课程、学校改革、教师培养等的关系。

在此研究基础上，课题组又将研究拓展到小学、初中和高中的不同学科，研究不同阶段、不同学科教师专业知识的发展及其相关问题。截至2016年年

① 马云鹏，赵冬臣，韩继伟．教师专业知识的测查与分析［J］．教育研究，2010（12）：70-76.

底，本研究已对小学、初中和高中 14 个学科的教师专业知识状况进行了系统研究，形成了系列研究成果①。这些研究成果一方面使我们深入了解了我国中小学各阶段、各学科教师的专业知识状况，另一方面为我们深入研究教师专业成长过程以及与教师专业发展相关的问题提供了一定的支撑和分析问题的依据。

① 从 2008 年开始，课题组先后发表了 30 多篇相关论文。除发表在《教育研究》的《教师专业知识的测查与分析》外，还有《中学教师专业知识状况调查研究》[《东北师大学报（哲学社会科学版）》，2008 年第 6 期]、《从教师专业知识状况看教师教育课程改革》（《课程·教材·教法》，2011 年第 10 期）、《中学语文教师专业知识来源调查与分析》（《教师教育研究》，2009 年第 6 期）、《中学数学教师的教师知识来源的调查研究》（《教师教育研究》，2011 年第 3 期），等等。

第一章　教师专业知识的理论研究

“百年大计，教育为本。教育大计，教师为本。”社会进步的希望在教育，提高教育质量的关键在教师，教育改革成败的关键也在教师。因此，促进教师专业发展一直是世界各国教育改革的重要举措。而且，只有提高教师专业素质，才能促进教育质量的提升。在教师专业素质中，教师专业知识无疑是主要内容之一。因此，促进教师专业知识发展是教师教育理论和实践领域关注的重要问题之一。

第一节　专业发展与教师教育改革

教师职业的发展经历了逐步专业化的历程。20 世纪 80 年代以来，教师专业发展日益成为教师教育理论与实践领域的热点话题。改革教师教育、促进教师专业素质不断发展，是世界范围内普遍的教育改革措施之一。正是在这样的背景下，教师专业知识研究应运而生。

一、专业及教师专业发展

专业（profession），即专门的职业，它是职业（occupation）分化和发展的结果。专业是指“一群人经过专门教育和训练，按照一定的行业标准或规例，掌握并运用较高深和较独特的专门知识与技术，进行专门的职业活动，从而解决人生和社会的问题，促进社会进步并获得相应报酬、待遇和社会地位的专门职业”①。

如何判断一门职业是否属于专业，已有大量研究探讨了专业的标准。例如，1948 年全美教育学会提出了专业的八条标准②；美国学者利伯曼（M. Lieberman）在 1956 年提出了专业的八个特征③；我国学者曾荣光综合国外学者的研究，提出了专业的七条核心特质和十条衍生特质④；我国学者王建磐认为成熟的专业工作应具备六个特征⑤。综合各种观点，专业与职业的根本区别表现为四点：第一，专业必须以一套严格高深的理论为基础；第二，专业需要接受长时间的专业化训练；第三，专业更多地提供一种独特、明确、必要的社会服务与奉献；第四，专业中的从业人员需要不断进修，并做出创新，从而使专业适应社会变化。

对照以上四点，目前教师职业已基本达到了专业的标准，因此可以被认为是一门专业，而教师是其他职业劳动者所不可替代的一种社会角色。另有一种较为严格的观点认为，用一般的专业标准审查教师职业，虽然它在某种程度上符合大多数标准，但仍不及医生、律师和工程师符合程度大。因此，教师职业只能是半专业、亚专业、准专业，正处于由半专业、准专业向专业发展的过程。可见，人们对教师职业专业性判定的分歧不在于专业性的有无，而在于专业化程度的高低。人们对于“教师职业应该成为一门专业”这一观点是普遍赞同的。也就是说，教师职业需要不断提升专业水平，教师需要不断促进自身的专业发展，而教师专业发展是教师专业成熟度由低级到高级、专业素质不断丰富和提升的持续过程。

---

① 杨天平，申屠江平．教师专业发展概论［M］．重庆：重庆大学出版社，2012：序言 1.

② Tobias S，Baffert A. Science teaching as a profession：why it isn't how it could be［M］. Tucson，A. Z.：Research Corporation for Science Adrancement，2009：41.

③ Ahern J J. An historical study of the professions and professional education in the United States［D］. Chicago：Loyola University，1971.

④ 曾荣光．教学专业与教师专业化：一个社会学的阐释［J］. 香港中文大学教育学报，1984（1）：23-41.

⑤ 王建磐．教师专业化与教师教育政策的选择［M］//袁振国．中国教育政策评论 2002. 北京：教育科学出版社，2002：23.

二、教师专业素质的内容

专业素质是专门职业对从业人员的整体要求。教师专业素质是指经过系统的教师教育，并在长期的教育实践中逐渐发展而成的具有专门性、指向性和不可替代性的素质，强调的是教师职业的“特殊性、标志性”①。教师具备专业素质是教师职业专业化的客观要求，教师获得并提高专业素质是教师专业发展的主要内容。教师在自身专业方面应该成为全面发展的人，因此，教师专业素质的内容也是多方面的。对教师专业素质的分析和研究很多，其中有代表性的研究结论如表 1-1 所示。

表 1-1 教师专业素质的内容②

研究者	教师专业素质的内容
叶澜	1. 专业理念；2. 知识结构；3. 能力结构
艾伦	1. 学科知识；2. 行为技能；3. 人格技能
林瑞钦	1. 所教学科的知识；2. 教育专业知能；3. 教育专业精神
饶见维	1. 教师通用知能；2. 学科知能；3. 教育专业知能；4. 教育专业精神
姚志章	1. 认知系统；2. 情意系统；3. 操作系统
唐松林	1. 认知结构；2. 专业精神；3. 教育能力

从表 1-1 可见，“情”“知”“能”基本可以作为教师专业素质的三个维度。2012 年，教育部颁布了《幼儿园教师专业标准（试行）》《小学教师专业标准（试行）》《中学教师专业标准（试行）》。教师专业标准是国家对合格教师专业素质的基本要求，为明确教师基本的专业素质提供了依据。标准将教师专业素质划分为三个维度，包括专业理念与师德、专业知识、专业能力，这与“情”“知”“能”三个维度基本一致。

---

① 王卓，杨建云．教师专业素质内涵新诠释［J］．教育科学，2004，20（5）：52.

② 教育部师范教育司．教师专业化的理论与实践（修订版）［M］．2 版．北京：人民教育出版社，2003：54.

三、教师专业发展与教师教育改革

教育质量的提高需要教师专业发展的支持。教师专业发展的途径多种多样，包括职前教育，入职后的教学实践、自我反思、同事交流、在职培训、自学读书、教学观摩、学术研讨、科学研究等，每一种途径都有独特的作用。在众多途径中，教师教育一直被视为教师专业发展的重要途径，它是对教师职前教育和在职培训的统称。其中，职前教育属于职业资格教育，教育对象为准教师；在职培训是指教师在整个任职期间所接受的继续教育，其目的在于扩展和提升教师专业素质，从而适应学校教育和社会环境的发展与变革。因此，职前教育是教师专业发展的起点和基础，在职培训是教师专业发展的延续和升级，二者共同促进教师专业发展。

在过去的几十年里，研究者对教师教育进行了大量的理论研究，世界各国政府、教师教育机构也在教师教育改革方面付出了巨大的努力，试图以此提高教师专业发展水平。然而，成效如何，还不好下定论。国外一项关于数学教师职前教育的综述表明，职前教育对于促进教师教学有何效果，我们仍然知之甚少。① 还有研究者指出，我们目前仍然不清楚哪些课程有助于数学教师入职后有效地开展教学。② 国内也有学者反思我国的教师教育改革，认为现行国内的教师教育改革成效如何及未来发展方向还需要进一步探索。③ 更引人注意的是，一些调查研究结果表明，教师教育在促进教师专业发展方面所发挥的作用似乎并非如人们所预期的那样好。例如，范良火通过对芝加哥地区教师的研究发现，教师教学知识的最主要来源是自身的教学经验与教学反思，在职培训和有组织的专业活动也是比较重要的来源，而相比之下，

---

① Wilson S M, Floden R E, Ferrini－Mundy J. Teacher preparation research: current knowledge, gaps and recommendations [R/OL]. University of Washington: Center for the Study of Teaching and Policy, 2001: i. [2018－12－15]. http://www.education.uw.edu/ctp/sites/default/files/ctpmail/PDFs/TeacherPrep-WFFM-02-2001.pdf.

② Ball D L, Hill H C, Bass H. Knowing mathematics for teaching: who knows mathematics well enough to teach third grade, and how can we decide? [J]. American Educator, 2005, 29 (1): 16.

③ 顾明远. 我国教师教育改革的反思 [J]. 教师教育研究, 2006, 18 (6): 4-5.

作为学生的经验、职前培训、阅读专业期刊则是最不重要的来源。[①] 范良火等人也研究了新加坡教师的教学知识，与芝加哥研究的结论基本一致，只是新加坡教师对职前训练的认可度要比芝加哥教师略高。[②] 在国内，董涛、董桂玉的研究表明，职前教育对于教师教学知识的发展最不重要；[③] 张秋明、徐平国的研究也表明，职前教育对教师教学知识的发展最不重要，其次是学历进修和继续教育；[④] 吴卫东等人的研究发现，对于教师专业发展而言，教学观摩、同事交流显得特别重要，而学生经历、职前教育、职后学历教育的作用并不明显；[⑤] 卢信瑜对小学英语教师的研究也表明，职前教育只是教师教学知识发展的辅助渠道[⑥]。

教师教育究竟对教师专业发展发挥了多大作用？如何才能更大地发挥其作用？目前我们对此仍知之甚少。这是一个变革的时代，教育也处于风起云涌的改革浪潮之中。改革就意味着对现状不满，改革意在改进。然而，并非所有的改革都必然对应着改进。是否改？改什么？怎样改？回答这些问题都必须用事实说话，必须基于对教师专业发展现状的准确把握，提出可能更有效的策略并用事实检验策略的有效性。因此，调查我国教师专业素养现状是非常必要的。而且，调查了解职前教师的专业准备状况也是现在国际上研究教师教育发展现状的一个新的发展方向[⑦]。

---

① 范良火．教师教学知识发展研究［M］．2版．上海：华东师范大学出版社，2013：211.

② Lianghuo FAN，Christina Cheong. How mathematics teachers develop their pedagogical knowledge：a study of six secondary schools in Singapore［C］. Canada：American Educational Research Annual Meeting，2005.

③ 董涛，董桂玉．数学教师教学知识发展途径调查分析［J］．当代教育科学，2006（11）：36-37.

④ 张秋明，徐平国．对教师教学知识来源的调查［J］．上海教育科研，2005（11）：22-24.

⑤ 吴卫东，彭文波，郑丹丹，等．小学教师教学知识现状及其影响因素的调查研究［J］．教师教育研究，2005，17（4）：59-64.

⑥ 卢信瑜．我国小学教师教学知识发展调查与研究［D］．福州：福建师范大学，2005.

⑦ Schmidt W，Tatto M T，Bankov K，et al. The preparation gap：teacher education for middle school mathematics in six countries［R］. East Lansing，MI：Michigan State University，2007.

近十年来，国内的一些研究者先后对中小学教师专业素质状况进行了调查。① 已有研究在一定程度上增进了我们对教师专业素质状况的了解，但是仍然存在较大的研究空间。比如，关于数学学科的研究较多，而关于其他学科的研究偏少；已有研究对在职教师关注较多，而对职前教师关注较少；部分已有研究采取教师自我评价的方式调查教师专业素质，效度难以保证；也有研究在一项调查之中全面涵盖教师专业素质的诸多方面，宽泛的内容导致研究不够深入，有必要聚焦于专业素质的某一方面。

基于以上背景，以东北师范大学马云鹏教授为首的研究团队聚焦于中小学教师专业素质的一个重要方面——专业知识，通过对中小学在职教师和职前教师（即师范生）专业知识状况的调查和分析，探讨教师教育改革的有效策略。

第二节　教师专业知识的内涵与结构

一、教师专业知识的内涵

“知识”是日常生活中使用频率很高的一个词语，人们似乎都知道它的含义。不过，要给“知识”下一个精确的定义，“如果不是不可能的话，也是相当困难的”②。在哲学史上，关于“什么是知识”这一问题一直见仁见智，存在诸多争论，以至于罗素（B. A. W. Russell）、杜威（J. Dewey）等哲

① 如中继亮，李琼．小学数学教师的教学专长：对教师职业知识特点的研究［J］．教育研究，2001（7）：61-65；汪敏．中学语文教师专业素养现状分析及对策探讨［J］．内蒙古师范大学学报（教育科学版），2004，17（12）：56-58；王雁，吴艳茹．小学教师专业素质的调查［J］．天津教育，2005（9）：38-40；廖龙龙．关于农村教师专业素质状况的调查研究［J］．现代远距离教育，2005，98（2）：11-13；李琼，倪玉菁，萧宁波．小学数学教师的学科教学知识：表现特点及其关系的研究［J］．教育学报，2006，2（4）：58-64；黄晓，胡炳元．浙江省中学物理教师专业素养调查与探析［J］．教师教育研究，2007，19（5）：45-50；等等。

② 范良火．教师教学知识发展研究［M］．2 版．上海：华东师范大学出版社，2013：7.

学家都认为“知识”是一个模糊的字眼、无法精确的用语、不精确的名字。[1]

“在认识论上给‘知识’一词一个精确的定义是相当困难的，但这并不是说‘知识’这一概念可以在研究中被任意地使用；设定某种定义对于开展这方面的研究是必要的。”[2] 教育研究亦是如此。近年来，国内关于教师专业知识的研究中，范良火的著作受到较多关注和认可。范良火在《教师教学知识发展研究》一书中将“知识”定义为认知者和被知体之间一种交互作用的智力结果。[3] 他将认知者视为认识的“主体”，并将“主体”限定在人的范围内，可以指一个人，也可以指一群人；将被知体视为“客体”，可以是任何事物，如一个地方、一件事情、一种方法、一个过程、一个人、一项活动、主体本身或他人过去已经知道的知识、一门学科等，或者这些事物的任意组合；将“交互作用”视为主体关于或者作用于客体的认识、观察、经验、反思、推理、思考以及类似的过程，交互作用有不同的方式，可以是直接的或间接的，也可以是瞬间的或长时间的，还可以是主动的或被动的；将“智力结果”视为主体从交互作用中所获得的智力上或者说是认知上的成就，包括信念、记忆或是理解，但不是某种心理情绪、倾向或是意愿等。

根据以上对“知识”的界定，很自然地就可以得出教师知识的定义。在此，我们把教师所拥有的知识简称为“教师知识”，它是作为认知者的教师和被知体之间交互作用的智力结果。显然，教师知识是比教师专业知识更为宽泛的一个概念，它涵盖了教师所拥有的一切知识。而专业知识聚焦于教师所从事的具体的教育教学工作，是教师开展专业活动不可或缺的条件。教师专业知识是指教师经过教师教育以及在教育实践中逐渐发展而成的具有专门性、指向性和不可替代性的知识。教师专业知识强调的是教师职业的“特殊性”，它是教师知识中与教育教学工作直接相关的那一部分知识，区别于一般大众所具有的普通文化知识、教师所具有的职业以外的知识、其他职业工作者所具有的专业知识。

---

① 范良火．教师教学知识发展研究［M］2版．上海：华东师范大学出版社，2013：7.

② 同①34.

③ 同①13.

二、教师专业知识的结构

（一）对国内外已有研究的回顾

专业知识是教师专业素质的主要内容之一，是教师开展正常教学、保证教学品质的必备条件。20 世纪 80 年代初，伴随着教师思维研究与教学专业化的推进，教师专业知识逐渐成为教师教育研究的一个热点话题。关于教师专业知识的已有研究主要集中于三个领域：一是教师需要什么专业知识？二是教师具有什么专业知识？三是教师怎样发展他们的专业知识？其中，后两个领域的研究以第一个领域的研究为基础，因为无论是现状调查研究还是发展策略研究都不可避免地要使用教师专业知识的结构框架，涉及对教师应该具备哪些知识的思考。

1. 国外关于教师专业知识结构的研究（见表 1-2）

表 1-2　国外关于教师专业知识结构的研究

研究者	教师专业知识分类
艾尔伯兹① （F. L. Elbaz）	1. 关于自身的知识；2. 学科知识；3. 关于环境的知识；4. 课程发展知识；5. 教学知识
舒尔曼	1. 学科知识；2. 一般教学法知识；3. 课程知识；4. 学科教学知识；5. 关于学生及其特点的知识；6. 教育情境知识；7. 关于教育宗旨、目的、价值及其历史、哲学背景的知识
格罗斯曼	1. 学科的知识；2. 学习者与学习的知识；3. 一般教学法的知识；4. 课程的知识；5. 情境的知识；6. 自我的知识
斯腾伯格② （R. J. Sternberg）	1. 内容知识；2. 教学法的知识（具体的、非具体的）；3. 实践的知识（外显的、缄默的）

① 朱宁波，张丽. 国内外教师实践性知识研究述评［J］. 辽宁师范大学学报（社会科学版），2007，30（3）：67.

② 斯腾伯格，霍瓦斯. 专家型教师教学的原型观［J］. 高民，张春莉，译. 华东师范大学学报（教育科学版），1997（1）：27-37.

续表

研究者	教师专业知识分类
塔米尔① (P. Tamir)	1. 学科内容知识；2. 学科教学知识；3. 一般教学法知识；4. 教学专业基础；5. 个人表现知识；6. 一般文化知识
芬内玛② (E. Fennerma)	1. 教师的学科知识；2. 教学法的知识；3. 学生对特定学科认知的知识；4. 特定情境的知识
博尔克、帕特南	1. 一般教学法知识；2. 学科知识；3. 学科教学知识；4. 有关学生学习的知识；5. 课程和课程材料的知识；6. 特定学科知识的呈现和教学策略的知识
鲍尔③	1. 一般内容知识；2. 特殊内容知识；3. 关于学科内容和学生的知识；4. 关于学科内容和教学法的知识

表 1-2 是对国外关于教师专业知识结构的部分研究成果的梳理。其中，最具影响的当属舒尔曼所建构的教师专业知识的分析框架。舒尔曼和他的同事于 20 世纪 80 年代中期在斯坦福大学启动了"教学中的知识发展"（knowledge growth in teaching）研究项目，该项目以科学、数学、社会学科和英语专业的职前教师为研究对象，探究新教师如何学习教学，以及他们的学科知识与教学方法发展的关系。1985 年，舒尔曼在美国教育研究协会的年会上发表报告《理解者：教学中的知识发展》。他在报告中重点强调了关于"内容"（content）的知识，并提出一个理论框架以识别三种内容知识：①学科知识，指教师头脑中的知识数量和组织形式，如施瓦布对学科知识细分所得出的实质性知识（substantive structures）和文法性知识（syntactic structures）；②学科教学知识，是一种能使学科知识更具可教性的特殊知识，包括有效的类比、举例、图示、演示、解释等，以及对学生持有前概念和常见错误的理解；③课程知识，指教师对整个教学计划架构的理解，包括课程理论、教科书、教

① 刘清华．教师知识的模型建构研究［D］．重庆：西南师范大学，2004.

② Fennerma E，Franke M. Teachers' knowledge and its impact［M］// Grouws D A. Handbook of research on mathematics teaching and learning. New York：Macmillan，1992：147-164.

③ Ball D L，Thames M H，Phelps G. Content knowledge for teaching：what makes it special?［J］. Journal of Teacher Education，2008，59（5）：389-407.

师手册、实验指导等。舒尔曼认为，涉及“内容”的问题对教学很重要，如教师对学科的理解如何影响教学质量、教师怎样把自己的学科知识转化成学生能够理解的形式、教师如何处理有问题的课程材料、教师怎样使用自己的学科知识来生成有效的解释和表征。

1987 年，舒尔曼又发表论文《知识和教学：新改革的基础》，系统地阐述了教学所需要的知识基础（knowledge base）。他重新定义了构成教学的知识基础的七种类别知识：①学科知识，包括学科的具体概念、规则、实体知识，以及学科内部间的联系、对特定学科的看法等；②一般教学法知识，指如何教的知识，包括如何激发学生的学习动机、如何有效地管理课堂、如何设计与实施测验的知识等；③课程知识，指对教学媒体及教学计划的熟练掌握；④学科教学知识，指与特定内容相关的教学知识，是学科知识以及教学法知识的整合；⑤关于学生及其特点的知识，包括学生的个体发展与个体差异方面的知识，如学生上课前懂些什么，如何提高学生的兴趣等；⑥教育情境知识，包括小组或班级的活动状况、学区的管理和资助、社区与地域文化的特点等；⑦关于教育宗旨、目的、价值及其历史、哲学背景的知识，如对学生的学习目的是以提升个人品格为取向还是以升学为取向的认识等。

舒尔曼提出的框架为教师专业知识分类研究提供了独特的视角，对教师专业知识研究领域产生了广泛而深入的影响。例如，美国密歇根大学的鲍尔教授及其团队近年来所开展的研究也强调促进教学的内容知识（content knowledge for teaching，CKT）的重要性，并基于舒尔曼的框架进一步揭示了教师用于教学的内容知识的构成要素。通过对数学教师教学实践的分析与研究，鲍尔及其团队将舒尔曼的学科知识分为“一般内容知识”（common content knowledge，CCK）和“特殊内容知识”（specialized content knowledge，SCK），将学科教学知识分为“关于内容和学生的知识”（knowledge of content and students，KCS）和“关于内容和教学的知识”（knowledge of content and teaching，KCT）。①一般内容知识：指在教学情境之外也能被教师用到的数学知识和技能，如简单的计算、正确解决一般数学问题的方法。当然，教师想要教给学生的知识和技能，教师自己必须先要知道。当学生在数学知识或技能方面给出错误答案，或者教科书在这方面存在不准确的定义时，教师要能够识别出来。一般内容知识不为教师所独有，但却是教师教学所必需的。②特殊内容知识：指教师为教学而特有的知识和技能。这种知识以教学为目的，如在教学中准确地表征数学思想，对法则和步骤给出数学解释，发现学生错误背后的规律，衡量一种非标准的方法是否奏效，等等。③关于内容和学生的知识：指教师对学生和学科内容理解的融合体，如学生学习某一主题常有的困惑、兴趣、动机，某主题内容对学生认知水平挑战性的强弱。④关于内容和教学的知识：指教师对一般教学法和学科内容理解的融合体，如关于特定数学内容的教学设计、教学顺序、有效举例的知识等。①

有研究者把以舒尔曼为代表的研究称为“概念性和分析性的”教师知识结构研究②。相应地，另有一类“情境性和实践性的”教师知识结构研究，始于艾尔伯兹，以康内利和柯兰迪宁等人为代表。艾尔伯兹通过对一位经验丰富的中学教师的研究发现，教师以一种独特的方式拥有一种特别的知识——“实践性知识”③。这种实践性知识包括五个范畴：①关于学科内容的知识，既指教师所教学科的内容知识和观念，又包括与学习相关的理论，如学习技能等。②关于课程的知识，即教师如何组织学习经验和课程内容等方面的知识，包括课程的开发、设计等。③关于教学法的知识，包括教学组织、课堂常规、课堂管理、师生互动形式以及学生需要、学习评价等。④关于教师自我的知识，包括对个性特征的了解。⑤关于教育环境的知识，包括学校的社会结构及其周边社群以及政治环境、课堂环境、社会环境的创设。艾尔伯兹认为这五类知识相互联系，其本身是静态的，但它们与实践的联系却又是动态的，它们形成了实践，同时也被实践所形成，组成了“实践的

① Ball D L, Thames M H, Phelps G. Content knowledge for teaching: what makes it special? [J]. Journal of Teacher Education, 2008, 59 (5): 389-407.

② 朱晓民，张德斌．近二十年来教师知识结构研究述评［J］．山西师大学报（社会科学版），2006，33（2）：136-140.

③ 朱宁波，张丽．国内外教师实践性知识研究述评［J］．辽宁师范大学学报（社会科学版），2007，30（3）：66-67.

知识”和“以实践为媒介的知识”。康内利和柯兰迪宁则强调教师知识的个人特点，认为教师知识是出自个人经验的，“不是某种客观的和独立于教师之外而被习得或传递的东西，而是教师经验的全部”①，“个人实践知识贯串教师的实践过程，亦即对任何一位教师来说，个人实践实施都有助于教师重构过去与未来以至于把握现在”②。从康内利和柯兰迪宁提出的“教师个人实践知识”的视角看，教师知识具有个体性、经验性、实践性和反思性的特征。

2. 国内关于教师专业知识结构的研究

国内学者从 20 世纪 90 年代开始关注教师专业知识构成（见表 1–3），较有影响的是林崇德、申继亮、辛涛等人的研究。他们从认知心理学的角度出发，视教学活动为一种认知活动，视教师知识为认知活动的基础，根据功能将教师知识分为三类：本体性知识、实践性知识、条件性知识。其中，本体性知识是教师所具有的特定的学科专业知识，如数学学科的专业知识、语文学科的专业知识；实践性知识是教师在教学行为中所具有的课堂情境知识以及与之相关的知识，这种知识是教师教学经验的积累，能对本体性知识的传授起到实践性指导作用；条件性知识是指个体在什么时候、为什么以及在何种条件下才能更好地对知识加以运用的一种知识类型，主要包括教育心理学知识和教学法知识。

表 1–3　国内关于教师专业知识结构的研究

研究者	教师专业知识分类
林崇德、申继亮、辛涛③	1. 本体性知识；2. 实践性知识；3. 条件性知识

① 康内利，柯兰迪宁，何敏芳．专业知识场景中的教师个人实践知识［J］．华东师范大学学报（教育科学版），1996（2）：6.

② 同①.

③ 林崇德，申继亮，辛涛．教师素质的构成及其培养途径［J］．中国教育学刊，1996（6）：17.

续表

研究者	教师专业知识分类
陈向明①	1. 理论性知识（学科知识、学科教学法、课程、教育学、心理学、一般文化等原理知识）；2. 实践性知识（教师的教育信念、教师的自我知识、教师的人际知识、教师的情境知识、教师的策略性知识、教师的批判反思知识）
单文经②	1. 教育专业知识（与教学内容无关的知识，包括一般教学的知识、教育目的知识、学生身心发展的知识、其他相关教育知识）；2. 与教材相关的知识（包括教材内容、教材教法知识、课程知识）
简红珠③	1. 一般教学法知识；2. 学科知识；3. 学科教学知识；4. 情境知识；5. 课程知识
钟启泉、胡惠闵④	1. 学科知识；2. 学科教学知识；3. 学生与学习知识；4. 教育理念与课程发展知识
刘清华⑤	1. 学科内容知识；2. 课程知识；3. 一般性教学知识；4. 学生知识；5. 教师自身知识；6. 教育情境知识；7. 教育目的及价值知识；8. 学科教学知识
傅道春⑥	1. 学科知识；2. 条件性知识；3. 教育情境知识
邵光华、周碧恩⑦	1. 学科专业知识；2. 教学性知识；3. 实践性知识；4. 关于师生的知识；5. 背景性知识

十多年来，舒尔曼的研究在国内也引起较大关注。国内一些学者在舒尔

① 陈向明．实践性知识：教师专业发展的知识基础［J］．北京大学教育评论，2003，1（1）：104-112.

② 刘清华．教师知识的模型建构研究［D］．重庆：西南师范大学，2004.

③ 刘燚．论现代数学教师的知识结构［J］．数学教育学报，2012（3）：96.

④ 钟启泉，胡惠闵．我国教师教育课程标准的建构［J］．全球教育展望，2005，34（1）：38.

⑤ 同②.

⑥ 傅道春．教师的成长与发展［M］．北京：教育科学出版社，2001：67.

⑦ 邵光华，周碧恩．教师专业知识结构分析研究［J］．宁波大学学报（教育科学版），2010，32（2）：73.

曼教师知识分类的基础上，增加新元素或调整结构，提出了不同的观点。近年来，以康内利和柯兰迪宁为代表的“教师实践知识”观点在国内也得到了一些研究者的呼应，比较有代表性的是陈向明的研究。陈向明根据教师知识的存在方式将其分为理论性知识与实践性知识，其中理论性知识通常是显性的，具有可表述性，比较容易把握，可以被教师和专业理论工作者所共享；实践性知识是“教师真正信仰的，并在教育教学实践中实际使用和（或）表现出来的对教育教学的认识”①，它通常是内隐的，融合着教师的个人经验和个性特征，镶嵌在教师日常的教育教学情境和行动中，较难表述和把握。陈向明指出，实践性知识是教师专业发展的重要知识基础，主要包括六个方面：①教师的教育信念；②教师的自我知识；③教师的人际知识；④教师的情境知识；⑤教师的策略性知识；⑥教师的批判反思知识。

（二）教师专业知识：一个探索性的概念框架

尽管“概念性和分析性的”教师知识结构研究与“情境性和实践性的”教师知识结构研究所强调的重点不同，但两者并非截然对立，而是相互交叉的，存在着一些相同的知识类别。从教师专业知识分类的数量来看，参差不齐，但也有一定的共识。学科知识、课程知识、一般教学知识、学科教学知识被多数研究者所关注，可以作为教师专业知识的一般性、探索性理论框架。本研究将这四类知识确定为教师专业知识的理论框架，并将其中的一般教学知识拓展为教育理论知识。

1. *教育理论知识*（general pedagogical knowledge）

本研究中的教育理论知识是在借鉴以往研究者提出的一般教学知识、一般教学法知识、条件性知识、教育专业知识等概念基础上，加以整合、提炼的。教育理论知识是指教师具有的教育基本原理、一般教学法、教育心理学的知识。它具有一般性和普遍性，不涉及具体的学科内容，但适用于指导各学科的教学，可以为教师理解教育的意义、认识和分析教育现象、了解学生

① 陈向明．实践性知识：教师专业发展的知识基础［J］．北京大学教育评论，2003，1（1）：106．

以及设计、组织和实施教学活动提供知识基础。教育理论知识的范围基于教学领域又有所拓展，但不试图涵盖教学的所有方面，仅涉及与教学有关联或者对教学有指导意义的那些部分。具体而言，教育理论知识包括关于教育目的或价值的知识、教学原理的知识、学习心理学的知识、关于课堂管理和组织的知识。

2. 课程知识（curriculum knowledge）

课程知识包括一般课程知识和学科课程知识。一般课程知识不针对某一具体学科，而是教师对自己任职的教育阶段的课程的整体性认识。学科之间不是孤立存在的，教师应承认并重视学科之间的联系，以便实现课程统整。同一教育阶段的各学科课程具有共性的理念和设计思路，教师也应知晓。例如，当前我国基础教育课程改革关于三维目标、课程结构、课程评价等方面的基本理念，就属于一般课程知识。

学科课程知识是指教师具有的关于自己所任教学科课程及相关课程材料的知识，具体表现为对课程标准的理解及对教材的把握，如对课程目标、学习内容、知识体系、课程资源等的理解。教师应知道自己所教课程的独特的学科价值，即学生为什么应学习该学科课程。此外，教师还应知道学生对特定课程应达到的水平，把握课程结构，利用合适的课程资源。

以课程结构的知识为例，教师应从整体上把握所教内容在整个学科知识体系中的地位和作用。从纵向角度讲，教师应知晓特定知识以哪些内容为前提，又以哪些内容为后续。具体而言，即课程内容在各课、各单元、各年级和各学段之间的承接关系。只有从纵向上把握了学科知识结构，才能使教学承前启后、连贯统一，促进学生循序渐进地发展。从横向角度讲，教师要能敏锐地注意到不同主题、不同领域之间的关联，尝试对相关内容加以渗透或融合。只有把握了横向的知识结构，才能在教学过程中更加灵活自如地运用知识，才能在知识之间建立联结，帮助学生提高综合素养。

3. 学科知识（subject matter knowledge）

学科知识是指教师所具有的关于执教学科的概念、事实、原理、方法等的知识，即语文教师具有的中文知识、数学教师具有的数学知识等。学科知识是构成学科的基本材料和内容，因此也被称为“学科内容知识”。教学实践中常有人说，“一个人不可能把自己不懂的东西教给别人”，“要想给学生一碗水，教师首先要有一桶水”。这些说法强调的都是学科知识的重要性。学科知识是教师从事教学工作和保证教学质量的前提，因此也被称为“本体性知识”，甚至被认为是教师专业知识中最重要的部分。

学科知识的具体内容因学科而异，从比较的角度很容易把握学科知识的学科界限。例如，数列极限、函数极限、连续函数、一元函数微积分等内容属于数学学科知识，汉语言文字、修辞格、文体和文类等内容属于语文学科知识。相比之下，在某一学科范围内厘定学科知识的具体内容则较为复杂。例如，有研究者列出高中数学教师应具有的 11 种数学知识①；也有学者探讨过学科知识的一般结构，如施瓦布将学科知识分为实质性知识和文法性知识②；格罗斯曼等人将学科知识划分为内容知识、实体性知识、句法性知识和关于学科的信念四个维度③；鲍尔曾将数学教师的学科知识按照正确理解数学的基本事实、对数学原理做出合理解释、把握数学知识内部及外部的联系等三个维度进行分析④。本研究中，学科知识内容的具体维度由各学科研究者根据各自学科的实际情况来决定。借鉴何彩霞⑤对学科知识结构的划分，本研究根据学科知识与教学的紧密程度将其划分为核心知识、辅助性知识和外围知识，以核心知识和辅助性知识为主，一方面体现了本研究对学科知识服务于教学的强调，另一方面降低了测查内容的复杂性。

4. 学科教学知识（pedagogical content knowledge）

1985 年，舒尔曼在《理解者：教学中的知识发展》中首次提出了学科教

① 毕力格图．高中数学教师学科知识发展研究［D］．长春：东北师范大学，2011.

② Schwab J J. Education and the structure of disciplines［M］//Westbury I，Wilkof N J. Science，curriculum，and literal education. Chicago：University of Chicago Press，1978：229-272.

③ Grossman P L，Wilson S M，Shulman L S. Teachers of substance：subject matter knowledge for teaching［M］//Reynolds M C. Knowledge base for the beginning teacher. Oxford：Pergamon Press，1989：23-36.

④ Ball D L. The subject matter preparation of prospective mathematics teachers：challenging the myths［R］. East Lansing：National Center for Research on Teacher Education，1988：6.

⑤ 何彩霞．对化学教师学科知识结构的测评与思考［J］．化学教育，2001，22（5）：22-25.

学知识的概念，并将其界定为“每一学科领域都有一些常规的内容，教师应知道教这些内容时最有效的呈现方式，包括最有用的类比（analogy）、举例（example）、图示（illustrate）、解释（explanation）、演示（demonstration）等——总而言之，把学科内容以易于他人理解的方式组织呈现出来”①；“学科教学知识还包括知道使学生容易学习某一内容的方法，要了解不同年龄和背景的学生如何理解特定内容以及他们原有的知识经验”②。1987年，舒尔曼在《知识和教学：新改革的基础》一文中又对学科教学知识加以解释并指出：“教师应把学科知识和教学知识融合起来，知道如何对学科内容中的具体主题、问题或论点加以组织、表达和调整，以使其适应学习者多样化的兴趣和能力，适用于教学呈现。”③ 可见，舒尔曼对学科教学知识内涵的界定主要着眼于两方面：一是学科内容的表征方式；二是对学生学习的理解。本研究沿用舒尔曼的理解，将学科教学知识界定为教师所拥有的对学科知识进行转化的知识，其目的在于使学科知识易于学生理解和接受。

根据舒尔曼的理解，学科教学知识主要包括两个方面。一方面是关于教学表征的知识。有效的教学表征能把学科内容以易于他人理解的方式组织和呈现出来，因此，教师应掌握自己所教学科常规内容的有效表征方式，包括类比、举例、图示、演示、解释等。例如，当一名小学生问教师为什么四分之一除以二等于八分之一。教师应考虑学生的年龄特点，不宜仅从算理的角度解释“除以一个数等于乘以这个数的倒数”，而应采取更适合、更易于小学生理解的方式，如画图、操作实物等形象直观的方式。另一方面是对学生特点理解的知识。这些特点不是一般的学习心理学或发展心理学意义上的身心特征，而是学生在学习具体的学科内容时所表现出的特点，尤其是学生学习特定学科内容所应具备的前概念和常见的概念迷思（misunderstanding）。前概念对于学习的重要性不言而喻，建构主义学习理论认为学习是在原有知识

① Shulman L S. Those who understand: knowledge growth in teaching [J]. Educational Researcher, 1986, 15 (2): 9.

② 同①.

③ Shulman L S. Knowledge and teaching: foundations of the new reform [J]. Harvard Educational Review, 1987, 57 (1): 8.

基础上构建新知识的过程。教师只有准确地把握学生的前概念，才能找准学生的认知起点，促进学生的学习。例如，小学数学“9 加几”的计算教学，教师应知道学生掌握“9 加几”的算法需要借助哪些原有的知识作为基础。学科教学知识丰富的教师能够把这些“前概念”考虑全面，知道学生应该掌握了“把一个数分成 1 和几”“9+1=10”“10 加几等于十几”等知识。概念迷思是指学生对概念所持的错误的、混淆不清的或完善的理解认识。例如关于角的大小，许多初学角的概念的学生都会误以为角的大小与角的两边的长短有关。再如梯形的概念，受日常生活经验的限制，有的学生会认为梯形都像梯子那样属于轴对称图形，把等腰梯形视为梯形的唯一形式。可见，教师只有了解了学生的概念迷思，才能在教学过程中防患于未然，或及时修正学生的错误认知，使学生准确地掌握学科知识。

第二章　教师专业知识测查工具开发

理论界和实践领域对教师知识产生兴趣已有二三十年的历史，而教师知识测量的发展却相对晚了许多。虽然近年来国内也有一些针对中小学教师专业知识状况的调查，但整体来看，教师专业知识测查工具的开发仍是一个新课题。2008 年以来，课题组对教师专业知识测查进行了初步探索，开发了中学语文、数学、英语、物理、化学、生物、体育、信息技术和小学语文、数学、英语等测查工具，积累了教师专业知识测查工具开发与应用方面的经验和思考。

第一节　测查工具开发的基本思路

教师专业知识测查本质上属于教育测验，因此它可以参考教育测验的相关理论、方法和标准。目前，教育与心理测量理论主要有经典测量理论、概化理论和项目反应理论等三种理论体系，它们各有所长。本研究对测查工具的开发主要依据经典测量理论中关于教育测验编制的方法和技术。教师专业知识测查是运用教育测验编制的方法与技术对教师专业知识这一心理特质进行的测查，因此也需要考虑教师教育教学工作的实际，以及教师专业知识的结构与特征。基于此，课题组邀请了了解中小学教学实际和有中小学教学经验的专业人士参与，也参考了国内外教师专业知识研究方面的理论成果。

一、测查目的具体化

编制测验首先要明确测验目的。“测验编制者应首先清楚地说明测验分数将被怎样解释和使用、清楚地限定测验的适用对象、清晰地描述测验所想测量的构念。”① 这里的“构念”是指“测验所要测量的概念或特质”②。教师专业知识测查的根本目的在于揭示教师专业知识的状况，虽然这早已确定，但在编制测查工具之前，有必要把目的进一步明确、具体化。需要分析的因素主要有测查的对象和预期功能。比如，测查对象属于何种类型的教师，是职前教师（即师范生）还是在职教师？是新手教师还是专家教师？从事哪个学科或专业的教学？所处教育阶段（小学、中学、大学）对其专业知识有何特殊要求？再如，测查的功能是做预测、选拔还是做诊断？这些因素的不同可能会对测查内容的范围以及题目的难度有不同的要求。因此，在测查初期首先要把测查的对象和预期功能明确下来，以便后面的各项工作有明确指向。

本研究的测查目的在于了解中小学教师是否具备基本的专业知识。大部分学科的测查对象包括职前教师和在职教师，其中职前教师是指在师范院校接受系统的职前教育且即将入职的本科师范生，在职教师是指在中小学任教的专职教师。本研究的测查旨在审视师范院校的毕业生在入职之前是否做好了必要的知识准备，正在从事教学工作的教师是否具备基本的专业知识，以入职标准为具体的评判参照。具体的测查对象包括中学语文、数学、英语、物理、化学、生物、体育、信息技术和小学语文、数学、英语等 14 个学科的专业教师。

二、确定教师专业知识的理论框架

测查教师是否具备基本的专业知识，必须先界定“专业知识”的范围。教师专业知识以一定的结构存在，具体包括多种知识。哪些知识是合格教师应具备的专业知识呢？通常，职业测验领域通过工作分析法来确定测验应考

① AERA，APA，NCME. Standards for educational and psychological testing [M]. Washington，D. C.：American Educational Research Association，1999：23.

② 同①11.

查的知识和能力。本研究主要通过对已有关于教师知识分类的理论进行梳理来界定专业知识的范围。

最早对教师知识进行系统研究的是舒尔曼，他的分类框架对该研究领域产生了巨大影响。自舒尔曼之后，许多研究者相继提出了各自的知识分类观。综观已有研究发现，一般教学知识、课程知识、学科知识、学科教学知识被多数研究者所关注，可作为教师专业知识的核心要素。这四类知识的内涵详见第一章第二节。

我们也意识到，这四类知识只是教师专业知识的核心内容，无法涵盖教师专业知识的全部。选择这四类知识并不意味着否定其他知识对于教师专业性的重要作用，这种选择主要是为了使测查内容精简到可操作的范围。

三、形成测验蓝本

在正式编制题目之前，需要先设计测验蓝本（test blueprint）。测验蓝本是描述问卷内容领域、层次结构、题量等有关试题构成比例的文件，它可以为编制具体的题目和评估整个测验提供指导，通常以表格形式（双向细目表或多向细目表）呈现。

根据前面已经确定的四类专业知识，我们邀请相关学科领域的专家明确了每类知识的具体内容领域。教育理论知识的内容领域由高等师范院校教育学和心理学专业的教师确定，2008 年确定了教育史、教育基本理论、教育心理学、一般教学法等四个领域。但由于题目数量有限，每个内容领域的重点知识不可能全面兼顾。所以，2009 年修订时，我们着重从教育心理学和一般教学法两个领域入手考查教育理论知识，因为这两个领域与教师教学实践关系最为紧密。课程知识、学科知识和学科教学知识的内容领域由学科专家和学科教育专家确定。课程知识分为一般课程知识和学科课程知识，一般课程知识是关于基础教育课程改革的通识性知识，学科课程知识则具体到学科之内。学科知识所包含的内容领域最复杂。以语文学科为例，分别确定了古代汉语、现代汉语、语言学、古代文学、现当代文学、文字学及外国文学和文艺学等内容领域。学科教学知识侧重考查两方面：一是教师对学生学习特定学科知识时需要借助的知识准备的了解，以及对学生可能遇到的困难和易犯的典型错误的预知；二是教师是否善于采用多样化的教学表征来帮助学生有效地理解和掌握特定的学科知识。

内容领域是对各类专业知识的横向划分。在纵向维度，我们把知识的掌握水平分为识记、理解、运用三个层次。教育理论知识和课程知识主要从前两个层次考查，学科知识兼顾三个层次，而学科教学知识主要考查对知识的综合运用。把横、纵两个维度纳入双向细目表，由专家根据各部分内容的相对重要性确定相应的题目数量和分值比例。

四、确定测查方法、试题类型与评分方法

了解教师专业知识状况的方法有多种，常用的有纸笔测验法、情境访谈法、观察法等。这些方法各有利弊，适用于不同的情境和测查目的。纸笔测验法比较容易施测和计分，相对客观、统一，可以用团体方式进行，高效、经济。鉴于我们测查的目的和条件，我们选择了纸笔测验法。而可供纸笔测验选择的题型有多种，以能否客观评分为标准，分为客观题和主观题两类。客观题包括单项选择题、多项选择题、判断对错题、配对题、填空题等；主观题包括简答题、论述题、案例分析题、作文题、计算题、证明题等。客观题需要被试书写的内容少，答题速度较快，在测试时间确定的情况下，更多地采用客观题可以为增加题量创造条件，从而更大限度地扩大试题覆盖面。主观题便于收集被试在某一方面深入详细的信息，但答题较费时，所以题量不宜过多。目前，国际上教师知识的大规模测查多以客观题为主。比如在TEDS-M① 项目的数学教师知识测查中，74%的题目都是选择题，其余是开放题。②

① TEDS-M（teacher education and development study in mathematics）是国际教育成就评价协会（International Association for the Evaluation of Educational Achievement，IEA）组织开展的一项中小学数学教师职前培养的国际比较研究，其中包括对教师知识的测查。

② Tatto M T，Schwille J，Senk S L，et al. Teacher education and development study in mathematics（TEDS－M）：conceptual framework［M］. East Lansing，MI：Teacher Education and Development International Study Center，College of Education，Michigan State University，2008：42.

基于以上分析，我们的测查以选择题为主，辅以填空题、简答题和教学情境题。具体而言，教育理论知识题目全部以单项选择题形式呈现；课程知识和学科知识题目以单项选择题、填空题或简答题形式呈现；学科教学知识题目以开放的教学情境题呈现。教学情境题是在问卷上向被试呈现一个教学情境，从情境中提出一个特定学科的教学问题，要求被试给出解决办法。在考查数学学科知识时，由于涉及计算和证明，所以数学学科的简答题占总题量的比重大于语文和英语学科（各类专业知识样题见附录）。在确定题型的同时，我们也规划了评分方法。客观题的答案分正、误两种情况，根据预先设定分值赋分；主观题采用等级评分法，根据评分量规确定等级。

五、编制和筛选试题

（一）试题的初步编制

测验由试题构成，试题在测验中以问题或任务的形式呈现。本研究中，命题人员来自三个群体：学科专家、学科教育专家、中小学教研员或特级教师。在编制试题前，我们组织命题人员进行了研讨，保证大家深刻理解测查的目的、规范与相关要求。试题编制主要依据测验蓝本进行，具体采取两种方式：一是编制原创性题目；二是采用或改编国内外相关研究中已经使用过的题目。其中，学科知识和学科教学知识的测查工具开发相对于其他两种知识挑战较大，是整个工具编制的重难点。

测验的内容效度在很大程度上取决于试题取样的代表性。为了使试题能涵盖所要测量的具体内容领域的知识点，在编制原创性题目时，我们严格从具体的知识点出发生成题目。比如，针对语文学科知识中的文字学知识，我们将其析出若干知识点，根据知识点编制题目，表 2-1 列举的是根据其中一个知识点生成的不同形式的题目。这一做法既可以保证试题的内容效度，又有利于生成大量题目，还可以通过改变题干或选项中的部分内容来调整题目的难度。在采用或改编已有题目时，我们首先分析试题指向的内容领域和具体的知识点，然后再将其纳入试题库相应的目录中。

表 2-1　根据知识点生成题目的示例

知识点：汉字的造字方法		层次
题 1	一般来说，汉字的造字方法有______、______、______、______。	识记
题 2	“盥”字所使用的造字法是（　　）。 A. 形声　B. 会意　C. 象形　D. 指事	理解
题 3	下列四组字中，全是象形字的一组是（　　）。 A. 雨舟水牛　B. 兵本日月　C. 手木鱼甘　D. 刀亦哀鸟	理解

每个题目在初步编制完成之后，都编写了答案和评分标准，并估计其难度系数。试题初步编制后，为了进一步提高内容效度，我们还邀请命题人以外的专家进行评鉴。评鉴采用逻辑分析的方法，即邀请多位专家依据双向细目表去判断测验题目与应测内容范围的吻合程度。早在 1975 年，劳希（C. H. Lawshe）就曾提出内容效度系数（content validity ratio，CVR）的概念及其计算方法①，运用这一方法可以计算出每道试题的内容效度系数，再根据劳希给出的系数最小值参考表，可知试题的内容效度系数是否达到可接受水平。对于那些系数低于最小参考值的题目，应进行删除或修改。

（二）组合预测问卷，编制施测说明书

经过初步编制试题，我们在保留或修改后的题目中选择题目，组合成预测问卷。预测的试题总数应多于正式测验的题目数量，以便预测之后进行修改和删减。有研究者建议初选题目的数量是测验计划数量的 2~3 倍②，也有研究者认为初选题目至少应比预期题目多出三分之一③。考虑到预测所需的时间条件，根据试题编制者对初选试题质量的估计，我们选择了比预期题目多出二分之一的初选题目。在预测之前，我们编制了施测说明书，以保证预测的实施达到标准化。施测说明书对测查的前期准备、监控人员的职责、施

① Lawshe C H. A quantitative approach to content validity [J]. Personnel Psychology, 1975, 28 (4): 567-568.

② 金瑜. 心理测量 [M]. 上海：华东师范大学出版社，2001：323.

③ Suen H K, McClellan S. 命题原理与技术 [EB/OL]. [2010-09-10] (2018-07-12). http://suen.ed.psu.edu/~hsuen/pubs/item%20construction.pdf.

测程序、时间管理、预期特殊情况的处理等做出了详细说明。

（三）预测、筛选题目

预测的样本性质应与正式测查的样本性质一致。以语文、数学、英语学科为例，我们在长春市选取了中等和中等偏上水平的中学各两所，以这些学校的语文、数学、英语教师作为预测样本，每个学科样本量为 60~70 人，预测时记录了测查所需时间和个别测查对象对试题的意见。预测时，语文和英语学科的被试完成全部试题最多需要 60 分钟，数学学科最多需要 90 分钟。

预测后，运用预测所得的数据从试题难度、区分度以及选项等方面对每道试题进行分析。由于预测样本数量较小，预测数据没有作为唯一的筛选依据。在难度方面，以难度系数为 0.3~0.7 的试题为主，也保留了少量难度系数高于 0.7 和低于 0.3 但确实是教师必备的专业基本知识的题目。客观题通过计算每个题目与其同知识类型的全部题目得分总分的点二列相关得出区分度系数，保留区分度系数大于或等于 0.3 的试题。所有保留和修改后的题目都建立了档案，记录了题目的详细信息（见表 2-2）。正式测查后，我们又获得了试题特征的新信息，并对主观题的评分标准做了相应调整。试题的每一次使用都保留详细记录，为将来的试题完善和再使用提供参考信息。

表 2-2　题目档案示例

编号：029	
知识类型：数学学科知识	领域：概率
层次：运用	题型：选择题
适用对象：中学数学教师，数学专业的师范生	
试题：将一骰子（1~6 点）连续抛掷三次，它落地时向上的点数分别记为 a、b、c，则三个数 a、b、c 满足 a+c=2b 的概率为（　　）。 A. $\frac{1}{9}$　B. $\frac{1}{12}$　C. $\frac{1}{15}$　D. $\frac{1}{18}$	
正确答案：B	
测查记录：2008 年 5 月，长春市 A、B、C、D 四所中学的数学教师 65 人 难度：$P=0.43$　区分度：$D=0.41$	

(四) 组合问卷

基于以上探索和研究，课题组最终形成了14种问卷作为测查工具。每种问卷均包括六部分：第一部分是指导语；第二部分是个人基本信息；第三部分是教育理论知识题目；第四部分是课程知识题目；第五部分是学科知识题目；第六部分是学科教学知识题目。中小学各学科的教育理论知识和一般课程知识的题目大致相同，个别学科的题目数量和内容略有差异；学科课程知识、学科知识和学科教学知识的题目则完全不同。

以上是测查工具开发的一般思路，适用于教师专业知识测查工具的开发。相对而言，教育理论知识和课程知识测查工具的开发较为容易，而学科知识和学科教学知识测查工具的开发挑战较大。因此，下面我们聚焦于学科知识和学科教学知识，探讨这两类知识测查工具在开发过程中所面临的问题，以及我们的探索性解决办法。

第二节　试题编制的过程与方法

一、学科知识测查工具的开发

(一) 确立学科知识框架

学科知识也被称为学科内容知识[①]、本体性知识[②]，通常是指教师所具有的关于执教学科的概念、事实、原理、方法等的知识。编制学科知识测查工具需要明确学科知识框架。这里的框架是从编制测查工具的角度对学科知识进一步划分和选择而形成的命题维度，在命题过程中表现为“双向细目表”或“多向细目表”，在作为命题结果的问卷中表现为试题结构。确定学科知识框架需要考虑学科知识涵盖的内容、认知层次以及与教学之间的关联性。

① 田倩．数学职前教师学科内容知识发展研究［D］．上海：华东师范大学，2010.

② 林崇德，申继亮，辛涛．教师素质的构成及其培养途径［J］．中国教育学刊，1996（6）：17.

1. 学科知识涵盖的内容

这个内容因学科而异，有两种一般性的方法可供参考。第一种方法是以课程标准为依据。比如，根据《义务教育数学课程标准（2011 年版）》，小学数学分为“数与代数”“图形与几何”“统计与概率”和“综合与实践”四个领域。“综合与实践”是前三个领域内容的综合运用，所以小学数学的学科知识基本可以划分为“数与代数”“图形与几何”“统计与概率”三大板块，各板块之下再划分更为具体的分支。第二种方法是专家评判，邀请学科专家判断哪些领域是该学科的主体内容。例如，学科专家把中学化学知识划分为表 2-3 中的四大板块，每个板块之下又细分若干分支。以上两种方法有相通之处，可以结合使用。

表 2-3 化学学科知识领域示例

	四大板块	具体分支
化学学科知识	元素化合物知识	各种金属、元素及其化合物知识
	有机化合物知识	烯烃知识、羧酸知识、同分异构体知识
		苯酚知识、醛知识、分子共面知识
		脂类水解知识、有机物相溶性知识
		有机物物理性质知识
	化学反应原理知识	化学反应
		化学反应速率和化学平衡知识
		溶液中的离子平衡知识
		化学平衡常数知识
	物质结构与性质知识	原子结构与性质综合知识
		杂化轨道理论知识
		离子晶体知识

2. 从哪些认知层次考查学科知识

知识的掌握水平可以分为多个层次。比如，布卢姆（B. S. Bloom）在《教育目标分类学·认知领域》中把认知目标分为识记、领会、运用、分析、综合、评价六个层次[①]。后来，安德森（L. W. Anderson）等人又将其调整为记忆、理解、运用、分析、评价、创造[②]。我国也有这方面的研究，有研究者把认知目标分为记忆、理解、简单应用、综合应用、创见五个层次[③]。1992年颁布的《九年义务教育全日制初级中学数学教学大纲（试用）》把认知领域的教学目标分为了解、理解、掌握、灵活运用四个层次。

面对众多不同的划分方法，我们的思路是：不应只考查识记水平的学科知识，至少应包括识记、理解、运用三个不同的层次，在此基础上可结合具体学科的特点增加其他层次。

3. 学科知识与教学之间的关联性

由于测试时间和形式的限制，实际测查的内容需要聚焦在教师应具备的学科知识中相对重要的内容上，那些与教师教学有密切联系的知识可作为测查的主体内容。

借鉴何彩霞对学科知识结构的划分，根据学科知识与教学之间关联性的大小，我们把教师的学科知识分为核心知识、辅助性知识和外围知识。核心知识即教师需要教给学生的学科知识（也是学生需要学习的学科知识）；辅助性知识是指高于核心知识，且对核心知识的教学有直接帮助的学科知识；外围知识对于教师形成全面的学科素养有帮助，但与教师教学的关联性不大。三类知识的范围如图2-1所示。

三类知识的界限因教学内容而异。同一知识对中学教师可能属于核心知识，而对小学教师可能就是外围知识。比如小学数学教师教四年级学生“三角形三边之间的关系”，学生应知道“三角形的任意两边之和大于第三边”，教师也必须掌握该知识，该知识是小学数学教师教授“三角形三边之间的关系”所必需的核心知识。而初中数学教师还必须知道“三角形的任意两边之差小于第三边”，因为这是要求初中生掌握的知识。但对于小学数学教师而

① 布卢姆，等．教育目标分类学：第一分册：认知领域［M］．罗黎辉，丁证霖，石伟平，等译．上海：华东师范大学出版社，1986.

② 安德森，等．学习、教学和评估的分类学：布卢姆教育目标分类学修订版（简缩本）［M］．皮连生，主译．上海：华东师范大学出版社，2008.

③ 吴也显．教学论新编［M］．北京：教育科学出版社，1991：352.

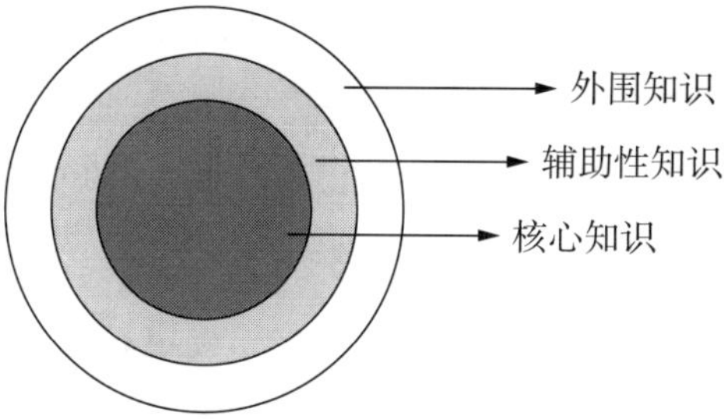

图 2–1　核心知识、辅助性知识和外围知识的范围示意图

言，“三角形的任意两边之差小于第三边”属于辅助性知识，对小学数学教学不是必需的，但有很大帮助。

我们的命题思路是：兼顾核心知识和辅助性知识，外围知识不作为测查内容。以高中化学为例，核心知识基本属于高中水平的化学知识，辅助性知识属于师范生在大学期间学习的那些高于高中化学且与高中化学有密切联系的化学知识。

综上，从三个维度审视学科知识的测查范围：一是根据学科课程标准和学科专家建议确定学科知识需要涵盖的板块及各板块的分支；二是多层次考查学科知识，至少应包括识记、理解、运用；三是强调学科知识与教学之间的关联，以核心知识、辅助性知识为主。以小学数学教师学科知识为例，三维框架如图 2–2 所示。

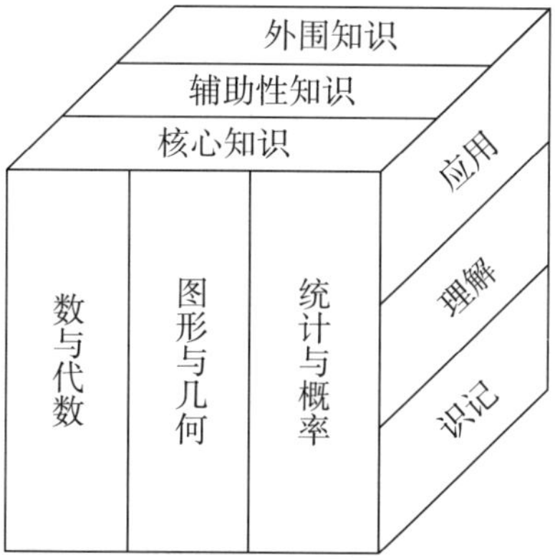

图 2–2　小学数学教师学科知识的三维框架

综合两个或三个维度可以形成双向或三向细目表，指导编制具体试题和评估整套试题。用学科知识框架指导命题，可以保证问卷的结构合理，避免命题的盲目性和随意性，避免出现偏题以及试题过分集中或遗落要点等问题。

（二）学科知识测查工具开发的思路

测查工具开发通常包括测查目的具体化，确定教师专业知识的理论框架，形成测验蓝本，确定测查方法、试题类型与评分方法，编制和筛选试题。这些步骤已在本章第一节介绍，下面主要介绍在测查工具开发过程中几个具体问题的解决思路。

1. 如何分配各部分内容的比例

确定了学科知识框架，就明确了学科知识包括哪些板块和分支。虽然这些板块和分支被保留下来都是因为它们相对比较重要，但并不意味着它们比例相同。比如，小学数学中“统计与概率”的内容比例比“数与代数”和“图形与几何”的内容比例小。相应地，在考查小学数学教师学科知识时，应区别对待三个领域的知识比例，那些相对重要、容量较大的部分和分支在问卷中的比例应大一些。比例涉及试题的数量比例和分值比例。题目数量多，分值总和通常也就较大。有时也可以命制综合性的题目，通过一道题目来综合考查多方面的知识，这种情况下虽然只有一道题，但分值不妨加大，因为它涵盖的内容较为广泛。

那么，哪些是相对重要的板块和分支呢？在问卷中具体占多大比例呢？回答这些问题可征求和咨询多位本学科专家意见，在众多意见中确定一个能被大多数人接受的结果，同时做好对这些征集到的意见和反馈的记录备案工作，作为判断试题质量的证据。

2. 如何保证试题的内容效度

根据双向细目表编制试题之后，需要检验试题的内容效度。所谓内容效度，简单地理解，就是试题实际所能测查到的内容与它希望测查的内容之间的一致性。题目在初步编制完成后，应拟定答案和评分标准，并估计其难度系数。为进一步提高内容效度，需要邀请命题人以外的专家进行评鉴。评鉴可以采用逻辑分析的方法，邀请多位专家依据双向细目表判断测验题目与预期测查内容的吻合程度。本研究采用劳希提出的内容效度系数，具体方法是：向专家提供试题及测查意图，然后请每位专家评判；也可以通过问卷收集专家对每道试题的评判意见。表 2-4 呈现的是一道试题的内容效度专家评判表示例。

表 2-4　内容效度专家评判表示例

试题： “盥”字所使用的造字法是（　）。 A. 形声　B. 会意　C. 象形　D. 指事 正确答案：B
测查意图： 所属知识领域：文字学 测查的具体知识点：汉字造字法
专家评判： 该试题实际所能测查的知识对于测查意图而言，其重要程度如何？请您在“评判意见”栏的 A、B、C 选项中做唯一选择，并在选项上画“√”。 评判意见： A. 非常重要 B. 有用，但不太重要 C. 没有用

评判意见收集回来后，运用下面的公式计算出每道试题的内容效度系数。

$$CVR = (ne - N/2) / (N/2)$$

公式中的 ne 表示选择“A. 非常重要”的专家人数，N 表示专家总数。参照表 2-5 对计算得出的系数进行最终判断。由表 2-5 可见，专家总数越少，对内容效度系数的要求越高。对于那些低于最小系数值的题目，应考虑删除或修改。

表 2-5　内容效度系数的参考值

专家总数	可接受的最小系数值	专家总数	可接受的最小系数值
5	0.99	13	0.54
6	0.99	14	0.51
7	0.99	15	0.49
8	0.75	20	0.42
9	0.78	25	0.37
10	0.62	30	0.33
11	0.59	35	0.31
12	0.56	40	0.29

3. 如何确定试题的难度

测查目的是确定试题难度范围的重要依据。本研究教师专业知识测查的根本目的在于揭示教师专业知识状况，了解教师是否具备基本的专业知识。何种水平的知识是“基本”的专业知识？本研究除参照国家的教师专业标准和教师教育课程标准外，也参考了师范院校学科教育专家、省市教研部门教研员和中小学骨干教师的意见。

最终定稿之后的问卷中，特别难和特别容易的题目少一些，中等难度的题目多一些。测验编制时，一般要求每道试题的难度为 0.3～0.7，而所有试题的平均难度保持在 0.5 左右为宜。

测查之前，命题者只能对试题难度进行估计，而这个估计的难度可能与试题针对特定被试群体的实际难度之间有差别。所以，预测非常必要。在预测之前，尽量围绕每个所要考查的知识点命制出难、中、易不同难度水平的试题，这样便于预测之后根据需要进行筛选、组合问卷。

4. 如何确定试题的题型

前面已经介绍过，了解教师专业知识状况的方法有多种。大样本教师群体的知识状况采取纸笔测验法较为合适，这种方法较为经济、高效，从而使大面积测查更具可行性。纸笔测验的题型多种多样，大样本测查宜以客观题为主，这样既可以节约测试时间，又有利于评分的客观化。

基于以上考虑，本研究学科知识的测查以选择题为主。确实必要时，适当采用填空题、简答题。比如，数学学科考查学科知识时可能会涉及证明，所以可以使用简答题。又如，理科可能会涉及计算，如果不涉及对计算过程和方法的考查，则尽量也采用选择题的形式。

5. 如何确定试题量的大小

试题的难度和总量是决定测查时间的关键因素。测验的建构实际上相当于一个试题抽样的过程。高质量的测验既要保证每道试题具有代表性，又要保证试题的数量能涵盖所要测量的特质。当测查题量增加到可以保证内容效度的数量时，测查所需时间也会随之增加。而测查时间过长，会给被试带来身心负担，进而影响测查的信度。

根据课题组 2008 年在东北三省测查的经验，每套测验的测查时间限定在 1 小时以内为宜，否则将很难组织实施，难以保证被试的参与状态。需要说明的是，课题组 2008 年的测查包括教育理论知识、课程知识、学科知识和学科教学知识四部分，被试作答学科知识题目的时间为 30 分钟左右。在这种非利害性的测查中，被试连续作答学科知识的时间上限是多少尚不明确。测查题量与测查时间之间的矛盾以及研究的非利害性对测查信度的可能影响，是教师专业知识测查工具开发和应用过程中的两个难题，仍需深入思考和探索。

二、学科教学知识测查工具的开发

（一）学科教学知识和一般教学法知识的区别

学科教学知识是指教师所具有的将“学科知识”转化为“易于学生理解、接受的知识”的知识。学科教学知识的内涵非常广泛，但其核心至少有两方面：一方面是教师能够了解学生在学习某一学科知识时需要借助的知识储备，能够预知学生可能遇到的学习和认知方面的困难、容易犯的典型错误；另一方面教师要善于采用多样化的教学表征方式（如举例、图表、打比方、演示、对比）来帮助学生有效地理解和掌握某一学科知识。

学科教学知识必然涉及具体的学科知识。若不涉及具体的学科知识，则应属于教育理论知识或一般教学法知识，而非学科教学知识。学科教学知识不仅涉及学科知识，而且涉及教学，即学科教学知识是从教学的角度来理解学科知识。若不涉及教学，考查的则是学科知识，而非学科教学知识。

（二）学科教学知识应围绕哪些学科知识来命题

学科教学知识既然必须围绕具体的学科知识来命题，那么应该围绕哪些学科知识来命题呢？前面我们已经探讨过，学科知识可以划分为诸多板块或分支，那么是不是要面面俱到，都命制相应的学科教学知识题目呢？肯定不是。限于时间和精力，我们只能选择少数板块或分支中的具体主题来测查学科教学知识。比如小学数学，有的研究者主要围绕“数与代数”板块中的“分数知识”来测查教师的学科教学知识。国外很多研究学科教学知识的研究者也都是仅选择一个或少数几个板块中的具体主题来开展研究。

当然，这样也就面临一个问题：如何通过一个或少数几个板块中具体主题的学科教学知识状况来推论教师学科教学知识的整体状况？一个教师在分数教学方面是个行家里手，但未必在三角形教学方面也很高明。一个板块中具体主题的学科教学知识水平无法代表其他板块中具体主题的学科教学知识水平。这是不容否认的。所以，在本研究纸笔测验的条件下，选择一个或少数几个板块中的具体主题来测查学科教学知识是可以接受的，而且是不得不这样去做的。相应地，在接下来描述和判断教师学科教学知识现状时，一定要交代清楚是以哪个具体的学科知识为例。

学科教学知识题目所涵盖的学科知识主题数量已经明确了，只能是少数几个。这几个主题具体如何选择，需要各学科自己确定。通常，那些既是重点又是难点的学科知识，比较适合用来命制学科教学知识题目，这样编制出来的题目更能区分出教师之间不同的教学水平。难点，是因为学生难于理解，容易犯错误，不便于直接把知识传授给学生。所以，难点需要教师对知识本身有深入的理解，并基于此深思熟虑教学方法。一些优秀的教师往往有很多突破难点的方法，这些方法通常被视为他们的“绝活儿”或“妙招”。而且，他们的方法通常不止一种而是一套。他们知道在什么情况下、针对什么样的学生应该使用哪一种方法会更有效。当然，必须保证这个知识点也是重点，即比较重要的学科知识。有些知识点很难，但不是重点，如果用来命制学科教学知识，就会把题出“偏”。

学科教学知识涉及教学的各个环节，不仅仅限于新授知识的教学，导入、练习、总结、评价、复习等环节也可能适合命制某些学科教学知识题目。当然，也不要仅限于实际的课堂教学实施，还可以从教学设计的角度来命题。关于教学设计、评价和导入方面的学科教学知识题目，可参见本节问题（四）的案例。

（三）学科教学知识可以从哪些角度来测查

学科教学知识虽有较为明确的内涵，但多年来研究者将其范围不断扩展，具体包括哪些维度，目前学界仍众说纷纭。比如，目前有研究者提出技术性的学科教学知识（technological pedagogical content knowledge，TPCK），认为学科教学知识应包括运用信息技术来教授特定学科知识。在这种众说纷纭的背景下，最简单的办法就是把问题简单化，守一望多，回到原点，即采用舒尔曼最初对学科教学知识的界定。虽然目前的研究拓展了舒尔曼最初的界定，但任何研究者都没有否认舒尔曼提出的两大核心要素——教学表征的知识和对学生学习理解的知识。

所以，建议学科教学知识题目至少要涵盖以上两个方面。在保证此前提下，不反对各学科尝试从其他角度来测查学科教学知识。

（四）学科教学知识可以通过哪些题型来考查

本研究的核心任务是调查大样本教师学科教学知识的状况，所以采用纸笔测验法。相应地，题型不外乎主观题和客观题两类。主观题可采用情境题，客观题可采用选择题。下面是小学数学学科教学知识的两道情境题。

【案例1：课堂活动设计】

在最初教授“长度测量”这部分内容时，张老师并没有直接教学生认识刻度尺、使用刻度尺。她先让学生做了两个活动：第一个活动是用纸条测量数学书的长度；第二个活动是用铅笔测量数学书的长度。

张老师安排这两个活动是有一定意图的。这样的设计有一定的合理之处，您能至少列举出两条理由吗？

【案例 2：编制评价反馈题目】

学生已经具备了一定的分数知识，学过如何比较分数大小。下面哪一道题最适合用来评价学生能否正确地比较分数的大小？

第 1 题：请按从小到大的顺序排列$\frac{5}{8}$，$\frac{1}{4}$，$\frac{11}{16}$。

第 2 题：请按从小到大的顺序排列$\frac{5}{8}$，$\frac{3}{4}$，$\frac{1}{16}$。

第 3 题：请按从小到大的顺序排列$\frac{5}{8}$，$\frac{3}{4}$，$\frac{11}{16}$。

您能解释为什么自己选择的那道题最适合用来评价学生，而另外两道题不太适合吗？

上面两道题都需要被试教师用文字来回答。这种题型的优点是具有开放性，便于教师自由地发表个人见解，可能会发现教师的一些富有创造性的观点。但这种题型的不足是需要教师花费较长时间来书写答案，有的教师可能因“嫌麻烦”而敷衍，没有反映其真实水平；另一个不足是评分费时费力，且不利于保证客观性。

目前，国外大规模学科教学知识测查比较倾向于采用选择题，如 TEDS-M 项目。

下面是一道学科教学知识题的示例①。

【案例 3：考查教师的概念表征】

今天是高一函数第一章的第一节课，赵老师设计了三种课堂引入，您认为哪种合适？

① 摘自黄兴丰 2010 年 11 月在东北师范大学的博士后开题报告。

（1）情境引入。比如“喷水池是中外城市中常见的，我们看到的喷水头喷出的每一滴水珠都经历了由低到高，再由高到低的抛物线状的轨迹，然后滴入水池。在这个过程中的任何一个时刻，它都有一个特定高度”。接着从情境中概括出共同的特征。

（2）复习引入。首先复习初中函数的定义：“在一个变化过程中有两个变量 x 和 y，如果给定了一个 x 值，相应地就确定唯一的一个 y 值，那么我们称 y 是 x 的函数。”然后指出用变量的观点来描述函数的局限性，过渡到本节课的主题。

（3）图像引入。比如，让学生观察一天 24 小时气温变化的图像的特点，让学生在图上指出某具体时刻的温度，或者某一温度对应的具体时刻，概括出函数关系表示的是一种特殊的对应。

A. 只有（1）合适　　B. 只有（2）合适
C. 只有（3）合适　　D. 只有（1）（2）合适
E. 只有（2）（3）合适　　F.（1）（2）（3）都合适

通过选择题测查学科教学知识，优点是免去了教师书写文字的辛劳，节省了答题时间，便于增加题量，加大试题的覆盖面。此外，选择题便于批改评分，提高评分的客观性。不过，选择题的缺点也是显而易见的，其暗示性和限制性均较强。

暗示性，即选择题所提供的答案中必然包含一个正确答案或最优策略。如果采用开放题请被试自主思考，被试可能无法想出正确答案或最优策略，但如果采用选择题，被试则可能在选项的提示下，分辨出正确答案或最优策略，甚至不排除被试可以在不假思索的情况下“猜”对或“蒙”对。

限制性，即选择题的假设是备选答案中有一个是正确答案或最优答案，被试必须从中做出选择。值得探讨的是，有的学科教学知识题目可能具有多种答案和策略，正确的不止一个，“没有最优，只有更合适”。那么，试题编制者如何保证备选答案能够涵盖所有可能的答案呢？试题编制者也无法确定被试是否能思考出一个不在备选答案之中却优于备选答案的答案。

本研究建议各学科命制学科教学知识题目时，优先考虑选择题，若确实必要，也可以采用情境题，还可以基于选择题增加其开放性。比如案例 3 中有关函数引入的学科教学知识题目，可在 F 选项后面增加："除了以上提供的三种引入方法，如果您有更加合适的引入方法，请简要说明：________。"

（五）学科教学知识题目的评分方法

选择题呈现的学科教学知识，评分容易。情境题（开放题）呈现的学科教学知识，评分较为复杂，通常采用等级评分的方法，且评分之前需要对评分人员进行培训，以保证评分质量。较为科学严谨的做法是，每道题目由至少两位具有一定经验的评分者来评定。多位评分者首先共同研讨评分标准并对部分试题预评分，当对评分标准理解一致且评分比较熟练之后再正式评分。正式评分时，每道题目由至少两位评分者分别进行独立评分，然后对比两位评分者在每道题目上给出的分数，如果不一致的很多，则需要反思和检讨评分者的评分技能，甚至重新评分；如果不一致的较少，一致性较高，则可忽略不一致的评分，或者把那些不一致的评分挑选出来，取平均分，或者经由评分者互相商讨，重新评分，直至得出一致评分。

（六）学科教学知识题目的数量

学科教学知识题目的数量多少，取决于采用何种题型和可供利用的测查时间。如前所述，整套问卷的测查时间应控制在 1 小时内，其中学科知识控制在 30 分钟内，教育理论知识和课程知识如果控制在 10 分钟内，那么学科教学知识则只剩下大约 20 分钟。20 分钟内能完成的题目数量非常有限，如果采用情境题，还需要教师书写文字来回答，估计最多只能回答 3~4 道；如果采用选择题，回答的题量就可以大大增加。当然，每道题目的答题时间也和题目本身的复杂程度及难度有关，通过预测可以了解实际所需答题时间以及题量究竟是否合适。

把学科教学知识与教育理论知识、课程知识和学科知识放在一起测查，从时间的角度来看，不是一种好的安排。

第三节　测查工具的结构与应用

一、测查工具的结构

课题组对教师专业知识测查工具的研究是一个逐步探索、不断深入的过程。2008 年课题组开发了初中语文、数学、英语 3 个学科的测查工具，2009 年起，基于前期基础，将研究范围扩大到小学语文、数学、英语和高中语文、数学、英语、物理、化学、生物、信息技术、体育等学科。目前，课题组共开发中小学 14 个学科的测查工具。尽管测查工具适用的学科和教育阶段不同，但现有的 14 套测查工具的基本结构大致相同，它们都依托纸笔测试，均包括六个部分。

第一部分是指导语。首先向被试简要介绍测查目的，承诺对测查数据和结果保密，仅供课题组研究使用，不涉及被试及其所在单位的评价，从而打消被试的顾虑，使被试反映自己的真实水平。此外，对答题要求做出说明，以确保被试提供有效的信息。

第二部分是个人基本信息。以选择题或填空题的形式收集被试的性别、教龄、学历、职称等信息，以供对调查样本的背景进行分析，以及对不同背景被试的专业知识状况做比较分析。

第三部分是教育理论知识题目。如前所述，一般教学法知识（knowledge of general pedagogy）也被许多研究者重视。这里的“pedagogy”也可以译为“教育学”。从教师教育实践来看，大多数国家的教师教育课程都包括一般的教育教学课程。新近的一项关于数学教师职前教育的国际比较研究（如 MT21 项目、TEDS-M 项目）发现确实如此，只是这类课程占全部课程的比例和具体内容不同而已。这些研究都指出，一般的教育教学课程对于教师的教学和专业发展并非可有可无，尽管目前这类课程的质量受到很多批评。从具体的教育教学实践来看，教师也确实需要一些与具体学科无关的一般性教育教学知识，如课堂管理、教学评价的一般方法、德育、教育哲学、教育史以及学生的身心发展特点等。

2009年，课题组在前期试题编制经验的基础上，将教育理论知识的测查范围聚焦于与教学实践联系密切的两个领域——教育心理学和一般教学法。这样既突出了重点，又可以确保重点内容有数量相对较多的题目。不过，目前已经开发的教育理论知识题目过于强调理论，大多是需要教师记忆的陈述性知识。如何测查教师的理解和应用，这是下一步工具开发过程中需要深入探讨的问题。

各学科的教育理论知识全部以单项选择题形式呈现，2009年修订后的教育理论知识题目为8~9道。下面是一道题目的示例。

下面对“最近发展区”的理解正确的是（　　）。

A. “最近发展区”是指与教学内容有紧密联系的其他学科的内容领域

B. “最近发展区”是指学生通过最近的学习已经获得的发展区域

C. “最近发展区”是指学生现有的水平与经过教学所能达到的水平之间的差距

D. “最近发展区”要求教学适应学生的身心发展，不能超越学生现有的水平

第四部分是课程知识题目。这部分题目包括一般课程知识和学科课程知识。一般课程知识在本研究中特指适用于各学科的关于基础教育课程改革的通识知识，并在测查工具中以3~6道单项选择题呈现。学科课程知识则具体深入到学科内部，主要测查教师对所教学科的课程性质、基本理念、设计思路、结构编排、内容要求以及实施要求等方面的了解。学科课程知识也是通过单项选择题呈现的，具体数量因学科而异，总数均不少于3道。下面是一

般课程知识与学科课程知识的题目示例各一道。

新课程提出了三维目标，分别是知识与技能、过程与方法和（　　）。

A. 思想品德　　　　B. 创新精神

C. 实践能力　　　　D. 情感态度与价值观

下列哪一项是新课程对“必修模块”知识体系做出的调整？（　　）

A. 强化了按照元素自然族来介绍元素化合物知识的做法

B. 有关化学反应与能量，新课标的要求比原教学大纲的要求低

C. 删去了乙烯的制法、苯的结构的知识

D. 强调同系物的概念及其性质

第五部分是学科知识题目。这部分题目是各学科测查工具中题量最大的一部分，用来测查教师所具有的关于执教学科的概念、事实、原理、方法等知识，主要包括选择题、填空题、简答题等题目类型。下面是高中生物和初中数学的学科知识题目示例各一道。

下列有关细胞结构与功能的叙述，正确的是（　　）。

A. 人的肾小管上皮细胞中没有胰岛素基因

B. 人体内不再分裂的体细胞中共有46个DNA分子

C. 性激素的合成与内质网有关

D. 内质网与细胞膜相连，不与核膜相连

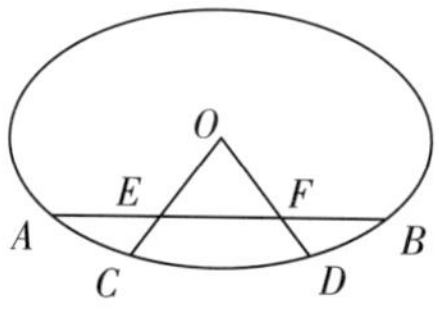

如图所示，AB 是 $\odot O$ 的弦，半径 OC、OD 分别交 AB 于点 E、F，且 $AE = BF$，求证：$OE = OF$。答：有如下作辅助线的方法(不要求证明过程，只要写

出所作辅助线)。

作法 1：______________________________

作法 2：______________________________

作法 3：______________________________

作法 4：______________________________

作法 5：______________________________

解决这个问题要关注的基本图形是：____________。

第六部分是学科教学知识题目。这部分题目通过单项选择题或简答题来测查，题目数量因学科而异。如果采用简答题，需要被试用较长时间作答，那么题目数量不宜过多；反之，如果采用选择题，那么题目数量可略多一些。下面是高中信息技术和小学数学的学科教学知识题目示例各一道。

在必修课中，动画信息加工是比较形象且技术含量高的内容。对于变形、运动动画的教学，您认为哪种更适合零起点的学生？(　　)

A. 先讲变形后讲运动，不涉及元件转换或建立

B. 先讲变形后讲运动，涉及元件转换或建立

C. 先讲运动后讲变形，不涉及元件转换或建立

D. 先讲运动后讲变形，涉及元件转换或建立

一名学生在计算 26×53 时，其竖式过程如下。您怎样向学生解释他的错误？把您向学生解释的语言写在下面。

$$\begin{array}{r} 26 \\ \times\ \ 53 \\ \hline 78 \\ 130 \\ \hline 208 \end{array}$$

以上是对测查工具结构的介绍，并通过少量示例说明了试题的类型与内容。各学科完整的测查工具和题目见本书附录。

二、测查工具的应用

（一）测查工具的应用范围

1. 初中教师专业知识测查

2008 年 5 月，课题组利用初中语文、数学、英语三套测查工具测查了 8 所师范院校的中文、数学、英语专业的四年级师范生。8 所师范院校包括辽宁省 2 所、吉林省 3 所、黑龙江省 2 所、湖北省 1 所，同时还测查了哈尔滨市、长春市、沈阳市 3 个城市 12 所初中的语文、数学、英语教师。①

基于测查数据，课题组分析了在职教师和职前教师的专业知识状况，并对二者进行了比较分析。此外，课题组还比较分析了不同层次（部属、省属重点、省属一般）师范院校师范生（即职前教师）的专业知识状况。

2. 高中教师专业知识测查

高中教师专业知识测查工具的研制从 2009 年开始，借鉴了初中教师专业知识测查工具的经验。2012 年，课题组形成了质量较高的正式测查工具，并于当年 11~12 月在吉林省长春市、吉林市、松原市、四平市、辽源市选取了 6 所高中，测查了这些学校语文、数学、英语、物理、化学、生物、信息技术、体育等 8 个学科的在职教师。2013 年 2 月，课题组在辽宁、吉林、黑龙江三省选取 12 所县城高中，测查语文、数学、英语、物理、化学、生物、信息技术、体育等 8 个学科的在职教师。2012 年 10 月至 2013 年 3 月，课题组在辽宁、吉林和黑龙江三省选取 4 所师范院校，测查了中文、数学、英语、物理、化学、生物等专业的四年级师范生。

课题组分析了城市高中在职教师、县城高中在职教师和职前教师（师范生）的专业知识状况，并对不同类型的教师进行了比较分析。

3. 小学教师专业知识测查

小学教师专业知识测查工具的研制从 2009 年开始，借鉴了初中教师专业

① 鉴于课题组对被试学校和教师的保密承诺，本书略去被测学校的名称及被试教师的姓名。

知识测查工具的经验，经过不断修订和完善，于2012年形成了正式测查工具。2012年4月，课题组测查了辽宁省某市某城区7所小学的语文、数学、英语教师；6月，测查了湖南省某市5所小学的语文、数学、英语教师；9月，测查了吉林省长春市某城区9所小学的语文、数学、英语教师。

(二) 测查工具的应用过程

在确定测查样本学校之后，课题组与样本校沟通，确定具体的测查时间和地点。测查采取集中测查的方式，把被试教师集中在统一的时间、地点进行测查，从而保证测查时教师们反映真实的情况，以免发生参考书籍、互相交流、不认真填写的情况。测查的组织者由课题组成员担任，课题组事先对测查组织者进行了培训，以保证测查实施标准化。测查组织者提前到达商定的测查地点，样本校组织被试教师就座。不同学科的题量不同，有的学科可能会提前答完，因此，混合就座可能会使答题慢的教师受到影响。鉴于此，被试教师按学科分区域就座，课题组成员介绍测查目的及测查要求，按学科发放问卷，监督答题，做好问卷的回收和测查实施情况记录。

三、测查工具应用的主要困难

(一) 测查题量与测查时间之间的矛盾

测查的题目既要有代表性，又要有较为广泛的涵盖性，从而确保题目具有较高的内容效度。整体而言，本研究所开发的测验在某些内容方面的题目数量还不够充足。比如教育理论知识，尽管2009年修订后只保留了两个领域，但每个领域平均只有4道题目。此外，学科知识中的某些板块也存在这个问题。这对内容效度会有一定的影响。不过，当测查题量增加到可以保证内容效度的数量时，测查所需时间势必延长许多。测查时间过长，容易给被试造成身心负担，进而影响测查的信度。对于题量过多的测验，可以把测验分成题量适当的两个分测验，安排两次时间对被试进行测查。具体可有两种方式：一种是安排两个间隔一段日期（不宜过久）的时间，另一种是两次测查在同一天进行，中间安排一段时间休息。如果既不想因增加测查题量而延长测查时间，又不希望因题量过少而降低内容效度，也可以采用定锚试题设计来发展多份题量合适的试题，通过等值技术来推断被试在全部试题上的表现。不过，这种方法对被试样本有更高的要求。这些方法都可以作为将来的尝试。

（二）研究的非利害性对测查信度的可能影响

本研究对教师专业知识的测查主要出于研究目的，与教育行政部门和学校的管理、评价工作无关。因此，本研究的测查结果对于被试教师和学校而言不具有利害性。本研究也严格遵循科学研究的伦理原则，测查一律采取匿名方式，并在测查之前向被试声明，测查数据仅供研究使用，不涉及对他们的评价和考核。由于测查结果与测查对象无利害关系，可能存在测查对象不尽力呈现自己最佳水平的情况，这在一定程度上会影响测查的信度。对研究的非利害性测查而言，通过以下方法有助于保证测查信度：测查采取自愿原则；选择合适的时间、场合，提供有利的测查环境；测查前向被试讲明测查的意义和要求（包括预计时间长度）；真诚对待被试。除此之外，在保证测查工具和技术质量的前提下，把测查研究与教育行政部门或学校的评价考核工作结合起来，也可以作为今后的一种尝试。

课题组在开发教师专业知识测查工具与技术方面做了大量的探索和思考，这些探索和思考还有待深入，已开发的测查工具也难免存在不足。尽管目前教育与心理测量理论已相当系统、深入，但将这些理论运用于具体的教师专业知识测查还需要在实践中不断尝试和探索。正如斯科恩菲尔德（A. H. Schoenfeld）所指出的，教师知识测查仍然存在着许多困难①。不过，令人欣喜的是，越来越多的研究者对教师专业知识状况产生了兴趣，教育行政部门也需要了解教师专业知识现状，这些研究兴趣和实践需求都将推动教师专业知识测查工具与技术的发展。随着越来越多的专业人士加入这一行列，相信教师专业知识测查工具和技术将会不断完善与成熟。

---

① Schoenfeld A H. The complexities of assessing teacher knowledge [J]. Measurement: Interdisciplinary Research & Perspective, 2007, 5 (2): 198.

第三章 语文教师专业知识发展

习近平总书记在《做党和人民满意的好老师——同北京师范大学师生代表座谈时的讲话》中明确提出："扎实的知识功底、过硬的教学能力、勤勉的教学态度、科学的教学方法是老师的基本素质，其中知识是根本基础"①，清晰地指出专业知识是教师基本素质的基础构成内容。语文教师作为从事语文教育的专业人员，其专业知识素养的基础组成部分同样是专业知识素养。在我国，"语文"特指我国的社会标准语——汉语。汉语对于绝大多数语文教师和学习者来说都是母语，母语作为生活的日常用语，人人都会说，人人都能用，在生活实践中也可以学习并获得发展，因此导致"语文教师的专业知识包含哪些方面，有哪些具体内容，长期以来却一直语焉不详，语文教学的专业含量被不断弱化，这严重地损害了语文教师的专业尊严"②。在这样的现实情况下，语文教师专业知识的构成以及处于不同发展阶段的语文教师应具备怎样的专业知识必然成为促进语文教师专业发展研究的基础和前提。

---

① 习近平．做党和人民满意的好老师：同北京师范大学师生代表座谈时的讲话［N］．人民日报，2014-09-10（2）．

② 王荣生．"语文学科知识"概论："语文学科知识精要"开篇语［J］．语文学习，2011（11）：11.

第一节　语文教师专业知识发展的研究背景

一、语文教师专业知识研究的背景

（一）国际上对语言教师专业性日趋重视

20 世纪中期以来，教师专业化研究不断发展。1966 年，联合国教科文组织和国际劳工组织发表了《关于教师地位的建议》，以官方文件形式对教师专业发展做了明确说明，提出应把教育工作视为专门的职业；美国卡内基工作小组、霍姆斯小组也相继发表了《国家为培养 21 世纪的教师做准备》《明天的教师》两个重要报告，提出以教师的专业性作为教师教育改革和教师职业发展的目标。在此背景下，各国对于语言教师的专业性也日益重视，这主要体现在对第一语言教师、第二语言教师、国际语言教师专业资格认证标准的差异上。

美国最权威教师教育认证组织 NCATE① 在对本国语言教师的专业资格认证中，将英语教师资格标准分为两种：一种是英语语言艺术教师资格标准，相当于中国的语文教师，由全美英语教师委员会制定；另一种是他语者英语教师或 ESL② 英语教师，即母语非英语而将英语作为第二语言或外语来学习的学习者的教师，由他语者教师协会进行资格认证。③ 英国也同样将语言教师进行这样的分类，一般由英国英语认证计划来进行英语作为第一语言的教师资格认证，由皇家艺术学会主持颁发英语作为外语的教师证书。④ 日本则将语言教师分为国语教师和日语教师，国语教师是教日本国民学习日语的教

① 即为 National Council for Accreditation of Teacher Education 的缩写.

② 即为 English as a Second Language 的缩写.

③ 林丽花 . 美国英语教师培养标准和评估程序述评：基于 NCATE 认证框架下“ESL 教师”培养方案认证的研究［D］. 福州：福建师范大学，2009.

④ 武波 . 英国英语教师的培训及资格认证［J］. 西安外国语学院学报，2004（4）：36-39.

师，而日语教师是指外国学生的日语教师，二者也有不同的教师资格认证标准。[①] 在这些认证标准中，几类语言教师的专业知识结构呈现出明显差异：第一语言教师的专业知识结构更侧重于语言学习与文化传承的内容，如语言规则与使用、教学中的文学中心、探究语言学习对学生从容而充实的生活的作用等；而第二语言教师或国际语言教师的专业知识结构更侧重于第二语言学习理论与文化理解的内容，如应用语言学、语言习得理论及了解母语对第二语言学习的影响等。

综上我们可以发现，国际上对于不同类语言教师的专业素养有不同要求，专业性也越来越强，这样细致的划分体现了国际上对语言教师专业性的重视。目前，我国汉语教师也分为语文教师和对外汉语教师，其各自资格认证标准也在不断完善过程中，这就要求语文教师专业知识研究要不断趋向全面与深入。

（二）我国对语文教师专业水平需求提升

2011 年，教育部颁布了《教师教育课程标准（试行）》，对中小学教师应具备的知识结构提出了明确要求，注重加强教师对所任教学科的专业理解，强调学科内容知识、课程知识、学生知识、自我知识、教育学知识的学习；2014 年 9 月，教育部又启动了“卓越教师培养计划”，其中卓越教师专业素养的重要组成部分即具备敦厚的文化底蕴与丰富的知识结构[②]。这两个文件对于中小学教师的培养和发展都给出了明确的指引，《教师教育课程标准（试行）》的要求和卓越教师的培养目标最终都要落实在学科教师的培养上。语文学科是其他学科学习的基础，承担着传承与发展中华传统文化的重要使命，对于学生全面发展的作用不言而喻。“水之积也不厚，则其负大舟也无力。”[③] 可见，具备完善的专业知识结构与深厚的专业知识基础是语文教师专业水平提升的前提与基础。

目前，我国语文教师的学历结构虽在不断完善，但基础教育改革以来，

① 刘元满．日本的日语教学与教师资格［J］．外语教学与研究，2000（4）：303-306.

② 毕景刚．“卓越教师”计划之背景、内涵与策略［J］．教育理论与实践，2014（11）：33-35.

③ 庄子．庄子［M］．东篱子，译注．北京：北京时代华文书局，2014：2.

对语文课的非议很多，语文教师待解决的困惑也很多。这说明语文教师的专业水平还不足以适应现代语文教育和社会发展的要求，亟待提升。专业水平的提升以专业知识的发展为基础，那么目前语文教师专业知识的情况如何呢？有研究者提出语文教师专业知识现状存在以下问题：语文基础知识不扎实，知识掌握和知识运用的现实不容乐观；不能很好地把教育学、心理学原理内化于心并与所教学科融合，有效指导教学；语文教师专业知识现状并不理想，且更新意识淡薄。[①] 可见，当前语文教师专业知识的现实情况不佳。同时，我国以往对教师专业知识的研究仅局限于“学科知识+教育学知识”的传统模式，或者走“一般教育学+学科例子”使教师获得教学知识的研究道路[②]，而针对具体的学科教育情境，比较扎实地就具体学科教师专业知识进行广泛深入探究的甚少[③]。因此，对语文教师专业知识结构及掌握程度的要求一直不够明晰，这也严重影响了语文教师专业水平的提升。由此可见，对语文教师专业知识发展进行研究不仅是适应教师教育培养的要求，也是提升语文教师专业水平的急需。

二、语文教师专业知识研究综述

目前，关于语文教师专业知识的研究依然非常薄弱。截至 2018 年 6 月，在中国知网以“语文教师”为关键词进行篇名精确检索，有 6167 篇文献，以“语文教师”并含“知识”为关键词进行篇名精确检索，只有 131 篇文献，仅占总数量的 2. 12%。虽然一些关于语文教师素养的文献也提到了语文教师知识素养的问题，但都较为宏观，这表明语文教师专业知识的研究亟待深化。

（一）语文教师专业知识研究的理念

目前，语文教师专业知识研究的理念有三类：一是基于语文教师专业发

① 耿红卫．语文教师知识结构的现状分析及建构策略［J］．语文教学与研究，2011（12）：9-11.

② 刘清华．教师知识研究的问题与建构路向［J］．教育理论与实践，2005（11）：45.

③ 阳利平．新课程背景下语文教师专业知识探析［J］．教育学术月刊，2008（6）：28.

展理念进行的研究，二是基于语文课程改革需求进行的研究，三是基于提升语文教学效果进行的研究。

首先，基于语文教师专业发展理念进行的研究认为，语文教师专业知识是语文教师专业素质高低的标志，也是语文教师的“称职”参数①。在这个教师尤其是语文教师的专业尊严受到极大挑战的时代，似乎任何人都可以对语文课堂指手画脚，语文教师专业知识的不断完善将有助于挽回其专业尊严。② 因此，语文教师只有不断地完善自己的知识结构、不断地增加自己的知识储备，才能夯实文化知识基础，才能使自己在课堂上信手拈来，最终促进师生共同发展。③ 也有研究者提出，语文教师的专业发展是指语文教师在一定的知识基础背景支持下，通过学习、反思基本认同或形成新的语文教育理念，并不断更新、扩充原有的专业知识与结构，积极主动地实现自我发展，注重在原有理论知识的基础上生成与发展实践性知识。④ 这些研究都充分认识到语文教师专业知识对于语文教师专业发展的重要性，并将语文教师专业发展分为不同阶段，呈现专业知识在不同阶段的发展情况。

其次，语文课程改革的实施最后还是要落在语文教师身上，“全面提高学生的语文素养，正确把握语文教育的特点，积极倡导自主、合作、探究的学习方式，努力建设开放而有活力的语文课程”是《义务教育语文课程标准（2011 年版）》明确提出的语文课程基本理念。这些理念对于原有的课程与知识进行了新的拓展，因此语文教师的专业知识结构也必然要在原有基础上进行相应的拓展。陈萍提出课程改革的实施需要语文教师构建一种新的知识结构，这种结构不再局限于“语文学知识+教育学知识”的传统模式，而更多地强调“多层复合”的结构特征⑤；付晶则指出基于语文课程改革与新课

① 郭家海．语文知识：语文教师的“称职”参数［J］．中学语文，2012（1）：55.

② 吕俐敏．以学科专业知识成就教师的专业尊严：以“君”字教学为例谈语文教师专业发展［J］．小学教学（语文版），2012（1）：8.

③ 邓琴．农村语文教师专业发展的现状及对策［J］．教育与职业，2007（36）：85.

④ 洪家平．语文教师专业发展的知识基础研究［D］．上海：华东师范大学，2006.

⑤ 陈萍．基于新课改的中小学语文教师专业素养的调查与思考［J］．上海教育科研，2006（12）：31-32.

程标准的要求，结合语文学科的综合性特点，要求现代语文教师不仅具有丰富的本学科知识，还要具有广博的一般知识①；王灵修根据课程改革对于研究性学习的重视，提出语文教师应更广泛地涉猎自然、社会、人文等多种学科以及社会生活的知识和经验②。这些研究基于语文课程改革的需求更注重语文教师专业知识的复合性，强调语文教师专业知识要既广博又精深，才能更好地完成课程改革的任务、践行新课程标准的课程理念。

最后，基于提升课堂教学效果对语文教师专业知识进行的研究多是依据语文教学内容进行的，相对来说较为细化。如雷二凤提出作为学生文学作品阅读鉴赏的指导者，语文教师的文学知识亟待更新与发展③；刘桂华提出中国古代文化史知识是中学古诗文教学的重要组成部分，有无丰富的文化史知识直接关系到语文教学质量，因此，作为一名合格的中学语文教师，必须掌握一定的文化史知识④；常福胜则提出语文教学中常常出现教师表达不严密、思路不清晰、条理不分明，甚至前后矛盾的现象，这是缺乏逻辑素养的典型表现，因此语文教师应该学习点逻辑知识，它有助于准确地表达教学思想、有利于严密地进行论证⑤。另外，由于语文教学内容的广泛性，汉字学知识、训诂学知识、科技知识等也被认为是语文教师专业知识的组成部分，这类研究多来源于一线语文教师的实践，相对较为散乱，是基于提升课堂教学效果而提出的。

（二）语文教师专业知识研究的方法

语文教师专业知识研究的方法主要以调查研究法、个案研究法、经验总结法为主。

---

① 付晶．论新形势下语文教师知识结构的构建［J］．科学教育，2008，14（5）：17-19.

② 王灵修．试论语文教师指导研究性学习应有的知识结构［J］．河南科技学院学报，2011（12）：41-44.

③ 雷二凤．语文教师文学知识的更新与发展［J］．语文教学与研究（教研天地），2008（9）：56-57.

④ 刘桂华．应向中学语文教师介绍一定的古代文化史知识［J］．安徽教育学院学报，2002（5）：110-111.

⑤ 常福胜．语文教师要学点逻辑知识：以《中国石拱桥》为例［J］．现代语文（教学研究版），2016（4）：108-109.

调查研究法多运用调查问卷和访谈收集资料，在文献研究、理清关键概念内涵、建立分析框架的基础上，设计调查问卷、访谈提纲等研究工具，再采用抽样的方法，以某一区域、某一学段的语文教师作为样本进行调查，然后对调查结果进行统计分析，得出相关研究结果，如东北师范大学汪莹的硕士论文《中学语文教师专业知识素养调查研究》（2013 年）、重庆师范大学王文超的硕士论文《小学优秀语文教师 PCK 构成和生成研究》（2015 年）等。

个案研究法通常是在对教师专业知识理论研究梳理的基础上，选取一位或几位某一学段的语文教师作为研究对象，在自然情境下，长时间地对研究对象的教学生活和日常生活进行仔细观察，并做真实、客观的记录，然后对研究对象的故事进行反复解读，客观、生动地呈现研究对象的教学故事或生活故事，展现某一个或某一类教师专业知识发展的真实情况，最后再对故事进行深入解读，发现影响其专业知识发展的因素，反思研究对象知识结构存在的问题并提出改善的可能途径，如西南大学季莹的硕士论文《语文教师实践性知识的形成——一位高中语文教师的个案研究》（2012 年）、华东师范大学朱倩的硕士论文《小学语文教师 PCK 中“学生知识”发展的个案研究》（2014 年）等。

经验总结法则是研究者通过对语文教师在专业发展、课程实施等实践活动中具体情况的观察或反思，对其专业知识的生成及发展情况进行归纳，发现语文教师在专业知识结构与掌握程度方面存在的问题，分析问题的成因并提出相应的完善建议。大量一线教师关于语文教师专业知识的研究采用此研究方法，如《谈语文教师的知识结构》[1]、《略谈语文教师应该具有的写作知识》[2]、《语文教师跨学科知识结构和复合型素养——基于文本解读和课堂教学实践的角度》[3] 等。

另外，文献研究法、比较研究法在研究过程中也有少量使用。但总体说

① 孟庆林．谈语文教师的知识结构［J］．教育探索，1996（4）：26-27.

② 周华章．略谈语文教师应该具有的写作知识［J］．语文知识，2016（11）：94-96.

③ 肖万祥．语文教师跨学科知识结构和复合型素养：基于文本解读和课堂教学实践的角度［J］．湖南教育，2011（12）：38-39.

来，定量研究与定性研究的结合是近年来研究中大量使用的研究方法。

（三）语文教师专业知识研究的内容

语文教师专业知识研究的内容主要包括语文教师专业知识的结构、语文教师专业知识的来源、语文教师专业知识发展的现状及优化策略三个方面，其中对语文教师专业知识发展的现状及优化策略的研究占大多数，而对语文教师专业知识来源的研究最少。

对语文教师专业知识结构研究的划分角度较多。从知识表现的角度划分，有研究者提出语文教师专业知识由显性知识与隐性知识构成①；从知识内容的角度划分，有研究者提出语文教师专业知识的基本框架由一般知识、学科知识、课程知识、教育理论知识、教学法知识和实践性知识构成②，也有研究者提出语文教师专业知识包括语文学科知识、自然科学与社会科学知识等既博又专的横向知识，还包括不断更新调整中的纵向知识③；从知识分类的角度划分，研究者一般都将语文教师专业知识分为本体性知识、条件性知识、实践性知识和文化知识四类④，同时也有研究者在此基础上提出语文教师本体性知识即是语文学科内容知识，条件性知识则包括教育理论知识和课程知识，实践性知识即学科教学知识⑤；还有研究者从教学需求角度提出语文教师专业知识结构需要包括跨学科知识、文史知识、地方性知识等。另外，也有大量的对于各类知识具体构成的研究，如马磊提出语文学科知识包括关于语言基本规律的知识、关于言语作品规律的知识、关于言语活动规律的知识、关于语言思维规律的知识、关于语文学习规律的知识五个层次的知识⑥，彭

---

① 黄红培．语文教师的隐性知识浅析［J］．现代语文（理论研究），2005（11）：121-122.

② 刘森，张钧．中学语文教师对专业知识重要性评价的研究［J］．内蒙古师范大学学报（教育科学版），2011（12）：64-68.

③ 王晓琴．语文教师应优化知识结构［J］．中学语文，1999（3）：47-48.

④ 马笑霞．现代语文教师的知识结构［J］．中学语文教学，2003（11）：12-14.

⑤ 李广，朴方旭．中国农村教师专业知识：问题分析与解决策略：以中国东北地区 Y 县小学语文教师为调查对象［J］．东北师大学报（哲学社会科学版），2012（6）：181-185.

⑥ 马磊．语文教师的“语文学科知识”重构刍议［J］．教育与教学研究，2015，29（2）：15-19.

桂芳则将语文学科专业知识概括为语言文学知识和文学知识两个方面[①]。总体来说，目前语文教师专业知识结构研究因角度不同而表述各异，其知识体系几乎覆盖了人类知识的各个领域，反而导致了语文教师专业性的丧失。因此，语文教师专业知识结构仍有待进一步深入研究。

对语文教师专业知识来源的研究很少，但研究较为细致。如赵冬臣、马云鹏等人将语文教师专业知识来源划分为 11 项：语文专业课、教育类课程、语文教法课、教育见习与实习、微格教学、入职后的学历补偿教育、在职专业培训、自身的教学经验与反思、教学观摩活动、和同事的日常交流、自学专业书刊，并对各类渠道对于语文教师专业知识发展的作用进行了详细分析[②]；韩雪屏则提出终身读书学习、在实践中反思和在学习共同体中发展三个语文教师专业知识形成和发展的主渠道[③]。这些研究对于语文教师专业知识来源进行了较为细致的划分，但各渠道的作用还有待进一步研究。

对语文教师专业知识发展的现状及优化策略的研究多以调查研究的方式进行。卢秀琼、郭吉芳通过调查发现各个教龄段的语文教师在学科知识和教育教学知识上的得分相对较高，在实践性知识上的得分较低[④]；宋祥、马云鹏经过调查发现，在学科知识、教育理论知识、课程知识和学科教学知识中，语文教师掌握最好的是语文学科知识，最差的是教育理论知识[⑤]；通过比较城乡中小学语文教师专业知识发现，城市语文教师专业知识水平高于农村语文教师，农村小学语文教师专业知识整体水平很低，总平均分低于及格分，且知识发展水平有下降趋势，但其教育理论知识和学科知识要好于课程知识

① 彭桂芳．试探小学语文教师专业知识结构及其建构策略［J］．宿州教育学院学报，2012，15（2）：98-100.

② 赵冬臣，马云鹏，韩继伟，等．中学语文教师专业知识来源调查与分析［J］．教师教育研究，2009，21（6）：66-70.

③ 韩雪屏．语文教师专业知识的形成与发展［J］．教育研究与评论（中学教育教学），2011（9）：44-51.

④ 卢秀琼，郭吉芳．渝东南地区小学语文教师知识发展研究［J］．西南民族大学学报（人文社会科学版），2008（9）：268-270.

⑤ 宋祥，马云鹏．中学语文教师专业知识素养的调查与思考［J］．现代教育管理，2010（12）：84-87.

与学科教学知识①。而对于语文教师专业知识的优化策略，研究者从职前、在职的语文教师教育出发，从理论知识与实践知识两个方面提出了相应的优化策略，尤其强调通过各类机制建立学习共同体以提升语文学科教学知识或实践性知识。

总之，对语文教师专业知识研究的理念、方法正处于不断发展变化之中，而其研究内容也越来越趋向精细化，正在尝试建构各学段语文教师所应具有的专业知识结构，探索语文教师专业知识发展的更佳途径。

第二节　小学语文教师专业知识发展

小学是学生进入学校教育规范地学习母语的初始阶段，小学生语文知识的学习强调准确、规范，为其语言建构与使用打下良好的基础。小学生的语文思维、情感态度与价值观正处于形成与发展阶段，其体验、判断、感悟、分析与评价能力的形成都需要语文教师的合理引导。虽然小学生的语文学习方式以多读、多写、多积累为主，但更强调语文教师通过各类教学资源的使用建构趣味的教学情境，以引导学生进行积极主动的学习。小学语文学习的特殊性决定了小学语文教师专业知识发展也有其特殊性。结合小学语文教育教学的要求以及关于教师专业知识与语文教师专业知识的研究，小学语文教师专业知识应由语文学科知识、教育理论知识、课程知识、小学语文教学知识四类构成。语文学科知识是指语文教师所具有的关于执教语文学科的概念、原理、理论、方法等知识，也就是通常所说的语文教师所具有的语文知识。教育理论知识是指教师具有的教育基本原理、一般教学法、教育心理学的知识。课程知识具体分为一般课程知识和学科课程知识，一般课程知识是关于

① 李广，朴方旭．中国农村教师专业知识：问题分析与解决策略：以中国东北地区 Y 县小学语文教师为调查对象［J］．东北师大学报（哲学社会科学版），2012（6）：181-185.

基础教育课程改革的整体性知识；学科课程知识则具体到语文学科，是指语文教师所具有的关于语文学科的课程目标、学习内容、知识体系的知识，具体表现为对语文课程标准的理解以及对语文教材的把握。语文学科教学知识则是指语文教师利用教学法知识将语文学科知识转化为“易于学生理解、接受的知识”的知识。

为准确了解小学语文教师专业知识状况，课题组采用调查研究和比较研究的方法，采用自编问卷为测查工具，在2009年和2012年进行了两次调查。2009年，课题组以自编问卷作为测查工具，问卷共包含38个题目，其中教育理论知识8个题目，一般课程知识4个题目，学科课程知识8个题目，语文学科知识15个题目，语文学科教学知识3个题目；2012年问卷共包含46个题目，其中教育理论知识8个题目，一般课程知识4个题目，学科课程知识8个题目，语文学科知识18个题目，语文学科教学知识8个题目。[①] 问卷中，客观题目的答案分正确和错误两种，按照分值赋分；主观题目采用等级评分制或按照采分点进行评分。在教师专业知识测查中，教育理论知识、课程知识测试均以单项选择题的形式进行，语文学科知识由单项选择题、填空题与阅读理解题构成，语文学科教学知识则由单项选择题与情境论述题两部分构成。两次调查所选取样本均为辽宁省A市某区5所小学的59名语文教师与吉林省G县的120名小学语文教师。2009年回收问卷168份，其中有效问卷105份；2012年回收问卷170份，其中有效问卷106份。

经过测评与统计，课题组对2009年和2012年两次测查的数据进行比较，得出小学语文教师专业知识的总体发展情况，如表3-1所示。

① 本书附录中《小学语文教师专业知识测查问卷》呈现的是2012年问卷。

表 3-1　小学语文教师专业知识得分数据及比较

知识类型		题目分值（分）	2009 年（N=105）		2012 年（N=106）		p 值
			平均分（分）	标准差（分）	平均分（分）	标准差（分）	
语文学科知识		38	22.17	4.27	25.94	3.40	p=0.000
教育理论知识		8	5.23	1.30	5.62	1.58	p=0.012
课程知识	一般课程知识	4	1.39	0.93	1.42	1.03	p=0.803
	语文课程知识	8	3.78	1.40	3.98	1.67	p=0.219
语文学科教学知识		15	6.78	2.02	7.98	2.01	p=0.000

从表 3-1 可以看出，与 2009 年相比，2012 年小学语文教师专业知识明显有了一定发展，不过，各类专业知识的掌握中依然是教育理论知识和语文学科知识掌握得最好，语文学科教学知识次之，掌握最差的是课程知识，无论是一般课程知识还是学科课程知识都掌握得不佳。同时，对 2009 年和 2012 年小学语文教师专业知识进行比较，差异极其显著的是语文学科教学知识和语文学科知识，2012 年小学语文教师的这两类知识与 2009 年相比得到了很大提升，教育理论知识也有了一定的提升和发展；但小学语文教师的课程知识，无论是一般课程知识还是学科课程知识，均没有显著变化，基本没有得到发展。这说明，小学语文教师在专业知识发展上一直最重视的是学科知识，对于学科教学知识也越来越重视，但最不重视的是课程知识。

一、小学语文教师专业知识发展特征

（一）语文学科知识和教育理论知识发展得最好

测查问卷中关于语文学科知识的题目最多，2009 年的问卷中语文学科知识共 15 个题目，涵盖语言文字知识、文学常识、阅读理解三个板块的内容，总分为 38 分。统计结果显示，语文学科知识的平均分为 22.17 分，得分率为 58.3%，标准差为 4.27 分。2012 年的问卷中语文学科知识共 18 个题目，同样涵盖语言文字知识、文学常识、阅读理解三个板块的内容，总分同样是 38

分，但平均分为25.94分，得分率为68.3%，标准差为3.40分。这一统计结果显示，2012年小学语文教师的语文学科知识掌握情况要明显好于2009年，得分率更高，个体之间的差距也更小。

同时，通过对语言文字知识、文学常识和阅读理解三个板块得分情况的测查发现，小学语文教师在语文学科知识部分掌握最好的是文学常识板块。2009年和2012年小学语文教师在《四书》、《五经》、唐宋八大家、《史记》等中国文学常识类的题目中，有超过80%以上的教师拿到了全部分数，失分的多为外国文学的常识性知识。由此可见，小学语文教师的中国文学常识掌握得很好，但外国文学常识还需要提升。小学语文教师在语文学科知识部分掌握最差的是阅读理解板块。问卷中关于《华威先生》的4个阅读题目，2009年与2012年小学语文教师均没有人全部得分，尤其是最后的开放式问题，小学语文教师多只回答出表面的意义，而对于语言背后的意义挖掘不足。小学语文教师对语言文字知识的掌握情况居中，虽然在2012年的问卷中增加了8个有关语言文字知识的题目，但两个年度的小学语文教师都能答对60%以上的题目，在选择出正确的字与解释、关联词使用、找出语病部分相对来说出错较多，这与汉语词语本身的复杂性与灵活性有关，也说明小学语文教师对于语言文字基本规范的掌握有待进一步提高。

教育理论知识在2009年和2012年的问卷中都是8个题目，每题答对得1分，答错得0分，满分8分。2009年小学语文教师的教育理论知识平均分为5.23分，标准差为1.30分，得分率为65.3%，而2012年小学语文教师的教育理论知识平均分为5.62分，标准差为1.58分，得分率为70.3%。由此可见，小学语文教师的教育理论知识得分率高，发展得很好，且个体间的差距极小。在8个题目中，失分最多的是“素质教育的重点是什么”一题，只有不到20%的小学语文教师能准确选择“创新精神与实践能力的培养”为正确答案，体现出一线小学语文教师对于一些相对新的教育理念的接受和理解存在一定的问题，这也是日后小学语文教师专业知识发展中需要注意的问题。

（二）语文学科教学知识发展良好

问卷中关于语文学科教学知识的问题，2012 年与 2009 年相比变化较大。2009 年的问卷中语文学科教学知识使用了 3 个完全开放式的问题，按教师回答的全面性与深入性分为四个等级，并用 1~4 分赋分，2009 年小学语文教师在语文学科教学知识部分的平均分为 6.78 分，标准差为 2.02 分，得分率为 51.6%。2012 年的问卷中语文学科教学知识的问题在原有 3 个开放式问题的基础上增加了 5 个情境问题，每个情境问题的答案分为四个等级，最高级 4 分，其余依次为 3 分、2 分、1 分。可以说，2012 年的问卷对小学语文教师的语文学科教学知识的考核更为全面、深入，平均分为 7.98 分，标准差为 2.01 分，得分率为 53.2%。2012 年的问卷问题多了、难了，但得分上升了，标准差基本保持不变，得分率也有所提升。可见，小学语文教师的语文学科教学知识在其教学实践中获得了良好的发展。

比如，2012 年问卷中的第 45 题是一道选择题，设计了“当您讲解一篇课文时，如何准确地把握课文的重点与难点，并将其转化到具体的教学中”这一情境，给出四种可能：教师 A 在授课过程中首先让学生自己对课文进行提前整理与理解，然后教师向学生指出课文的重点与难点，并向学生讲解，促使学生理解其原因，最后让学生理解课文，这个选项赋分为 2 分；教师 B 在讲解课文前对课文的重点与难点有较好的整体把握，并提前预设学生遇到这些重点与难点的学习心态，然后让学生指出课文的重点与难点，再以较为通俗易懂的方式将其呈现在学生面前，从而引导学生理解课文，这个选项赋分为 4 分；教师 C 则对课文有充分的准备，让学生自己指出课文中的重点与难点，然后向学生讲解，并以形象直观的方式呈现，促使学生理解课文，这个选项赋分为 1 分；教师 D 在讲解课文前对课文的重点与难点有较好的整体把握，并提前预设学生遇到这些重点与难点的学习心态，然后以较为通俗易懂的方式将其呈现在学生面前，并引导学生正确理解课文，这个选项赋分为 3 分。四个等级依据教师对重难点的整体把握程度、对学生学习心态的预设情况、重难点的呈现方式与学习方式的差异进行设计，要求小学语文教师根据个人教学实践选择与自己实践最符合的一项。60%以上的小学语文教师都选择了教师 A 的做法，可见小学语文教师对于自然阅读、个体阅读与合作探究这些语文学科教学知识的总体掌握情况良好。

（三）课程知识的发展基本处于停滞状态

在 2009 年和 2012 年的问卷中，课程知识同样分为两类：一类是一般课程知识，共 4 道题，每题答对得 1 分，答错得 0 分，满分 4 分；另一类是语文课程知识，共 8 道题，每题答对得 1 分，答错得 0 分，满分 8 分。在一般课程知识方面，2009 年小学语文教师的平均分为 1.39 分，2012 年的平均分则为 1.42 分，两年的得分率都在 35%左右，且标准差均极小，可见小学语文教师的一般课程知识掌握情况很差，且发展不佳，三年中没有大的发展变化；在语文课程知识方面，2009 年小学语文教师的平均分为 3.78 分，2012 年的平均分为 3.98 分，得分率都没有超过 50%，标准差分别为 1.40 分和 1.67 分，虽然比一般课程知识的标准差大，但总体来说，个体间学科课程知识的掌握情况基本相当。

从小学到高中一直都作为必修课程来设置的新课程是什么？研究性学习是什么？体验性目标的陈述方式是什么？小学语文教师在这三个一般课程知识题目上的得分率是 3.8%，对于语文课程各学段目标的相关问题，小学语文教师的得分率也只在 10%左右。可见，小学语文教师把《义务教育语文课程标准（2011 年版）》当作可学可不学的内容，对于语文课程知识的忽视也是导致小学语文课程出现各类问题如过深或过浅、语文课成了科学课或其他课等问题的重要原因。

二、不同类型的小学语文教师专业知识发展状况

（一）不同教龄的小学语文教师专业知识发展差异明显

根据不同教龄的小学语文教师的人数、总平均分、标准差、正确率调查结果，从整体上看，小学语文教师专业知识的总平均分为 37.02 分，正确率为 54.44%，如果视总分的 60%为及格分，及格分为 40.80 分，总平均分低于及格分，说明小学语文教师专业知识整体得分不高。图 3-1 是不同教龄的小学语文教师专业知识平均分比较。

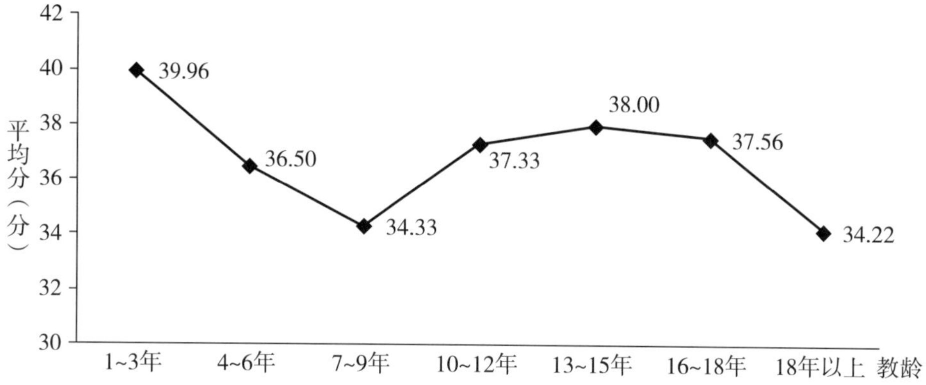

图 3-1 不同教龄的小学语文教师专业知识平均分比较

从各教龄的得分情况看，教龄在 1～3 年、10～12 年、13～15 年和 16～18 年的小学语文教师的平均分分别为 39. 96 分、37. 33 分、38. 00 分、37. 56 分，均高于总平均分，而教龄在 4～6 年、7～9 年和 18 年以上的小学语文教师的平均分分别为 36. 50 分、34. 33 分、34. 22 分，均低于总平均分，这说明不同教龄的小学语文教师专业知识得分情况不同。小学语文教师专业知识发展根据教龄的不同呈上下波动状态，教龄在 7～9 年、10～12 年和 13～15 年的小学语文教师专业知识平均分呈现上升趋势，平均分从 34. 33 分上升到 38. 00 分，教龄在 7 年以下和 15 年以上的小学语文教师专业知识平均分均呈现下降趋势，前者下降得较为明显，平均分从 39. 96 分下降到 34. 33 分，后者平均分从 38. 00 分下降到 34. 22 分，相对不太明显。但从总体发展趋势看，不同教龄的小学语文教师专业知识存在一定的差异性。从小学语文教师不同教龄之间的比较分析来看，教龄在 1～3 年的小学语文教师与教龄在 18 年以上的小学语文教师在专业知识总分上差异十分显著（$p=0.000<0.01$），教龄在 18 年以上的小学语文教师与教龄在 13～15 年的小学语文教师在专业知识总分上差异十分显著（$p=0.006<0.01$），同时与教龄在 10～12 年的小学语文教师在专业知识总分上存在显著差异（$p=0.014<0.05$）。其他教龄的小学语文教师在专业知识总分上没有显著差异。

（二）不同学历的小学语文教师专业知识发展差异明显

我们所调查的小学语文教师第一学历有中专、大专和本科三个不同层次，图 3-2 为不同学历的小学语文教师专业知识平均分比较。

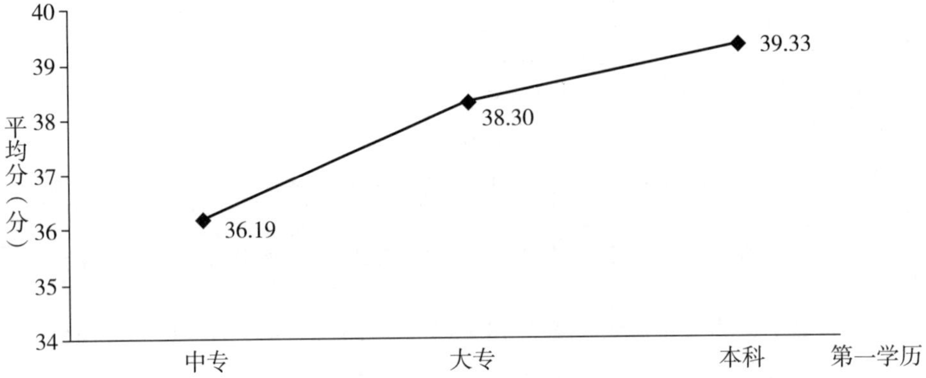

图 3-2　不同学历的小学语文教师专业知识平均分比较

在调查的小学语文教师中，中专学历人数最多，专业知识的平均分为 36.19 分，正确率为 53.21%；大专学历人数仅居其次，平均分为 38.30 分，正确率为 56.32%；本科学历人数最少，仅占被调查人数的 12.3%，平均分为 39.33 分，正确率为 57.84%。大专和本科学历的小学语文教师专业知识平均分均高于总平均分，中专学历的小学语文教师专业知识平均分略低于总平均分。从数据看，第一学历越高，小学语文教师专业知识的平均分越高。为了更深入地分析，以小学语文教师专业知识总分为因变量，教龄和第一学历为自变量，分别进行一元单因素组间方差分析，结果发现，第一学历为中专的小学语文教师与第一学历为大专的小学语文教师在专业知识得分上差异不显著（$p=0.068>0.05$），第一学历为大专的小学语文教师与第一学历为本科的小学语文教师在专业知识得分上差异也不显著（$p=0.515>0.05$），而第一学历为中专的小学语文教师与第一学历为本科的小学语文教师在专业知识得分上存在显著差异（$p=0.028<0.05$）。根据这些研究数据可知，不同学历的小学语文教师专业知识发展差异较为明显，虽然也存在特殊情况，但总体来讲，不同学历的小学语文教师专业发展差异明显。

（三）不同地区的小学语文教师专业知识发展差异明显

对吉林省G县农村小学语文教师专业知识的整体状况进行分析后发现，G县农村小学语文教师专业知识的总平均分为37.02分，正确率为54.44%，专业知识测查总分为73.00分，如果视总分的60%为及格分，那么及格分为43.80分，总平均分比及格分少6.78分。可见，农村小学语文教师专业知识整体水平不高，甚至较低。教育理论知识满分为8分，平均分为4.72分，正确率为59%；课程知识满分为12分，平均分为3.4分，正确率为28.3%；语文学科知识满分为38分，平均分为20.61分，正确率为54.23%；语文学科教学知识满分为15分，平均分为4.05分，正确率为26.99%。虽然教育理论知识、语文学科知识的正确率均超过50%，但是两类知识水平都不高，课程知识和语文学科教学知识水平更低，平均分均未达到及格分，特别是语文学科教学知识的正确率仅为26.99%，而且四类知识的最高分与最低分相差显著。可见，农村小学语文教师专业知识不仅整体水平不高，甚至很低，而且专业知识水平差距显著。

而对辽宁省A市小学语文教师专业知识的调查中，教育理论知识满分为8分，平均分为5.76分，正确率为72%；课程知识满分为12分，平均分为5.4分，正确率为45%；语文学科知识满分为38分，平均分为23.94分，正确率为63%；语文学科教学知识满分为15分，平均分为8.05分，正确率为53.67%。比较吉林省G县农村小学语文教师与辽宁省A市小学语文教师的专业知识情况，可以非常明显地看出城乡之间小学语文教师专业知识发展的差异性。城市小学语文教师相对来说有更多的机会进行在职学习，并且有更好的教师引领他们进行专业发展，因此他们的专业知识发展有更好的可能，尤其是在语文学科教学知识方面，城市小学语文教师占有更多的优质教育资源，他们的语文学科教学知识发展很快；而对于农村小学语文教师来说，他们在低水平的教育教学中徘徊的时间较多，因此他们专业知识的发展，尤其是语文学科教学知识的提升远远落后于城市小学语文教师。

三、小学语文教师专业知识发展的主要途径

有效的教师专业发展应基于教师有效的专业学习，这种学习应是教师自

我导向的、持续发生的、与教师的日常工作密切相关的，而且能够得到学校学习共同体支持的。小学语文教师专业知识发展是小学语文教师专业发展的基础，同样需要通过有效的专业学习来进行。基于对小学语文教师专业知识发展现状的研究分析，结合小学语文教师专业知识构成与来源的研究以及现代小学语文教育发展对小学语文教师专业素养的要求，小学语文教师专业知识发展的主要途径有以下三种。

（一）在深度阅读中获得专业知识发展

深度阅读是指小学语文教师在掌握各类专业知识的基础上，对各类专业知识的学习意义进行充分挖掘与掌握，建构知识学习与学生语文核心素养培养及自身专业发展之间关系的过程。职业要求语文老师必须是个读书人，要成为终身的阅读者。[①] 作为社会母语课程的语文课程，所涉及的知识庞大且处于不断的发展更新之中，语文学科知识、教育理论知识、课程知识、语文学科教学知识的发展都需要小学语文教师不断地扩展与更新。但小学语文教师不能只成为装满这些分门别类知识的“书架”，更重要的是把握这些知识的学习意义所在，即进行深度阅读。

在调查研究中我们发现，小学语文教师语文学科知识中的阅读理解部分在2009年与2012年均没有人全部得分，其一般课程知识与学科课程知识的得分率也都在10%以下，这说明小学语文教师虽然掌握了这些知识的基本内容，但是对这些知识的学习意义没有进行思考与把握，明显呈现出教师因阅读深度不足而导致专业知识发展不全面的情况。可见，小学语文教师专业知识发展中更重要的是进行深度阅读。只有通过深度阅读，小学语文教师才能将语文学科知识、教育理论知识、课程知识、语文学科教学知识进行全面融合，提升对小学语文课程与教学宏观理念的认识水平，在教学中形成强烈的问题意识和研究愿望，进行自我导向的、持续有效的专业知识学习，获得专业知识的全面发展。

（二）在实践反思中获得专业知识发展

教师作为反思的实践者（reflective practitioner），其最重要的专长是“行

① 李节．“人生是花，语文是根”：特级教师于永正访谈［J］．语文建设，2012（12）：24.

动中识知”（knowing-in-action）。这种识知是问题导向的、情境化的、具身的（embodied），在人际互动中被参与者共同建构的。[①] 教师的日常实践反思也是专业学习过程，因此实践反思必然成为小学语文教师专业知识发展的主要途径之一。

小学语文教师通过对自己教学实践的反思，发现自身在具体的小学语文教学情境中呈现与阐释知识方式的合理与不合理之处，并根据实践反思进行批判性研究，这就是对其自身的语文学科知识、教育理论知识、课程知识与语文学科教学知识重新进行判断、选择和重组，然后在下一阶段的语文教学中进行实践运用并再次反思，真正成为反思性实践者，生成创造性的教学行动。在调查研究中我们发现，小学语文教师的语文学科教学知识发展良好，这与近年来对实践反思的提倡密切相关，而且这种实践反思中的专业学习与其自身的教学工作紧密相关并持续进行，从而促使其专业知识得到不断发展。

（三）在学习共同体中获得专业知识发展

在调查研究中我们发现，城乡之间小学语文教师专业知识发展的差异显著，农村小学语文教师专业知识发展速度与程度都明显弱于城市小学语文教师，这种差异主要是由城乡小学语文教师学习共同体建设差异造成的。城市小学语文教师学习共同体建设较为完善，可以共享更多的优秀教育资源，获得更多的培训机会，因此其专业知识发展明显强于农村小学语文教师。因此可见，学习共同体中的学习是小学语文教师获得专业知识发展的重要途径之一。

小学语文教师专业知识发展具有建构性，而社会性建构可以促进其专业知识发展。社会性建构是指通过两个或两个以上的人从事持续的谈话的社会环境中进行的，……在与他人讨论过程中可帮助学习者学到新东西，扩大其认知结构，更清楚地表达他们自己已有的概念，并检验那些与他人不同的观念，加以重新建构。[②] 教师在学习共同体中的学习目的在于促进知识的分享

① 陈向明．从教师“专业发展”到教师“专业学习”［J］．教育发展研究，2013（8）：4.
② 侯新杰．建构主义的学习理论评析［J］．教学与管理，2007（2）：65.

与创造。[1] 在学习共同体中，小学语文教师通过分享交流、观摩课程、共同教研等方式，分享他们在阅读及在职学习、研究中获得的知识和经验，发现其他小学语文教师在语文学科教学知识方面的问题与优长之处；在教学展示过程中，呈现自己各类专业知识的掌握情况，接受学习共同体成员的质疑与建议。这种开放的群体发展方式将使小学语文教师专业知识得以重构，教学水平得以不断地提升，知识结构也越来越趋于完善。

第三节　初中语文教师专业知识发展

初中语文教师专业知识是初中语文教师专业素养的核心，也是初中语文教师专业发展水平的重要标志，还是初中语文教师取得良好教学效果的重要条件。研究者在借鉴了国内外大量研究成果的基础上，将初中语文教师专业知识分为教育理论知识、课程知识、语文学科知识和语文学科教学知识四类。教育理论知识具体指教师具有的教育基本原理、一般教学法、教育心理学的知识。课程知识又具体分为一般课程知识和学科课程知识，一般课程知识是关于基础教育课程改革的整体性知识，学科课程知识则具体到语文学科。语文学科知识是指语文教师所具有的关于执教语文学科的概念、原理、理论、方法等知识，包括古代汉语、现代汉语、语言学、现当代文学、古代文学、外国文学、文字学、文艺学等各个领域的知识。语文学科教学知识是指语文教师利用教学法知识将语文学科知识转化为“易于学生理解、接受的知识”的知识。

为了准确了解初中语文教师的专业知识状况，课题组采用调查研究和比较研究的方法，选取 410 名师范院校汉语言文学专业四年级师范生，其中包括部属师范院校 131 人、省属重点师范院校 149 人、省属一般师范院校 130

① 王雎．知识共同体：基于巨群知识创新的研究［D］．重庆：西南财经大学，2008.

人，还选取来自东北三省 12 所初中的 150 名语文教师为被试，其中各级骨干教师 68 人、非骨干教师 61 人，其余 21 人没有明确是否为骨干教师。

研究者以设计开发的测查问卷为测量工具，问卷包括五个部分：第一部分是个人基本信息；第二部分是教育理论知识，共 8 道题，每题 1 分，共 8 分；第三部分是课程知识，共 8 道题，其中一般课程知识 3 道题，3 分，语文课程知识 5 道题，包括 3 道选择题和 2 道简答题，9 分，共计 12 分；第四部分是语文学科知识，共 15 道题，共 43 分；第五部分是语文学科教学知识，共 2 道题，共 20 分。第二部分的题目以单项选择题形式呈现；第三、四部分的题目以选择题、填空题或简答题形式呈现；第五部分为教学情境题，要求被试简要回答。第二、三、四、五部分试题总分为 83 分。

本次调查共发出 560 份问卷，均为有效问卷，经过测评和统计，得出总体情况如表 3-2 所示。

表 3-2　初中语文教师与师范生的教师专业知识总体得分情况比较

<table>
<tr><th colspan="2">知识类型</th><th>调查对象
（人）</th><th colspan="2">平均分
（分）</th><th colspan="2">得分率
（%）</th><th>标准差
（分）</th><th>差异检验</th></tr>
<tr><td colspan="2" rowspan="2">教育理论知识</td><td>师范生（N=410）</td><td>3.44</td><td rowspan="2">3.34</td><td>43</td><td rowspan="2">42</td><td>1.58</td><td rowspan="2">$t=2.820^{*}$</td></tr>
<tr><td>初中语文教师（N=150）</td><td>3.05</td><td>38</td><td>1.62</td></tr>
<tr><td rowspan="4">课程知识</td><td rowspan="2">一般课程知识</td><td>师范生（N=410）</td><td>1.76</td><td rowspan="2">1.81</td><td>59</td><td rowspan="2">60</td><td>0.82</td><td rowspan="2">$t=-5.306^{**}$</td></tr>
<tr><td>初中语文教师（N=150）</td><td>1.94</td><td>65</td><td>0.82</td></tr>
<tr><td rowspan="2">语文课程知识</td><td>师范生（N=410）</td><td>3.84</td><td rowspan="2">4.19</td><td>43</td><td rowspan="2">47</td><td>2.11</td><td rowspan="2">$t=6.503$</td></tr>
<tr><td>初中语文教师（N=150）</td><td>5.15</td><td>57</td><td>2.18</td></tr>
<tr><td colspan="2" rowspan="2">语文学科知识</td><td>师范生（N=410）</td><td>24.52</td><td rowspan="2">24.97</td><td>57</td><td rowspan="2">58</td><td>5.89</td><td rowspan="2">$t=-3.221^{**}$</td></tr>
<tr><td>初中语文教师（N=150）</td><td>26.18</td><td>61</td><td>5.19</td></tr>
<tr><td colspan="2" rowspan="2">语文学科教学知识</td><td>师范生（N=410）</td><td>10.80</td><td rowspan="2">10.58</td><td>54</td><td rowspan="2">53</td><td>3.15</td><td rowspan="2">$t=2.470^{*}$</td></tr>
<tr><td>初中语文教师（N=150）</td><td>9.99</td><td>50</td><td>3.54</td></tr>
<tr><td colspan="2" rowspan="2">总计</td><td>师范生（N=410）</td><td>44.36</td><td rowspan="2">44.88</td><td>53</td><td rowspan="2">54</td><td>9.29</td><td rowspan="2">$t=-2.463^{*}$</td></tr>
<tr><td>初中语文教师（N=150）</td><td>46.31</td><td>56</td><td>9.08</td></tr>
</table>

注：* 表示 $0.01<p\leq0.05$，差异显著；** 表示 $p\leq0.01$，差异极其显著。

从整体来看，师范生与初中语文教师对教育理论知识、课程知识、语文学科知识及语文学科教学知识掌握得都不够好，得分率为54%，属于不及格水平，其中师范生为53%，初中语文教师为56%，初中语文教师略好于师范生，主要原因在于问卷中语文课程知识题目以及语文学科知识的第4、7等题目都与中学教学或中考密切相关，师范生对此显得生疏，初中语文教师则得心应手，可见师范生对中学教学实际缺乏足够的接触和了解，将所学知识应用于实践的能力还没有很好地形成。整体来看，初中语文教师在课程知识、语文学科知识两部分明显好于师范生，说明初中语文教师经过新课程的层层培训，对课程标准、教材以及教学内容中的知识体系掌握得比较扎实，而师范生没有使用过语文课程标准，对相关内容不够熟悉，对专业知识的学习不够扎实，也不够灵活。至于教育理论知识和语文学科教学知识，师范生明显好于初中语文教师，这说明初中语文教师凭借经验进行教学的倾向明显，他们往往善于随机应变，但却不愿意事先把问题想得具体而周全。而师范生缺乏经验，乐于凭借所学的理论和知识去解决将要遇到的实际问题，尽可能在备课环节把教学过程和细节设计得具体、明确。

一、初中语文教师专业知识发展状况

（一）教育理论知识掌握较差

问卷中教育理论知识共8道题，每题答对得1分，答错得0分。统计结果显示，150名初中语文教师的平均分为3.05分，得分率仅为38%，是各类专业知识中得分最低的。初中语文教师在教育理论知识各题目上的表现波动较大，正确率最低的为16.6%，最高的为61.1%，只有1道题的正确率超过了60%。超过半数的初中语文教师总分集中在2~3分段，处于2~4分段的人数累计占初中语文教师样本的68.7%。答对半数以上题目，即总分超过4分的初中语文教师仅占初中语文教师样本的15%。综上分析，初中语文教师在教育理论知识上的表现较差，他们大多不能正确回答教育理论知识题目。但需要说明的是，语文、数学、英语三个学科在职教师教育理论知识的测查结果显示，语文学科在职教师的平均分比数学学科在职教师高0.361分，比英语学科在职教师高 0.146 分。也就是说，语文学科在职教师得分优于数学和英语两个学科的在职教师，说明教育理论知识的薄弱不仅是语文教师的问题，所有学科教师的教育理论整体水平都令人忧虑。

初中语文教师教育理论知识得分明显低于师范生。师范生教育理论知识的平均分为 3.44 分，得分率为 43%，答对半数以上题目的人数仅占师范生总数的 19%，表明师范生教育理论知识掌握得也不好，但却明显优于初中语文教师。这说明初中语文教师在职前教育中教育理论知识的学习比较薄弱，而在职通识培训实效性也比较差。

（二）一般课程知识掌握较好

问卷中一般课程知识共 3 道题，测查的是基础教育新课程的基本知识，每题答对得 1 分，答错得 0 分。初中语文教师的平均分为 1.94 分，得分率为 65%，是全卷中得分最高的部分。初中语文教师在一般课程知识第 1 题上的正确率很高，接近 90%，而在后两道题目上的正确率分别为 66% 和 39%，这说明初中语文教师在一般课程知识上的表现很不均衡。

研究表明，语文学科在职教师的一般课程知识明显优于数学和英语两个学科的在职教师。语文学科在职教师的平均分比数学学科在职教师高 0.261 分，比英语学科在职教师高 0.345 分。语文学科在职教师与数学和英语两个学科的在职教师在一般课程知识方面的表现存在极其显著的差异。

初中语文教师的一般课程知识明显优于师范生。师范生一般课程知识的平均分为 1.76 分，得分率为 59%。初中语文教师不仅总分高于师范生，在每道题上的正确率也高于师范生，二者差异极其显著。

（三）语文课程知识掌握一般

问卷中语文课程知识共 5 道题，3 道选择题，2 道简答题，测查的均是语文课程的基本知识以及初中语文教师对某一具体语文课程知识的理解和把握，既有答案固定的试题，侧重测查初中语文教师对语文课程知识的记忆，也有答案不固定的试题，侧重测查初中语文教师对语文课程知识的深入理解和灵活把握。

本部分题目初中语文教师的平均分为 5.15 分，得分率为 57%，答题情况不够理想。此部分答得最差的一题是第 3 题关于修辞方法的题目，有 108 人答错，42 人答对，得分率为 28%，几乎是所有题目中答得最差的一道。其次是第 5 题答得差些，得分率为 51%。其他几道题答得较好，得分率均超过 70%。总体来说，初中语文教师虽然答得略好些，但对修辞知识以及教材知识点的分布及其关系理解和把握不到位，应加强。

骨干教师语文课程知识的掌握情况优于普通教师。从问卷看，被试中的 68 名骨干教师在此部分题目的平均分为 5.38 分，61 名非骨干教师的平均分为 5.05 分，两组被试之间存在着差距，但不显著。在基础教育新课程改革中，各级骨干教师一直担当着先行者的角色，他们不但教学水平及技能超群，对课程知识的理解也较为透彻。尤以第 5 题为例，相对来说骨干教师答得认真、全面、准确，对教材更为熟悉一些。

从问卷作答情况看，初中语文教师明显好于师范生。本部分题目师范生的平均分为 3.84 分，得分率为 43%，明显低于初中语文教师。原因是从 2000 年开始，中小学一直开展各层次的新课程培训，不但深入地学习了语文课程标准，还举办了各种教学研讨活动，使得一线教师对新课程的理念及具体内容都有了较好的理解和掌握，加上问卷中的题目与语文课程和教学密切相关，所以作答情况较为理想。而师范生由于对语文新课程没有实实在在的接触，仅凭教学法课程了解了一些，难以结合具体的教学实践加以领会，所以作答情况不够理想。

（四）语文学科知识掌握较好

问卷中语文学科知识共 15 道题，其中选择题 6 道、填空题 6 道、简答题 3 道，选择题和填空题测查的是初中语文教师在现代汉语、现当代文学、文艺学、古代汉语、文字学、外国文学、古代文学等多方面知识，简答题则侧重测查初中语文教师对文章的理解、分析和鉴赏能力。可以说，这些问题基本代表或涵盖了语文学科的整个领域。

本部分题目初中语文教师的平均分为 26.18 分，得分率为 61%，是答得较好的内容之一。此部分题目中答得最差的一题是第 1 题关于错别字的题目，有 124 人答错，仅有 26 人答对，得分率仅为 17%，也是所有题目中答得最差的一道。其次是第 2、5 题，得分率分别为 24%和 41%。值得说明的是，阅读理解的三道简答题答得都不理想，得分率分别为38%、48%、49%。其他各题答得可以，第6、9、11三题的得分率在60%上下，其他各题的得分率均超过70%，最高的是第7题，得分率达95%。问卷中的题目多与初中语文知识及中考内容相关，所以本部分题目答得较好，但是初中语文教师将语文知识应用于实践的有关能力还有待加强。

从问卷来看，被试中的68名骨干教师的平均分为26.88分，61名非骨干教师的平均分为25.26分，两组被试之间存在着差距，但不显著。各级骨干教师在学科知识方面的优势也很明显，他们相对来说受过较好的专业教育，加上教学工作中的不断充实，语文专业知识功底更加厚重和坚实。

从整体看，初中语文教师与师范生有差异且显著。本部分题目师范生的平均分为24.52分，得分率为57%，低初中语文教师4个百分点。一般来说，师范生对学科知识的掌握应该比初中语文教师要好些，但本次测查却恰好相反，多数题目都是初中语文教师好于师范生。其原因一可能是所出试题多属于让初中生掌握的知识，相对来说，初中语文教师要熟悉些；二是师范生对于专业课程的学习不到位，课时少，受其他课程的冲击大，知识掌握不扎实；三是专业知识多需要在教学实践中进一步应用和巩固，师范生没有机会将所学知识在实践中加以领会和应用。

（五）语文学科教学知识掌握较差

问卷中语文学科教学知识共2道题，均为简答题，主要测查的是初中语文教师的教学设计能力和在具体的教学情境中解决问题的能力。

本部分题目初中语文教师的平均分为9.99分，得分率为50%，是答得较差的内容之一。

骨干教师语文学科教学知识的掌握情况明显优于普通教师。从问卷来看，被试中的68名骨干教师的平均分为10.88分，61名非骨干教师的平均分为8.86分，两组被试之间存在着极其显著的差异。此部分题目难度较大，测查的是教师在短时间内迅速解决问题的能力，要求教师不仅有过硬的教学基本功，还要灵活多变，发挥教学机智。显然，这方面骨干教师要优于普通教师。

初中语文教师的语文学科教学知识不如师范生。师范生的平均分为

10.80 分，得分率为 54%，高初中语文教师 4 个百分点。第 1 题师范生的平均分为 5.30 分，初中语文教师的平均分为 4.76 分，第 2 题师范生的平均分为 5.50 分，初中语文教师的平均分为 5.23 分，经检验第 2 题差异不显著，第 1 题差异极其显著。

这部分题目初中语文教师应该比师范生有优势，但却反而处于劣势，值得反思。这说明初中语文教师凭借经验进行教学的倾向明显，他们往往善于随机应变，但却不愿意事先把问题想得具体而周全。而师范生缺乏经验，乐于凭借所学的理论和知识去解决将要遇到的实际问题，尽可能在备课环节把教学过程和细节设计得具体、明确。另外，由于此问卷的题量很大，初中语文教师的时间比较紧迫，没有对问题进行深入细致的思考，对问题的回答不够细致、全面，答案的字数普遍少于师范生。

（六）不同骨干类型初中语文教师专业知识存在差异

研究者在调查中选取了来自东北三省 12 所初中的 150 名语文教师为被试，其中 3 个题目分别对初中语文教师的教龄、学历和是否为骨干教师进行了调查，结果显示这三个方面与初中语文教师专业知识得分有所相关。其基本特征是教龄越长、学历越高、骨干教师级别越高，其得分越高，其中以骨干教师与非骨干教师的区分最为明显。150 名被试中，各级骨干教师 68 人，非骨干教师 61 人，其余 21 人没有明确是否为骨干教师，故对这 21 人不做统计。对比骨干教师与非骨干教师，结果如表 3-3 所示。

表 3-3　不同骨干类型初中语文教师专业知识得分情况比较

知识类型	教师类型	教师数量（人）	平均分（分）	标准差（分）
教育理论知识	非骨干	61	2.93	1.80
	骨干	68	3.09	1.50
一般课程知识	非骨干	61	1.95	0.76
	骨干	68	2.03	0.79
语文课程知识	非骨干	61	5.05	2.25
	骨干	68	5.38	2.04

续表

知识类型	教师类型	教师数量（人）	平均分（分）	标准差（分）
课程知识	非骨干	61	7.00	2.40
	骨干	68	7.41	2.22
语文字词	非骨干	61	1.98	0.90
	骨干	68	1.90	0.74
语文文法修辞	非骨干	61	10.21	1.62
	骨干	68	10.66	1.80
语文文学知识	非骨干	61	6.85	2.41
	骨干	68	7.31	1.98
语文阅读理解	非骨干	61	6.21	2.83
	骨干	68	7.01	2.76
语文学科知识	非骨干	61	25.26	5.02
	骨干	68	26.88	4.67
语文学科教学知识 1	非骨干	61	4.21	1.99
	骨干	68	5.21	1.58
语文学科教学知识 2	非骨干	61	4.65	1.93
	骨干	68	5.67	1.69
语文学科教学知识	非骨干	61	8.86	3.64
	骨干	68	10.88	2.98

通过对表 3-3 中的数据进行独立样本 t 检验发现，骨干教师与非骨干教师在语文学科教学知识上存在显著差异，在语文学科教学知识 1、语文学科教学知识 2 和语文学科教学知识上，骨干教师的表现均优于非骨干教师，$p<0.01$，差异显著。其他题目虽然没有显著差异，但除了语文字词题目外，其他题目得分均是骨干教师高于非骨干教师。

（七）不同知识来源对初中语文教师的影响不同

在调查初中语文教师专业知识的同时，我们也通过问卷对其各类专业知识来源的重要性进行了调查，数据归纳后结果如表 3-4 所示。

表 3-4　不同知识来源对初中语文教师专业知识发展的相对重要性的总结

知识类型	非常重要	比较重要	不太重要
语文学科知识	K、H	J、I、A、D	G、E、F、C
教育理论知识	K、H、J	I、D	G、F、E、B、C
语文课程知识	K、H、J、I	G、F、D	E、C、B
语文学科教学知识	H、J、K、I	G、D	E、F、C、B

注：A＝语文专业课，B＝教育类课程，C＝语文教法课，D＝教育见习和实习，E＝微格教学，F＝入职后的学历补偿教育，G＝在职专业培训，H＝自身教学经验与反思，I＝教学观摩活动，J＝和同事的日常交流，K＝自学专业书刊。

依据对表 3-4 中的调查结果的分析，可以得出以下结论。

（1）就初中语文教师四类专业知识整体而言，自身教学经验与反思、和同事的日常交流与自学专业书刊是非常重要的来源，但是和同事的日常交流对语文学科知识的重要性不如其对其他三类专业知识的重要性大。

（2）教学观摩活动对语文课程知识和语文学科教学知识非常重要，对语文学科知识和教育理论知识比较重要。

（3）教育见习和实习是四类专业知识比较重要的来源。

（4）语文专业课是语文学科知识比较重要的来源。

（5）在职专业培训对语文课程知识和语文学科教学知识比较重要，但对语文学科知识和教育理论知识则不太重要。

（6）教育类课程对教育理论知识、语文课程知识和语文学科教学知识都不太重要。

（7）入职后的学历补偿教育仅对语文课程知识比较重要，对其他三类专业知识都不太重要。

（8）微格教学和语文教法课对四类专业知识都不太重要。

二、初中语文教师专业知识发展的问题

第一，教师专业知识素养状况不够理想，师范生不如初中语文教师。初

中语文教师和师范生的总体得分率远低于及格线，各部分题目的得分除了初中语文教师的语文学科知识刚好达到及格线外，其他均在及格线以下，专业知识状况令人忧虑。

第二，在构成初中语文教师专业知识素养的四类知识中，答题情况最差的是教育理论知识，其次是语文课程知识，答题情况较好的是语文学科知识，答题情况一般的是一般课程知识和语文学科教学知识。这说明职前学习和在职培训中教育理论知识与语文教学实践脱节严重，掌握不透彻。

第三，从整体看，初中语文教师专业知识发展好于师范生，但各有优势，差异不太显著。在教育理论知识和语文学科教学知识方面，初中语文教师比师范生稍差，而在课程知识和语文学科知识方面却优于师范生。由此看来，教师继续教育十分必要。

第四，对于初中语文教师而言，骨干教师专业知识发展明显好于普通教师。每个部分题目的得分都是骨干教师优于普通教师，多数存在着显著差异。这说明骨干教师在选拔和培训过程中是相对公平、公正的。

第五，职前教育应该加强。对于师范生而言，部属师范院校师范生答得较好，其次是省属重点师范院校师范生，省属一般师范院校师范生答得稍差。但是省属重点师范院校师范生在语文课程知识、语文学科知识等方面优于部属师范院校师范生，语文教学理论及基本功训练较为扎实。

第四节　高中语文教师专业知识发展

随着我国高中语文课程改革的不断深入，人们对高中语文教师专业发展的研究也日益深化，尤其是高中语文教师专业素养的研究成为教育改革和研究领域的热点问题。为了更为切实可靠地掌握高中语文教师专业知识状况，课题组采用调查研究与比较研究的方式，针对在职教师和师范生两部分人员进行。在职教师主要分布在东北三省的城市和县城的高中，其中城市高中 6

所，县城高中 12 所。师范生选取 5 所师范院校汉语言文学专业四年级师范生为样本，分别是部属师范院校 1 所、省属重点师范院校 3 所、省属一般师范院校 1 所。本次调查的目的是对高中语文教师专业知识素养进行调查和分析，摸清现状，分析存在的问题及原因，进而提出改进的策略。本次调查主要采用问卷测查的方式，力图通过在职教师与师范生的对比，对教师教育的职前和在职状况进行对比分析和研究，为师范院校的教师教育及在职教师的培训和提高提供数据和改进建议。测查问卷中高中语文教师专业知识主要由教育理论知识、课程知识、语文学科知识和语文学科教学知识四部分组成，对城市、农村在职教师和师范生在四类教师知识方面进行对比研究。

本研究调查工具为自编问卷。师范生测查问卷和在职教师测查问卷的题目相同，均包括五部分：第一部分是个人基本信息；第二部分是教育理论知识；第三部分是课程知识；第四部分是语文学科知识；第五部分是语文学科教学知识。第二、三部分以单项选择题形式呈现，第四部分以选择题、填空题形式呈现，第五部分为选择题和开放的教学情境题。问卷简介如表 3-5 所示。

表 3-5　高中语文教师专业知识测查问卷简介

知识类型		试题数量（道）	总分值（分）	涵盖内容
教育理论知识		9	9	教育基本理论、学习心理学、一般教学法和评价法
课程知识	一般课程知识	3	3	基础教育课程改革的内容
	语文课程知识	8	8	语文课程理念、目标、内容及实施
语文学科知识		23	43	语言文字理论及知识、文学理论及知识
语文学科教学知识		4	22	语文教学的设计及实施
总计		47	85	教育理论、课程及语文课程、语文学科知识及教学知识

一、高中语文教师专业知识总体尚可，但语文课程知识与语文学科教学知识不容乐观

本次调查共发出问卷643份，其中来自城市高中的语文教师130人，来自县城高中的语文教师247人，师范院校汉语言文学专业四年级师范生266人，回收问卷643份，全部为有效问卷。问卷回收后，相关人员进行了认真批阅，所有主观题目均由多人独立批阅评分，然后将批阅后的问卷数据录入SPSS软件中进行统计分析，总体得分情况如表3-6所示。

表3-6　农村高中语文教师、城市高中语文教师和师范生的教师专业知识比较

知识类型		调查对象	总分值（分）	平均分（分）	标准差（分）	得分率（%）
教育理论知识		农村教师	9	5.98	1.84	66
		城市教师	9	6.62	1.60	74
		师范生	9	5.63	1.72	63
课程知识	一般课程知识	农村教师	3	2.41	0.70	80
		城市教师	3	2.57	0.66	86
		师范生	3	2.05	0.78	68
	语文课程知识	农村教师	8	4.60	1.61	58
		城市教师	8	4.70	1.50	59
		师范生	8	3.90	1.30	49
语文学科知识		农村教师	43	30.15	6.14	70
		城市教师	43	33.05	4.47	77
		师范生	43	24.46	5.29	57
语文学科教学知识		农村教师	22	12.18	4.02	55
		城市教师	22	13.15	3.67	60
		师范生	22	12.89	3.02	59

从表3-6可以看出，城市教师和农村教师构成的高中语文教师377人群体，总平均分为56.95分，得分率为67%，明显高于师范生的总平均分

48.93 分和得分率 58%，但无论是总平均分还是语文课程知识及语文学科教学知识的平均分都不容乐观。在语文课程知识上，城市高中语文教师和农村高中语文教师的总平均分为 4.63 分，得分率为 58%，没有达到及格线。可见，虽然语文课程改革不断深入，有关新课程的培训多种多样、交替进行，但高中语文教师的语文课程知识仍令人担忧。在语文学科教学知识上，城市高中语文教师和农村高中语文教师的总平均分为 12.51 分，得分率为 57%，是四类知识中掌握情况最差的一类，且低于师范生的得分。这说明在职教师将教育理论知识、课程知识及语文学科知识应用于语文教学的能力十分有限，缺乏必要的教学机智。

农村高中语文教师的专业知识状况较差。本次调查选取的 12 所农村高中均来自东北师范大学东北创新实验区，共 247 名一线语文教师。从得分情况看，教师专业知识整体水平尚可，平均分为 55.31 分，得分率为 65%。其中，一般课程知识最为理想，平均分为 2.41 分，得分率达 80%；语文学科知识也很理想，平均分为 30.15 分，得分率达到 70%；教育理论知识也达到了及格线，平均分为 5.98 分，得分率为 66%；语文课程知识和语文学科教学知识略差，平均分分别为 4.60 分和 12.18 分，得分率分别为 58%和 55%，没有达到及格水平。

城市高中语文教师专业知识的掌握情况明显优于农村高中语文教师，但不够理想。本次调查选取的 6 所城市高中均为吉林省城市高中，共 130 名一线语文教师。从得分情况看，教师专业知识整体水平较好，平均分为 60.08 分，得分率为 71%。其中，一般课程知识最为理想，平均分为 2.57 分，得分率为 86%；语文学科知识和教育理论知识也很理想，平均分分别为 33.05 分和 6.62 分，得分率分别为 77%和 74%；语文学科教学知识达到及格线，平均分为 13.15 分，得分率为 60%；语文课程知识略差，平均分为 4.70 分，得分率为 59%，没有达到及格水平。

师范生的教师专业知识状况最差。本次调查选取的 5 所师范院校均分布在东北地区，其中 1 所部属师范院校、3 所省属重点师范院校、1 所省属一般师范院校，共 266 名汉语言文学专业四年级师范生。从得分情况看，教师专业知识整体水平不太理想，平均分为 48.93 分，得分率为 58%，没有达到及格水平。其中，一般课程知识相对较为理想，平均分为 2.05 分，得分率为 68%；教育理论知识尚可，平均分为 5.63 分，得分率为 63%；语文课程知识、语文学科知识和语文学科教学知识都不理想，平均分分别为 3.90 分、24.46 分和 12.89 分，得分率分别为 49%、57% 和 59%，均没有达到及格水平。

从结果来看，农村高中语文教师、城市高中语文教师、师范生三个群体在教师专业知识方面存在着显著差异，无论是整体水平还是教育理论知识、一般课程知识、语文课程知识、语文学科知识都存在着显著差异，即城市高中语文教师好于农村高中语文教师，农村高中语文教师好于师范生。只有语文学科教学知识例外，师范生好于农村高中语文教师，低于城市高中语文教师。

二、农村高中语文教师专业知识素养亟待提高

我国基础教育近三分之二的学生在农村，薄弱之处在农村，改革和发展的关键也在农村，而农村教育的发展依赖于农村教师素养整体水平的提升。长期以来，我国城乡基础教育尤其是师资队伍存在较大差异，加强农村教师队伍建设迫在眉睫。教师队伍建设的关键是提升教师专业素养，而教师专业素养的核心要素是教师专业知识素养。据前面呈现的调查结果，农村高中语文教师专业知识素养整体上虽然达到了及格水平，但依然与城市高中语文教师存在着明显的差距，尤其是语文课程知识和语文学科教学知识是农村高中语文教师专业知识素养的短板，是其在职培训和自我提升的重点和难点。另外，语文学科知识是分值最大的部分，占到一半以上，而农村高中语文教师的得分率仅达 70%，且教师之间差异较大，状况亦不容乐观。语文学科知识对于语文教师专业发展和语文教学效果起着重要的支撑作用，是语文教学内容的直接来源，应高度重视。

（一）农村高中语文教师的教育理论知识状况分析

教育理论知识是每位教师在职前教育阶段的必修知识，也是每位教师在

职培训反复强调的重点，还是每位教师开展教学活动的理论基础，主要包括教育学和心理学知识。在这部分测试中，农村高中语文教师的平均分为5.98分，得分率达到66%，但与城市高中语文教师相比仍存在很大差距。

赵冬臣、马云鹏、韩继伟等人的调查显示，语文教师获取教育理论知识的主要来源是专业书刊和自身教学经验的反思。① 造成农村高中语文教师和城市高中语文教师在教育理论知识方面差距的内因是：部分农村高中语文教师，特别是有13年教龄以上的教师，学历不如城市高中语文教师高，职后又不太注重教育理论知识的继续学习，所以教育理论知识的掌握要差一些。其外因是：农村教学资源落后、师资不足，导致农村高中语文教师教学管理任务相对繁重，很难有精力进行有效的教学反思，更谈不上将反思提升到理论层面，而且在职培训内容多以理论为主，缺乏与农村高中语文教学实际的联系，难以引起农村高中语文教师的学习兴趣。

（二）农村高中语文教师的课程知识状况分析

问卷中课程知识共11个题目，分为一般课程知识和学科课程知识两个方面。其中，一般课程知识主要围绕基础教育新课程的课程目标、课程评价、课程开发三个方面进行设计；语文课程知识则聚焦于普通高中语文课程的课程内容、课程实施、课程理念、课程目标几个角度进行设计。

测试结果显示，在一般课程知识方面，农村高中语文教师的得分率达到了80%，尽管与城市高中语文教师仍存在差距，但是可以看出农村高中语文教师对课程改革的总体理念、目标还是有一定认识的，也基本掌握了相关的教育教学理论。但是，当课程问题具体到语文学科时，农村高中语文教师和城市高中语文教师的成绩都没有达到及格标准，其中农村高中语文教师的得分率仅为58%。问题集中在语文课程内容和语文课程实施两方面。例如第24题测查的是高中语文教师对于高中语文选修课程的了解和把握，本题得分率仅为42.5%，说明在日常教学中农村高中语文教师对选修课程重视不够，不

① 赵冬臣，马云鹏，韩继伟，等．中学语文教师专业知识来源调查与分析［J］．教师教育研究，2009，21（6）：69.

了解选修课程有哪些内容。再如第 19 题，测查的是古典诗文教学的基本方式，只有 37.2%的农村高中语文教师认为对于中国古代作品的阅读与鉴赏的基本方法是“诵读”，大部分农村高中语文教师不知道用什么教学方法达到新课标对古诗词鉴赏的要求。而其他关于课程理念和课程目标的问题，农村高中语文教师却答得非常好。如第 17 题测查的是语文教育的基本任务，有 89%的农村高中语文教师都明确语文教育的基本任务是提高学生的语文素养；第 18 题测查高中语文教师对语文课程基本特点的掌握程度，有 85.4%的农村高中语文教师能正确作答。

综合这部分测试结果可以看出，课程改革在农村学校得到了比较广泛的重视，课程改革理念的解读和培训产生了明显的效果，一线教师有适应新课程改革的意识，但在具体教学中怎样应用和落实，教师仍比较模糊。这从侧面反映出教师培训内容涉及理论层面多，与农村语文教学实践结合不够。

（三）农村高中语文教师的语文学科知识状况分析

语文学科知识和其他学科知识不同，需要更为宽阔的视野，是语文教师知识素养的基础，也是语文教师的基本功。问卷中这部分题目主要测查语言及应用、文学知识、阅读理解三个模块的知识，共 23 道题，总分 43 分。农村高中语文教师的平均分为 30.15 分，得分率为 70%，低于城市高中语文教师 77%的得分率。其中，语言及应用 7 分，平均分为 4.7 分，得分率为 67.78%；文学知识 30 分，平均分为 21.9 分，得分率为 73.12%；阅读理解 6 分，平均分为 3.5 分，得分率为 57.76%。测查结果表明，三个模块中农村高中语文教师掌握最好的是文学知识，最差的是阅读理解。

具体来看，文学知识方面凡明确涉及教材中知识点和高考考点的，农村高中语文教师的得分率就很高，相反，一些非高考考点的得分率却很低。例如第 27 题测查的是课文《赤壁赋》中“既望”一词的含义，这个知识点既测查高中语文教师对课文的熟悉程度，又测查高中语文教师对文言文中表示时间词语的理解程度，得分率高达 93.9%。再如第 31 题是对词语运用方面知识的测查，十分接近高考试题，测查高中语文教师对几个成语的辨析能力，得分率更是高达 96.8%。与此相反，第 38 题测查的是高中语文教师对文学流派的掌握情况，是高中语文教师分析作品语言、思想的一个重要依据，但只有45.5%的农村高中语文教师能够很好地作答。第41题测查的是高中语文教师对中国古代文学理论著作《文心雕龙》的了解情况，这部著作对高中语文教师深入鉴赏古典诗文有重大的借鉴意义，但只有23.3%的农村高中语文教师能正确作答。这两道题都不是高考的直接考点，却是高中语文教师深入分析文本必不可少的知识储备，测试结果反映出农村高中语文教师深层的学科知识基础相对薄弱，忽视教材细节所隐含的学科知识，知识割裂严重，缺乏整体思考。阅读理解是一篇说明文，共3道题，满分6分，分别从文章细节、文章理解、全文推理三个方面测查高中语文教师的阅读理解能力。从得分情况来看，农村高中语文教师3道题的得分率分别为49.8%、56.3%和67.2%，总得分率为57.76%，可以看出农村高中语文教师在阅读过程中缺乏耐心，忽视细节，直接导致他们在理解文本时出现了偏差。

综合这部分结果可以看出，农村高中语文教师对基础知识的掌握尚可，对高考考点的把握也相对准确，但是阅读理解能力相对薄弱，对更深层次的文学知识知之甚少，造成他们在教学过程中过于依赖教学参考书和考试大纲，解读文本的视野受到限制。学科知识的获得途径和其他知识有所不同，每位教师的短板都不同，无法通过统一的培训来满足其需求。因此，提高学科知识更要依靠教师的自主学习。

（四）农村高中语文教师的语文学科教学知识状况分析

学科教学知识关乎教师对教育理论、课程及学科知识的具体应用，是教师从事教育教学活动的有力保障，也是教师根据学科内容、通过有效的教学策略帮助学生有效学习的知识，它体现的是教师创设教学情境、整合教学资源、应用教学理论于具体教学的能力。这部分共设置4道题，总分值为22分，没有标准答案，按等级给分。农村高中语文教师的平均分为12.2分，得分率为55.36%，是得分率中最低的部分。

其中，第48题和第49题设置的情境是：课堂教学中，学生就课文内容提出质疑，请教师提出应对策略。这两道题主要测查的是高中语文教师如何处理生成性问题的能力，平均分分别为2.84分和2.73分，相对比较低。从答题情况看，大部分农村高中语文教师还是能够正面面对学生的质疑，尊重学生的主体地位，但是处理过程略缺少灵活性。第50题测查的是高中语文教师对教学过程中的重点及学生学习难点的把握，不仅需要高中语文教师对文本理解到位，还需要高中语文教师充分了解学情。从答题情况看，农村高中语文教师主要围绕本篇课文的重点来回答，对学生可能出现的困惑少有提及。这反映出农村高中语文教师的语文学科教学知识还存在不注重学情、缺乏互动、不能随机应变等问题。学科教学知识的获得是一个漫长的过程，大规模、短期的培训不可能完成。国内外学者的研究表明，学科教学知识主要依靠教师教学经验和反思、同事间日常交流以及有组织的专业活动等，在这方面农村高中语文教师缺少相应的资源。

总之，农村高中语文教师的整体知识素养明显低于城市高中语文教师，应加大力气，通过多种途径进行提高。

三、高中语文教师的职前教育令人忧虑

课题研究中作为对比样本的师范生是来自东北三省5所师范院校汉语言文学专业四年级师范生，5所师范院校分别是部属的D师范院校，省属重点的L师范院校、J师范院校和H师范院校，还有省属一般的C师范院校。从表3-6可以看出，师范生的教师专业知识整体状况不如在职教师，说明高中语文教师的职前教育令人忧虑。（如表3-7所示）

表3-7　师范生的教师专业知识状况

样本		教育理论知识		一般课程知识		语文课程知识		语文学科知识		语文学科教学知识	
学校	*N*	*M*	*SD*	*M*	*SD*	*M*	*SD*	*M*	*SD*	*M*	*SD*
整体	266	5.63	1.72	2.05	0.78	3.90	1.30	24.46	5.29	12.89	3.02
D师范院校	54	6.59	1.88	2.09	0.76	4.33	1.32	25.13	5.81	14.26	2.53
L师范院校	52	5.94	1.54	2.13	0.73	4.04	1.16	25.51	4.44	14.00	2.62
J师范院校	58	5.24	1.55	2.05	0.78	3.34	1.26	26.14	4.18	11.12	3.05
H师范院校	63	5.31	1.43	2.03	0.81	4.26	1.19	23.52	4.66	12.47	2.95
C师范院校	39	4.95	1.79	1.92	0.87	3.36	1.25	21.13	6.36	12.77	2.78

注：*N*表示人数，*M*表示平均数，*SD*表示标准差。

本次调查选取的5所师范院校的样本数量共266名师范生，从得分情况看，教师专业知识整体水平不太理想，平均分为48.93分，得分率为58%，没有达到及格水平。其中，一般课程知识相对较为理想，平均分为2.05分，得分率为68%；教育理论知识尚可，平均分为5.63分，得分率为63%；语文课程知识、语文学科知识和语文学科教学知识都不理想，平均分分别为3.90分、24.46分和12.89分，得分率分别为49%、57%和59%，均未达到及格水平。

不同类型师范院校师范生的教师专业知识具体得分情况如表3-8所示。

表3-8　不同类型师范院校师范生的教师专业知识得分情况比较

知识类型		学校类型	总分值（分）	平均分（分）	标准差（分）	得分率（%）	差异检验
教育理论知识		部属	9	6.59	1.88	73	$F=13.341$ $p=0.000$
		省属重点	9	5.48	1.61	61	
		省属一般	9	4.95	1.79	55	
课程知识	一般课程知识	部属	3	2.09	0.76	70	$F=0.639$ $p=0.529$
		省属重点	3	2.07	0.86	69	
		省属一般	3	1.92	0.87	64	
	语文课程知识	部属	8	4.33	1.32	54	$F=6.688$ $p=0.001$
		省属重点	8	3.89	1.29	49	
		省属一般	8	3.36	1.25	42	
语文学科知识		部属	43	25.13	5.81	58	$F=9.698$ $p=0.000$
		省属重点	43	25.00	5.68	58	
		省属一般	43	21.13	6.36	49	
语文学科教学知识		部属	22	14.26	2.53	65	$F=7.496$ $p=0.001$
		省属重点	22	12.49	1.93	57	
		省属一般	22	12.77	2.78	58	

从表3-8可以看出，部属师范院校、省属重点师范院校、省属一般师范

院校师范生在教育理论知识、语文课程知识、语文学科知识、语文学科教学知识等方面都存在着显著差异，部属师范院校师范生的教师专业知识水平明显高于省属师范院校师范生。这说明职前教育质量不均衡，与师资等办学水平密切相关。此外，在语文课程知识、语文学科知识及语文学科教学知识三个方面，三类师范院校师范生的教师专业知识水平都存在明显不足。

另外，从表 3-6 可以得出，农村高中语文教师、城市高中语文教师、师范生三个群体在教师专业知识整体以及教育理论知识、一般课程知识、语文课程知识、语文学科知识方面都存在显著差异，即城市高中语文教师好于农村高中语文教师，农村高中语文教师好于师范生，师范生只在语文学科教学知识方面好于农村高中语文教师，低于城市高中语文教师。

为此，应大力加强师范生的教师教育，尤其要加强学科课程及相关职业技能方面的课程，加强教育实习和见习。加强各门课程与中学语文教学实践的联系与结合，加深师范生对教师专业知识的理解，促进其对相关知识的掌握。加强各师范院校之间的合作与交流，促进师范院校高层次的协作，发挥团体优势，促进师范院校的共同进步。

第五节　语文教师专业知识发展的特征与启示

随着课程改革的不断深入，教师专业化也日益凸显其对课程改革及发展的支撑作用，而教师素养的全面提高又是教师专业化的必要支撑，为此，教师专业知识素养的提高也成为素质教育深化推进的必由之路。尤其当下基础教育课程改革基于核心素养建构学科课程，对语文教师专业知识素养提出更高的要求，语文教师专业知识发展面临前所未有的机遇和挑战，应通过多种途径和方式切实加以改进和提高。语文教师专业知识发展具有很强的独特性，无论是内涵还是特征，都与其他学科有着显著差异。语文教师专业知识受语文学科特征影响十分明显，内容博大精深，形式灵活多样，给语文教师专业发展带来阻力和障碍，也使语文教学效率受到冲击和影响，应给予高度重视和积极应对。

一、语文教师专业知识发展的特征

（一）语文教师专业知识发展学段差异明显

课题组在对语文教师专业知识素养进行研究的过程中，分别对小学、初中和高中语文教师进行了测试，虽然使用了不同的问卷，题目有很大差异，但经过对比研究也发现了一个明显的特征，即各学段语文教师的专业知识素养水平高中优于初中，而初中又优于小学。

首先，三个学段语文教师专业知识素养问卷中，教育理论知识和一般课程知识的题目基本相同，因而可以根据各个学段被测教师的得分情况进行分析。如根据前面有关初中语文教师与高中语文教师各类专业知识的得分数据可知，在教育理论知识方面，高中语文教师的平均分为 6. 2 分，得分率为 69%，而初中语文教师的平均分为 3. 05 分，得分率为 38%，差异非常显著。一般课程知识与此相似，高中语文教师的平均分为 2. 47 分，得分率高达 82%，而初中语文教师的平均分为 1. 94 分，得分率为 65%，二者也存在明显差异。仅从这两个部分题目初、高中语文教师得分的对比来看，就可以得出高学段优于低学段，且差异非常显著。

其次，语文课程知识、语文学科知识、语文学科教学知识三个方面也基本呈现出高学段教师优于低学段教师的特征。如初中语文教师与高中语文教师相比，语文课程知识的得分率初中语文教师为 57%，高中语文教师为 58%；语文学科知识的得分率初中语文教师为 61%，高中语文教师为 72%；语文学科教学知识的得分率初中语文教师为 50%，高中语文教师为 57%。当然，总体得分率初中语文教师的 56%也远远低于高中语文教师的 67%。

高中、初中、小学三个学段语文教师专业知识素养的得分呈现由高到低的趋势，应该是客观的、有原因的。其中，最主要的原因可能是教师的学历也是由高到低分布的。调查发现，绝大多数高中语文教师的第一学历都是本科，有部分教师是研究生毕业，也有相当比例的教师在职进修了研究生学历；

初中语文教师次之，有一部分是中师或专科，多数是本科，研究生较少，在职进修硕士学历的比例远远低于高中语文教师；小学语文教师的第一学历多数是中师，另一些是专科或本科，很少是研究生，虽然在职进修了本科，也有极少数进修研究生学历，但关于教育理论知识和课程知识学习的系统性和深刻性都差一些。另外一个原因就是新课程培训对教师专业知识素养提高有很大促进作用。参加新课程培训尤其是参加通识培训的教师比例，高中高于初中，初中高于小学，这些培训对于教师温习巩固原来所学的教育理论知识和课程知识很有帮助，相比较而言，高学段教师参与选修课程、校本课程开发等活动多一些，对于理论的学习和掌握也就充分一些。

（二）语文教师专业知识发展城乡差异明显

课题研究中，除初中语文教师没有进行城市与农村的对比外，小学和高中阶段都进行了二者的对比研究，结果均显示城市语文教师专业知识的掌握情况优于农村语文教师。小学语文教师专业知识素养城乡差异比较明显，如本章第二节所述，由于城市小学语文教师的来源优于农村，学历水平、学校层次等都有较大差异，再加上职后占有的教学资源及各方面成长环境条件的差异较大，影响了农村小学语文教师专业知识素养的形成和提升。本章第四节在谈到高中语文教师专业知识素养状况时专门提及了农村高中语文教师的问题，也就是说，农村高中语文教师无论是总得分还是各项得分均低于城市高中语文教师，且差异明显。其原因与小学语文教师的状况差不多，主要是因为城市高中语文教师无论是学历水平还是成长环境和条件都明显优于农村高中语文教师，尤其是在接受新知识、新观念方面，农村高中语文教师明显滞后。通过研究我们进一步发现，农村语文教师专业知识素养亟待提高，鼓励高水平教师到农村任教，是缩小城乡教育差别的主要途径。

（三）语文教师专业知识发展资质差异明显

本课题在研究过程中对每位语文教师的资质进行了关注和对比，结果显示，教龄、学历、是否为骨干教师等因素都对教师专业知识状况有一定的影响。本章第二节小学语文教师专业知识状况的调查结果表明，教师的学历层次越高，其专业知识得分越高，特别是本科学历与中专学历教师的专业知识得分存在显著差异。本章第三节初中语文教师专业知识状况的调查结果显示，骨干教师在大多数专业知识题目上的得分都高于非骨干教师。特别是在语文学科教学知识方面，骨干教师的表现明显优于非骨干教师，二者的表现差异显著。除学历水平的高低和是否属于骨干教师外，教师教龄的长短也对专业知识水平有一定的影响。从本章第二节小学语文教师专业知识状况的调查结果看，教龄1~3年教师的专业知识整体水平最高，而教龄4~6年、7~9年和18年以上教师的专业知识水平偏低，教龄10~12年、13~15年、16~18年教师的专业知识发展较为稳定，处于较高的水平。这一结果说明，教师专业知识发展在教龄方面存在不均衡性。由于本研究调查样本的有限性，以上关于教龄、学历、是否为骨干教师等因素对教师专业知识水平影响作用的结论还有待进一步研究检验，但以上研究发现提示我们，不同资质的语文教师专业知识发展状况是存在一定差异的。

（四）职前教育对语文教师专业知识发展影响较大

本课题在对语文教师专业知识素养来源的研究中发现，从每位教师自身的反思总结来看，大学课程、教育实习、自主阅读等职前教育所包含的多种因素对教师专业知识素养的形成和发展影响重大。职前教育涉及的因素主要有语文专业课、教育类课程、语文教法课、教育见习和实习、微格教学等。调查发现，教育见习和实习对各类专业知识的形成都很重要，语文专业课对语文学科知识较重要，教育类课程对教育理论知识和课程知识很重要，语文教法课和微格教学对语文学科教学知识很重要。总体说明，职前教育对每位教师的终身发展有至关重要的影响，应切实加强，高度重视。

（五）在职培训对语文教师专业知识发展至关重要

新课程改革实施后，各级各类的在职教师培训广泛开展，有通识培训，也有学科培训，均是针对新课程实施而进行的。调查研究发现，在职培训对中学语文教师的语文课程知识和语文学科教学知识十分重要，对语文学科知识和教育理论知识也有很大帮助，对语文教师专业知识素养的整体提升成效显著。近几年我国中小学教师在职培训工作得到了高度重视，在政策、经费、培训形式、培训内容等方面建立了健全保障机制，逐步实现了教师在职培训的法制化，确保教师参加在职培训的权利、义务，充分考虑教师均等的培训机会，不断扩大培训范围，力争做到全员培训。同时，要努力实现教师在职培训形式的多样化，根据不同地域、教师的不同需求设计不同的培训形式，以促进教师专业发展。应重点加强校本培训，还可以给每位教师提供成为培训者的机会，充分发挥教师自身的优势和热情，多采取短期的、与实践紧密结合的培训方式。根据教师在职培训区域的不均衡性，因地制宜、因材施教，重视调查研究，尤其要加强农村及偏远落后地区语文教师的培训工作。在职培训的内容应更加注重实际，更具针对性，从教师发展需求出发，注重解决中小学语文教师专业发展中的问题，注重语文教师专业知识素养的整体提高。

（六）教师自修对语文教师专业知识发展切实有效

由表 3-4 不难发现，H 所代表的自身教学经验与反思和 K 所代表的自学专业书刊两个选项，几乎对所有类型的专业知识都十分重要，这就说明教师自修是语文教师专业知识发展最为重要的途径。无论是职前教育还是在职培训，对教师专业知识发展来说都是外因，最为系统和有效的发展当然要靠内因，即教师自身的学习和反思。通过对自身教学经验的反思，加深对教育理论知识及课程知识的理解和掌握，了解自身学科专业知识的不足及学科教学知识的有限，并通过自学专业书刊，不断补充和更新各类专业知识，尤其是学科知识和学科教学知识。教师自身的学习和反思是专业知识获取和发展的核心动力，应大力鼓励和积极引导。

（七）语文课程知识及语文学科教学知识普遍较差

从本章第二、三、四节的相关数据来看，小学、初中、高中三个学段的语文教师在语文课程知识和语文学科教学知识方面的得分均为不及格，这说明广大一线语文教师对当下所进行的新课程改革理念及主张不仅理解不到位，实施能力也较差。对各学段语文教师的语文课程知识测查主要是围绕课程标准及教材进行的，这是语文教师进行语文教学设计和实施的主要依据和凭借，而多数语文教师对于课程标准及教材的编写意图及相关主张并不关注或理解，往往是靠经验来对待。语文学科教学知识应该是在职语文教师的优势，但无论是初中语文教师还是高中语文教师均不如师范生得分高，说明在职教师在教学中喜欢按部就班和“满堂灌”，缺乏开拓创新意识和教学机智，从而影响教学质量的提高。

（八）教育理论知识有待提高

从本章第二、三、四节中还可以看出，教育理论知识的得分也是比较差的，尤其是初中语文教师，得分率仅为38%，小学语文教师的情况也不容乐观，只有高中语文教师的情况好一些，达到69%。本课题对教育理论知识的测查都是语文教师应该掌握的最基本的教育理论知识，但题目得分却较低，说明广大一线语文教师对教育理论知识的学习不够重视，且在职前学习中也有所忽略，更谈不上将这些知识应用于语文教学实践。在基础教育课程改革深入实施的当下，教育理论修养显得越来越重要，新课程理念的理解、各项课程改革措施的贯彻都需要一定的教育理论知识作为支撑，因此应鼓励教师参加各种新课程培训，积极投身于课题研究和学历进修，不断学习和反思，提升对语文教学的理性认识。

（九）语文学科知识不容乐观

语文教师专业知识素养中最为核心的当属语文学科知识，它是语文教师教好语文课的直接来源，也是语文教学内容的基本要素。但是研究发现，小学、初中和高中语文教师的语文学科知识掌握情况虽然好于其他部分，但是得分率刚刚超过及格线，情况不容乐观。测查问卷中，所占比例最大、题目数量最多的部分就是语文学科知识，题目覆盖了语言、文学、文化等各个方面，虽然都是语文教师应该掌握的学科知识，有的甚至是语文教材中的知识点，但是教师们仍然有很多答不上来的，说明学科知识容量大、领域多、分布广、难度大，不仅在职前教育中难以全面学习和掌握，在在职培训及自主学习中更是难以全面补充和完善，尤其是一些新的、前沿的学科知识难以得到迅速的补充和掌握，需采取多种手段和途径加以学习和提高。

二、语文教师专业知识发展的启示

（一）全面加强语文教师的职前教育

加强语文教师的职前教育，从源头提高在职语文教师的专业知识素养。

首先，师范院校要加强语文课程知识的教学，通过语文教学法课程强化语文课程知识的专门学习，并且在这些课程的学习中密切联系中小学语文教育实践，注重对语文课程标准的领会和把握，进一步熟悉中小学语文教材，熟悉中小学语文教学，力图将语文课程知识扎实地掌握并灵活地运用。

其次，师范院校要加强汉语言文学专业课程的设置，不要一味地削减专业课程的课时，要尽可能地通过必修和选修的多种形式开设好专业课，加强教师队伍建设，优化课程资源，尤其要加强语言类课程的学习，使学生全面掌握各门专业课程知识，为成为一名合格的语文教师打好坚实的基础。

再次，师范院校要加强教师技能类课程的开设，开展好教育见习和实习，通过强化技能训练提高师范生对语文教学法知识和技能的掌握，使其能够尽快进入角色，适应中小学语文课程改革和发展的需要。

部属师范院校和省属一般师范院校尤其要加强与语文课程知识、语文学科教学知识相关课程的开设和学习，优化师资，强化管理，夯实师范生当好语文教师的专业基础，以便更好地为基础教育服务。

（二）大力提升农村语文教师专业知识素养

1. 全面提高与重点提升相结合

本研究结果显示，农村语文教师专业知识素养总体水平不高，因此必须采取有效措施全面提高农村语文教师专业知识素养。所谓全面提高，包括两个方面：一是全员提高。所有农村语文教师都要有计划、系统地接受专业知识素养提高的专门培训，以便提高专业知识素养的整体水平，从而为提高农村语文教学质量创造良好条件。二是全方位提高。语文教师的专业知识结构是一个相互影响的整体，缺一不可。教育理论知识和课程知识是条件，语文学科知识是基础，语文学科教学知识是综合体现。只有各方面知识共同提高，处于较高水平，才能适应不断发展的教育教学需要。在城乡教育资源差异巨大的情况下，农村教师的知识水平在各个方面都劣于城市教师，因此必须全方位地提升农村教师专业知识水平。

本研究还显示，农村语文教师专业知识结构的四个方面存在较大差异，因此在全面提升专业知识素养的同时，更要重视农村语文教师专业知识结构中最薄弱的环节（如语文课程知识和语文学科教学知识），采取有效措施进行重点培训，也就是根据农村语文教师的实际需要进行重点培训，尽快补上农村语文教师专业知识素养中的短板。这是目前比全面培训更为重要的培训任务。

2. 专家引领与自主提高相结合

提高教师专业知识素养是教师专业发展的重要内容之一。教师专业发展一靠专家引领，二靠自主提高。

专家引领是通过教育专家学者、经验丰富的教研员和名优特优教师的学术讲座或课堂展示，传授先进的理念、新的教学思想和方法。这种方式可以比较系统地提高教师专业知识素养，并且能够充分发挥优质资源的使用效益，是教师素养整体提升和发展的有效方式。农村语文教师专业知识素养的提升也应积极采用这种方式。专家可以为教师做讲座，也可以深入一线课堂听评课指导，还可以通过科研课题开展合作交流，促进农村语文教师知识素养的整体提高。

但是，专家培训和指导受到时间和经费等多方面条件的限制，不能满足每位教师的需要。教师专业知识素养的提高是一个持续不断的过程，仅靠集体培训难以达到最佳效果，特别是对于农村教师来说更是如此。因此，农村语文教师在接受集体培训的基础上，更要重视自主提高。教师专业自主提高，即通过自我学习，不断将学习的理论知识应用于实践，不断总结经验和反思，增进专业理论知识和实践性经验，从而提高自身专业水平。比如学科教学知识是在互动的过程中生成的，每位教师都是基于自己的教学实践经验和反思来建构自己的学科教学知识。这就要求教师要提高对自我知识的管理能力。首先要树立主体意识，明确自己是拥有知识的主体，是知识的建构者，知识只有经过自己主动的理解和吸收才能真正运用于教育教学实践。其次要开展行动研究，留心在教学实践中遇到的问题，并在自己的教学过程中反思、改善自己的教学实践。最后要有效利用互联网资源，进行专业知识的完善。

3. 集中培训与校本研修相结合

集中培训主要指教育行政部门组织的、教师培训机构承担的教师培训，一般是培训部门在充分调研的基础上，根据教师专业知识提升需要而采取的培训方式，如目前已经实施的“国培计划”“省培计划”等。这类培训目标明确、内容系统、手段先进、方式灵活、效果明显。农村语文教师要提高专业知识素养，必须积极参加各种校外培训，这是提升知识素养的重要途径之一。

但是，教师参加校外培训也受到多方面条件的限制。校本研修是目前教师专业发展中普遍采用的最有效的培训方式。提高农村语文教师专业知识素养也应将集中培训与校本研修相结合，充分发挥学校及教学团队的作用。校本研修由教师所在学校来组织，可以以教研组为依托，根据语文教师在教育教学专业知识方面遇到的问题，有针对性地进行研讨、交流、学习；也可以邀请专家学者来学校进行专题讲座，或者邀请名师授课进行教学观摩，以此丰富语文教师各方面的专业知识。

4. 制度保障与政策激励相结合

党和国家高度重视农村教师专业发展，2015 年 6 月国务院办公厅印发了《乡村教师支持计划（2015—2020 年）》，明确提出要“全面提升乡村教师能力素质”，要求“到 2020 年前，对全体乡村教师校长进行 360 学时的培训。要把乡村教师培训纳入基本公共服务体系，保障经费投入，确保乡村教师培训时间和质量。省级人民政府要统筹规划和支持全员培训，市、县级人民政府要切实履行实施主体责任”。我们要以此为契机，建立和完善农村教师培训制度，明确各方面的责任，完成“全面提升农村教师能力素质”的任务。农村语文教师专业知识素养的提升，要纳入《乡村教师支持计划（2015—2020 年）》的具体实施内容之中，作为各相关部门的重要工作认真落实，务求实效。教育行政部门要建立相关制度，督促农村语文教师主动参加能力素质提升的培训。

同时，要完善激励政策和机制。要把专业知识素养的考核作为教师评职、晋级、选优等工作的重要依据之一。相关部门可以根据地方财政收支情况，专门为农村语文教师设立素质提升奖励基金，以调动农村语文教师参与能力素质提升培训的积极性。各学校应把教师专业知识素养提高作为语文教师业务水平提升的主要途径，鼓励语文教师读书学习，鼓励语文教师参加学历进修和教研活动。

5. 创新发展与学习借鉴相结合

教育需要创新发展，教师专业知识素养提升工作也需要创新。各相关培训机构要在发挥以往培训工作优势的基础上，创新工作思路，不断探索农村语文教师专业知识素养提升的规律，创新农村语文教师专业知识素养提升培训模式，根据农村语文教师的专业特点、知识结构、教学需要、工作特点等，创新培训内容、形式、方法、途径，并总结相关经验进行推广。农村语文教师所在学校要创新校本培训，不断探索校本培训模式，把教师专业知识素养提升与教学、教研工作结合起来，把学科课程知识和学科教学知识作为培训重点，加大工作力度，使教师专业知识素养快速提升。农村语文教师要充分认识到提升自身专业知识素养的重要性和紧迫性，认识到自身专业知识素养方面的不足，探索选择适合自身特点的专业知识素养提升培训，特别要充分利用互联网等新媒体为提升自身专业知识素养服务。

提升教师能力素质是中外教师专业发展中面临的共同问题，世界各国在实践中都积累了丰富的值得学习借鉴的经验。要使农村语文教师专业知识素养提升取得理想成绩，不仅要注重自主创新发展，更要虚心学习借鉴国内外的成功经验。但是，学习国内外的成功经验不能简单地照抄照搬，必须切合本地的实际情况，这样才能取得最佳效果。

（三）强化语文教师的继续教育

第一，各级教育行政部门要加强语文教师的继续教育，加强对新课程的专门培训和学习，密切结合语文课程标准、语文教材和语文教学进行学习、研讨和培训，加强对语文课程知识的深入领会，加强对语文教材的全面把握。

第二，通过专门培训和学历教育等多种形式，帮助语文教师不断地补充专业知识，尤其要补充学科新增加的知识和研究成果，让语文教师总是能够站在学科前沿，将最为科学、准确的知识教给学生。

第三，加强语文教师教学技能的专门训练，进一步加强语文教师的教学设计能力、教学实施能力、教学应变能力和教学研讨能力的训练和养成，使其在不断积累经验的同时，也养成反思教学的习惯，以不断提高教学效果。

第四，加强教师队伍建设，通过多种措施促进教师的成长和专业发展，开展好各级骨干教师的选拔和培训工作，更好地发挥骨干教师的带头作用。

（四）引导和鼓励语文教师自主发展

1. 重视在职教师的实践反思与合作交流

本研究表明，初中语文教师自身的教学经验与反思以及与同事的交流是教师专业知识发展非常重要的来源。因此，语文教师在教学过程中应注重积累经验，勤于反思，加强与同事交流，多参加教学研讨与观摩活动，通过多种途径促进自身专业知识的发展。同时，建议学校管理者采取措施为这些活动的开展创造有利的环境和条件。

2. 重视专业书刊的阅读及学历进修

本研究发现，自学专业书刊是初中语文教师专业知识发展的重要来源之一。语文学科内容广博而庞杂，需要教师有广博的知识储备来应对，也需要教师有大量切实的听、说、读、写的实践及体验做支撑来很好地指导学生，还需要教师有自己独特的教学风格和艺术来吸引学生。为此，语文教师不仅要阅读大量的专业书刊，还要阅读各类杂书，拓展知识视野，在条件允许的情况下，积极参加学历进修，全面提升自身的专业知识素养。

3. 鼓励教师结合语文教学实践进行课题研究

教师自身的实践反思、书刊阅读以及学历进修，都是个人发展的必由之路，除此之外，教师还应与同行进行合作，适当开展专门的课题研究。通过课题研究，才能系统地学习相关理论知识、解决教学中的切实问题，才能成为真正的研究型教师，才能形成有利于个人发展又有助于整体进步的教学科研团队，才能实现各项专业知识的融会贯通，才能不断形成自己的思想和风格，才能成为卓越的语文教师。

第四章　数学教师专业知识发展

第一节　数学教师专业知识发展的相关研究

数学教师专业知识的研究一直是教师教育领域重要的研究问题。近年来，受国际大型比较研究项目的影响，这一研究领域受到越来越多的关注。研究者通过研究发现，学生学业水平是学校教育质量的重要指标，而教师的专业知识素养是提高学生学业水平的关键因素。① 因此，国际教育成就评价协会在完成三次以评价学生数学和科学学科素养为目的的 TIMSS 国际比较项目之后，于 2008 年组织了 15 个国家和地区的 22000 个职前数学教师专业知识调查的 TEDS-M 项目。TEDS-M 研究发现，TEDS-M 研究项目中的各国数学教师专业知识排名顺序和 TIMSS 2007 中各国学生数学成绩的排名顺序基本一致。② 这一结果再次引起了研究者对数学教师专业知识研究的关注。除了 TEDS-M，类似的数学教师专业知识研究的国际比较项目还有 MT21（Mathematics Teaching in the 21st Century）。在这些国际比较的教师专业知识项目之

① Blömeke S，Delaney S. Assessment of teacher knowledge across countries：a review of the state of research［M］//Blömeke S，Hsieh F，Kaiser G，et al. International perspectives on teacher knowledge，beliefs and opportunitiesto learn. New York：Springer Science+Business Media，2014：541-585.

② Mullis I V S，Martin M O，Foy P. TIMSS 2007 international mathematics report：findings from IEA's trends in international mathematics and science study at the fourth and eighth grades［M］. Chestnut Hill，MA：TIMSS & PIRLS International Study Center，Boston College，2008.

外，也有只是着眼于某一个国家教师专业知识研究的大型项目，如德国的COACTIV 项目（Professional Competence of Teachers，Cognitively Activating Instruction，and the Development of Students' Mathematical Literacy）、美国的 LMT 项目（Learning Mathematics for Teaching）。

这些大型的数学教师专业知识国际比较项目让人们全面了解了世界各国的教育质量和教师教育状况，同时，研究者也认识到，各国在课程内容、教师教育制度等方面存在巨大差异，因此在测验内容的选取上为了兼顾各国状况有很多限制。由此可见，从各国教育的实际状况和实际需要出发研究教师专业知识更为重要。我国没有参加过国际大型数学教师专业知识的比较项目，关于我国数学教师专业知识状况的量化数据还非常少。我国职前和在职数学教师的专业知识状况如何？我国数学教师专业知识状况是否能满足实际教学的需要？这是目前我国教师教育中迫切需要了解的重要问题。为了科学合理地考查数学教师专业知识的状况，我们需要了解国际上关于数学教师专业知识的相关研究。

一、数学教师学科知识的相关研究

（一）数学教师学科知识的内涵

鲍尔对以往数学教师的学科知识研究做了一个总结，她指出，尽管现在大多数研究者都已放弃了先前用教师所修过的课程门数或者学分来代表教师学科知识的做法，但目前研究者将“学科”概念化的方式是不同的（conceptualize and study “subject matter”）。[①] 一些研究者如欧内斯特（P. Ernest）、汤普森（A. G. Thompson）等研究教师关于数学的观念或者信念（conceptions of or beliefs about mathematics）。这些研究者使用各种方法识别教师的观念，包括访谈、问卷和以教师的实践为基础做推论。这些研究总体上强调教师对数学的设想（assumptions about mathematics）对他们学科教学的影响。另外一

① Ball D L. Knowledge and reasoning in mathematical pedagogy：examining what prospective teachers bring to teacher education [D]. East Lansing：Michigan State University，1988.

些研究者如莱因哈特（G. Leinhardt）和史密斯（D. A. Smith）、埃文（R. Even）、鲍尔等则关注教师对数学概念和法则的理解。研究者通过访谈和结构性问题探索教师如何理解（或误解）某个特定的概念。

面对研究中对学科知识的不同思考方式，鲍尔认为对数学的理解是对学科知识、信念与情感的混合物[①]，因此提出数学学科知识有数学的实体性知识、关于数学的知识和数学倾向三个维度。鲍尔和麦克迪尔米德（G. W. Mc-Diarmid）将对数学学科知识的界定推广到一般的学科知识，相应地，学科知识也有学科的实体性知识、关于学科的知识和学科倾向三个维度。尽管前面特指的是数学学科知识，后面是一般的学科知识，但基本想法是类似的。

（二）数学教师学科知识的实证研究

无论研究者在理论上对学科知识的成分有多少种不同看法，数学教师学科知识的实证研究一方面集中在教师对重要数学核心概念如分数、函数等的理解，另一方面则集中在教师对重要数学运算规则如减法、除法等的理解。

莱因哈特和史密斯研究了算术专家教师的分数知识，认为学科知识包括概念、法则运算、不同法则程序之间的关系、被使用到的数系的子集、对于班级学生错误的理解、课程表征。这项研究收集数据的方法主要有：观察教师的教学并进行录像；访谈，访谈的内容主要包括课堂录像的讨论、教师对自己教学计划的评估；卡片分类任务（card-sorting task），包括从四年级课本中的计算部分随机选择40个数学问题，教师对这些问题进行分类并给出分类的理由。卡片分类和分数知识的访谈结果证实，越有经验和能力的教师的知识结构也越精细、越有层次。至于分数教学方面，通过录像和访谈也表现出类似的差别。

埃文提出了一个研究教师关于某一特定数学主题的学科知识框架[②]，认为应当从以下几个方面去考查教师的学科知识：概念的本质特征；概念的不

① Ball D L. Knowledge and reasoning in mathematical pedagogy：examining what prospective teachers bring to teacher education［D］. East Lansing：Michigan State University，1988.

② Even R. Subject matter knowledge for teaching and the case of functions［J］. Educational Studies in Mathematics，1990，21（6），521-544.

同表征；同一概念的不同处理方法；概念的意义；基本的技能，主要包括阐明重要原理、性质、定理的有力例子；对一个概念的知识和理解；关于数学的知识。

希特（F. Hitt）研究了教师在构造连续函数和非连续函数上的困难①，推断教师对于函数的直觉与“仅通过一个代数表达式来定义的连续函数”的概念一致。

巴图罗（A. Baturo）和内森（R. Nason）对澳大利亚13名正在接受教师教育的一年级职前教师的面积测量知识进行了研究。② 在这项研究中，教师的学科知识包括四个方面：实体知识（substantive knowledge）、关于数学本质和论述的知识（knowledge about the nature and discourse of mathematics）、文化与社会中的数学（knowledge about mathematics in culture and society）、数学倾向。

道伦（W. V. Dooren）、沃尔夏费尔（L. Verschaffel）和翁赫纳（P. Onghena）进行了一项关于比利时小学和中学职前数学教师的算术和代数的内容知识、技能、观念和态度对其教学行为影响的调查研究。③ 这项研究是在斯密特（S. Schmidt）一系列研究的基础上发展而来的，他们仿照其中的研究设计，将其应用到不同的背景之中，亦即佛兰德教育系统（the Flemish educational system）。

在教师的数学学科知识研究中，除了对教师对数学概念的理解进行研究外，还有一类是研究教师对程序性知识的理解。这类研究是鲍尔开创的，随后马（Ma）与梁（F. Leung）和帕克（K. Park）以鲍尔的研究为基础，做过一些比较研究。

鲍尔研究了19名职前教师（10名小学，9名中学）对除法的理解。研

---

① Hitt F. Teachers' difficulties with the construction of continuous and discontinuous functions [J]. Journal of Mathematical Behavior, 1998, 17 (1): 123-134.

② Baturo A, Nason R. Student teachers' subject matter knowledge within the domain of area measurement [J]. Educational Studies in Mathematics, 1996, 31 (3): 235-268.

③ Dooren W V, Verschaffel L, Onghena P. Pre-service teachers' preferred strategies for solving arithmetic and algebra word problems [J]. Journal of Mathematics Teacher Education, 2003 (6): 27-52.

究方法主要通过三个情境对教师进行访谈，这三个情境分别是分数除法、0做除数的除法和代数方程中的除法。[①] 总的来讲，研究者认为尽管大多数教师都能得到一个正确的结果，但是很少有教师能对潜在的原则和意义给出一个数学的解释。教师的知识从整体上来看是零散的，关于除法的知识是与其他知识孤立的。

梁和帕克为了调查东亚地区教师的数学能力，仿照马的研究在中国香港和韩国进行了一项小规模的探索性研究，并与马的研究结果进行了对比。[②] 从研究中我们可以看到，教师对于多位数乘法有着程序性和概念性的理解。然而，与马对中国上海教师的研究结果不同，尽管中国香港和韩国的教师有概念性的理解，但是他们的教学策略却是程序性的，而不是概念性的。同样，中国香港和韩国的教师在解释学生的错误时没有明确表达“位值制系统”“基本单位”这样的概念。总之，中国香港和韩国的教师对于他们所教的学科有很好的理解，东亚学生的数学能力可以至少部分地归因于教师的能力。

二、数学教师学科教学知识的相关研究

（一）学科教学知识的内涵

所谓学科教学知识，根据提出这个概念的学者舒尔曼的定义，主要指在某一学科领域中最有用的表现这些思想的形式、最有力的类比、图示、例子、解释和示范。[③] 一句话，表征和明确表达这个学科从而使其被别人所理解的方法。另外，学科教学知识也包括使学习特定题目变得容易或者困难的理解：不同年龄和背景的学生在学习那些教学题目时所带来的观念和事先形成的观念。如果事先形成的观点是错误的，教师需要一种富有成效的策略知识促使学习者重新组织他对这一知识的理解，因为教师眼前的这些学习者并非一块

① Ball D L. Prospective elementary and secondary teachers' understanding of division [J]. Journal for Research in Mathematics Education, 1990, 21 (2): 132-144.

② Leung F, Park K. Competent students, competent teachers? [J]. International Journal of Educational Research, 2002, 37 (2): 113-129.

③ Shulman L S. Those who understand: knowledge growth in teaching [J]. educational researcher, 1986, 15 (2): 7.

白板。在舒尔曼提出这个概念之后，很快就出现了很多有关学科教学知识的研究，这些研究基本上都直接使用舒尔曼的学科教学知识定义，如斯朗普（S. L. Stump）、卡彭特（T. P. Carpenter）、芬尼马（E. Fennema）、彼得森（P. L. Peterson）和卡蕾（D. A. Carey）、埃文、克那可（B. M. Kinach）。

与直接使用舒尔曼的学科教学知识的定义不同，有研究者对学科教学知识的定义做了不同程度的修改与扩展，如马克斯（R. Marks）认为学科教学知识就是针对特定学生讲授某一概念和技能所使用的教学策略，选择和使用教材以及其他课程资源的知识。① 有学者甚至改变了这个概念，如科克伦（K. F. Cochran）、德路透（J. A. DeRuiter）和金（R. A. King）则提出了一个新概念——学科教学认知（pedagogical content knowing，PCKg），主要是为了强调教师对一般教学法知识（knowledge of pedagogy）、学科内容知识（knowledge of subject matter）、学生知识（knowledge of students）和学习情境知识（knowledge of educational contexts）等的综合理解。他们认为教师专业知识的综合性与整合性是学科教学认知发展的本质特征，并提出学科教学认知发展的综合模型。希尔（H. C. Hill）等提出 MPCK 的概念，MPCK 包含数学学科内容和学生的知识、课程知识、数学学科内容与教学的知识。②

无论研究者如何理解学科教学知识的内涵，如何使用学科教师专业知识的概念，总的来讲，他们对学科教学知识有一个基本共识：学科教学知识是教师关于如何将学科的某一领域知识转化成学生能够理解和接受的知识的个人理解与教学技巧。这个概念的提出使教师专业知识这个领域的研究者认识到一点：教师的学科知识并不会直接地自动地变成学生所学习的课堂教学内容，这里面存在着一种转化（transformation），教师需要根据学生的特点对自己的学科知识进行重新组织，用学生易于接受的语言与方式表征，这就是教师与学科专家的不同，是教师所特有的一种知识。

---

① Marks R. Pedagogical content knowledge: from a mathematical case to a modified conception [J]. Journal of Teacher Education, 1990, 41 (3): 3-11.

② Hill H C, Ball D L, Schilling S G. Unpacking pedagogical content knowledge: conceptualizing and measuring teachers' topic-specific knowledge of students [J]. Journal for Research in Mathematics Education, 2008, 39 (4): 372-400.

（二）数学教师学科教学知识的实证研究

在教师的学科教学知识研究中，数学学科的研究一直是一个活跃的领域，通过对数学教师对不同数学内容的不同设计和表征，研究者让人们认识到了什么是带有学科特点的不同于一般教学方法的教师专业知识。这些研究中所呈现出的数学教师的学科教学知识都是紧紧围绕具体数学内容而展开的。

波斯特（T. R. Post）、哈雷尔（G. H. Harel）、贝尔（M. J. Behr）和莱什（R. Lesh）研究了220名4~6年级数学教师对有理数概念的理解。通过对有理数问题的解答，对问题的解进行教学上的解释以及访谈来探索教师对有理数概念的学科内容知识和学科教学知识。①

李（B. S. Lee）研究了42名职前中学数学教师与极限概念有关的三种类型知识——学科知识、课程知识和学科教学知识，主要有四个研究问题：①教师对极限概念的理解怎么样？②教师对极限概念有哪些错误观念、困难和错误？③教师对于K-12数学课程中所涉及的极限概念有什么看法？④在教极限概念时，教师预计会有什么可能的错误观念、难点和错误？由于被试教师对于后两个研究问题的回应率较低，因此研究者对于后两个研究问题只提供了数据和讨论，而没有做出最后的结论。对于研究数学教师学科知识的前两个问题，研究者设计了研究职前中学数学教师对于极限概念理解的问卷和模型，结果表明，教师对于函数极限概念的理解是比较程序性的（more procedural oriented），而不是概念性的（conceptual）。他们只是在字面上而不是在根本意义上知道极限的定义，因此不会利用定义去证明极限的存在性或证明定理；而且教师根据自身的经验给出了一些错误观念、难点、错误的例子，但却不能提供克服这些错误和难点的策略，也不知道产生这些错误、困难的原因。②

斯泰西（K. S. Stacey）、海姆（S. Helme）、施泰因勒（V. Steinle）、巴

① Post T R, Harel G H, Behr M J, et al. Intermediate teachers' knowledge of rational number concepts [M]//Fennema E, Carpenter T P, Lamon S J. Integrating research on teaching and learning mathematics. Albary, N Y: State University of New York Press, 1991: 177-198.

② Lee B S. An investigation of prospective secondary mathematics teachers' understanding of the mathematical limit concept [D]. East Lansing, Michigan: Michigan State University, 1992.

图罗、欧文（K. Irwin）和巴纳（J. Bana）以问卷调查的方式对澳大利亚和新西兰四所大学553名职前教师的小数知识进行了研究，包括教师的内容知识和学科教学知识两个方面。① 研究结果表明，大部分职前教师都能很好地回答问卷中的问题，80%以上的教师获得了很高的分数，这些教师被研究者划分为专家教师。教师存在问题的地方主要有两个：一是研究者事先没有料到有13%的教师在比较0和小数时会犯错误；二是有一小部分教师（3%）显示有“短的小数大”的错误观念。研究者认为，总体而言，这些错误表明很多教师没有理解小数、整数、分数、0和负数之间的关系。在学科教学知识方面，教师能够很好地意识到学生中存在的“长的小数大”的错误观念，但却没有意识到自身有“短的小数大”的错误观念。教师能够很好地识别学生错误观念的类型，却不能解释这种错误的原因。

斯朗普通过问卷和访谈调查了18位职前教师和21位在职中学教师关于斜率的知识②：①关于斜率概念的定义，包括两个问题：一是“什么是斜率”？二是“斜率代表什么”？调查结果发现，教师一共给出了七种表征斜率的定义：用几何比给出的定义；用代数比给出的定义；包括自然物理性质如斜度、倾斜的定义；包括函数性质的定义，即斜率是两个变量变化的比率；参数系数的定义，即斜率是方程 $y=mx+b$ 中的 m；包含三角观念的定义，即斜率是倾斜角度的正切值；包含微积分观念的定义。绝大部分教师都将斜率定义为几何比，只有不到五分之一的教师使用函数的观念来定义斜率。②对于斜率的数学理解，包括直线的几何性质、线性方程的参数、函数情境下的变化率以及与角的倾斜有关的三角概念等6道题目。③学科教学知识，包括两个问题：一是学生在学习斜率之前需要有哪些必备的数学知识？教师往往提到坐标系、描点、作图等几何概念和技能以及变量、公式、解方程等代数概念和技能，也有教师提到一些算术概念和技能。但是每组各只有三位教师

① Stacey K S, Helme S, Steinle V, et al. Preservice teachers' knowledge of difficulties in decimal numeration [J]. Journal of Mathematics Teacher Education, 2001 (4): 205-225.

② Stump S L. Secondary mathematics teachers' knowledge of slope [J]. Mathematics Education Research Journal, 1999, 11 (2): 124-144.

提到函数关系方面知识的重要性。二是要求教师提供解释斜率定义的实例并回答什么样的例子和解释对教斜率概念最有用、最有帮助。教师提出的情境主要有两种：自然的情境和函数的情境。自然的情境集中在物体的坡度，如山路、滑雪的坡或者轮椅的坡道。函数的情境强调两个变化的量（如距离和时间）之间的线性关系。两组教师都更喜欢自然情境，自然情境被在职教师提到的次数多些，而函数情境被职前教师提到的次数多些，大约四分之一的职前教师和在职教师没有提到任何真实情境的例子。

埃文通过问卷和访谈对 162 名职前教师函数概念的学科知识和学科教学知识进行了研究。研究分两个阶段：第一阶段对 152 名职前教师进行函数概念的开放式题目的问卷调查；第二阶段对另外 10 名职前教师进行问卷调查，并在问卷完成之后进行访谈。通过对这两个阶段的数据分析发现，许多教师都没有现代的函数观念，缺少对函数任意性的理解，并很少能够解释函数单值性的起源和重要意义。教师的这种狭窄的函数观念影响了他们的教学思路，因此，在向学生描述函数时都使用比较狭窄的函数概念映像（concept image），而不使用现代函数的术语。另外，很多教师选择为学生提供一个可以遵循的法则，而并不关心法则的理解。①

三、数学教师学科知识、学科教学知识与教学之间关系的研究

在数学教师专业知识的研究中，除了单独研究学科知识、学科教学知识等现状和问题外，还有一部分研究关注的是教师专业知识与教学之间的关系。这些研究让人们看到了数学教师专业知识是如何影响其教学的。

罗兰（T. Rowland）、马丁（S. Martyn）、巴伯（P. Barber）和希尔（C. Heal）研究了教师的学科知识和教学能力之间的关系。② 英国教育政策明确规定将学科知识作为英格兰教师资格标准中的一个维度。政府课程（Gov-

① Even R. Subject-matter knowledge and pedagogical content knowledge: perspective secondary teachers and the function concept [J]. Journal for Research in Mathematics Education, 1993, 24 (2): 94-116.

② Rowland T, Martyn S, Barber P, et al. Investigating the mathematics subject matter knowledge of pre-service elementary school teachers [C]. Presented at Psychology of Mathematics Education, 2001: 25.

ernment Circular 4/98，Department for Education and Employment，1998）开始考虑为使小学阶段教学有效率，受培训教师必需的数学知识和理解是什么，并要求提供教师培训的部门审查并辅导受培训教师的学科知识。在这一背景下，研究者于 1997 年启动了一项关于教师学科知识的课题。

穆伦斯（J. E. Mullens）、默南（R. J. Murnane）和威利特（J. B. Willett）分析了与教师教学效果（teaching effectiveness）相关的重要因素。[①] 该研究采用量化的方法，其中一个变量是学生的学习结果，另一个变量是教师的教学效果指标。教师的教学效果指标共有 3 个：①T_TRAIN是一个二分变量，指教师是否已经完成三年的教学法训练计划；②T_ACAD 是一个二分变量，指教师是否已经高中毕业；③T_MATH，教师的数学能力变量，主要凭借小学毕业考试中的成绩（BNSE exam）。研究结果发现，没有一个教学效果指标与学生基本概念的学习显著相关。于是，这项研究集中讨论教学效果指标与学生高级概念学习之间的关系，得出结论：①教师的数学知识是最重要的，如果教师在他们自己读书期间表现出很强的数学能力，那么他们的学生学习高级概念也更快；②教师是否高中毕业也很重要，因为教师的数学知识对学生的学习是重要的，是否高中毕业是教师学科能力的可靠的第二个指标；③教师培训没有什么帮助，因为教师教学方法培训和学生学习高级概念之间没有什么关系。

斯沃福德（J. O. Swafford）、琼斯（G. A. Jones）和桑顿（C. A. Thornton）研究了教师专业知识对于教师教学的影响[②]。研究结果发现，这项提高教师几何知识和对学生几何认知的知识的研究项目影响教师的教学行为。特别地，教师对几何内容知识和学生几何认知的知识的提高明显地影响教师教什么、如何教和教师所展现的特征。通过研究项目中的两个课程，在“教什么”方面，教师不仅在几何教学中花费了更多的时间，而且由于使用丰富的几何问

① Mullens J E，Murnane R J，Willett J B. The contribution of training and subject matter knowledge to teaching effectiveness：a multilevel analysis of longitudinal evidence from Belize ［J］. Comparative Education Review，1996，40（2）：139-157.

② Swafford J O，Jones G A，Thornton C A. Increased knowledge in geometry and instructional practice ［J］. Journal for Research in Mathematics Education，1997，28（4）：467-483.

题和任务，教学时间的质量也得到了提高；在“怎样教”方面，教师从给出问题的答案转为通过提出问题、讨论问题探索学生的思维，不仅拓宽了学生的思维，也扩展了教师自己的思维，并且教师提出的问题难度也大了；在“教师特征”方面，教师摆脱了课本的“控制”，自信心提高了。为了丰富学生的学习经历、扩展学生的思维，教师也更乐于讨论有一定风险的题目，并在教学中表现出乐于采用操作性的活动。

埃德（M. K. Heid）、布卢姆（G. W. Blume）、齐比克（R. M. Zbiek）和爱德华兹（B. S. Edwards）研究了影响教师对学生进行数学理解访谈的几个因素。① 该研究的对象是教学经验20年以上的三位数学教师。研究方法主要是四种形式的访谈，即任务访谈（task-based interview）、情境访谈（scenario interview）、文件访谈（documentation interview）和观察访谈（observation interview）。影响教师对学生进行访谈的因素主要有：①教师对数学和他们所教的数学课程的理解；②教师对科技的看法以及自己所具有的技术才能；③教师对学生的教育和情感需要的看法；④教师对“知道数学意味着什么”的看法。所有这些因素都进一步由教师对访谈的作用的看法所调节。总的来讲，他们认为，学生不能理解教师没有明确教过的东西。

贝尔福（E. Belfort）和吉马拉斯（L. C. Guimaraes）通过两个个案研究了教师的学科知识对教师教学的影响。② 研究者设计了一个中学教师的在职培训课程，旨在补充教师的学科知识。把学科知识和一系列活动联系起来，这些活动是为缩短教师所学的数学和教师所教的数学之间的鸿沟而设计的。该课程通过这些活动给教师提供了从一个更高的观点评论他们所教数学（代数、几何、数的结构、微积分与概率）的机会。

桑切斯（V. Sanchez）和利纳雷斯（S. Llinares）通过访谈4位职前教师

① Heid M K，Blume G W，Zbiek R M，et al. Factors that influence teachers learning to do interviews to understand students' mathematical understandings［J］. Educational Studies in Mathematics，1999（37）：223-249.

② Belfort E，Guimaraes L C. The influence of subject matter on teachers' practices：two case studies［J］. Presented at Psychology of Mathematics Education，2002（26）：2-73.

对函数概念的理解和教学计划，研究了教师的学科知识对于教学过程的影响。[①] 其中，学科知识主要包括两个维度：理解学科的方式（ways of knowing the subject matter）和意象（image）。对于第一个维度，也即教师理解学科的方式，主要从三个方面进行研究：教师所强调的数学内容的重点、教师明确表达的联系和不同表征形式的使用。第二个维度，即意象，研究者认为由于情感问题（affective issues）看起来总是同观念（belief）融合在一起的，所以使用意象这个术语可以恰当地刻画教师对于数学、数学教学和数学学习的观念和态度。对于教学过程，这个因变量的研究并非直接研究教师的课堂教学，而是研究教师对于函数概念教学所做的假设的计划，主要包括教师对于学科知识所做的解释、教师所使用的表征汇编（representational repertoire）和对学科所做的改编（adaptation）三个方面。研究结果表明，教师的学科知识影响教师的教学计划设计。

第二节　小学数学教师专业知识发展

为了解师范生和小学数学教师的专业知识水平及差异、为师范教育和在职培训提供参考性意见，课题组对 241 名小学教育专业师范生和 481 名小学数学教师进行了教师专业知识测查。其中，师范生的样本中有 197 人来自一所部属师范院校的小学教育专业（综合方向），44 人来自一所省属师范院校的小学教育专业数学方向。小学数学教师的样本也分为两部分：一部分是参与某师范院校“国培计划（2012）——示范性集中项目小学数学骨干教师培训班”的 174 名专家教师，另一部分是来自吉林、辽宁、湖南三省的 307 名普通教师。

① Sanchez V，Llinares S. Four students teachers' pedagogical reasoning on functions [J]. Journal of Mathematics Teacher Education，2003（6）：5-25.

本次测试的工具是课题组编制的《小学数学教师专业知识测查问卷》，主要包括四部分：教育理论知识、课程知识（分为一般课程知识和数学课程知识）、数学学科知识、数学学科教学知识。教育理论知识和课程知识主要是单项选择题，数学学科知识以单项选择题为主，有3道解答题，数学学科教学知识是开放性问题。其中，单项选择题每题1分，解答题和开放题每题4分。问卷简介如表4-1所示。

表4-1　小学数学教师专业知识测查问卷简介

知识类型		试题数量（道）[①]	总分值（分）	涵盖内容
教育理论知识		6	6	教育基本理论、学习心理学、一般教学方法和评价法
课程知识	一般课程知识	3	3	基础教育课程改革的内容
	数学课程知识	8	8	数学课程标准的有关内容和要求
数学学科知识		18	27	以小学数学教学中涉及的内容为主，主要涉及两个维度：一个是内容维度，包括数与代数、图形与几何、统计与概率三个领域；另一个是认知维度，包括识记、理解与应用三个水平
数学学科教学知识		4	16	教师对学生水平和错误的理解；针对学生的水平所采取的相应的教学策略；教师对数学概念和关系的表征的丰富性
总计		39	60	

本研究的主要问题包括：①小学数学教师的专业知识水平如何，专家教师和普通教师的专业知识水平是否存在显著的差异性；②师范生的教师专业

① 在研究过程中，课题组对小学数学教师专业知识测查问卷进行了数次修订，本节分析的测查问卷与附录中的测查问卷在教育理论知识与一般课程知识部分稍有不同。为了便于对师范生和小学数学教师的专业知识水平进行比较，本节仅分析了两份测查问卷共同出现的题目，也就是附录问卷中教育理论知识的2、4、5、6、7、8题（共计6分），以及一般课程知识的9、10、12题（共计3分）。

知识水平如何、来源有哪些，以及不同培养模式下的师范生的教师专业知识水平是否有差异；③师范生和小学数学教师的专业知识水平的差异。

一、小学数学教师的专业知识水平及差异

（一）小学数学教师的专业知识水平

1. 小学数学教师专业知识的总体水平

首先，我们对参与测试的小学数学教师在教育理论知识、一般课程知识、数学课程知识、数学学科知识，以及数学学科教学知识方面的知识水平（包括平均分、标准差、得分率、优秀率以及及格率）进行了分析，结果如表4-2所示。

表 4-2　小学数学教师专业知识的整体状况

知识类型	人数（人）	平均分（分）	标准差（分）	得分率（%）	优秀率（%）	及格率（%）
教育理论知识	481	4. 09	1. 26	68	11. 9	71. 5
一般课程知识	481	1. 74	0. 92	58	22. 2	62. 4
数学课程知识	481	4. 40	1. 61	55	0. 4	52. 6
数学学科知识	481	16. 99	5. 16	63	5. 1	61. 1
数学学科教学知识	481	7. 97	3. 22	50	0. 4	35. 1

从表 4-2 可知，小学数学教师表现最好的是教育理论知识和数学学科知识（得分率分别为 68%和 63%），但是在一般课程知识、数学课程知识和数学学科教学知识方面的表现均比较差，没有达到及格水平（得分率分别为 58%、55%和 50%）。其中，数学课程知识和数学学科教学知识达到优秀水平的教师的比例非常低，仅有 0. 4%，而数学学科知识的优秀率也不容乐观，仅为 5. 1%，而且有 64. 9%的小学数学教师的数学学科教学知识未达到及格水平。

2. 小学数学教师的数学学科知识的总体水平

为深入了解小学数学教师在数学学科知识上的表现，我们对他们在各个维度上的表现也进行了分析，结果如表 4-3 所示。

表 4-3 小学数学教师的数学学科知识的总体水平

维度		平均分（标准差）（分）	得分率（%）	优秀率（%）	及格率（%）
内容维度	数与代数	8.77（2.87）	67	20.6	65.5
	图形与几何	4.67（1.82）	58	2.9	55.9
	统计与概率	3.55（1.80）	59	17.7	54.7
认知维度	识记	1.72（1.03）	43	4.6	22.0
	理解	4.71（1.37）	76	36.6	80.5
	应用	10.56（3.71）	62	9.1	55.1

从表 4-3 可知，我国小学数学教师的数学学科知识在理解水平上表现最好，优秀率达到 36.6%，而在识记水平上表现最差，优秀率仅为 4.6%，而不及格率高达 78%。经过对问卷进行深入分析，我们发现小学数学教师错误率最高的题目属于数学史的问题，其次是有关数学思想的问题。这类知识一般不会在学生考试中出现，仅要求学生了解，从这个测试结果来看，小学数学教师对这类知识也非常不熟悉。

另外，小学数学教师对图形与几何的知识掌握得也一般，优秀率仅为 2.9%，这和图形与几何中的大部分题目均是数学史问题有关。

3. 小学数学教师的数学学科教学知识的总体水平

我们对小学数学教师针对两道数学学科教学知识问题的回答进行了较为细致的分析，第 44 题是有关学生计算错误的问题，第 45 题是有关图形与几何领域的探究性问题，要求教师对学生的发现给出回应。

通过对小学数学教师回答的情况进行归类分析，我们认为他们在回答计算错误类的学科教学知识问题时，反映出三个关注的角度，即程序、算理、学习者。依据这样的标准，我们将所有小学数学教师的回答分为 4 个水平。

水平 1：仅关注计算规则，不解释算理；

水平 2：关注计算规则，部分（或不恰当）解释算理；

水平 3：关注计算规则和算理；

水平 4：针对学习者的错误来解释算理，同时也关注计算规则。

依据这样一个水平的分析，我们对小学数学教师在这道题上的表现进行了统计分析，结果如表 4-4 所示。

表 4-4　小学数学教师在学生计算错误类题目上的表现

水平	人数（人）	百分比（%）
水平 1：规则+无算理	80	18
水平 2：规则+部分算理	202	45
水平 3：规则+算理	142	32
水平 4：规则+算理+学习者	25	6
合计	449（不包括空白问卷 32 份）	

如表 4-4 所示，较少有小学数学教师达到水平 4（6%），也就是不仅关注规则，也关注算理，更关注学习者的水平；32%的小学数学教师关注规则和算理，但大部分小学数学教师（45%）对算理的解释不完整，更有 18%的小学数学教师完全没有关注算理。

第 2 个题目是有关学生对图形与几何问题进行规律探索的题目①，教师需要针对学生的发现给出回应。我们认为可以从学科知识、问题解决的意识和能力、学习者三个方面进行分析，结合教师的回答，将对该题目的回答分为 5 个水平。

水平 1：学科知识错误，并没有尝试解决问题；

水平 2：学科知识错误，尝试解决问题；

水平 3：学科知识正确，能够部分地解决问题，发现了部分的规律；

水平 4：学科知识正确，能够较完整地解决问题，发现规律；

水平 5：学科知识正确，能够较完整地解决问题，并能在学生发现的基础上激发学生自己探究和完善已发现的规律。

---

① 题目选自 Ma L. Knowing and teaching elementary mathematics：teachers' understanding of fundamental mathematics in China and the United States [M]. New York：Lawrence Erlbaum Associates，1999：14.

依据这个分析标准，我们对参与测试的小学数学教师的回答进行了分析，结果如表 4-5 所示。

表 4-5　小学数学教师在探究类题目上的表现

水平	人数（人）	百分比（%）
水平 1：错误的学科知识+无问题解决意识	94	25
水平 2：错误的学科知识+尝试解决问题	122	32
水平 3：正确的学科知识+尝试解决部分问题	152	40
水平 4：正确的学科知识+较完整的问题解决	9	2
水平 5：正确的学科知识+完整的问题解决+关注学生	0	0
合计	377（不包括空白问卷 104 份）	

如表 4-5 所示，较少有小学数学教师达到水平 4（2%），更没有小学数学教师达到水平 5（0%）。这个研究结果与马的研究①不太相符。较少有小学数学教师对这个问题进行深入探究和分析，这可能与研究方式有关。马立平使用的是访谈法，而本研究使用的是纸笔测验法，很多小学数学教师都会选择使用最短时间回答问题，而且我们也注意到很多小学数学教师选择放弃，空白率高达 22%。这一方面说明测试方法需要进一步改进，另一方面也说明很多小学数学教师并不愿意尝试较为复杂的、超过他们学科知识以外的内容。

（二）专家教师与普通教师的专业知识水平差异

对比专家教师和普通教师在教师专业知识上的表现，结果显示，专家教师在教师专业知识各个方面的表现均显著优于普通教师（t 值分别为 3.68，5.57，6.39，4.63 和 11.93，p 值均小于 0.00）。图 4-1 显示了二者在各类专业知识上得分率的差异。

① Ma L. Knowing and teaching elementary mathematics: teachers' understanding of fundamental mathematics in China and the United States [M]. New York: Lawrence Erlbaum Associates, 1999: 14.

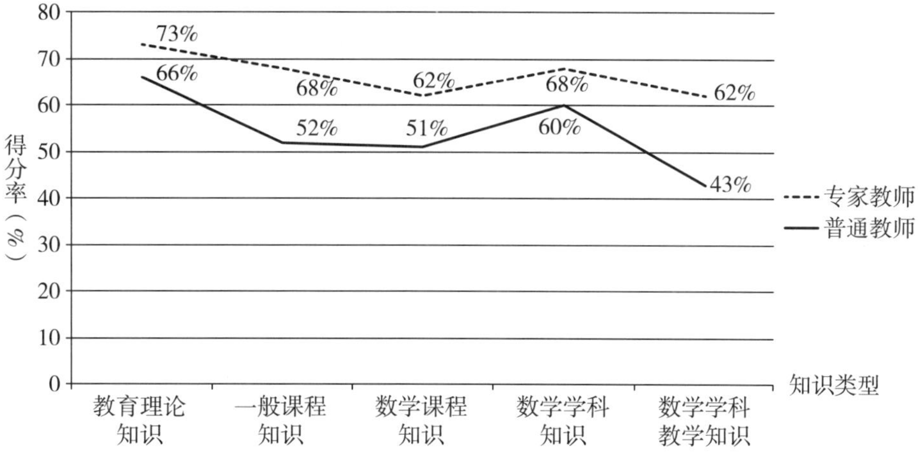

图 4-1　专家教师和普通教师在各类专业知识上的得分率

图 4-1 的结果显示，专家教师在专业知识各个方面的表现较为均衡，得分率均在 60%以上，但是也都没有达到优秀水平。普通教师在教育理论知识方面表现最好，与专家教师的差异最小；他们的数学学科知识的得分率为 60%，刚好及格；课程知识的得分率在 50%左右，而他们在数学学科教学知识方面的表现最差，得分率仅为 43%，与专家教师的差距也最大。

专家教师和普通教师在知道和应用数学学科知识的水平上有显著差异（$t=2.56$，$p=0.01$；$t=5.06$，$p<0.00$），而在理解数学学科知识的水平上表现没有显著差异（$t=1.81$，$p=0.07>0.05$）。

（三）专家教师与普通教师在数学学科教学知识上的差异

无论是师范生还是小学数学教师，他们的数学学科教学知识水平均是最低的。研究者对小学数学教师在数学学科教学知识的两个题目上的表现进行具体分析的结果显示，部分小学数学教师仅关注计算规则，大部分小学数学教师都能关注到算理，只有非常少的小学数学教师能关注到学习者。小学数学教师不愿意尝试较为复杂的、超过他们学科知识以外的内容。

对专家教师和普通教师在不同类型题目上的表现进行比较分析后发现，对于计算错误类的题目，更多的普通教师只关注计算规则，而较多的专家教师会关注学习者，有相当一部分普通教师放弃回答此类题目（见表 4-6）。

表 4-6 专家教师和普通教师在学生计算错误类题目上的表现

水平	专家教师		普通教师	
	人数（人）	有效率（%）	人数（人）	有效率（%）
水平 1：规则+无算理	19	11	61	22
水平 2：规则+部分算理	77	45	125	45
水平 3：规则+算理	57	33	85	31
水平 4：规则+算理+学习者	19	11	6	2
有效问卷总计	172	100	277	100
无效问卷总计	2		30	

专家教师与普通教师在探究类题目上的表现也有差异（见表 4-7）。多数普通教师简单地接受学生的结论（30%），而专家教师中简单接受学生结论的教师比例较低（17%）。多数教师会尝试探究，但是探究的水平不同，有的仅给出反例来推翻学生的说法，而没有具体分析概念之间的关系；有的会尝试探究概念之间的关系，但是由于对概念理解有问题，所以得出了错误的结论（专家教师的比例是37%，普通教师的比例是 29%）；仅有少数教师能够较为全面地分析概念之间的关系。更多的普通教师放弃回答（27%），有 11%的专家教师放弃回答。

表 4-7 专家教师和普通教师在探究类题目上的表现

水平	专家教师		普通教师	
	人数（人）	有效率（%）	人数（人）	有效率（%）
水平 1：错误的学科知识+无问题解决意识	26	17	68	30
水平 2：错误的学科知识+尝试解决问题	57	37	65	29
水平 3：正确的学科知识+尝试解决部分问题	68	44	84	38
水平 4：正确的学科知识+较完整的问题解决	3	2	6	3
水平 5：正确的学科知识+完整的问题解决+关注学生	0	0	0	0

续表

水平	专家教师		普通教师	
	人数（人）	有效率（%）	人数（人）	有效率（%）
有效问卷总计	154	100	223	100
无效问卷总计	20		84	

二、师范生的教师专业知识水平及差异

（一）师范生的教师专业知识水平

师范生的教师专业知识整体状况一般（见表4-8），他们在教育理论知识方面表现最好，得分率为66%；其次是在一般课程知识上的表现，得分率为63%；他们在数学学科知识上的得分率为59%，在数学课程知识上的得分率为49%；而他们在数学学科教学知识上的表现最差，得分率仅为41%（见表4-8）。

表4-8　师范生的教师专业知识整体状况

知识类型	人数（人）	平均分（分）	标准差（分）	得分率（%）
教育理论知识	223	4. 26	1. 13	66
一般课程知识	223	1. 89	1. 51	63
数学课程知识	223	3. 95	1. 48	49
数学学科知识	223	16. 02	4. 55	59
数学学科教学知识	223	6. 57	3. 25	41

我们对师范生在数学学科知识上的表现进行深入分析后发现（见表4-9），师范生在小学数学三个知识领域上的表现相差不大，在数与代数和统计与概率方面的得分率均为60%，而对图形与几何部分的掌握稍差，得分率为57%。对师范生数学学科知识在不同认知水平上的表现情况的分析结果显示，他们在理解水平上表现最好，得分率为78%，在识记水平上的得分率为

57%，而在应用水平上的表现最差，得分率为 53%。

表 4-9　师范生在数学学科知识上的表现

维度		人数（人）	平均分（分）	标准差（分）	得分率（%）
内容维度	数与代数	223	7.84	2.53	60
	图形与几何	223	4.59	1.55	57
	统计与概率	223	3.59	1.74	60
认知维度	识记	223	2.27	0.95	57
	理解	223	4.68	1.33	78
	应用	223	9.07	3.48	53

（二）不同年级师范生的教师专业知识水平的比较

单因素方差分析的结果显示，不同年级师范生在教育理论知识、一般课程知识、数学课程知识、数学学科知识以及数学学科教学知识上的得分均有显著差异（F 值分别为 21.82，26.34，24.99，16.55 和 25.23，p 值均小于 0.01）

分析结果显示，师范生在教育理论知识、一般课程知识、数学课程知识、数学学科知识以及数学学科教学知识几方面的知识水平均有随着年级的升高而逐渐上升的趋势（如图 4-2 所示）。唯有在数学学科教学知识方面，三年级学生要显著地优于其他年级学生。

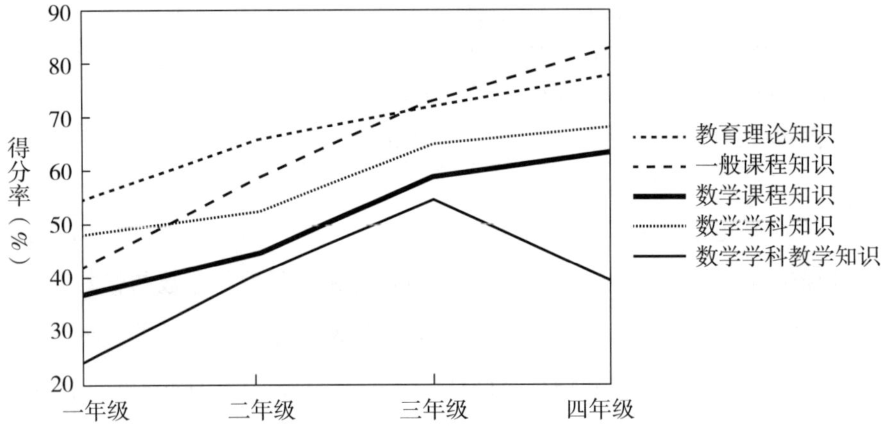

图 4-2　不同年级师范生在教师专业知识上的表现

对不同年级师范生在数学学科知识上的表现进行深入分析的结果显示，不同年级师范生在数与代数、统计与概率两个领域的数学学科知识上有显著差异（F 值分别为 13.92 和 19.32，p 值均小于 0.01）。不同年级师范生在识记和理解两个认知维度上的表现没有显著差异（F 值分别为 1.81 和 0.78），但在应用维度上有显著差异（$F=28.80$，$p<0.01$）。事后分析的结果显示，高年级师范生在应用维度上的表现要显著优于低年级师范生，低年级师范生在应用维度上的表现非常差，一年级师范生在应用维度上的得分率为 38%，二年级师范生在该维度上的得分率为 41%。

之所以产生这样的变化，与学校的课程设置有关。很多师范院校均是在二、三年级开设专业课，见习、实习也是在三、四年级开设。另外，四年级师范生的数学学科教学知识表现较差与测试时学生正在实习、事情比较多、答题状态不好有关。

（三）不同培养模式下的师范生的教师专业知识水平的比较

从 1999 年开始，国内很多师范院校陆续开设了小学教育专业，开始招收本科生，为小学输入高学历人才。小学教育专业有两种最基本的培养模式：一种为综合培养模式①，另一种为分科培养模式②。

研究者比较了两所师范院校小学教育专业三年级师范生的教师专业知识水平，其中 A 师范院校的小学教育专业属于综合培养模式，选取 56 人参与调查，B 师范院校的小学教育专业属于分科培养模式，共 44 人参与调查。结果显示，综合培养的师范生与分科培养的师范生在教育理论知识、一般课程知识、数学课程知识、数学学科教学知识方面均存在显著差异（t 值分别为 4.04，2.81，4.04 和 2.51，p 值均小于 0.05），综合培养的师范生在这几方面均显著优于分科培养的师范生，但二者在数学学科知识方面没有显著差异（$t=0.002$）（如图 4-3 所示）。

① 所谓综合培养模式，是指以学生综合能力为主的一种培养模式，所有学生必修大部分学科类课程（如小学数学教学论、小学语文教学论），部分学科类课程可以选修，学生并没有清晰的学科方向，毕业后既可以承担小学数学的教学，也可以承担小学语文的教学。

② 所谓分科培养模式，是指小学教育专业的学生升入大学后需要确认自己的学科方向，如选择小学数学方向，则主要选修数学方向的课程，而选择小学语文方向，则主要选修语文方向的课程。

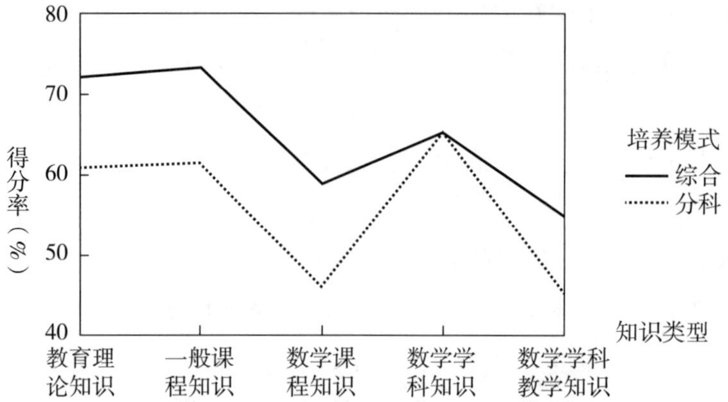

图 4-3　不同培养模式下的师范生在教师专业知识上的差异

对数学学科知识的深入分析发现，综合培养的师范生在数与代数方面的表现要比分科培养的师范生差（$t=-2.59$，$p<0.05$），但他们在统计与概率方面的表现却优于分科培养的师范生（$t=2.91$，$p<0.01$），二者在图形与几何方面的表现没有显著差异。综合培养与分科培养的师范生在识记、理解和应用三个认知水平上的表现没有显著差异（t 值分别为-0.85，-0.16 和 0.39）。

这个结果似乎说明综合培养模式更有利于培养师范生的教师专业知识，因为无论是教育理论知识、一般课程知识还是数学学科教学知识，都是师范生升入大学后学到的知识。但是我们也必须考虑到另外一个因素，那就是参与调查的两所师范院校的小学教育专业生源，A 师范院校小学教育专业招收的是文科生，B 师范院校小学教育专业数学方向招收的是理科生，文科生可能更善于回答教育理论知识、一般课程知识等需要记忆的问题；而且两所师范院校的录取分数线也有较大的差异，A 师范院校小学教育专业历年在各省的录取分数线都在 520 分以上（少数民族地区除外），B 师范院校本科生基本为北京生源，历年的录取分数线均在 500 分左右。这似乎也可以稍微解释为什么 A 师范院校的小学教育专业师范生比 B 师范院校的小学教育专业师范生表现得好。另外，为什么两所师范院校师范生的数学学科知识没有显著差异呢？这也是一个值得探究的问题。

（四）师范生的教师专业知识的主要来源

研究者对两种培养模式下的师范生的教师专业知识来源进行了逻辑回归分析，结果显示，两种培养模式下的师范生均认为教育见习、实习和数学教法课是他们各类专业知识的重要来源，而分科培养的师范生认为家教是他们专业知识的重要来源（见表 4-10、表 4-11）。值得注意的是，两种培养模式下的师范生均认为他们大学前的数学学习经历是他们数学学科知识的重要来源，而大学数学专业课对他们的数学学科知识影响非常小。

表 4-10　综合培养的师范生对教师专业知识来源重要程度评价的总结

来源	教育理论知识	课程知识	数学学科知识	数学学科教学知识
最重要	教育见习、实习 数学教法课	教育见习、实习 数学教法课	数学教法课 教育见习、实习 大学前的数学课	教育见习、实习 数学教法课
次重要	微格教学 教育类课程	家教 教育类课程 微格教学	家教 社团活动 微格教学	教育类课程 家教 微格教学
最不重要	家教 社团活动	社团活动	大学数学专业课	社团活动

表 4-11　分科培养的师范生对教师专业知识来源重要程度评价的总结

来源	教育理论知识	课程知识	数学学科知识	数学学科教学知识
最重要	教育见习、实习 教育类课程 数学教法课	教育见习、实习 家教 数学教法课	教育见习、实习 家教 数学教法课	教育见习、实习 数学教法课 家教
次重要	家教 微格教学	教育类课程 微格教学 社团活动	大学前的数学课 微格教学 大学数学专业课	教育类课程 微格教学
最不重要	社团活动		社团活动	社团活动

可见，教育见习、实习以及数学教法课对师范生的影响非常大，而家教

是他们实践的较好补充。因此，进一步加强教育实践类课程在小学教育专业课程设置中的比重是增强师范生专业知识的必然趋势。在英国，师范生实习的时间至少要在15周以上，而美国为半年，法国为27周，德国则有18个月之多。① 而在国内大多数师范院校里，教育实习仅在四年级进行，而且一般只有2个月的时间，一些师范院校甚至是分散实习。也就是说，师范生自己找学校实习，学校不负责安排和指导，这显然不利于培养师范生的专业知识和专业能力。

三、师范生与小学数学教师的专业知识水平差异

总的来说，师范生的教师专业知识的整体状况一般，他们在教育理论知识方面表现最好，得分率为66%，其次是在一般课程知识方面，得分率为63%，他们在数学学科知识上的得分率为59%，在数学课程知识上的得分率为49%，而在数学学科教学知识上的表现最差，得分率仅为41%。

小学数学教师的教育理论知识的得分率也是最高，为68%，其次是数学学科知识，得分率为63%，然后是一般课程知识，得分率为58%，再次是数学课程知识，得分率为55%，而最差的是数学学科教学知识，得分率为50%。所以，仅从得分率来看，小学数学教师除一般课程知识以外，其他专业知识水平均高于师范生。

为进一步明确师范生与小学数学教师的专业知识水平差异，我们同时对高、低年级师范生与普通教师和专家教师的专业知识进行了对比，结果如表4-12所示。

① 郑东辉，施莉．国外教育实习发展概况及启示［J］．高等师范教育研究，2003，15（5）：70.

表 4-12 师范生与小学数学教师的专业知识水平及差异

知识类型	教师类型	人数（人）	平均分（分）	标准差（分）	*F* 值	*p* 值
教育理论知识	低年级师范生	93	3.99	1.23	8.72	0.00
	高年级师范生	130	4.46	1.02		
	普通教师	307	3.93	1.27		
	专家教师	174	4.36	1.20		
一般课程知识	低年级师范生	93	1.47	0.85	14.46	0.00
	高年级师范生	130	1.88	0.84		
	普通教师	307	1.57	0.90		
	专家教师	174	2.04	0.88		
数学课程知识	低年级师范生	93	3.25	1.35	31.10	0.00
	高年级师范生	130	4.45	1.36		
	普通教师	307	4.06	1.54		
	专家教师	174	4.99	1.56		
数学学科知识	低年级师范生	93	13.54	4.54	24.70	0.00
	高年级师范生	130	17.80	3.64		
	普通教师	307	16.18	5.13		
	专家教师	174	18.40	4.90		
数学学科教学知识	低年级师范生	93	5.13	2.91	62.46	0.00
	高年级师范生	130	7.59	3.10		
	普通教师	307	6.89	3.20		
	专家教师	174	9.86	2.24		

比较结果显示，专家教师和高年级师范生在教师专业知识的几个方面均表现比较出色，他们在教育理论知识、一般课程知识、数学课程知识、数学学科知识以及数学学科教学知识方面均显著优于普通教师和低年级师范生。而且专家教师在数学课程知识和数学学科教学知识方面还显著优于高年级师范生，结果如图 4-4 所示。

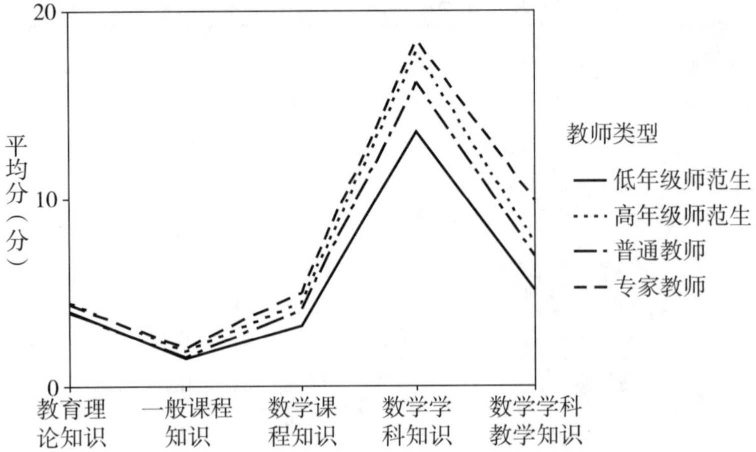

图 4-4　不同类型教师专业知识水平的差异

需要注意的是，这里的小学教育专业师范生样本并不能代表全国小学教育专业师范生的水平，因为这里的样本是从两所较好的师范院校选取的。

我们对几组教师在数学学科知识上的表现也进行了方差分析，结果如表 4-13 所示。

表 4-13　师范生与小学数学教师在数学学科知识上的表现及差异

维度		教师类型	人数（人）	平均分（分）	标准差（分）	*F* 值	*p* 值
内容维度	数与代数	低年级师范生	93	6.52	2.48	21.75	0.00
		高年级师范生	130	8.78	2.12		
		普通教师	307	8.50	2.95		
		专家教师	174	9.24	2.67		
	图形与几何	低年级师范生	93	4.30	1.62	4.41	0.00
		高年级师范生	130	4.80	1.46		
		普通教师	307	4.51	1.70		
		专家教师	174	4.95	1.73		

续表

维度		教师类型	人数（人）	平均分（分）	标准差（分）	*F* 值	*p* 值
内容维度	统计与概率	低年级师范生	93	2.72	1.56	28.27	0.00
		高年级师范生	130	4.22	1.59		
		普通教师	307	3.17	1.84		
		专家教师	174	4.21	1.53		
认知维度	识记	低年级师范生	93	2.22	0.92	18.38	0.00
		高年级师范生	130	2.32	0.96		
		普通教师	307	1.63	0.96		
		专家教师	174	1.87	1.12		
	理解	低年级师范生	93	3.87	1.35	16.94	0.00
		高年级师范生	130	4.08	1.01		
		普通教师	307	4.62	1.39		
		专家教师	174	4.86	1.32		
	应用	低年级师范生	93	6.76	3.09	43.91	0.00
		高年级师范生	130	10.72	2.72		
		普通教师	307	9.93	3.74		
		专家教师	174	11.67	3.38		

分析结果显示，专家教师、高年级师范生和普通教师在数与代数、图形与几何两个方面的知识水平上没有显著差异，但都显著优于低年级师范生。而高年级师范生和专家教师在统计与概率方面的知识水平显著优于普通教师，普通教师又显著优于低年级师范生。

师范生在识记水平的数学学科知识上的表现显著优于小学数学教师，而小学数学教师在理解水平的数学学科知识上的表现显著优于师范生。几组教师在应用水平的数学学科知识上的表现均有显著差异，表现的水平由高到低是专家教师、高年级师范生、普通教师、低年级师范生。

第三节　初中数学教师专业知识发展

了解教师专业知识状况是评估学校教育水平的重要维度，同时也是教师教育研究中的重要问题。为此，我们以中国基础教育和教师教育的课程内容为基础，参考国际教师知识比较项目的框架，主要从教育理论知识、数学课程知识、数学学科知识和数学学科教学知识四个方面来考查我国职前与在职数学教师的教师专业知识状况。

在测验的编制上，教育理论知识主要包括课堂教学知识和一般课程知识①两个方面，共 11 道题。数学课程知识主要包括章节重点、难点和课程内容之间的联系两个方面，题目的形式有选择题和问答题，共 7 道题。数学学科知识包括概念、非常规问题和推理三个方面，共 13 道题。数学学科教学知识题目重在考查教师如何处理实际课堂中学生学习的困难以及如何设计出更利于学生学习的数学表征，共 4 道问答题。本研究采取团体施测的方式，由高校教师和硕士研究生组织测验，未限定测验的时间，测查对象完成全部测验大约需 1 小时。对于问答题的评分，由两名中学教师和一名高校教师共同完成。在测查对象的选取上，我们选择了综合发展水平处于中等的 4 个省会城市的初中数学教师和师范院校数学与应用数学专业四年级师范生作为我们的测查对象。师范院校分为部属师范院校、省属重点师范院校和省属一般师范院校。本研究共发放问卷 577 份，其中初中数学教师 150 份，有效问卷 123 份；师范生 427 份，有效问卷 342 份。为了刻画初中数学教师专业知识发展状况，我们从以下三个方面进行分析。

① 需要说明的是，在最初的问卷设计中，一般课程知识是在数学课程知识这个维度下，但因子分析和相关性分析的结果都发现：与数学课程知识的几个题目相比，一般课程知识的题目与教育理论知识的相关性更强。特别是因子分析的结果表明，一般课程知识的题目与教育理论知识是一个因子。因此，我们把一般课程知识的题目调整到教育理论知识中。高中数学教师的测验中，也出现了同样的结果，我们也做了同样的处理。

一、初中数学教师专业知识发展的整体状况

为了保证测验的难度和区分度满足测量学的要求，本研究在测验编制中充分考虑了我国教师的实际情况，设计的简单基础题目不多，大多是中等以上难度的题目。各类专业知识测验的难度都在 0.5 左右，区分度在 0.4 左右。

表 4-14　初中数学教师专业知识的整体状况

知识类型	平均分（分）	标准差（分）	得分率（%）
教育理论知识	9.42	4.26	43
数学课程知识	6.77	2.47	42
数学学科知识	25.98	8.43	52
数学学科教学知识	18.11	9.00	50

由表 4-14 可以发现，初中数学教师各类专业知识的得分率都在 50%左右，考虑到研究设计中题目的难度，应该说初中数学教师专业知识状况还是比较好的。新课程改革在数学课程标准、教材和教学方法上做出了很多改变，而且从教师专业知识的测验上可以看出：初中数学教师比较好地掌握了新课程所需的各类专业知识，在数学学科知识和数学学科教学知识上的表现（得分率分别为 52%和 50%）优于在教育理论知识和数学课程知识上的表现（得分率分别为 43%和 42%）。

中国学生在国际比赛如国际数学奥林匹克竞赛、国际教育进展评价中均有出色表现。一些国家间的比较研究如史蒂文森（H. W. Stevenson）等人的研究也发现，无论是数的概念还是空间观念，中国学生在数学测试的各个方面几乎都比美国学生的数学成绩好。① 不仅如此，对于不同国家数学教师专业知识的比较研究，马也发现中国数学教师的整体表现要比美国数学教师

① Stevenson H W, Lee S Y, Chen C S, et al. Mathematics achievement of children in China and the United States [J]. Child Development, 1990, 61 (4): 1053-1066.

好。[①] 这一切似乎都表明，和其他国家相比，中国的数学教育是非常成功的，中国数学教师的数学学科知识是非常好的。我们的研究也证实了这一点：尽管初中数学教师专业知识状况不是非常优异，但还是比较好的。因此可以说，新课程改革之初，初中数学教师有很多茫然、不适应甚至是抵触，但经过十多年的发展，初中数学教师已经很好地掌握了新课程教学所需要的教师专业知识，能够适应新课程改革的需要，这为课程改革的顺利实施提供了有力的保证。本研究的这一结论是通过对发展水平处于中等的城市教师的调查而得出的，至于它是否适合农村教师和其他发展水平地区的教师，特别是综合发展水平相对较低地区的教师，还有待更大规模的实证研究去确认。

表 4-15　师范生的教师专业知识整体状况

知识类型	平均分（分）	标准差（分）	得分率（%）
教育理论知识	8. 66	3. 88	39
数学课程知识	4. 36	2. 31	27
数学学科知识	16. 32	6. 58	33
数学学科教学知识	8. 75	6. 48	24

从表 4-15 我们发现，师范生在各类教师专业知识上的得分率都低于 40%。同时我们也发现，师范生在数学学科知识和教育理论知识这两类职前阶段重点发展的教师专业知识上的得分率相对高一些，但在数学课程知识和数学学科教学知识这两类与教学实践密切相关的教师专业知识上的得分率则较低。在研究中我们还发现，很多师范生对基础教育的认识还停留在自己做学生的阶段，对当前的基础教育课程改革缺乏基本的了解。有些师范生不仅不了解初中数学课程的基本内容及其相互联系，甚至不了解数学课程与教学的三维目标是什么。这从另一个侧面反映出我国师范院校的教师教育存在一定的问题。我们的专业课程设置比较重视高等数学的内容，对于基础教育内

① Ma L. Knowing and teaching elementary mathematics：teachers' understanding of fundamental mathematics in China and United States [M]. New York：Lawrence Erlbaum Associaties，1999：105.

容的关注大多集中在学科内容的教学方法等具体层面上，对于初中数学课程改革的重视程度还不够，跟不上基础教育课程发展的实际步伐。从师范生在数学课程知识上的表现我们可以更明显地看到这一点：师范生的数学课程知识得分率为27%，是除数学学科教学知识外最弱的一项。

二、初中数学教师专业知识的结构类型

教育理论知识、数学课程知识、数学学科知识和数学学科教学知识是不同类型的知识，不同教师所擅长和欠缺的不尽相同，因此会表现出不同的知识结构类型。

（一）初中数学教师专业知识的结构类型

为了研究初中数学教师专业知识的结构类型，我们根据初中数学教师在四类专业知识上的得分，利用聚类分析法对他们的教师专业知识结构类型进行分类。我们首先尝试将初中数学教师分为五类，结果发现有两个类型之间的差异不显著，后又尝试将初中数学教师分为四类，结果发现有一个类型的内部特征并不明显，无法命名，最后认为将初中数学教师分为三类较为合理。

第一种类型的初中数学教师不仅在实践性很强的数学学科教学知识上得分最高，远远高于其他两类初中数学教师，而且在专业性很强的数学学科知识和数学课程知识以及理论性很强的教育理论知识上的得分也最高。这类初中数学教师专业知识非常全面且均衡，我们将其命名为均衡型教师。均衡型教师占总体的36%，以骨干教师居多。第二种类型的初中数学教师的主要特点是在教育理论知识、数学课程知识、数学学科知识上的得分都是最低的，但由于在教学实践中积累了一些教学经验，所以表现在实际教学中的数学学科教学知识并不是最差，因此我们将这种类型的初中数学教师命名为经验型教师。这种类型的教师占总体的29%，以中老年教师居多。第三种类型的初中数学教师在教育理论知识、数学课程知识和数学学科知识等分科型知识上的得分虽然没有均衡型教师高，但比经验型教师高。也就是说，这种类型的初中数学教师的分科知识属于中等，且没有很好地整合，因此表现在实际教学中的数学学科教学知识很差，我们将这种类型的初中数学教师命名为分科

型教师。这种类型的教师占总体的35%，以中青年教师居多。（如表4-16、图4-5所示）

表4-16　初中数学教师专业知识的结构类型

知识类型	教师专业知识结构类型			*F*值	*p*值
	均衡型	经验型	分科型		
教育理论知识	11.85	6.73	8.77	9.826	0.000
数学课程知识	7.81	5.41	6.19	7.169	0.001
数学学科知识	32.78	15.82	28.73	82.336	0.000
数学学科教学知识	29.07	13.27	12.62	87.678	0.000
各类型所占比例	36%	29%	35%		

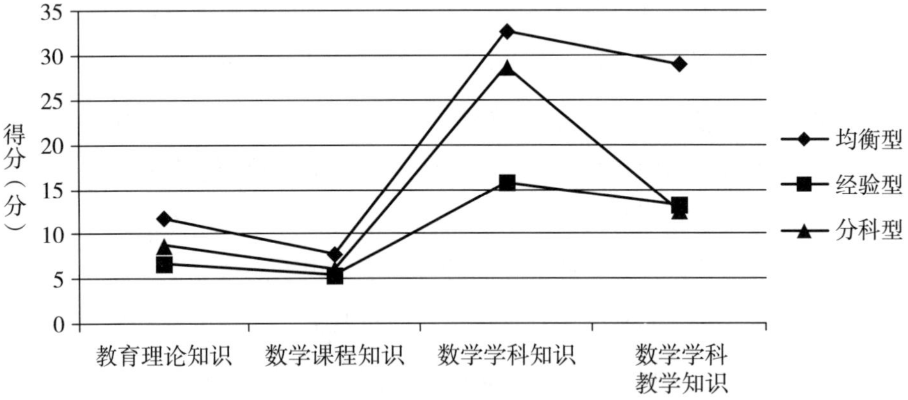

图4-5　初中数学教师专业知识结构类型的比较

（二）师范生的教师专业知识结构类型

为了研究师范生的教师专业知识结构类型，我们根据师范生在四类教师专业知识上的得分，利用聚类分析法对他们的教师专业知识结构类型进行分类。结果发现，师范生的教师专业知识结构类型分为均衡型、薄弱型和分科型三类较为合理（如表4-17，图4-6所示）。

表 4-17　师范生的教师专业知识结构类型

知识类型	教师专业知识结构类型			F 值
	均衡型	薄弱型	分科型	
教育理论知识	9.27	7.22	10.27	15.84*
数学课程知识	4.41	3.99	4.98	3.57*
数学学科知识	14.07	12.94	26.27	270.72*
数学学科教学知识	14.42	3.07	10.77	199.31*
各类型所占比例	24%	43%	33%	

注：* 表示 $p<0.05$。

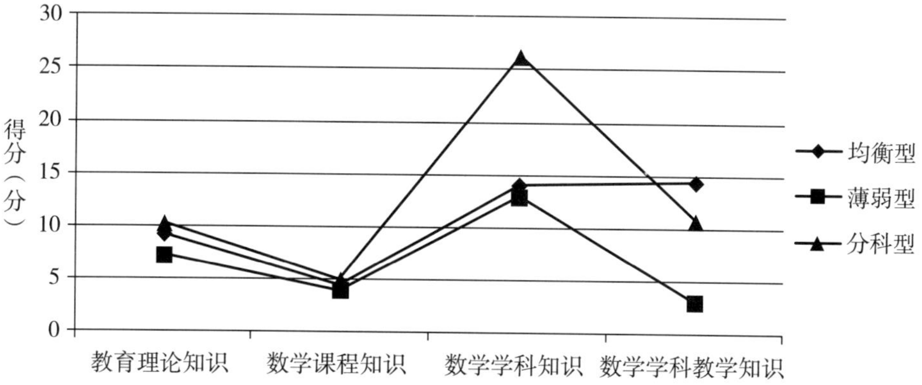

图 4-6　师范生的教师专业知识结构类型的比较

教师专业知识结构属于均衡型的师范生占总体的 24%，他们在各类教师专业知识上的表现都比较好，各类教师专业知识的得分都较高。教师专业知识结构属于薄弱型的师范生占总体的 43%，他们在各类教师专业知识上的得分都较低。教师专业知识结构属于分科型的师范生占总体的 33%，他们在教育理论知识、数学课程知识和数学学科知识上的得分都最高，但是在体现实际教学的综合知识，也就是数学学科教学知识上的得分却并不高。也就是说，分科的知识都还可以，但这些知识尚未得到很好的整合，因此表现在实际教学中的学科教学知识较差。

三、初中数学教师与师范生在教师专业知识上的差异

（一）初中数学教师与师范生的教师专业知识差异的显著性检验

为了解初中数学教师和师范生在教师专业知识上的差异，我们对两类教师的专业知识做了 t 检验，结果如表 4-18 所示。

表 4-18　初中数学教师与师范生的教师专业知识状况的比较

知识类型	教师类型	平均分（分）	标准差（分）	t 值
教育理论知识	师范生	8.66	3.88	-1.758
	初中数学教师	9.42	4.26	
数学课程知识	师范生	4.36	2.31	-9.491*
	初中数学教师	6.77	2.47	
数学学科知识	师范生	16.32	6.58	-9.564*
	初中数学教师	25.98	8.43	
数学学科教学知识	师范生	8.75	6.48	-10.284*
	初中数学教师	18.11	9.00	

注：* 表示 $p<0.05$。

我们以初中数学教师的测试数据为参照，分析师范生教师专业知识的相对水平。初中数学教师的教育理论知识、数学课程知识、数学学科知识和数学学科教学知识的平均分（标准差）分别为 9.42（4.26）分、6.77（2.47）分、25.98（8.43）分和 18.11（9.00）分。我们发现，师范生在各类教师专业知识上的得分都低于初中数学教师。以（职前数学教师得分-在职数学教师得分）/在职数学教师得分的方式来计算，师范生相对于初中数学教师在教育理论知识、数学课程知识、数学学科知识和数学学科教学知识上分别低 8%、36%、37%和 52%。进一步 t 检验发现：师范生与初中数学教师在教育理论知识上没有显著差异（$t=-1.758$，$p>0.05$），而在数学课程知识（$t=-9.491$，$p<0.05$）、数学学科知识（$t=-9.564$，$p<0.05$）和数学学科教学知识（$t=-10.284$，$p<0.05$）上均存在显著差异。

（二）初中数学教师与师范生的教师专业知识逻辑回归分析

从分析中我们可以了解师范生和初中数学教师相比的相对水平，并看到了二者之间的差距。那么，如何比较二者在数学课程知识、数学学科知识和数学学科教学知识上相差的程度呢？师范生与初中数学教师在哪类专业知识上的差距更大呢？为此，我们以这四类教师专业知识为指标，对师范生和初中数学教师做回归分析。

由上面关于初中数学教师与师范生的教师专业知识的差异比较可以看到，除教育理论知识外，初中数学教师与师范生在数学课程知识、数学学科知识与数学学科教学知识上都存在显著差异。那么，在区分初中数学教师和师范生时，把这四类教师专业知识作为区分两种类型教师的指标，哪种教师专业知识的影响更大呢？换句话说，初中数学教师与师范生在哪类教师专业知识上的差别更大？为此，我们对初中数学教师和师范生进行了逻辑回归分析，如表 4-19 所示。

表 4-19　初中数学教师与师范生的教师专业知识逻辑回归分析

自变量	B	S. E.	Wald 值	自由度	显著性	关联强度
数学学科教学知识	0. 121	0. 022	30. 985	1	0. 000	Cox-Snell $R^2=0.53$ Nagelkerke $R^2=0.68$
数学课程知识	0. 333	0. 061	29. 715	1	0. 000	
数学学科知识	0. 113	0. 021	29. 393	1	0. 000	
教育理论知识	−0. 116	0. 038	9. 139	1	0. 003	
常数	−5. 617	0. 606	86. 050	1	0. 000	
整体模型适配度检验	$\chi^2=180.637^*$ Hosmer-Lemeshow 检验值 = 5. 478					

注：* 表示 $p<0.05$。

我们可以看到，四个自变量对初中数学教师和师范生预测的回归模型显著（$\chi^2=180.637$，$p<0.05$）；而 Hosmer-Lemeshow 检验值为 5. 478（$p>0.05$）未达到显著水平，表示四个变量所建立的回归模型拟合理想。就关联强度系数而言，Cox-Snell 关联强度值为 0. 53，Nagelkerke 关联强度值为 0. 68，表示自变量与因变量间有中度的关系存在。

逻辑回归分析中使用的是向前逐步回归分析法，四个变量进来的顺序依次是：数学学科教学知识、数学课程知识，数学学科知识和教育理论知识。在逻辑回归分析中，Wald 值大者对因变量的影响也就更大。由表 4-19 逻辑回归分析的结果我们可以看到，初中数学教师和师范生在数学学科教学知识上的差别最大，其次是数学课程知识，然后是数学学科知识，他们在教育理论知识上的差别最小。

通过研究我们发现，师范生通过教师教育课程主要发展的是教育理论知识和数学学科知识，因此他们在这两类教师专业知识上的得分率分别为 39% 和 33%，而在数学课程知识和数学学科教学知识上的得分率分别为 27% 和 24%。这可能与我国职前教师教育课程主要集中在学科知识和教育理论知识上的设置有一定的关系。有研究者在比较了教师教育培养计划后发现，与韩国和中国台湾相比，中国大陆中小学数学教师准备课程都较为忽视与中小学数学及教学的直接联系。① 而教师由职前进入在职阶段后，丰富的日常教学实践促进了他们的数学学科教学知识和数学课程知识的发展。通过研究我们也发现，师范生与初中数学教师除了在教育理论知识上无显著差别外，在其他三类教师专业知识上的得分均显著地低于初中数学教师。通过进一步的分析我们发现，师范生与初中数学教师在教师专业知识上的差异从大到小的顺序是：数学学科教学知识、数学课程知识、数学学科知识和教育理论知识。这说明教师入职后尽管数学学科知识也在不断地发展，但远没有数学学科教学知识和数学课程知识提高的幅度大，至于教育理论知识则几乎没有什么提高。从职前教师到在职教师这个时期是教师数学学科教学知识和数学课程知识大幅提高的阶段，而在教师入职之后从普通教师到专家教师这个时期是教师的数学学科教学知识和数学学科知识提高的阶段。对初中数学教师的分析后发现，专家教师与普通教师在教师专业知识上的差异从大到小的顺序是：

① 韩继伟，黄毅英，马云鹏，等. 初中教师的教师知识研究：基于东北省会城市数学教师的调查［J］. 教育研究，2011（4）：91-95.

数学学科教学知识、数学学科知识、教育理论知识和数学课程知识。这说明教师在经过了一段时间的教学实践之后，数学课程知识不再像刚入职时那样大幅度提高，而数学学科教学知识和数学学科知识获得进一步发展，由普通教师成长为专家教师。由这些研究结果我们可以看到，在教师专业发展的不同时期，不同类型的教师专业知识发展的程度有很大差别。

第四节　高中数学教师专业知识发展

一些国际比较项目如 TALIS 让研究者发现中国教师的教师专业知识是很强的，一些中美教师的比较研究也发现中国数学教师对所教数学的理解比美国教师更深刻。但这些研究都是针对初中数学教师和小学数学教师的，很少涉及高中数学教师专业知识状况。为了解高中数学教师以及师范生的教师专业知识掌握情况，调查问卷的编制主要从教育理论知识、数学课程知识、数学学科知识以及数学学科教学知识四部分进行，题目类型均为选择题。其中，教育理论知识主要包括教育理论基本知识和一般课程知识两个方面，共 12 道题。数学课程知识主要测查数学教师对数学课程标准及教材内容的掌握情况，共 8 道题。数学学科知识主要是对函数的性质、图像及其相关应用的测查，共 40 道题。数学学科教学知识的题目重在测查教师对实际课堂中学生学习困难的了解以及如何设计出更有利于学生学习的数学表征，共 10 道题。本研究采取团体施测的方式，由高校教师和硕士研究生组织测验，未限定测验的时间，测查对象完成全部的测验大约需要 1 小时。在测查对象的选取上，我们选择了东北三省高中数学教师 150 人，师范院校数学与应用数学专业四年级师范生 241 人。其中，高中分为城市高中和农村高中两类，师范院校分为部属师范院校、省属重点师范院校和省属一般师范院校三类。

为了刻画高中数学教师专业知识掌握情况，我们首先描述高中数学教师专业知识的整体状况，然后比较不同类型学校高中数学教师专业知识水平的差异和师范生在教师专业知识上的差异，最后比较出师范生和高中数学教师在教师专业知识上的差异。

一、高中数学教师专业知识的整体状况

通过调查我们发现，我国高中数学教师专业知识的整体情况还是比较好的，其中教育理论知识、数学课程知识和数学学科知识的得分率均达到了60%以上，能够看出高中数学教师对于教育理论知识、课程标准与教材、数学学科相关知识的掌握情况良好，且明显优于数学学科教学知识（56.66%），如表4-20所示。由此也可以看出，高中数学教师对新课程改革所带来的改变已有所适应，能够比较好地掌握新课程所需的各类专业知识，但却忽略了将这些专业的、理论性的知识应用到教学中。也就是说，有50%以上的高中数学教师对实际课堂中如何设计出更利于学生学习的数学表征没有进行深入思考，没能用所学的理论真正指导实践。

表4-20　高中数学教师专业知识的整体状况

知识类型	平均分（分）	标准差（分）	得分率（%）
教育理论知识	8.10	2.16	67.53
数学课程知识	5.10	1.69	63.69
数学学科知识	12.57	3.37	62.82
数学学科教学知识	1.70	0.88	56.66

尽管我国高中数学教师专业知识状况还比较好，但具体分析后发现，高中数学教师在数学学科教学知识上还存在明显的问题。这是高中数学教师和初中、小学数学教师相比一个比较明显的差别。高中数学在知识点上比初中和小学多很多，高中数学教学不会像初中和小学那样讲解得非常详细，高中数学学习对学生的学习能力要求更高，因此高中数学教师更重视数学学科知识本身，在教学上没有初中和小学数学教师那样花费很多时间和精力在学科教学方法上。这可能是高中数学教师在数学学科教学知识上比较薄弱的原因。这个特点在师范生身上也有所体现。表4-21是师范生教师专业知识状况。

表 4-21　师范生的教师专业知识整体状况

知识类型	平均分（分）	标准差（分）	得分率（%）
教育理论知识	6. 38	2. 27	53. 17
数学课程知识	4. 11	1. 64	51. 52
数学学科知识	9. 16	3. 33	45. 80
数学学科教学知识	1. 36	0. 97	45. 37

从表 4-21 可以看到，师范生在四类教师专业知识上的得分率均超过 40%，其中教育理论知识、数学课程知识的得分率（分别为 53. 17% 和 51. 52%）高于数学学科知识和数学学科教学知识（分别为 45. 80% 和 45. 37%）。从得分率情况我们可以看出，师范生在与教学实践密切相关的教师专业知识上得分较低。显然，高中数学学科知识要比小学和初中难很多，所以无论是教师还是学生掌握起来都有一定难度。数学学科知识难度增加相应地会影响将数学学科知识转化为数学学科教学知识的难度，因此，师范生的数学学科教学知识得分也相对较低。

二、不同类型学校高中数学教师专业知识水平的均衡性

对于教师专业知识状况的调查，除了要了解教师专业知识的整体水平如何，也要了解不同群体教师专业知识水平的发展是否均衡。为此，我们需要探讨不同类型学校高中数学教师专业知识状况是否存在显著差异。首先，高中数学教师在专业知识上的差异结果如表 4-22 所示。城市高中和农村高中的数学教师在数学课程知识、数学学科教学知识上没有显著差异，而在教育理论知识（$t=-3.565$，$p<0.05$）、数学学科知识（$t=1.970$，$p<0.05$）上存在显著差异。具体来讲，在教育理论知识方面，城市高中数学教师的得分低于农村高中数学教师，而在数学学科知识方面，城市高中数学教师的得分明显高于农村高中数学教师。

表 4-22 不同类型学校高中数学教师专业知识的差异

知识类型	学校类型	平均分（分）	标准差（分）	*t* 值
教育理论知识	城市高中	7.55	2.05	-3.565*
	农村高中	8.37	2.16	
数学课程知识	城市高中	5.07	1.79	-0.009
	农村高中	5.11	1.65	
数学学科知识	城市高中	13.01	2.70	1.970*
	农村高中	12.35	3.64	
数学学科教学知识	城市高中	1.68	0.89	4.456
	农村高中	1.20	1.04	

注：* 表示 $p<0.05$。

造成不同类型学校间高中数学教师专业知识差异的原因，一方面可能与不同类型学校在教师发展环境、机制、挑战等方面的不同有关系；另一方面城市高中在教师招聘上也更容易招收到较高级别师范院校的毕业生。那么，教师毕业的师范院校是否是影响教师专业知识的因素呢？

表 4-23 不同类型师范院校师范生的教师专业知识的差异

知识类型	学校类型	平均分（分）	标准差（分）	*F* 值
教育理论知识	部属	7.29	1.81	20.51*
	省属重点	6.56	2.00	
	省属一般	4.86	2.50	
数学课程知识	部属	4.79	1.49	11.39*
	省属重点	4.00	1.38	
	省属一般	3.43	1.94	
数学学科知识	部属	12.12	3.16	80.79*
	省属重点	8.40	2.03	
	省属一般	6.51	2.16	

续表

知识类型	学校类型	平均分（分）	标准差（分）	*F* 值
数学学科教学知识	部属	1.35	0.88	0.191
	省属重点	1.33	0.98	
	省属一般	1.43	1.10	

注：* 表示 $p<0.05$。

研究结果显示：在数学学科教学知识上，三类师范院校的师范生之间没有显著差异，而在教育理论知识（$F=20.51$，$p<0.05$）、数学课程知识（$F=11.39$，$p<0.05$）和数学学科知识（$F=80.79$，$p<0.05$）上有显著差异（见表 4-23）。具体来讲，部属师范院校师范生得分最高，省属重点师范院校师范生得分次之，省属一般师范院校师范生得分最低。从学校层面来分析，这种差异可能与高级别师范院校在课程设置、师资水平、教学资源等方面的优势有关。而从师范生自身背景的角度来分析，高级别师范院校比低级别师范院校录取的师范生的高考成绩高很多。也就是说，准入标准高的师范院校师范生的教师专业知识水平高于准入标准低的师范院校师范生。

我们的这一研究结果与 TEDS-M 的结果一致。TEDS-M 研究也发现，职前教师自我报告的高中数学成绩（the perceived high-school achievement）和在高中所选的数学课程门数是影响其教师知识发展的重要因素。而高中数学成绩和在高中所选的数学课程门数是表征教师先前知识的重要指标。因此说，职前教师的先前知识对教师专业知识发展水平有直接影响。先前知识水平越高的教师，其后来的教师专业知识水平也越高。这是一个普遍的而非只在几个国家小范围内适用的一般结论。研究者认为，这可能是因为较好的先前知识更有利于新知识的掌握，以往已有的认知图式有利于新模块知识的吸收和理解。

在教师教育中我们常常重点关注课程培养计划、课堂教学过程、教育资源投入等对教师教育质量的影响，并主要从这些方面评估职前教育机构的教师教育质量。我们的研究结果提示大家，教师教育除了关注教师教育的过程之外，也需要关注教师教育的起点。如何在教育政策上吸引高素质人才投身教师队伍，如何在入学考试中选拔适合做教师的人才也是教师教育研究中非常重要的问题。像芬兰学生多年来在各种国际比较项目中的骄人成绩，与其非常高的教师准入标准不无关系。我国近年来也通过免费师范生制度等方式吸引高素质人才进入教师队伍，但和芬兰相比，我们在教师准入标准和制度上还存在很多问题，还有很多需要完善的地方，如如何通过增加面试环节挑选具有教师特质的考生进入教师队伍等。

三、高中数学教师和师范生的教师专业知识的差异

为了解高中数学教师和师范生的教师专业知识的差异，我们对两类教师的专业知识做了 t 检验，结果如表 4-24 所示。

表 4-24　高中数学教师与师范生的教师专业知识状况的比较

知识类型	教师类型	平均分（分）	标准差（分）	t 值
教育理论知识	师范生	6.38	2.27	-0.154^*
	高中数学教师	8.10	2.16	
数学课程知识	师范生	4.12	1.65	-6.533^*
	高中数学教师	5.07	1.73	
数学学科知识	师范生	9.17	3.33	-11.681^*
	高中数学教师	12.57	3.37	
数学学科教学知识	师范生	1.36	0.97	-12.907^*
	高中数学教师	1.70	0.88	

注：* 表示 $p<0.05$。

我们以高中数学教师的测试数据为参照，分析师范生的教师专业知识的相对水平。高中数学教师的教育理论知识、数学课程知识、数学学科知识和数学学科教学知识的平均值（标准差）分别为 8.10（2.16）分、5.07（1.73）分、12.57（3.37）分和 1.70（0.88）分；师范生在这四类知识上的平均值（标准差）分别为 6.38（2.27）分、4.12（1.65）分、9.17

(3.33) 分和 1.36 (0.97) 分。以 (职前数学教师得分−在职数学教师得分) /在职数学教师得分的方式来计算，师范生相对于高中数学教师在教育理论知识、数学课程知识、数学学科知识和数学学科教学知识上分别低 21%、19%、27%和 20%。进一步的 t 检验发现，师范生与高中数学教师在数学学科教学知识 ($t=-12.907$，$p<0.05$)、教育理论知识 ($t=-0.154$，$p<0.05$)、数学课程知识 ($t=-6.533$，$p<0.05$) 和数学学科知识 ($t=-11.681$，$p<0.05$) 上均存在显著差异。师范生与高中数学教师在四类专业知识上的得分均显著低于高中数学教师。

通过进一步的分析我们发现，师范生与高中数学教师在教师专业知识上的差异从大到小的顺序是：数学学科教学知识、数学学科知识、教育理论知识和数学课程知识。这说明教师入职后尽管数学学科知识也在不断地发展，但远没有数学学科教学知识提高的幅度大。职前教师到在职教师这个时期是教师数学学科教学知识和数学学科知识进一步提高的阶段。这与初中数学教师专业知识的研究结果有共同之处。对高中数学教师的分析发现，专家教师与普通教师在教师专业知识上的差异从大到小的顺序是：数学学科教学知识、数学学科知识、教育理论知识和数学课程知识。这说明教师在经过一段时间的教学实践之后，数学课程知识不再像刚入职时那样大幅度提高，而数学学科教学知识和数学学科知识获得了进一步的发展，由普通教师成长为专家教师。师范生向高中数学教师转变的过程中也具有这一规律。由这些研究结果我们可以看到，在教师专业发展的不同时期，不同类型专业知识发展的程度有很大差别。

教师专业知识发展的这个特点对教师教育实践具有指导意义。如果进一步的大规模研究或者更多的研究都支持教师专业知识发展的这个特点，我们就能够确认职前教师与在职教师、普通教师和专家教师在教师专业知识发展上的这种阶段性差异，并根据教师所处的专业发展时期制定有针对性的教师培养方案。这对于我们思考职前教育与在职教育阶段的分工以及在明确分工基础上谋求职前教育与在职教育一体化等重要的教师教育问题，无疑具有重要的理论与现实意义。另外，我们的研究还发现，无论是从职前到在职时期，还是从普通教师到专家教师时期，学科教学知识的发展程度都是最大的。这说明学科教学知识是教师专业发展中最核心的知识，是教师专业发展中最重要的指标。

第五节　数学教师专业知识发展的特征与启示

教师专业知识发展有什么特征？如何根据这些特征提高教师专业知识水平、促进教师专业发展？这是教师教育研究与实践中一直思考的重要问题。我们需要根据教师专业知识发展的特征与规律来寻找促进教师专业发展的途径与方法。在这方面研究中，有我们大家广为熟知的教师专业发展的阶段理论，往往把全部教师作为一个整体，从教师的纵向发展来探索不同阶段的教师特征。这些研究为我们提供了教师专业发展的一个整体图景，让我们了解了处于不同职业发展阶段的教师所具有的特征。与此同时我们也在思考，不同学科的教师专业发展是否具有同样的发展特征与规律？为此，我们通过对小学、初中、高中数学教师专业知识发展状况的研究来探究数学教师专业知识发展的特征。我们发现，数学教师专业知识发展具有如下特征。

一、数学教师专业知识发展具有阶段性

根据逻辑回归分析模型的数据结果，总的来讲，对数学教师知识来源的评价可分成三个等级：最重要、次重要和不重要。三类教师专业知识来源的重要性程度总结起来如表 4-25 所示。我们可以看到，在各种教师专业知识的来源中，自身教学经验与反思、和同事的日常交流最为重要，而学历教育最不重要。在职教师的各种教师专业知识来源中，教育见习、实习与微格教学是比较重要的教师专业知识来源。

表 4-25　数学教师各类专业知识来源的重要程度总结

来源	教育理论知识	数学学科知识	数学课程知识	数学学科教学知识
最重要	教学经验与反思 和同事的日常交流 阅读专业书刊	教学经验与反思 和同事的日常交流 阅读专业书刊 教学观摩活动	教学经验与反思 和同事的日常交流 教学观摩活动	教学经验与反思 和同事的日常交流
次重要	教学观摩活动 教育见习、实习 数学教法课	教育见习、实习 数学教法课 微格教学 在职专业培训	阅读专业书刊 教育见习、实习 在职专业培训 微格教学	阅读专业书刊 教学观摩活动 教育见习、实习 微格教学
不重要	教育类课程 微格教学 在职专业培训 入职后的学历教育	数学专业课 入职后的学历教育	数学教法课 教育类课程 入职后的学历教育	在职专业培训 数学教法课 教育类课程 入职后的学历教育

在这个研究中我们发现，数学教师专业知识发展具有阶段性，职前阶段和在职阶段有明显的不同。在数学教师专业知识发展研究中，我们同时列举了职前阶段和在职阶段的变量。总的来讲，在职阶段的各个变量在促进教师专业知识发展上的作用似乎更大，除了入职后的学历教育外，绝大部分在职阶段的变量都排在职前阶段的变量之前。例如，教学经验与反思、和同事的日常交流等都是最重要的促进教师专业知识发展的变量，而教育见习、实习等虽然在职前阶段的变量中很重要，但还是没有那些在职阶段的变量重要，尤其需要关注的是职前阶段的教育类课程，它甚至被排在所有变量中的最后一位。这些结果不仅说明我国职前教师教育还有待进一步改进，同时也表明教师专业知识发展具有阶段性。当越来越多的研究表明教学需要在做中学，教师需要在实践的反思中发展的时候，我们就更需要思考不能完全浸润在实践中的职前教师教育应该做什么，能够做什么。

很显然，在职前教师教育阶段，尽管我们应该通过微格教学、教育见习与实习等方式加强理论与实践的联系，但我们都清楚这只是职前教师教育中的一些必要环节而非全部，甚至可以说这些只是职前教师教育阶段的一小部分而非主体。学科专业课程与教育专业课程才是职前教师教育的主体。那么，职前教师教育应该如何定位？对于这样一个重要且复杂的难题的回答需要教师教育研究者在实践中进行长期研究与探索。过去已有的一些研究为我们思考这一问题提供了一些可能的线索。例如，有研究表明，对教师教学行为的培养离不开教学认知的过程。瓦格纳比较了微格教学法与认知识别训练法两种教师培养方法的差异，前者让职前教师学习怎样使用教学技巧，后者让职前教师在适当的时候学习技巧但并不进行实践，结果发现，认知识别训练法的效果要比微格教学法的效果更好。格列斯曼的研究也得出了类似结论。这些研究为我们改革职前教育类专业课程提供了新的思路：在职前教育类专业课程中，除了大家经常强调的要加强理论与实践的联系外，通过教学认知训练培养职前教师的专业思维方式，使他们像教师一样思考，也是我们探索问题的一个可能方向。

数学教师专业知识发展研究采取的是直接作答的方式评价教师专业知识各种来源的重要程度。由这项研究我们可以看到，教师专业知识发展的重心在在职阶段。但直接作答的重要性不一定就是实际的重要性，而且直接作答的方式有时并不一定能够反映教师内心的真实想法。因此，这只是教师专业知识来源的一个初步研究，在未来的研究中采取隐蔽的情境或者访谈等更深入的研究方法有助于我们对这个问题更深入的理解。

二、数学教师专业知识发展具有内源性

在初中数学教师专业知识来源的研究中我们发现，教师的教学经验与反思、和同事的日常交流、阅读专业书刊属于第一重要等级的促进教师专业知识发展的变量；在职专业培训、学科专业课、学科教法课属于第二重要等级的促进教师专业知识发展的变量；教育类课程、入职后的学历教育属于第三重要等级的促进教师专业知识发展的变量。这一研究结果说明，教师是在实际教学情境中学习教学的，教师通过面对、理解、解决教学实践中所遇到的

问题促进其自身专业知识的发展。换言之，教师专业知识发展的主要动力来自教师内部，来自教师与自身实践的对话与反思，来自教师与所处文化环境中同事的互动与交流，这是教师专业知识发展所具有的共同特征——内源性。而与此相比，源自教师外部的力量，如教育行政机构的在职专业培训、以大学教师为主导的各种职前教育类课程和入职后的学历教育等在教师专业知识发展中的作用不大。在这种教师学习中，教师受到来自外部人员的规训，在学习什么以及如何学习等重要问题上没有自主选择的权利，教师是在既定的规范和传统中被动地接受一些抽象的确定性的结论。但现实的教学实践是复杂的、不确定的，因此这些外源性的途径和方式在教师专业知识发展中显得作用不大。这一结论也从实证的角度支持实践探究与反思取向的教师专业发展理论。这些理论一致认为，教学不是一个被动的接受过程，教师不是“过程—结果”范式下教学研究成果的消费者，而是在实践探究与反思中学习教学并构建个人的实践知识。因此，在教师专业发展的内容和途径上应给教师充分自由的选择空间。

我们的研究也发现，教师自主的专业发展方式在教师专业知识发展中的作用大。因此。我们应重视名师工作室、校本研修、师傅带徒弟等教师培养机制和活动，这些方式可以有效地促进教师对教学实践的反思以及教师间内部的交流，从而促进教师专业发展。而我们在教师教育中投入了大量资源的在职专业培训和耗费了教师大量精力的入职后学历教育却无论在哪个学科里都收效甚微。目前，我国承担教师在职教育的部门主要是大学、教育学院和教师进修学校，在职教师教育的主要形式是大学教育专家、教研员以及中小学优秀教师的报告、讲座，培训的内容也以宏观的教育理论为主。这些花费了大量时间与经费的外部力量培训并没有取得理想的效果。因此，我们应彻底反思目前我国在职培训的理念，反思教育行政部门极力倡导甚至要求教师不断提高学历的相关政策，在教师教育中寻找适合教师专业发展的新思路。

三、数学教师专业知识发展具有实践性

众所周知，学科专业课程和教育类课程是包括我国在内的世界各国教师

职前教育课程的重要组成部分。但我们的研究也发现，职前教师教育中的数学专业课程、教育类课程被认为是最不重要的教师专业知识的来源。这是一件很值得思考的事情。我们是否可以根据这些研究结果得出一个结论：教师教育应当减少甚至取消数学专业课程、教育类课程？事情未必如此简单。我们能够设想一个没有数学专业课程和教育类课程的数学教师职前教育吗？显然不能。那么，对于在职教师回答数学专业课程和教育类课程是最不重要的专业知识来源这一现象，我们可以给出的解释是：目前的数学专业课程、教育类课程实际效果并不好。也就是说，我们的研究结果得出的只是一种“实然”而非“应然”状态。如果我们根据一个“实然”的结果推论出一个“应然”的结论，那么我们显然犯了一个过度推广研究结果的错误。因此，如何改进这些课程是我们正确解读这一研究结果的应有方式。

我国数学专业课程、教育类课程的实际效果不佳可能有很多原因：任课教师的教学水平、课程内容、教学模式、课程评价方式等，而这些问题的根源可能在于我们的职前教师教育脱离了中小学教育实践。教师教育作为一种专业教育（professional education），是一种“为了专业实践的教育”（education for professional practice）。而为了使教师教育真正成为“为了专业实践的教育”，我们的教育类课程、数学专业课程等必须充分考虑基础教育实践的复杂特征和需求，使职前教育与基础教育实践有机结合。教育类课程的教育教学要充分考虑丰富并充分利用师范生的实践体验，实现实践体验与理论反思的循环往复、相互促进。为师范生开设的学科专业课程也应当在学科专业教学的同时兼顾基础教育的需求，不能把师范院校的学科专业课程变成和综合性大学一样的以学术研究为导向的课程。不仅我们的研究发现数学专业课程被认为是最不重要的教师专业知识来源，美国的研究也发现了类似的结论，研究者认为这其中一个可能的原因是学习微积分并不能为教师提供重新思考或者扩展对中小学数学的理解的机会，因此加强职前教育中高等数学与中小学数学之间的联系就显得非常必要。

第五章　英语教师专业知识发展

英语作为国际第一通用语言，已成为社会信息化和经济全球化不可或缺的重要工具。随着我国经济社会的发展和国际地位的提升，全社会英语学习的重要性越发凸显。我国是英语教育大国，改革开放四十多年来，我国英语教学取得的成就有目共睹。然而，以应试教育为特征的基础教育教学体系所带来的对语言实际运用能力的忽视，使英语教育教学效果一直饱受社会诟病。“费时低效”“聋子英语”“哑巴英语”曾是不争的事实。众所周知，英语在我国是作为外语来学习的，因此英语学习以课堂环境为主，教师是英语输入的主要来源，教师的专业素养直接影响着课堂教学效果，进而影响着我国英语教育的整体质量。

第一节　英语教师专业知识发展的研究背景

2011 年，教育部出台了《小学教师专业标准（试行）》和《中学教师专业标准（试行）》，标准提出了“学生为本、师德为先、能力为重、终身学习”的基本理念，并从教育知识、通识知识、学科知识、学科教学知识四个方面阐释了教师专业知识。可见，教师专业知识是专业能力的基础。

合格的英语教师应该具备怎样的知识结构与素质？学者们对这个问题进行了广泛探讨。对英语教师专业知识的研究呈现两个视角：一是由外而内的，即英语教师应该具备哪些知识（如 Freeman & Johnson，Richards）；二是由内而外的，即英语教师如何运用实际拥有的知识（如 Johnston & Goettsch）。按照研究目的分类，英语教师专业知识的研究主要为描述教师个人实践知识的内容和特征，尤其是特定群体，如陆忆松和邹为诚等人对优秀教师实践知识特征的考查，寻找教师知识、教师认知与教师行为的关系（如张莲），以及探究教师知识的来源或影响因素（如徐碧美、朱晓燕）。21 世纪初期，国内研究者开始对以学科教学知识为核心的英语教师专业知识（如朱晓燕、彭元玲）以及实践知识给予足够的关注（如徐锦芬、程相连、秦凯利）。鉴于本研究的目的，我们主要从英语教师专业知识的要素辨析和现状调查两个方面进行介绍。

一、英语教师专业知识的要素辨析

外语[①]教师专业知识探讨的代表性人物有弗里曼（D. Freeman）和约翰逊（K. E. Johnson）。20 世纪末，在重新审视了过去二十五年中 TESOL 领域对教师教育与教师结构的理论与实践研究后，他们指出，外语教师专业知识必须包括理论知识和实践知识。外语教师不仅要掌握二语习得理论、课堂教学法和英语语言知识，还要将这些理论知识放到外语教师的职业生活以及教学工作环境和条件的背景中进行消化、理解与运用。同时，外语教师教育也要相应地围绕语言教学活动本身开展：关注教学的主体、教学环境和教学过程[②]。

理查德（J. C. Richards）在《超越专业技术训练》一书中指出，教学理论、教学技巧、交流技巧、学科知识、教学推理和决策以及背景知识构成了英语作为第二外语教学的核心知识基础。

① 此处的“外语”是引用文献中的用语，实际指英语。我们在引用时保留了引文中的用语，下文各处“外语”也是如此。

② Freeman D，Johnson K E. Reconceptualizing the knowledge-base of language teacher education [J]. TESOL Quarterly，1998，32 (3)，397-417.

邹为诚通过分析语言课堂教学实例，将外语教学知识概括为三个层面[①]：①外语学科内容知识，即外语的听、说、读、写能力；②外语学科教学知识，即在教学环境中识别或创造学习者语言发展的机会；③人文及一般教育学知识，即与目标语相关的人文和一般教育学知识。

韩刚认为英语教师专业知识由四大模块构成，即学科知识（基于英语学科的知识）、理论知识（解释英语语言、学习教学和环境本质的知识）、实践知识（实现英语教学过程的知识）和教育知识（普通教育知识）。[②]

吴一安提出了外语教师知识的二维结构，认为外语教师知识包含“外语学科教学知识”和“解放性知识”两个维度。其中，外语学科教学知识具有非客观性，解放性知识是指教师作为具有主观能动性的个体对教师职业观、道德观、专业发展观等方面的认知，实属精神层面的知识。[③] 吴宗杰也同样强调解放性知识的重要性，认为外语教师教育的核心是外语教师的成长，而不是单纯培养语言技能。[④] 周燕、曹荣平、王文峰对培养解放性知识的课程实践进行了探索，发现教师理念可以培养、发展，也可能发生转变。但实现这一切不能依靠课堂的说教和理论的灌输，而需要任课教师通过自身的课堂行为、职业态度、信仰等对学生进行渗透和影响。[⑤]

程晓在总结分析的基础上，提出外语教师的知识结构包括技术性知识、实践性知识和解放性知识。技术性知识又包括听、说、读、写等基本的外语知识与技能、外语学科教学知识、人文与一般教育学知识。实践性知识是将技术性知识的三部分融会贯通，在现场具体的教学环境中识别、利用和创造语言学习计划和环境的知识。而他所提的解放性知识内涵与其他研究者一致，

---

① 邹为诚，中国基础教育阶段外语教师的职前教育研究［J］. 外语教学理论与实践，2009（1）：13.

② 韩刚 . 英语教师学科教学知识的建构［M］. 上海：上海外语教育出版社，2011：4.

③ 吴一安 . 外语教师研究：成果与启示［J］. 外语教学理论与实践，2008（3）：32-39.

④ 吴宗杰 . 外语教师发展的研究范式［J］. 外语教学理论与实践，2008（3）：59.

⑤ 周燕，曹荣平，王文峰 . 在教学和互动中成长：外语教师发展条件与过程研究［J］. 外语研究，2008（3）：55.

即教师职业观、价值观、发展意识、师德、追求和境界等。[①]

综上可以看出，国内外学者在外语教师知识的内涵探讨上有很多共鸣之处，如教师需要语言知识、教育理论知识、环境背景知识等。我国英语教师对精神层面的知识——解放性知识给予了更多关注。鉴于英语教学在我国是作为外语而不是母语或者二语的学习背景，师生均缺乏语言学习的环境，国内学者对英语教师知识的划分更强调学科知识（如听、说、读、写、译等）。作为外语教师，首先要具备优秀的听、说、读、写基本语言实践能力，但是这种能力并不是外语教师最重要的专业特征。外语教师的学科知识无法单独使外语人士成为专业人士。数学教师可以凭借所教的数学学科知识成为专家，但外语教师却无法凭借单纯的听、说、读、写基本技能成为专家。不过，外语教师的学科教学知识可以有效地将外语教师与其他学科教师区分开来，因为这种知识是外语教学的核心知识和技能。因此，国内研究者对外语教师的学科教学知识也给予了更多关注。

学科教学知识属于学科知识的一种形式，它包含在各学科中如何使用最佳的方式来表征和阐述特定主题，也包含教师对学生学习特定主题可能存在的学习困难的了解，以及教师帮助学生化解潜在困难的教学知识与策略。[②]目前，国内外语教育研究者对学科教学知识的界定更为广泛。吴一安认为外语学科教学知识是外语学科知识和教学知识的融通。邹为诚指出学科教学知识既是英语教师的核心知识，又是区分英语教师和非英语教师的重要工具之一。它是任何其他学科教师所不具备的专业知识，促进英语教师专业发展必须促进英语教师学科教学知识的发展。

二、英语教师专业知识现状调查

从研究内容来看，对英语教师专业知识的调查围绕三个方面展开，即教

---

① 程晓．未来外语教师教育课程体系建设之设想［M］// 邹为诚．中国基础英语教师教育研究．上海：华东师范大学出版社，2009：162-163.

② Shulman L S. Those who understand：knowledge growth in teaching［J］. Educational Researcher，1986，15（2），7.

师专业知识结构现状、专业知识的来源与影响因素，以及专业知识的发展途径。从研究方法来看，目前对英语教师专业知识的调查主要通过问卷、访谈、个案研究、叙事研究等。综合文献分析，我们发现英语教师专业知识主要存在如下特点。

（一）英语教师专业知识结构广度匮乏、深度不足

一位知识结构全面的英语教师不仅要有扎实的语言基本功（如听、说、读、写、译），还需要有广博、深厚的通识知识。目前的调查显示，英语教师不仅在学科知识方面有待提升，更需要加强通识知识的学习和人文素养的提升。如王莹、秦杰采用问卷、访谈等方式，从英语语言知识、文学文化、英语教育学三个方面对上海市 72 位中小学英语教师的专业知识进行调研指出，基础教育阶段英语教师专业知识的整体状况令人担忧，具体表现为语言基本功不够扎实、批判反思能力欠佳。① 此外，部分中学英语教师知识面不够宽，课堂上难以满足学生多方面的知识需求。有研究指出，英语教师的通识知识制约着英语教师学科教学知识的实践表现。② 而对优秀英语教师的叙事研究显示，优秀英语教师之所以有别于普通英语教师，是因为他们拥有出色的学科知识和能力、标准扎实的语言基本功，擅长与学生展开广泛话题的交流，激励学生挖掘自身的潜力，他们既是优秀的语言使用者，又是出色的语言教师，即双料专家。

（二）英语教师的知识来源各异，早期的学习经历以及任教后的自我反思对其影响较大

影响英语教师的因素庞杂多样，同一因素在不同教师个体身上所起的作用也不尽一致。在不同的研究中，尽管程度不同，但是教师早期作为学生的学习经历和教学经历以及求学时代教师的影响一致被认为是重要的因素。③ 优秀英语教师早期的学习经历和教学经历对其学习和发展有重大影响，其中

---

① 王莹，秦杰．基础教育课程改革深化背景下英语教师的专业知识调查研究［J］．外语学刊，2014（3）：122-125.

② 王艳．优秀外语教师实践性知识的个案研究［J］．外语教学理论与实践，2011（1）：70.

③ 徐锦芬，程相连，秦凯利．优秀高校英语教师专业成长的叙事研究：基于教师个人实践知识的探索［J］．外语与外语教学，2014（6）：4.

教师的典范作用和学习者强烈的学习动机相互作用。① 比较而言，英语教师的知识更多来自教师个体的经验反思，并非来自大规模的教师教育与培训。②与其他学科相比，英语教师的知识受环境影响较大。

（三）专业知识发展途径多样，反思性教学备受推崇

鉴于外语教师专业知识的来源不同，知识的发展途径也是多样化的。国内研究者探讨最多的是通过反思性教学促进外语教师专业知识发展和专业成长。教师个体拥有不同的语言观和语言学习观，因此应通过反思自己的教学信念提升专业知识，如通过四个阶段（确定所要关注的内容，观察与分析，重新概括，实际验证）实现反思性教学，采用四种方法（日志、录像、听课、行动研究）进行反思。③ 此外，教育叙事探究也能激发外语教师自我发展的需要和意识，使其成为反思型研究者，促进其专业成长。毋庸置疑，有效的反思性教学能在外语教学理论和实践之间架起相互融合、相互促进的桥梁，促进外语教师专业成长。

此外，针对我国英语教师专业发展中存在的突出问题，如学科知识薄弱，有研究者提出建立教师学习共同体，实现同伴互导促进英语教师专业发展④⑤。教师通过合作小组集体备课、同伴互导和反思性教学等方式的合作学习，打造为教师所有、为教师所治、为教师所享的促进教师专业发展的有效途径。也有研究者指出，不同教龄阶段的外语教师有不同的专业发展需求，当前的教师发展和培训项目缺乏个性化和针对性，应当建立一个以面对不同阶段的外语教师需求来提高教师专业素质为目的的系统发展模式。

① 韩曙花．社会认知主义视域下的中学英语教师知识来源与专业发展研究［D］．长春：东北师范大学，2013.

② 同①.

③ 张慧军．促进外语教师专业发展的途径探究［J］．中国成人教育，2009（16）：87-88.

④ 杨超．促进教师有效合作的研究［D］．上海：上海师范大学，2006.

⑤ 杨建慧．外语教师专业素质发展途径探析［J］．湖南第一师范学院学报，2011，11（6）77-80.

第二节 小学英语教师专业知识发展

教师专业知识测查用于反映教师专业知识的状况，包括教育理论知识、课程知识、学科知识、学科教学知识四个方面。其中，教育理论知识是指教师所具有的教育基本原理、一般教学法、教育心理学的知识。课程知识具体分为一般课程知识和学科课程知识，一般课程知识是关于基础教育课程改革的整体性知识；学科课程知识则具体到英语学科，是指教师所具有的关于英语学科的课程目标、学习内容、知识体系的知识，具体表现为对《义务教育英语课程标准（2011 年版）》的理解以及对教材的把握。学科知识是指教师所具有的关于执教学科的概念、原理、理论、方法等知识，也就是英语教师所具有的特定知识。学科教学知识是指教师利用教学法知识将学科知识转化为“易于学生理解、接受的知识”的知识。

一、小学英语教师专业知识测查说明

本次教师专业知识测查以课题组创编的问卷作为测查工具，问卷中客观试题的答案分正确和错误两种，按照分值赋分；主观试题评分采用等级评分制进行。本次测查对象是我国北方某市某区 7 所小学的英语教师，共 63 人，有效问卷 60 份。小学英语教师专业知识测查问卷简介如表 5-1 所示。

表 5-1 小学英语教师专业知识测查问卷简介

知识类型	试题数量（道）	总分值（分）	涵盖内容
教育理论知识	8	8	教育基本理论、心理学、教育名家重要理论及观点、评价方法
一般课程知识	4	4	基础教育课程改革的内容

续表

知识类型	试题数量（道）	总分值（分）	涵盖内容
英语课程知识	5	5	《义务教育英语课程标准（2011 年版）》的有关内容和要求及英语课程中的核心概念
英语学科知识	33	36	以小学英语教学内容为主，主要涉及两个维度：一是内容维度，包括词汇、语法、功能、话题四个领域；二是认知维度，包括识记、理解、应用三个水平
英语学科教学知识	2	10	主要测查教师将学科知识转化为“易于学生理解、接受的知识”的知识；教师对学生及其错误的理解，针对学生的学习困难所采取的相应教学策略；教师教学表征的丰富性
总计	52	63	

二、小学英语教师专业知识的整体状况

整体而言，小学英语教师的教育理论知识处于中等偏上水平，虽然能答对大部分题目，但仍有进一步提高的空间；一般课程知识处于中等水平，对基础教育课程改革相关知识的学习和了解仍有待深入；英语课程知识处于中等水平，有待于进一步学习（如表 5-2 所示）。

表 5-2　小学英语教师专业知识的整体状况

知识类型		平均分（分）	标准差（分）	得分率（%）
教育理论知识		5. 46	1. 50	68
课程知识	一般课程知识	2. 14	1. 20	54
	英语课程知识	2. 65	1. 30	53
英语学科知识		24. 08	5. 65	67
英语学科教学知识		6. 59	2. 22	66

从英语学科知识的不同测查项目来看，词汇、语法和完形填空要好于综

合阅读（如表 5-3 所示）。整体来看，小学英语教师在英语学科知识方面的表现良好，但是教师间差异较大。

表 5-3　小学英语教师的英语学科知识状况

英语学科知识	平均分（分）	标准差（分）	得分率（%）
词汇、语法	7. 30	1. 76	73
完形填空	10. 57	2. 56	70
综合阅读	6. 21	2. 72	56

英语学科教学知识共两道大题（第 56、57 题），均为主观性、开放性试题。每道大题又有两道小题，有不同的采分点或等级评价标准，满分 5 分。整体来看，小学英语教师在英语学科教学知识方面的表现良好，但还需加强培训和学习。小学英语教师的英语学科教学知识情况如表 5-4 所示。

表 5-4　小学英语教师的英语学科教学知识状况

题目	平均分（分）	标准差（分）	得分率（%）
两题总体情况	6. 59	2. 22	66
第 56 题	3. 46	1. 41	69
第 57 题	3. 13	1. 36	63

三、小学英语教师学科教学知识的典型表现分析

英语学科教学知识测查的研究工具为两道教学情境题，要求小学英语教师针对教学问题提出解决办法。其中，第 56 题主要测查小学英语教师对“特定主题教学策略和表征的知识”，第 57 题主要测查小学英语教师“关于学生对某一课题理解和误解的知识”。通过分析小学英语教师的回答，试图发现他们的英语学科教学知识的典型表现和问题所在，并提出改进建议。

（一）两道题目总体表现分析

通过测查我们发现，小学英语教师的英语学科教学知识存在较大差异。小学英语教师在两道英语学科教学知识题目中的表现如图 5-1 所示。有 22%的小

学英语教师表现出优秀水平（9~10分）；30%的小学英语教师表现出良好水平（7~8分）；38%的小学英语教师表现出一般水平（5~6分）；10%的小学英语教师表现出较差水平（0~4分）。

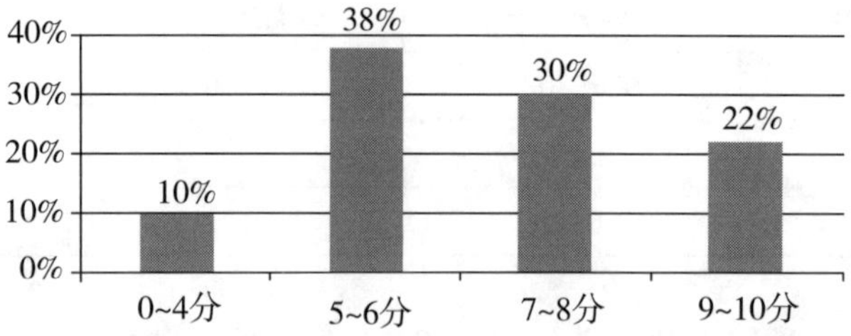

图5-1　小学英语教师在两道英语学科教学知识题目中的表现情况

（二）小学英语教师对“特定主题教学策略和表征的知识”的表现

1. 题目呈现及测试标准

题目：Pet Shop 教学片段

教师把一只小猫玩偶放到讲桌上，要求学生依次到前面拿起玩偶，说：“Take the kitten home。”大多数学生都喜欢这个活动，可是有一名女生到讲桌前不做任何反应，一名男生则非常淘气地摆弄玩偶，惹得大家哄堂大笑。

①请问这位教师使用的是哪种英语教学方法。

②如果您是这位教师，如何运用轻松幽默、富有童趣的语言补全对话？

师：Take the kitten home.

女生：(到讲桌前不做任何动作，不说英语。)

师：________________________________

女生：(仍然不做任何动作，不说英语。)

师：________________________________

男生：(到讲桌前非常淘气地摆弄玩偶）Take the kitten home.

师：________________________________

这是一个课堂真实情境中生成的“教育困境”，面对真实的教育事件，不同的教师有不同的反应，而且从教师的反应中能了解到他们头脑中的问题图式和教学机智情况。课堂教学情境是复杂的，“教育困境”也是真实存在的，教师要机智地创造并为学生提供有效的反馈，这是教师理解学生、促进学生成长的重要前提。此题主要考查教师对学生回答的全面理解、正确引导与理性归因，引导教师关注真实的教育事件，以此为教育资源积极调整教学策略，运用轻松幽默、富有童趣的语言化解课堂尴尬。

标准：满分为5分。方法满分为2分，能够回答出正确的方法即得2分（TPR① 教学法、情境教学法②、直观教学法、愉快教学法均可），如不能或错误地指出教学方法，则不得分。补全对话满分为3分，凡能使用理解学生、鼓励学生或幽默机智的语言，且符合上下文语境、书面表达正确的，每个句子得1分；如回答中存在拼写、语法等表达错误，则此句不得分。没给出任何答案的，得0分。

2. 测试结果分析

小学英语教师在第56题上的总体表现如图5-2所示。在60位小学英语教师中，3%的小学英语教师得0分，15%的小学英语教师得2分，38%的小学英语教师得3分，15%的小学英语教师得4分，28%的小学英语教师得满分5分。测试结果显示，小学英语教师的“特定主题教学策略和表征的知识”呈现出不同的水平和特点。

3. 典型表现分析

（1）表现一：对常用的教学法存在认知错误。在第56题中，小学英语

---

① TPR（potal physical response）即全身反应教学法，是美国心理学教授阿士尔（J. Asher）于20世纪60年代提出的。这种教学法倡导把言语和行为联系在一起，通过身体动作教授外语。题目中的教师把一只小猫玩偶放到讲桌上，要求学生依次到讲桌前拿起玩偶，说：“Take the kitten home.”TPR教学法符合小学低年级学生好动、注意力持续时间较短的心理特点，在小学低年级比较常见。

② 情境教学法是指教师根据学生的年龄特点和心理特征，遵循反映论的认知规律，结合教学内容，创设具体生动的英语语言情境，使抽象的语言形式变成生动具体的可视语言，让学生更多地接触和感受英语，说英语、用英语进行思维，用英语的方式主导行为。题目中的教师创造了将小猫带回家的情境，让学生在学习语言的同时建立起关爱动物的积极态度与和谐情感。

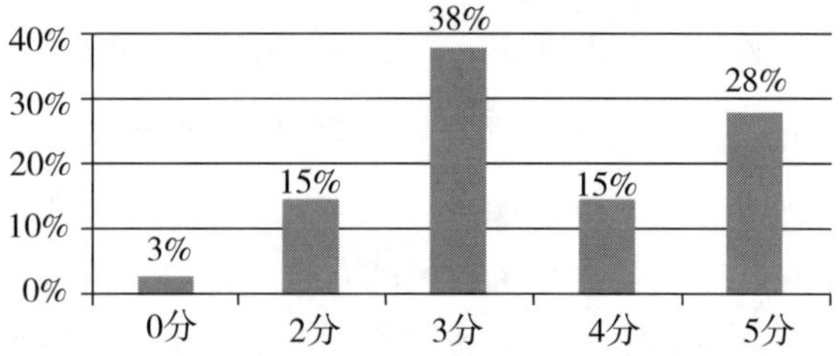

图 5-2　小学英语教师在第 56 题上的得分情况①

教师主要采用的是 TPR 教学法、情境教学法，有的小学英语教师认为是直观教学法，也可以理解。因为题目为开放性问题，故答对其中任何一种，均可得分。测试结果显示，部分小学英语教师对英语教学法存在错误认知，表 5-5 为参测教师的错误分类。

表 5-5　小学英语教师教学法的错误认知分类

对英语教学法的错误认知	人数（人）	比例（%）
任务型教学法	13	22
实物演示法 实践法 实物作为实践 实物教学法 演示法	17	28
不知运用何种教学法	13	22

从小学英语教师的回答可见，部分小学英语教师对小学英语教学中常用的 TPR 教学法、情境教学法存在不理解和错误认知。如有的小学英语教师认为题目中的教师运用的是任务型教学法。这里需要明晰的是，任务型语言教学是一种具有国际影响的外语教学途径，它不是一种具体的语言教学方法。《义务教育英语课程标准（实验稿）》也明确提出“采用任务型教学途径”

① 由于四舍五入的误差，累计百分比不为 100%。

的建议。有的小学英语教师认为是实物教学法，严谨的表述应该是直观教学法，直观教学法不仅是语言学习的一种常用教学方法，更是各学科教学中常用的一种教学方法。有的小学英语教师认为是演示法，演示法是科学学科中传统且必不可少的教学方法，旨在说明和印证所传授知识的一种教学方法，故英语教学中基本不涉及此目的，也基本不采用此方法。其他诸如实践法、实物演示法等表述，只是小学英语教师对教学法的个性化表达，均不是英语教学领域通用的、规范的教学法的表述。

教师对教学方法的理解程度决定了教师是否能把学科知识转化为学生易于理解的知识。因此，小学英语教师学习英语教学法理论与实践知识非常必要，只有在理解语言教学法的基础上，才能选择适合特定的教学内容和学生认知水平的教学方法，有效达成预定的教学目标。

（2）表现二：语言表征的准确性与规范性不够。第 56 题第二个问题是：一名女生到讲桌前不做任何反应，一名男生非常淘气地摆弄玩偶，惹得大家哄堂大笑。如果您是这位教师，如何运用轻松幽默、富有童趣的语言补全对话？

我们发现，相当一部分小学英语教师的英语书面表征存在拼写、语法错误。由此可见，小学英语教师的英语学科知识还有很大的提升空间。仅仅三句话，答案中存在拼写和语法错误的就有 15 人，占参测教师总数的 25%。小学英语教师语言表征的典型错误表现如表 5-6 所示。

表 5-6　小学英语教师语言表征的典型错误表现

典型错误表现	正确表达
Take it to home.	Take it *home*.
It will be cry.	It will *cry*.
You are so clever a boy.	You're *such a clever boy*. You're *so clever*.
It doesn't bit you.	It doesn't *bite* you.
Who like me?	Who *likes* me?

续表

典型错误表现	正确表达
He take your friend home.	He *took*（*takes*） your friend home.
You can like him to take it home.	You can *take it home like him.*
as like as you	*like you.*
Belive yourself.	*Believe* yourself.
You can play with the little kitten a while.	You can play with the little kitten *for a while.*
She like you.	She *likes* you.

由此可见，小学英语教师的拼写与语法错误并不鲜见，语言表征的准确性与规范性是小学英语教师英语学科知识状况的典型反映。现代英语教师除应具备较好的课程意识、较强的教学能力、灵活的教学策略外，还要具备扎实的英语学科知识，英语学科知识不应成为影响教学、制约专业发展的短板与阻碍。

（3）表现三：缺少处理课堂事件的教学策略。没有一节课是完全按照预设发生的，因此教师处理课堂事件的教学策略在一定程度上反映了其解决问题的能力。因此，小学英语教师在英语学科中解决问题的能力也就是其英语学科教学知识水平的具体体现。在回答“如果您是这位教师，如何用轻松幽默、富有童趣的语言补全对话”问题时我们发现，部分小学英语教师面对课堂随时发生的真实事件缺少灵活有效的应对策略，变通性较差；有的小学英语教师不能客观看待学生的认知方式与能力存在差异的事实，没有采用适应学生认知差异的教学方式与教学组织形式；有的小学英语教师语言生硬，要求学生必须说出来。小学英语教师教学策略问题的典型表现如表 5-7 所示。

表 5-7　小学英语教师教学策略问题的典型表现

典型表现	存在的问题
You must say “Take the kitten home.”	表述牵强，语言生硬，师生关系缺少民主
You are not very different，ok?	表述不明，不符合语境
You look the same.	教师言语不具激励性

续表

典型表现	存在的问题
Oh，I'm so happy.	表述牵强，不符合语境
It's really very naughty，as like as you. I think you'll be friends.	教师把学生的淘气与小猫的顽皮建立联系，说小猫与孩子会成为朋友，这对于该生和全班同学的引导性不够正向、积极
You are a nice boy.	言语评价不当，评价泛化，不符合实际，对全体学生没有积极的引导作用

对于学习者来说，任何学习任务都是有风险的，本题目中的TPR活动虽风险性不高，但也需学生经历感知、理解、实践、运用的完整过程。作为小学英语教师，应从这个角度理解学生，而不应强迫沉默的学生讲话，这不利于减轻学生的学习焦虑，激发与保持学生的学习兴趣。运用言语评价学生时，教师要注意评价语言的具体、客观、正向、积极，避免无原则、不符合实际的表扬。

教学策略是教师解决现实教学问题的具体表现，它源于教师丰富的教学经验，也源于教师对日常教育教学的深入思考与追问，还源于教师对学生的学习风格、认知方式、性格差异等多方面的了解。

（4）表现四：富有智慧的教学策略与表征。在回答第56题第二个问题时，有12位小学英语教师给出了较理想的回答，占参测教师总数的20%。下面以两位小学英语教师的典型表现为例。

师：Take the kitten home.

女生：（到讲桌前不做任何动作，不说英语）

师A：*I like this kitten. Do you like it?*

师B：*Don't you like this kitten?*

女生：（仍然不做任何动作，不说英语）

师A：*Take the kitten home with me，OK?*

师B：*Oh，the kitten is crying.*

男生：（到讲桌前非常淘气地摆弄玩偶）Take the kitten home.

师 A：*Kitten is our friend. Please make a good friend with it.*

师 B：*Wonderful! If you don't speak, the kitten will go with him.*

这两位小学英语教师话语柔和、机智、幽默，富有想象力，且语言素养良好，教学策略与表征均体现了她们对课堂上有异常表现学生的充分尊重与关爱，表达颇具艺术性，既保护了不做任何动作也不说英语的女生，又正确引导了淘气摆弄玩偶的男生，教学策略灵活、有效。特别是教师 B 的“Oh, the kitten is crying.”尝试以此激发女生对小动物产生怜爱的情感，唤起她想表达的愿望。这是一位充满智慧的教师。

教师是课堂中非常重要的资源，也是影响学生学习状态与效果的重要因素。因此，教师须认真观察每一位学生，诊断分析其学习状况及原因，鼓励并帮助其树立信心、克服困难。题目中保持沉默的女生可能是因为没有学会，担心犯错而选择了沉默；也可能是沉思型的认知风格，做出认知决定的时间长……无论是哪种情况，教师都可以选择尊重学生的沉默，并适度运用幽默的语言，机智地处理这个小意外，或采用陶行知先生“小先生制”的办法，请另一名同学帮助她表达……课堂是动态的，需要教师具备丰富的教学策略与表征的知识，收获处理课堂小意外的教育大智慧。

(三) 小学英语教师“关于学生对某一课题理解和误解的知识”的表现

1. 题目呈现及测试标准

英语课后，教师把没有多少英语基础的 Paul 留了下来，先请 Paul 发“helicopter”这个音。Paul 发音不准，在教师领读两遍后，Paul 的发音正确了，于是教师让他在黑板上直升机的图片下写出这个单词。Paul 第一次写的是“helikopt”，第二次写的是“helicoptr”。您认为 Paul 不能准确记忆单词的问题在哪里？如果您是这位教师，将如何运用科学的方法使 Paul 记下这个单词？

单词是英语学习的基础，有人说英语单词记忆是英语学习的难点，而缺少记忆单词的科学方法，是小学生学习英语的常见问题之一。从这个意义上说，这道题具有典型性。此题主要测查小学英语教师对小学生英语单词记忆中常见错误的理解与正确归因，以及帮助小学生理解字母组合的字形与发音相对应的自然拼读规律，并教给小学生依此规律准确记忆其他单词的有效学习策略。

标准：本题的回答包括两部分，满分为 5 分。其中，原因部分满分为 2 分，帮助学生记忆单词的科学方法为 3 分。凡能找出 Paul 不能准确记忆单词的原因，具有合理性，即得 2 分；如不能对 Paul 记忆单词的困难进行正确归因，则不得分。记忆单词的科学方法满分为 3 分，凡能帮助学生运用科学方法记住这个单词，即根据答题情况，分三个等级，给予相应的赋分：等级一（1 分），能够简单答出科学的记忆方法，没有具体说明如何记忆；等级二（2 分），能够答出科学的记忆方法，并能够简单描述如何记忆，使学生初步了解此方法；等级三（3 分），能够答出科学的记忆方法，并能够结合单词做出具体而充分的描述，使学生理解此记忆方法。

2. 测试结果分析

测查结果显示，小学英语教师“关于学生对某一课题理解和误解的知识”的表现呈现出不同的特点，存在较大差异。小学英语教师在第 57 题中的表现如图 5-3 所示。

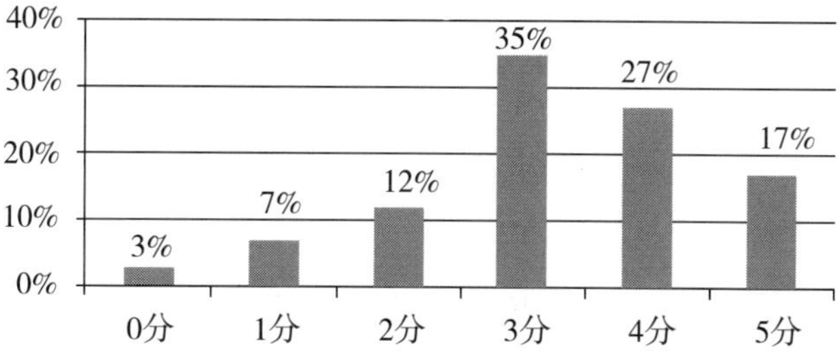

图 5-3　小学英语教师在第 57 题上的得分情况①

3. 典型表现分析

（1）表现一：对小学生英语单词记忆困难的诊断与归因不正确。既然单词记忆困难是英语学习中的常见问题，就需要英语教师对单词学习常见问题

① 由于四舍五入的误差，累计百分比不为 100%。

有良好的教学诊断及解决能力，因此英语教师需要具备足够的英语学科教学知识，以有效帮助学生克服学习中的困难，这也是英语学科特点对英语教师专业发展的客观要求。面对 Paul 的单词记忆问题，小学英语教师的诊断与归因的典型表现如表 5-8 所示。

表 5-8　小学英语教师的诊断与归因的典型表现

典型表现类型	举例	人数（人）及百分比（%）
没有运用好的背单词方法	读准单词，划分音节，按音节记	1（2）
没有掌握字母组合发音	1. 没有掌握分音节记单词的办法 2. 对字母和字母组合的发音特点不掌握	27（45）
没有掌握自然拼读的方法	Paul 没有系统学好自然拼读的方法	6（10）
没掌握每个字母发音	把这个单词每个字母的发音教给 Paul	2（3）
没掌握单词发音	没掌握读音，掌握读音就能拼写单词	1（2）
没学好音标	1. 不能用音标带出单词的拼写 2. 不清楚音标的发音	19（32）
不用心	用心记没有记不下来的，还是没用心	2（3）
没诊断归因	1. 应用分解法、形象法教会这位学生 2. 使用分解音标记忆法，将单词先分四段，再合成两段，最后合二为一	2（3）

Paul 不能准确记忆单词的原因究竟在哪里？合理的诊断应是记忆单词的方法不科学，归因应是没有掌握运用组块（字母组合）记忆单词或自然拼读记忆单词的方法。对小学生来说，记下含有 10 个字母的“helicopter”的确有一定困难，Paul 对字母组合及其读音规则没有建立起联系。解决这个困难，需要小学英语教师对人的记忆规律及单词的记忆方法有良好的认知。如小学英语教师能够认知并应用组块理念，就能有效指导 Paul 记忆“helicopter”，即将其根据字母组合分为四部分：he-li-cop-ter，然后引导 Paul 将字母组合的读音与拼写一一对应，运用自然拼读的方法记下这个单词，这样记忆的项目

数就是4，而不是10，记忆的项目数量降低了，记忆的效率和质量就会明显提高。

由此可见，以组块（字母组合）为单位而不是以字母为单位记忆单词，关注单词本身的内在联系，运用自然拼读的方法记忆，是解决小学生英语单词记忆困难的有效策略，而运用音标记忆单词的方法，现在并不提倡。作为小学英语教师，要勤于思考、积极探索、创新地诊断与解决小学生学习中的困难，认真观察、记录、分析、跟进小学生的学习状态，并从学习方法上给予小学生有效的指导与帮助。

（2）表现二：过于注重结果，忽视学生持久英语学习力的培养。从第二个问题“如果您是这位教师，将如何运用科学的方法使 Paul 记下这个单词”的回答情况来看，相当一部分小学英语教师的关注点在学生能否背下这个单词的结果上，这是对学生英语学习能力培养“见树不见林”的短视现象。知识是静态的，认知是动态的。如果小学英语教师只注重知识的传授与学习的结果，缺少“学生对学习内容的理解与误解的知识”，忽略对学生学习困难的诊断与指导，学生持久英语学习力的缺失是必然的结果。有的小学英语教师对记忆单词的方法选择欠科学。有一位小学英语教师认为用图片来教，学生就会记住这个单词。基于“helicopter”这个单词，学生能否科学记忆这个单词与教师是否使用图片教学关联度不大，这是小学英语教师缺少单词记忆方法的科学认知、直观教学法的使用泛化、对学生学习困难缺少正确判断与解决能力的典型表现。

有的小学英语教师方法表述是对的，但没将方法的指导与这个单词本身有机结合起来。如有的小学英语教师认为根据读音规律、音标发音的方法可以记住这个单词，但没能从 Paul 的具体学习困难“如何记忆‘helicopter’”出发，Paul 需要通过理解“helicopter”的记忆方法，实践几个记忆类似长单词的方法，才能巩固所学。从知到能是一个需经历感知、理解、实践、运用才能达到学习目标的过程。

（3）表现三：真切理解学生的学习困难，并能有效帮助学生解决学习困难。有17%的小学英语教师得满分5分，他们的回答反映了如下共同点：一是具备较好的“学生学习困难的理解与误解知识”，对学生学习困难诊断准确；二是具有丰富的语言学习规律与方法、心理学的背景知识，具有多样化的解决问题策略；三是注重学生思维品质与语言技能的培养，引导学生自主观察、思考、找规律；四是理解并运用科学、有效的英语学习方法，帮助学生解决学习困难，并注重将科学的学习方法传授给学生，做到助人自助，使其能举一反三，由“知”到“能”，形成技能；五是教学指导语言清晰、具体，讲练结合，易于理解。较完美的典型表现如下：

教师 A：我认为 Paul 没有准确记忆单词的原因是没有运用好的记忆单词的方法。面对一个新的且有点长的单词时，我们首先要读准单词，观察、思考字母（组合）的对应发音，如在“helicopter”这个单词中，采用分音节记忆单词的办法，“he”发［he］，“li”发［li］等，记住字母组合的发音，就容易记住这个单词了。

教师 B：Paul 记不准单词的原因是不掌握字母组合的发音规律。确保单词发音正确是基础；将“helicopter”这个单词划分为四个音节 he li cop ter；在读的同时，关注字母组合发音。反复读写两三遍，就记住了。

教师 C：Paul 不能准确记忆单词是因为他没有按发音规律去记忆单词，机械地按字母记住这个长单词很难。我会首先按发音规律去教他如何按音节记忆“helicopter”，如 he li cop ter，分音节边读边记住这个单词。

教师 D：我觉得 Paul 对字母（组合）的发音掌握得不好，他应该多多练习字母（组合）的发音。我会在平时的课上积累“自然拼读”的规则，鼓励学生大胆拼读，并积累字母组合的发音规律。

学生知道如何科学记忆单词是解决知识的理解问题，学生能够选择合适的方法记忆单词是解决技能的培养问题。这几位小学英语教师的回答向我们传递了他们对学生学习困难的理解，以及解决问题策略的有效性。他们是关注学生持久学习力培养的教师，充分理解并深度思考学生学习困难，帮助学生有效解决学习困难；他们是关注自身专业成长的教师，善于从学生学习困难的背后反思自己的教学，从而积累丰富的解决学生学习困难的策略与经验，生成教学智慧。正因如此，以上小学英语教师能够理解学生、读懂课堂、有效教学，针对学生的学习困难有较完美的表现，并对特定教学问题能够采取有效的教学策略，这对提升英语教学的有效性、英语教师的专业发展具有重要的借鉴价值。

四、小学英语教师英语学科教学知识研究的结论与建议

（一）小学英语教师英语学科教学知识研究的结论

1. 小学英语教师英语学科教学知识总体表现处于中等水平，整体水平有待提升

通过测查我们发现，小学英语教师英语学科教学知识总体表现为：水平一般的教师最多（38%），其次是水平良好的教师（30%），再次是水平优秀的教师（22%），最后是水平较差的教师（10%）。据此，英语学科教学知识水平一般和水平良好的教师占参测教师的大多数，而水平优秀的教师相对减少，水平较差的教师最少。可见，小学英语教师英语学科教学知识水平差异性较大，英语学科教学知识整体水平处于中等，有待提升。

2. 两类题目表现优秀的小学英语教师数持平，“关于学生对某一课题理解和误解的知识”略差

依据格罗斯曼对学科教学知识的四种分类法，此次测查的第一个题目主要测查小学英语教师对“特定主题教学策略和表征的知识”，第二个题目主要测查小学英语教师“关于学生对某一课题理解和误解的知识”。综观两个题目的完成情况，横向比较，分别在两个题目中有较好表现（4~5 分）的小学英语教师数持平，均是 26 位；纵向比较，第一个题目中的满分教师数高于第二个题目中的满分教师数 11%。这说明英语学科教学知识有较好表现的教师，其“特定主题教学策略和表征的知识”和“关于学生对某一课题理解和误解的知识”都比较优秀，且“特定主题教学策略和表征的知识”优于“关于学生对某一课题理解和误解的知识”。由此可见，“关于学生对某一课题理

解和误解的知识”是小学英语教师英语学科教学知识水平提升的一个重要生长点。

3. 小学英语教师英语学科教学知识主要缺失的方面

通过测查我们发现，小学英语教师英语学科教学知识水平与学科专业知识、语言学习规律与方法的认知、心理学背景知识相关。22%的英语学科教学知识表现优秀的小学英语教师，普遍对中小学英语教学法有全面而科学的认知，能够运用适当的教学策略富有教育智慧地处理课堂事件，英语的书面与口语表征准确而规范，对学生学习困难的判断与归因准确，问题解决策略丰富、科学、有效，关注对学生持久英语学习力的培养，这些专业特质也是其他教师所缺失的方面，给师范生培养、英语教师在职培训带来了新的视角，对英语教师理性思考自身专业发展具有启发性与借鉴性。

（二）小学英语教师英语学科教学知识发展的建议

1. 具备丰富的教学策略与表征知识

精心的预设、有效的生成是课堂教学的理想状态。但面对真实的课堂事件，教师需要灵动的教学策略与表征知识。在第 56 题中，有的小学英语教师通过对话艺术地处理了不开口讲英语和顽皮吸引他人注意力的真实状况，而有的小学英语教师则生硬地命令“You should say…”（你应该说……），这样的处理很可能使不开口说的学生更焦虑。教育的魅力也常常源于课堂事件的真实性，教师是否具有幽默、风趣、机智的教育智慧也是教师教育艺术性的关键所在。

2. 增加“学生对学习内容理解与误解的知识”

从第 57 题的答题情况看，相当一部分小学英语教师对学生错误的诊断与归因不当，采用的帮助学生记忆单词的方法也欠科学，缺少解决问题的策略或策略单一。韩继伟对中学数学教师数学学科知识的研究发现，专家教师与普通教师的区别之一就在于专家教师的问题图式非常丰富。[①] 如果教师能够有意识地积累学生学习内容中典型问题的教学策略，读懂学生的错误，并找

① 韩继伟．中学数学教师的学科知识［D］．香港：香港中文大学，2005.

出错误背后的真正原因，使用科学有效的教学方法，帮助学生走出学习的困境，形成持久的英语学习力，就会点燃学生的英语智慧，为学生后续的英语学习打下良好基础。

第三节　初中英语教师专业知识发展

对初中英语教师专业知识的调查对象选取以东北地区为主，我们在吉林、黑龙江、辽宁三省各选择省属重点师范院校 1 所、省属一般师范院校 1 所，在吉林省以及华中地区各选择部属师范院校 1 所。来自 8 所师范院校的 376 名师范生接受了问卷测查。此外，我们在吉林、黑龙江、辽宁三省共选择初级中学 12 所，对 131 位初中英语教师进行了测查。

我们对师范生和初中英语教师在四类专业知识上的表现进行了测查，这四类专业知识分别是教育理论知识、课程知识、英语学科知识和英语学科教学知识。教育理论知识测查最基本的教育理论，涉及教育史、教育基本理论、教育心理学、一般教学法等。课程知识包括一般课程知识和英语课程知识，前者测查教师关于基础教育新课程的基本知识，后者是关于英语课程的基本认识，是从事英语教学的理论性和指导性知识。该部分旨在测查师范生和初中英语教师对《义务教育英语课程标准（2001 年版）》以及现行英语教材的把握情况；对语言学基本理论知识的掌握；对英语教学理论的了解。英语学科知识主要测查英语教师基本的语言知识和技能，包括语法词汇、阅读理解、翻译和听力。英语学科教学知识是英语教师如何教的知识，更能体现出英语教师的素质和水平。该部分主要测查初中英语教师在具体的教学情境中如何将英语知识传授给学生，如何运用教育理论解决教学中的具体问题，这是对英语课程知识和英语学科知识的综合运用。测试工具由大学教师和中学教师联合编制，小范围试测后修订。问卷中，教育理论知识 8 道题，分值为 8 分；一般课程知识 3 道题，分值为 3 分；英语课程知识 6 道题，分值为

6分；英语学科知识25道题，分值为28分；英语学科教学知识2道题，分值为10分。该问卷共44道题，总分值为55分。问卷答题总体情况见表5-9。

表5-9　初中英语教师与师范生的教师专业知识总体得分情况

<table>
<tr><th colspan="2">知识类型</th><th>调查对象</th><th>总分（分）</th><th>平均分（分）</th><th>得分率（%）</th></tr>
<tr><td colspan="2" rowspan="2">教育理论知识</td><td>师范生</td><td rowspan="2">8</td><td>3.04</td><td>38</td></tr>
<tr><td>初中英语教师</td><td>2.69</td><td>34</td></tr>
<tr><td rowspan="4">课程知识</td><td rowspan="2">一般课程知识</td><td>师范生</td><td rowspan="2">3</td><td>1.30</td><td>43</td></tr>
<tr><td>初中英语教师</td><td>1.60</td><td>53</td></tr>
<tr><td rowspan="2">英语课程知识</td><td>师范生</td><td rowspan="2">6</td><td>1.92</td><td>32</td></tr>
<tr><td>初中英语教师</td><td>2.17</td><td>36</td></tr>
<tr><td colspan="2" rowspan="2">英语学科知识</td><td>师范生</td><td rowspan="2">28</td><td>17.24</td><td>62</td></tr>
<tr><td>初中英语教师</td><td>15.37</td><td>55</td></tr>
<tr><td colspan="2" rowspan="2">英语学科教学知识</td><td>师范生</td><td rowspan="2">10</td><td>3.64</td><td>36</td></tr>
<tr><td>初中英语教师</td><td>4.73</td><td>47</td></tr>
<tr><td colspan="2" rowspan="2">总计</td><td>师范生</td><td rowspan="2">55</td><td>22.81</td><td>52</td></tr>
<tr><td>初中英语教师</td><td>22.26</td><td>51</td></tr>
</table>

注：师范生总人数为376人；在职教师总人数为131人。

一、初中英语教师和师范生的对比分析

初中英语教师在教育理论知识以及英语学科知识方面的表现劣于师范生，在课程知识和英语学科教学知识方面的表现优于师范生，且差异显著。

（一）教育理论知识

测查结果显示，师范生在教育理论知识方面表现欠佳，各题正确率均在60%以下，累计有3道题的正确率低于30%。与汉语言文学专业师范生（3.44分）和数学与应用数学专业师范生（2.88分）比较，英语专业师范生的平均分（3.04分）居中，高于数学与应用数学专业师范生的得分，低于汉语言文学专业师范生的得分，且低于各专业全体师范生总平均分（3.13分）。初中英语教

师在此部分的得分为 2. 69 分，他们大多只能正确回答少数基本的教育理论知识题目，表现较差。

（二）课程知识

课程知识包括一般课程知识和英语课程知识。一般课程知识 3 个题目，英语课程知识 6 个题目，每题答对得 1 分，答错不得分。测查结果显示，在一般课程知识方面，全体师范生总平均分为 1. 48 分，全体在职教师总平均分为 1. 75 分。英语专业师范生和初中英语教师的一般课程知识得分分别为 1. 30 分（得分率 43%）和 1. 60 分（得分率 53%）。这一结果不仅低于总平均分，而且低于语文和数学两个学科的平均分。

师范生在英语课程知识方面的平均分为 1. 92 分，得分率为 32%，明显低于初中英语教师（见表 5-10）。在 6 道英语课程知识题目中，师范生仅有一道题的正确率超过 60%，高于初中英语教师，其他均为初中英语教师高于师范生。这种差别在英语课程标准和中学英语教材及教学内容方面尤为突出。关于课程标准问题的正确率，初中英语教师和师范生分别为 34% 和 17%。师范生对课程标准和中学英语教材的了解和把握明显不如初中英语教师。师范生得分最低的是对“任务教学法的表述”，准确率仅为 11%，即 89%的师范生缺乏对任务教学法的正确理解。其次是关于九年级英语教学的重点，该题得分率仅为 13%。以上结果显示，师范生对中学英语教学方法和教学内容的重点缺乏了解和把握。初中英语教师在该部分的得分率是 36%，其中得分最低的是关于九年级英语教学的重点，准确率仅为 6%，对“任务教学法的表述”准确率仅有 18%。尽管该教学法是我国中小学英语教学中应用较为广泛的教学法之一，但师范生和初中英语教师对“任务”这一关键概念的理解和把握仍然有待提升。

表 5-10　初中英语教师与师范生的英语课程知识状况

调查对象		总分（分）	平均分（分）	标准差（分）	得分率（%）
师范生与初中英语教师	师范生（N=376）	6	1.92	0.943	32
	初中英语教师（N=131）	6	2.17	1.075	36
	整体（N=507）	6	1.98	0.984	33
不同类型师范院校师范生	部属（N=109）	6	2.18	0.964	36
	省属重点（N=152）	6	1.77	0.959	30
	省属一般（N=115）	6	1.87	0.853	31

（三）英语学科知识

测查结果显示，调查对象在本部分的得分率最高（60%）。师范生在英语学科知识部分的得分比在职教师高 1.87 分（见表 5-11），二者之间差异极其显著。这种差异主要来自听力部分。在英语学科知识的测查中，在职教师的阅读理解得分高于师范生，其他方面均低于师范生，以听力和词汇、语法尤其突出，分别高出在职教师 15 和 10 个百分点。

表 5-11　初中英语教师与师范生的英语学科知识状况

调查对象		总分（分）	平均分（分）	标准差（分）	得分率（%）
师范生与初中英语教师	师范生（N=376）	28	17.24	4.273	62
	初中英语教师（N=131）	28	15.37	3.798	55
	整体（N=507）	28	16.76	4.233	60
不同类型师范院校师范生	部属（N=109）	28	20.06	3.199	72
	省属重点（N=152）	28	15.83	4.687	57
	省属一般（N=115）	28	16.44	3.218	59

师范生在本部分的得分率为 62%，表现最好的是听力和翻译部分，表现最弱的为阅读理解，词汇、语法则介于两者中间。该结果显示，师范生在听

力和翻译等语言交际能力方面具有较高的水平，而在传统英语教学中非常重视的词汇和语法方面的得分并不是很高。词汇、语法方面，本次测查考核了非谓语动词、逻辑主语一致、虚拟语气、比较结构、不定代词和名词所属格等语法项目。师范生对非谓语动词和逻辑主语一致等内容掌握较好，得分率均超过 75%，但在名词所有格上的得分最低（5%），该语法项目是中学英语基本的语法问题，也是师范生得分最低的一个语法项目。师范生在阅读理解方面的得分最低，尤其是普通阅读试题。本次阅读篇章属于中学水平的篇章阅读，对师范生来说应该比较容易，但实则不然。

与问卷中的其他知识类别比较，初中英语教师在英语学科知识方面的得分较高，也是本次测查中得分最高的一部分，得分率为 55%。仅就英语学科知识而言，初中英语教师在阅读理解方面的得分较高，而在听力、词汇、语法和翻译方面得分较低。

（四）英语学科教学知识

测查结果显示，师范生在本部分的得分比初中英语教师低 1.09 分，二者之间差异极其显著。师范生平均分为 3.64 分，得分率为 36%；初中英语教师的得分相对较高，得分率为 47%（见表 5-12）。

表 5-12　初中英语教师与师范生的英语学科教学知识状况

调查对象		总分（分）	平均分（分）	标准差（分）	得分率（%）
师范生与初中英语教师	师范生（N=376）	10	3.64	1.23	36
	初中英语教师（N=131）	10	4.73	1.77	47
	整体（N=507）	10	3.92	1.46	39
不同类型师范院校师范生	部属（N=109）	10	3.82	1.23	38
	省属重点（N=152）	10	3.13	1.03	31
	省属一般（N=115）	10	4.16	1.21	42

英语学科教学知识部分测查了两道题：一道题是请调查对象帮助中学生有效地区别三个易混淆的常用介词：“在表示位置关系时，如何区分介词 in, on，to 的用法”；另一道题是请调查对象预计学生在学习使用两种易混淆时态“一般过去时和现在完成时”时常见的问题、错误或困难。

本部分既测查调查对象对知识本身的掌握情况，又测查调查对象是否了解学生可能出现的问题、存在的困惑，能否将学科内容有效地传递给学生。本部分整体得分较低，调查对象的平均得分率为 39%。得分较低的原因有如下几个方面：一是很多调查对象仅仅是对知识点本身进行了解释说明，如仅说明几个介词的用法，或者只回答了两种时态的区别；二是调查对象的答案单一，缺乏新意，不能将知识以浅显易懂的方式让学生有效掌握；三是无人提及学生可能存在的困惑或者可能出现的问题。

多数师范生的答案过于简单和形式化，这与师范生的经历有着直接关系。一方面，师范生没有教学经验，无法真正了解学生在该问题上容易出现的问题，只能提供他们自己曾经出现的问题；另一方面，也反映了师范生对一些知识掌握不够扎实，不能够全面分析可能出现的问题。

初中英语教师不仅提供了问题所涉及知识点的详细解释，而且很好地预计到学生可能出现的种种问题，还逐一进行分析解释，不仅体现了他们对中学英语教学知识的把握，同时也展示了他们扎实的教学方法。

二、不同类型师范院校间的对比分析

整体来看，部属师范院校师范生的各类教师专业知识得分均高于省属重点师范院校和省属一般师范院校的师范生。在各类教师专业知识测查中，除英语学科教学知识外，其他均为部属师范院校师范生高于省属重点师范院校师范生，也高于省属一般师范院校师范生。在所有单项测试中，或者是省属一般师范院校与省属重点师范院校的师范生表现没有差异，或者是省属一般师范院校师范生表现优于省属重点师范院校师范生（见表 5-10、表 5-11、表 5-12）。

部属师范院校师范生在英语课程知识部分的得分高于省属重点师范院校师范生，同时也高于省属一般师范院校师范生，且差异极其显著，而省属重点师范院校和省属一般师范院校的师范生之间不存在显著差异。在英语学科知识方面，部属师范院校师范生的得分高于省属重点师范院校师范生，也高于省属一般师范院校师范生（见表 5-12）。在英语词汇和语法知识方面，部属师范院校师范生的得分高于省属重点师范院校师范生，也高于省属一般师范院校师范生，同时省属重点师范院校师范生的得分高于省属一般师范院校师范生。在阅读、听力和翻译方面，部属师范院校师范生的得分高于省属重点师范院校师范生，也高于省属一般师范院校师范生。英语学科教学知识则是省属一般师范院校师范生的得分高于部属师范院校师范生，也高于省属重点师范院校师范生。

三、初中英语教师专业知识来源的分析

七种知识来源对师范生教师专业知识的重要程度排序的结果显示，教育见习、实习对各部分知识的贡献最大；教法课的贡献第二（除英语学科知识外）；微格教学或教师技能培训的贡献第三。而以传授教育理论知识为主要任务的教育类课程（如教育学和心理学）的贡献很小，排序居后，与自学和家教等来源差不多（见表 5-13）。

表 5-13　师范生教师专业知识不同来源的重要程度排序

知识来源	教育理论知识		课程知识		英语学科知识		英语学科教学知识	
	估计值	排序	估计值	排序	估计值	排序	估计值	排序
A. 教育类课程（教育学、心理学）	0.095	4	—	—	—	—	-0.218	5
B. 学科专业课	—	—	—	—	0.439	2	-0.425	6
C. 教法课	0.428	2	0.239	2	0.252	3	0.485	2
D. 教育见习、实习	0.932	1	1.016	1	1.027	1	0.856	1
E. 微格教学或教师技能培训	0.295	3	-0.036	4	0.133	4	0.021	3
F. 自学课外书刊	-0.395	6	-0.710	5	-0.416	6	-1.036	7
G. 家教或其他课外兼职教学经历	0	5	0	3	0	5	0	4

注：表中“—”表示无统计数据。这是因为师范生问卷中未调查“教育类课程”这一来源对课程知识和英语学科知识的重要程度，也未调查“学科专业课”这一来源对教育理论知识和课程知识的重要程度。

测查结果显示，教师自身的教学经验与反思、和同事的日常交流以及教学观摩活动贡献最大，这与现有研究的结果基本一致①②。整体来看，依旧是入职后的教学实践比职前教育课程重要。在入职后的所有知识来源中，贡献最小的是在职专业培训和入职后的学历补偿教育（见表 5-14）。

表 5-14 初中英语教师专业知识不同来源的重要程度排序

知识来源	教育理论知识		课程知识		英语学科知识		英语学科教学知识	
	估计值	排序	估计值	排序	估计值	排序	估计值	排序
A. 教育类课程（如教育学、心理学）	-0.668	10	-1.078	10	—	—	-0.904	10
B. 学科专业课	—	—	—	—	0.654	2	—	—
C. 教法课	-0.285	7	-0.765	8	-0.242	7	-0.384	7
D. 教育见习、实习	-0.214	6	-0.356	6	0.277	4	0.188	4
E. 微格教学或教师技能培训	-0.628	9	-0.723	7	-0.452	9	-0.531	8
F. 入职后的学历补偿教育	-0.371	8	-0.824	9	-0.635	10	-0.595	9
G. 在职专业培训	-0.082	5	-0.174	5	-0.319	8	0.022	5
H. 自身的教学经验与反思	0.494	1	0.423	1	0.952	1	0.551	1
I. 教学观摩活动	-0.027	4	0.086	3	0.134	5	0.226	2
J. 和同事的日常交流	0.312	2	0.309	2	0.496	3	0.214	3
K. 阅读专业书刊	0	3	0	4	0	6	0	6

注：表中“—”表示无统计数据。这是因为初中英语教师问卷中未调查“教育类课程”这一来源对英语学科知识的重要程度，也未调查“学科专业课”这一来源对教育理论知识和课程知识的重要程度。

① 韩曙花．社会认知主义视域下的中学英语教师知识来源与专业发展研究［D］．长春：东北师范大学，2013.

② 张慧军．促进外语教师专业发展的途径探究［J］．中国成人教育，2009（16）：87-88.

四、结论与启示

（一）师范生和初中英语教师在教师专业知识上的整体表现不甚理想

除师范生在英语学科知识上的得分率超过 60%外，无论是师范生还是初中英语教师，他们大部分的专业知识得分率均低于 60%。比较而言，英语专业师范生和初中英语教师在一般课程知识方面的表现明显不如语文和数学两个学科。在教育理论知识方面，英语专业师范生和初中英语教师低于语文学科，略高于数学学科。

教师专业知识直接影响着学生的学习质量，教师如果不具备良好的专业知识，就难以提高其教学水平；教师如果不具备良好的学科核心素养，又如何培养学生的学科核心素养呢？目前，英语教师培训更多关注的是教学技能技巧，对英语教师的专业知识以及理论知识的提升重视不够。这些研究结果应引起我们的反思，我们一直提倡加大实践性教学的比例，那么如何在保证实践性知识的同时，弥补、提升师范生和初中英语教师在各类专业知识，尤其是英语学科知识和理论知识等方面的欠缺，开展高水准的教学呢？

（二）实践性教学可能影响初中英语教师英语学科知识的发展

长期以来，研究者对教师专业知识的性质特征、发展路径进行了大量研究，并都指向一个概念，即实践经验是教师专业知识发展的主要途径或来源。本研究关于教师专业知识来源的调查也显示教学实践是教师专业知识的重要来源。测查结果同时显示，初中英语教师在教育理论知识方面的表现低于师范生。师范生在校期间比较系统地学习了教育学、心理学以及英语学科教学法的课程，对相关知识仍有较深的印象，而初中英语教师学习同类知识的时间较久，可能存在知识消退现象。

初中英语教师在英语学科知识方面的表现低于师范生，且差异极其显著，主要表现在听力、词汇和翻译方面。尽管目前中学英语课程和中考对听力都有要求，但很多教师在课堂上将听力教学简化为做题、核对答案，师生都缺乏听和练的环节。除去简单的课堂用语，教师自身语言学习和使用的机会有限，这既制约了他们课堂上语言的使用，也影响了他们对学生的语言输入。有研究证实，“经验对外语教师的学科知识具有磨蚀作用，经验能重组和分化教师的理论知识，造成其语言能力退化”①。本次测查结果让我们进一步思考：实践经验究竟在哪些教师专业知识领域起作用？是否包括教育理论知识、学科知识？如果起作用，这些作用又是如何发生的？如何才能提升教师英语学科知识的深度和广度，提高学生的综合语言运用能力？

英语教学在我国是外语教学，其教与学和作为母语的教与学有很大差异，课堂教学环境是学生语言输入的重要来源。如果教师的学科知识不够丰富，便不能给学生提供丰富有效的输入资源，不仅影响学生的语言学习和输出，也影响教师的语言知识和能力的提升。

对师范院校以学科内容为主而不是以语言技能课程为主的英语专业师范生的测查结果显示，“阅读相关专业文献”是获取学科知识以及学科教学知识的主要来源。② 也就是说，师范院校英语专业师范生主要通过阅读专业文献提升自己的学科知识和学科教学知识。那么，对于初中英语教师，鉴于他们的工作环境和学习条件，是否可以有组织或者自发地通过阅读专业文献来提升自己的学科知识呢？

（三）教师的教学实践、反思是师范生和初中英语教师英语学科教学知识的主要来源

初中英语教师在课程知识和英语学科教学知识中的表现高于师范生，且差异显著。教育教学实践一般被认为是学科教学知识的重要来源。与师范生相比，初中英语教师拥有更为丰富的教育教学实践，而师范生的教育教学实践仅限于微格教学以及教育见习、实习等，他们缺乏对课堂实践的认识，也缺少对学生学习的理解。所以，师范生在英语学科教学知识方面的表现弱于初中英语教师。

本研究也发现，除英语学科教学知识外，教育见习、实习、教法课以及

① 邹为诚．实践经验是如何改变外语教师的知识结构的？[J]．中国外语，2013，10（1）：77.

② 夏洋，赵永青，邓耀臣．CBI 课程改革背景下外语教师知识与教师心理的实证研究 [J]．现代外语，2012（4）：425.

自身的教学经验与反思也是影响师范生和初中英语教师专业知识的主要来源。初中英语教师均不同程度地参与了基础教育课程改革，改革前接受培训，改革中亲身体验新课程，因此，他们对新课程的理解、对课程标准的解读比师范生更为深入、全面。师范生在校期间也学习了基础教育课程改革、课程标准等方面内容，但是目前我国教师教育的课程体系仍然存在着理论和实践缺乏深度融合的现象。在教师专业知识发展中，学科知识和针对具体教学任务背景下的教学途径之间存在着一定的张力，往往以对一方（或内容或教法）的关注而结束，任由学生自己去揣摩二者之间的关系。在英语教师培训实践中，我们既要重视丰富教师专业知识，特别是语言知识，通过有效训练改善英语教师专业知识结构，提升他们的英语语言专业知识和能力，又要重视作为教师专业知识以及行业工具的学科教学知识，其获得、转化、应用与共享对教师培养以及专业发展至关重要。如范德瑞尔（J. V. Driel）所言，学科知识是学科教学知识习得和提升的基本因素[①]，也是教学活动得以开展的基础。因此，我们必须认识思考学科知识、课程知识、学科教学知识等的呈现方式，提出促进未来教师学科教学知识发展、培养卓越教师的相应策略。

第四节　高中英语教师专业知识发展

2003 年，我国颁布实行了《普通高中英语课程标准（实验稿）》，标志着普通高中英语课程改革正式启动。《普通高中英语课程标准（实验稿）》提出的理念为英语课程建设和高中学生英语素养的发展提供了新机遇，同时也对高中英语教师的专业发展提出了新要求。

新一轮高中英语课程改革的实施急需了解我国在职和职前英语教师专业

① 翟俊卿，王习，廖梁．教师学科教学知识（PCK）的新视界：与范德瑞尔教授的对话［J］．教师教育研究，2015，27（4）：9.

知识水平是什么样的，能否满足新课程改革的实际需要。为此，本研究基于实证调查，具体研究以下三个问题：①高中英语教师和师范生的教师专业知识现实水平如何？②不同类型学校高中英语教师专业知识水平是否存在差异？③高中英语教师和师范生的教师专业知识水平是否存在差异？

一、研究方法

（一）研究对象

本研究选取东北三省的高中英语教师和师范院校英语专业四年级师范生作为我们的研究对象。研究采取分层抽样和整群抽样相结合的方法。首先在东北三省地县级城市选取 12 所高级中学为样本学校，其中省级示范高级中学 7 所，普通高级中学 5 所，样本学校的全体高中英语教师作为样本，共回收问卷 228 份。其次在东北三省选取 5 所师范院校为样本学校，其中部属师范院校 1 所，省属重点师范院校 3 所，省属一般师范院校 1 所，样本学校英语专业全体四年级师范生作为样本，共回收问卷 259 份。研究对象的具体分布如表 5-15 所示。

表 5-15　研究对象分布情况表

研究对象	学校类型	学校数量（所）	人数（人）	总人数（人）
高中英语教师	省级示范	7	147	228
	普通	5	81	
师范生	部属	1	50	259
	省属重点	3	166	
	省属一般	1	43	

（二）研究工具

本研究按照教师的教育理论知识、课程知识、学科知识、学科教学知识的框架自编了高中英语教师专业知识测查问卷，测查高中英语教师专业知识状况。问卷包括五部分：第一部分是个人基本信息；第二部分是教育理论知识；第三部分是课程知识；第四部分是英语学科知识；第五部分是英语学科教学知识。问卷各部分命题情况详见表 5-16。

表 5-16 高中英语教师专业知识测查问卷命题情况一览表

测验维度		题型	题量	样题	命题人
教育理论知识		选择题	9	学生掌握知识的关键环节是（ ）。 A. 感知 B. 理解 C. 运用 D. 记忆	师范院校教育学院教师
课程知识	一般课程知识	选择题	3	在当前新课程背景下，教材编写、教学、评估的依据是（ ）。 A. 课程纲要 B. 课程计划 C. 课程标准 D. 教学大纲	
	英语课程知识	选择题	8	高中阶段英语课程目标共有四个级别，其中高中阶段必须达到的目标是( )。 A. 六级 B. 七级 C. 八级 D. 九级	中学教研员 大学英语教师 中学英语专家
英语学科知识		选择题	55	分为语法词汇选择题、完形填空题、阅读理解题三大类，重点测查英语教师的语言和文化的综合运用能力（样题略）	中学英语专家
英语学科教学知识		问答题	3	Suppose you are going to ask your students to write about the solutions to the problem that our city is faced with. Design a writing activity. Write out your teaching steps.（用英语写出教学步骤）	中学教研员 中学英语专家

（三）施测与评分

本研究采取集中施测的方式，由师范院校教师和硕士研究生组织测验，测查时间为 1 小时左右。师范院校教育学院教师、中学教研员、中学英语专家和高校英语教师共同组成评分组，制定评分标准和细则。选择题由硕士研究生完成评分，问答题由两名中学教师和一名高校教师共同完成评分。对于不一致的评分，采用第三方仲裁方式，试题评分一致性程度保持在 95% 以上。

（四）数据整理与分析

使用 SPSS21.0 for Windows 录入与管理数据。对师范生和高中英语教师的四类专业知识做描述性统计分析，主要参考平均分、得分率等指标评价测查对象的表现。

二、研究发现

（一）高中英语教师专业知识总体水平

高中英语教师专业知识总体水平较高。由表 5-17 可以看出，高中英语教师的各类专业知识得分率都在 60%左右。其中，教育理论知识、一般课程知识、英语学科知识和英语学科教学知识的得分率都达到了合格以上，考虑到研究工具开发时题目的难度，高中英语教师专业知识水平还是令人满意的。[①] 2011 年高中英语新课程改革实施以来，各地都强化了教师职后培训，高中英语教师比较好地掌握了新课程所需的各类专业知识，教育理论知识、英语学科知识提升较快，这一点也在研究数据中得到证实。高中英语教师仅在英语课程知识方面的得分率低于 60%。随着 2017 年新一轮高中英语课程改革的实施，英语课程知识应作为大多数英语教师专业发展的重点。

表 5-17　高中英语教师和师范生的教师专业知识整体水平比较

教师类型	指标	教育理论知识	一般课程知识	英语课程知识	英语学科知识	英语学科教学知识
高中英语教师（N=228）	平均分（分）	6.09	2.17	4.59	41.86	9.32
	标准差（分）	1.80	0.80	1.78	7.24	4.09
	得分率（%）	68	72	58	71	62
师范生（N=259）	平均分（分）	4.61	1.50	3.91	39.00	5.70
	标准差（分）	1.38	0.99	1.79	8.90	3.20
	得分率（%）	51	50	49	63	38

① 得分率是通过实际得分除以满分而计算得出的。本研究在问卷编制时考虑样本学校教师专业发展的实际情况，各类教师专业知识测验题目的难度设定在 0.5 左右，区分度在 0.4 左右。

师范生的教师专业知识总体水平一般。表 5-17 中的数据表明，师范生的各类教师专业知识的得分率均在 50%左右，低于高中英语教师。其中，师范生在英语学科知识方面得分最高（63%），在英语学科教学知识方面得分最低（38%），在教育理论知识、课程知识方面得分在 50%左右。由此可见，如何提高师范生的英语学科教学知识将成为师范院校教师教育的重点任务。

（二）不同类型学校英语教师专业知识水平均衡

为进一步调查不同群体教师专业知识水平的发展是否均衡，我们对不同类型学校的高中英语教师和师范生分别进行了教师专业知识的差异分析。首先，我们采用独立样本 *t* 检验分析了不同类型学校高中英语教师专业知识的差异，结果见表 5-18。结果表明，不同类型学校的高中英语教师在教育理论知识、学科课程知识、英语学科知识和英语学科教学知识方面均存在显著差异（$p<0.05$），省级示范高级中学英语教师专业知识得分均高于普通高级中学英语教师。

表 5-18　不同类型学校的高中英语教师在教师专业知识上的差异

<table>
<tr><th colspan="2">知识类型</th><th>学校类型</th><th>平均分（分）</th><th>标准差（分）</th><th>F 值</th></tr>
<tr><td colspan="2" rowspan="2">教育理论知识</td><td>省级示范</td><td>6.37</td><td>1.65</td><td rowspan="2">10.42*</td></tr>
<tr><td>普通</td><td>5.58</td><td>1.95</td></tr>
<tr><td rowspan="4">课程知识</td><td rowspan="2">一般课程知识</td><td>省级示范</td><td>2.23</td><td>0.75</td><td rowspan="2">2.34</td></tr>
<tr><td>普通</td><td>2.06</td><td>0.89</td></tr>
<tr><td rowspan="2">英语课程知识</td><td>省级示范</td><td>4.84</td><td>1.66</td><td rowspan="2">8.06*</td></tr>
<tr><td>普通</td><td>4.15</td><td>1.91</td></tr>
<tr><td colspan="2" rowspan="2">英语学科知识</td><td>省级示范</td><td>43.07</td><td>7.16</td><td rowspan="2">12.22*</td></tr>
<tr><td>普通</td><td>39.65</td><td>6.91</td></tr>
<tr><td colspan="2" rowspan="2">英语学科教学知识</td><td>省级示范</td><td>9.85</td><td>4.06</td><td rowspan="2">7.02*</td></tr>
<tr><td>普通</td><td>9.32</td><td>4.00</td></tr>
</table>

注：* 表示 $p<0.05$。

接下来我们采用单因素方差分析探讨了不同类型师范院校师范生的教师专业知识差异状况，结果见表 5-19。表 5-19 中的数据表明，三类师范院校的师范生在教育理论知识方面不存在显著差异，在课程知识、英语学科知识和英语学科教学知识方面则存在显著差异。部属师范院校师范生在各类教师专业知识方面的得分均高于省属重点师范院校和省属一般师范院校的师范生；省属重点师范院校师范生在课程知识方面的得分与省属一般师范院校师范生接近，而在英语学科知识和英语学科教学知识上的得分均高于省属一般师范院校师范生。

表 5-19　不同类型师范院校师范生在教师专业知识上的差异

知识类型		学校类型	平均分（分）	标准差（分）	*F* 值
教育理论知识		部属	4.76	1.51	0.92
		省属重点	4.50	1.32	
		省属一般	4.72	1.32	
课程知识	一般课程知识	部属	2.28	0.70	25.31*
		省属重点	1.30	0.92	
		省属一般	1.30	0.89	
	英语课程知识	部属	5.42	1.94	28.36*
		省属重点	3.44	1.51	
		省属一般	3.80	1.54	
英语学科知识		部属	43.40	6.38	8.68*
		省属重点	38.38	8.51	
		省属一般	36.70	7.74	
英语学科教学知识		部属	7.48	2.80	27.66**
		省属重点	5.92	2.69	
		省属一般	3.26	2.90	

注：* 表示 $p<0.05$；** 表示 $p<0.01$。

（三）高中英语教师与师范生的教师专业知识的差异性

1. 差异性检验分析

为进一步了解高中英语教师和师范生在教师专业知识上的差异，我们采

用独立样本 t 检验对他们的教师专业知识进行了差异的显著性检验分析，结果见表 5-20。由表 5-20 可以看出，高中英语教师与师范生在教师专业知识上存在显著差异（$p<0.05$），高中英语教师在教师专业知识上的得分均高于师范生。

表 5-20　高中英语教师与师范生的教师专业知识状况比较

知识类型		教师类型	平均分（分）	标准差（分）	t 值
教育理论知识		高中英语教师	6.09	1.80	10.08*
		师范生	4.60	1.38	
课程知识	一般课程知识	高中英语教师	2.17	0.80	8.68*
		师范生	1.50	0.99	
	英语课程知识	高中英语教师	4.59	1.78	4.27*
		师范生	3.91	1.79	
英语学科知识		高中英语教师	41.86	7.24	3.83*
		师范生	39.00	8.90	
英语学科教学知识		高中英语教师	9.32	4.09	11.00*
		师范生	5.70	3.20	

注：* 表示 $p<0.05$。

2. 逻辑回归分析

高中英语教师与师范生的教师专业知识差异性分析结果表明，高中英语教师与师范生在教育理论知识、课程知识、英语学科知识和英语学科教学知识上均存在显著差异。为进一步探究高中英语教师与师范生在教师专业知识上的差别大小，我们对高中英语教师和师范生的教师专业知识做了逻辑回归分析，具体结果见表 5-21。逻辑回归分析结果显示，回归模型显著（$\chi^2=212.02$，$p<0.01$），回归模型拟合理想（Hosmer-Lemeshow 检验值 = 13.49，$p>0.05$），自变量和因变量间存在一定的关联（Cox-Snell $R^2=0.36$，

Nagelkerke $R^2=0.47$）。

表 5-21　高中英语教师与师范生的教师专业知识的逻辑回归分析

自变量	B	S. E.	Wald 值	自由度	显著性	关联强度
英语学科教学知识	-0.28	0.04	62.20	1	0.00	
教育理论知识	-0.62	0.08	54.58	1	0.00	
一般课程知识	-0.64	0.14	21.64	1	0.63	Cox-Snell $R^2=0.36$
英语学科知识	0.04	0.02	7.08	1	0.01	Nagelkerke $R^2=0.47$
英语课程知识	0.03	0.07	0.24	1	0.00	
常数	4.72	0.72	42.93	1	0.00	
整体模型	$\chi^2=212.02$					
适配度检验	Hosmer-Lemeshow 检验值=13.49					

我们在逻辑回归分析中使用的是 forward step 回归分析法进行变量选择，具有统计学意义的四个变量选择顺序依次是：英语学科教学知识、教育理论知识、英语学科知识和英语课程知识。在逻辑回归分析中，Wald 值越大，对因变量的影响也就越大。最终表 5-21 的分析数据表明，高中英语教师和师范生在英语学科教学知识上的差别最大，其次是教育理论知识，再次是英语学科知识，在英语课程知识上差别最小。

三、结论与讨论

（一）高中英语教师专业知识水平好于师范生

本研究调查了东北三省 12 所地县级高级中学英语教师专业知识状况，结果显示，高中英语教师专业知识的得分率均在 60%左右，超过我们的预期。这说明，随着《国家中长期教育改革和发展规划纲要（2000—2020 年）》的实施，高中英语教师队伍整体素质不断提高，高中英语教师的专业化水平已基本能够适应高中英语教学的需要。但具体分析各类教师专业知识得分后发现，高中英语教师的英语课程知识和英语学科教学知识还有待进一步加强。在教师专业知识中，高中英语教师的英语课程知识得分最低（58%），英语学科教学知识次之（62%）。英语课程知识测查的是高中英语教师对课程标准和中学教材理解的程度。尽管测验题目形式的单一可能会对最终结果产生一定影响，但从高中英语教师失分率较高的题目中我们仍能看出他们对课程知识的掌握仅停留在“是什么”的程度，而涉及课程标准与教材理解的整合内容就无从下手。① 英语学科教学知识是在英语教师的教学实践中生成的，是将教育理论知识、课程知识、英语学科知识通过教学实践融会贯通而成的一种综合实践知识，它重在测查英语教师如何处理实际课堂中学生学习的困难以及如何设计出更利于学生学习的教学策略。高中英语教师在英语学科教学知识方面得分偏低，主要原因是没有将教师的“教”与学生的“学”有效整合到自身的教学实践中，在教学中更关注自己如何教，而不是学生如何学；在特定教学情境中运用教师专业知识解决教学实践问题的能力尚需提升。

由此我们知道，高中英语教师专业知识发展相对均衡，但对教师专业知识的掌握多停留在“是什么”的层面，还达不到“灵活运用”的程度，教师专业知识的发展还没有完全体系化，仍处于“碎片化”状态，内化和转化程度不够。未来英语教学需要的英语教师不仅是知识的学习者、传授者，更需要教师成为反思实践者、研究者。只有通过在教学中的不断反思，教师才能在已有理论知识的基础上对教学实践中出现的问题进行内省与思考，找到解决问题的方法与策略，达到教师专业发展的目的。英语教学过程就是英语教师根据学生需求不断寻求个人的技术性知识和实践性知识最佳契合的过程。

（二）师范生的教师专业知识水平亟待提升

在教师教育人才培养模式日益多元化的当下，师范院校仍然是我国职前教师培养的主体。相关研究表明，教师的先前知识是影响教师专业知识水平的重要因素，师范生的教师专业知识状况决定了入职后教师的专业发展水平。本研究调查了东北三省 5 所师范院校英语专业四年级师范生的教师专业知识状况，结果显示，在师范生的教师专业知识中，只有英语学科知识的得分率

① 课程知识测验题目中的第 18 题得分率仅为 42%。原题为：人教版高中英语教材在每个单元的最后都有 summing up 和 learning tip 两个部分，这两个部分侧重于高中英语课程目标中哪种素养的培养？该题主要通过对教材分析与课程标准解读的整合，测查英语教师对课程知识的理解程度。

超过了60%，其余四类教师专业知识的得分率多在50%以下。这一结果虽然没有我们预期的那样好，但基本上能够满足高中英语教学需要。师范生知识的来源主要归于大学教育，我国师范院校教师教育课程体系主要包括学科专业课程、教育通识课程、学科教学课程和教育实践课程四大模块。我们的研究表明，师范生的教师专业知识整体状况较低，水平有待进一步提升，尤其是英语学科教学知识（38%）。这说明目前师范院校的课程设置与课程教学存在一定问题，问题的原因可能有多种，如任课教师的教学水平、课程内容、教学模式、评价方式等。

我们认为问题的根源在于目前我国师范院校教师教育培养模式中理论与实践脱节、课程教学与基础教育实践脱节、教育实践过于精放低效。脱离了教育实践和教学情境的理论知识灌输，是无法生成和提升学科教学知识的。教师教育课程体系的优化必须充分考虑基础教育实践的复杂特征和需求，使职前教育与基础教育有机结合。教育类课程的内容应以教师职业需要和实践问题为导向，注重教学内容与学生的实践体验相结合。学科专业课程要在兼顾学术性的同时，注重发挥学科课程的育人导向，发挥师范院校学科专业课程的特色。学科教学课程在解读课程标准、分析教材体系的基础上，要更加注重案例教学，更加注重学科本源知识对课程和教材的理解，要变分段式的教学实践为浸润式的教学实践，构建体验、提升、实践、反思往复循环的教育实践体系。总之，加强职前教育与中学英语教育实践之间的联系，对于日益“专业化”和“学术化”的英语教师教育来说，越发具有重要的现实意义与必要性。

（三）不同类型学校高中英语教师专业知识存在差异

高中英语教师专业知识的研究结果表明，不同类型学校高中英语教师专业知识水平有显著差异。总的来说，省级示范高级中学教师专业知识高于普通高级中学。造成这种差异的原因是复杂的，其中一方面是我国基础教育在区域之间、城乡之间和学校之间发展不均衡。区域间教育发展不均衡带来教师发展基础、环境和机制的差异，自然影响着教师专业知识的状况。也有学者认为，教师过去的经验如教师受教育的经验等，会影响教师实践知识的生成。尽管目前我国师范院校毕业生供大于求，但部属师范院校的就业率一直在90%以上，且首选的就业去向均为省级示范学校。虽然国家实行了免费师范生政策，但80%的免费师范生选择在省级示范学校就业，普通中学仍很难吸引到级别较高的师范院校毕业生。[①] 既然教师的教育起点是影响教师专业知识水平的重要因素，那么师范院校应如何对教师专业知识产生影响呢？

师范生的教师专业知识的研究结果表明，不同类型师范院校的师范生除在教育理论知识上没有显著差异外，在其他教师专业知识上都存在显著差异。部属师范院校师范生的得分高于省属重点师范院校和省属一般师范院校的师范生，省属重点师范院校师范生在英语学科知识和英语学科教学知识方面高于省属一般师范院校师范生。这种差异的产生可能与不同类型师范院校间在学校文化、课程设置、师资水平、教学资源、生源素质等方面的环境和条件有关。学校的综合实力越强，这些方面具备的优势就越大。越来越多的国内外研究表明，先前专业知识水平越高的教师在后来的教师专业知识水平上也越高。[②]总之，缩小不同类型学校教师专业知识水平的差距不是一蹴而就的，需要我们从关注教师教育的起点着手，研究师范生的教师专业知识的来源与结构，制定更加严格的教师准入标准，允许免费师范生直接攻读教育硕士，优化课程方案和实践方案，提高师范院校教师教育质量，需要社会、政府、学校和中学组建教师教育的协作共同体，创新教师教育培养模式，破解职前教师教育培养过程中的难题。

（四）高中英语教师专业知识发展具有阶段性

我们的研究发现，高中英语教师专业知识的得分均显著高于师范生。其中，高中英语教师与师范生在教师专业知识上的差异顺序是：英语学科教学知识>教育理论知识>英语学科知识>英语课程知识。这说明高中英语教师专

---

① 数据整理自教育部直属院校2015届高校毕业生就业质量年度报告。

② Sammons P. Gender, ethnic and socio-economic differences in attainment and progress: a longitudinal analysis of student achievement over 9 years [J]. British Educational Research Journal, 1995, 21 (4): 465-483.

业知识的发展与教师所处的发展阶段有关。相对于学科知识和学科课程知识而言，在职教师的学科教学知识得到了充分发展，其主要原因是教师专业知识的转化和外化需要经历一定的实践，尤其是课堂教学经验的积累。教师转入在职发展后，尽管学科知识和学科课程知识也在不断发展，但远没有学科教学知识的提高幅度大。这一研究结果与国内其他学者关于不同教龄教师的教师专业知识结构状况的研究结果相一致。孙自辉在《课程改革背景下中学英语教师知识结构状况及特点研究》中指出，中学英语教师的实践知识随着教师专业发展呈现规律性变化，教龄越长，教学实践越丰富，实践知识发展越充分。至于教育理论知识的发展，在职教师也远高于师范生，这可能与我们在教育理论知识测查中只采取选择题的方式有关，还可能与两类教师接受教育理论知识的方式有关。师范生主要是通过大一、大二的教育通识课学习，存在知识消退现象；在职教师主要通过定期的专题培训学习，总是处于不断的知识强化以及与实践的融合过程中。

教师专业知识发展具有阶段性这个特征对教师教育具有重要的现实意义。我们如果能够找到和确认处于不同专业发展阶段的教师在教师专业知识发展上的阶段性差异，就可以有针对性地制定职前、职后一体化的教师培养方案，更好地促进不同阶段教师的专业发展。尤其是对英语教师来说，英语学科教学知识是其教师专业发展中最核心的知识。如何在教师专业成长过程中建立正确的知识观、语言观、学习观、教学观，进而将其融入教学实践建构学科教学知识，是值得所有教师教育工作者进一步研究与实践的问题。

第五节　英语教师专业知识发展的特征及启示

新一轮普通高中课程标准修订引入学科核心素养，引起了国内各界对学科教学包括英语课程与教学以及对与培养学生学科核心素养密切相关的教师专业素养的关注。

为了解我国英语教师专业知识发展状况，我们进行了实证研究，探究英语教师知识结构特点和教师专业知识发展特征，为将来研究如何提高教师专业知识水平、促进教师专业发展奠定坚实的基础。

一、英语教师专业知识结构分析

（一）小学英语教师专业知识结构特点

小学英语教师专业知识得分情况如表 5-22 所示。教师专业知识得分率从高到低依次为：教育理论知识（68%）、英语学科知识（67%）、英语学科教学知识（66%）、一般课程知识（54%）、英语课程知识（53%）。三类教师专业知识得分在 60%以上，说明小学英语教师专业知识水平总体良好。对于小学英语教师来说，教育理论知识、英语学科知识和英语学科教学知识的水平大致相当，而一般课程知识和英语课程知识的水平相对较低。这种较低的课程知识状况可能会影响教师的教育教学质量。特别是在当前进行基础教育英语课堂教学改革的背景下，英语教师的一般课程知识涉及对课程改革的了解和把握，英语课程知识关系到英语课程及教材的理解和运用。为了深入实施英语新课程，提高英语教学质量，小学英语教师应加强课程知识的学习，弥补专业知识中的这块短板。

表 5-22　小学英语教师专业知识整体水平

教师类型	指标	教育理论知识	一般课程知识	英语课程知识	英语学科知识	英语学科教学知识
在职教师（$N=60$）	平均分（分）	5.46（8）	2.14（4）	2.65（5）	24.08（33）	6.59（10）
	标准差（分）	1.50	1.20	1.30	5.65	2.22
	得分率（%）	68	54	53	67	66

注：括号内为该部分测验题目的总分。

（二）初中英语教师专业知识结构特点

初中英语教师专业知识得分情况如表 5-23 所示。教师专业知识得分率从高到低依次为：英语学科知识（55%）、一般课程知识（53%）、英语学科教学知识（47%）、英语课程知识（36%）、教育理论知识（34%）。教师专业知识得分均低于60%，说明初中英语教师专业知识总体水平有待进一步提高。对于初中英语教师来说，英语学科知识得分最高，教育理论知识得分最低，英语学科教学知识得分居中的数据表明，初中英语教师现有的知识结构存在重视学科专业知识、忽视教育理论知识和实践性知识的问题。这与外语教师教育长期存在的向外语教师系统地传授语言学科知识的倾向有关。

表 5-23　初中英语教师专业知识整体水平

教师类型	指标	教育理论知识	一般课程知识	英语课程知识	英语学科知识	英语学科教学知识
在职教师（N=131）	平均分（分）	2.69（8）	1.60（3）	2.17（6）	15.37（28）	4.73（10）
	标准差（分）	1.56	0.85	1.08	3.80	1.77
	得分率（%）	34	53	36	55	47

注：括号内为该项测验题的总分。

（三）高中英语教师专业知识结构特点

高中英语教师专业知识得分情况如表5-24所示。教师专业知识得分率从高到低依次为：一般课程知识（72%）、英语学科知识（71%）、教育理论知识（68%）、英语学科教学知识（62%）、英语课程知识（58%）。大部分教师专业知识得分都在60%以上，说明高中英语教师专业知识的总体水平较高。对于高中英语教师来说，其现有知识结构相对均衡，但也存在重视学科知识、忽视学科教学知识的问题。多年来，我们通过对这些样本学校课堂教学观察可以知道，这些样本学校的高中英语教学以应试教育为主，过于重视语法和词汇教学，这种教学生态环境不利于英语教师实践知识的生成与提高。

表 5-24　高中英语教师专业知识整体水平

教师类型	指标	教育理论知识	一般课程知识	英语课程知识	英语学科知识	英语学科教学知识
在职教师（N=228）	平均分（分）	6.09（9）	2.17（3）	4.59（8）	41.86（60）	9.32（15）
	标准差（分）	1.80	0.80	1.78	7.24	4.09
	得分率（%）	68	72	58	71	62

注：括号内为该部分测验题目的总分。

（四）小结

图 5-4 为小学、初中、高中英语教师专业知识得分率的对比图。由图 5-4 可知，小学、初中、高中英语教师在各类专业知识得分上呈现出大致相同的走向，只是在教育理论知识和一般课程知识方面略有偏差。各学段英语教师在教师专业知识建构方面既有共性又有差异。共性为：就五类知识整体来看，英语教师更擅长英语学科知识的建构，而英语课程知识是英语教师知识建构的薄弱点。差异主要有两点：第一，相对于高中和小学英语教师，初中英语教师的各类专业知识水平偏低，特别是在教育理论知识方面，与高中和

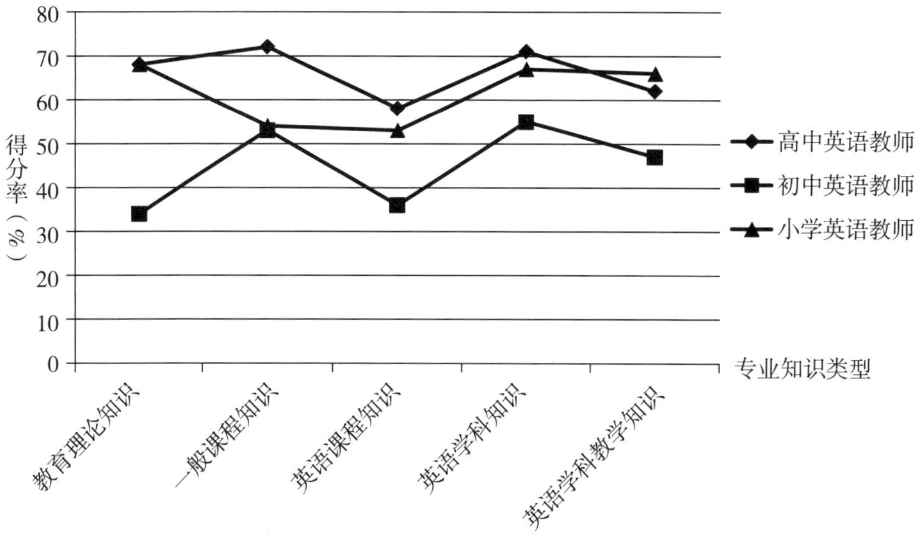

图 5-4　小学、初中、高中英语教师专业知识得分率对比图

小学英语教师的差距极为明显；第二，就课程知识而言，高中和初中英语教师都是一般课程知识明显优于英语课程知识，而小学英语教师的这两类课程知识水平大致相当。

二、英语教师专业知识的来源分析

研究教师专业知识来源对教师专业知识发展的贡献率具有重要意义。东北师范大学教育专家和具有丰富教学经验的英语教研员、中小学英语特级教师共同编制了中小学英语教师专业知识来源调查问卷，由调查对象来评价每种来源（一共 10 项英语教师专业知识来源）对教育理论知识、课程知识、英语学科知识和英语学科教学知识发展的贡献率。研究者根据逻辑回归分析模型的数据结果，将教师专业知识的来源分成三个等级：最重要、次重要和不重要。为全面归纳小学、初中和高中英语教师专业知识来源对其专业发展的作用，我们将不同知识来源对英语教师专业知识发展的重要性进行了归纳总结。

（一）不同来源对小学英语教师专业知识发展的重要程度评价

如表 5-25 所示，在各类教师专业知识的来源中，教学观摩活动是小学英语教师专业知识最为重要的来源，自身教学经验与反思、和同事的日常交流是小学英语教师入职后比较重要的专业知识来源，而入职后的学历教育是最不重要的教师专业知识来源。在师范生的各类教师专业知识来源中，教育见习、实习是比较重要的。

表 5-25　不同来源对小学英语教师专业知识发展的重要程度评价

知识类型 / 来源 / 重要程度	教育理论知识	英语学科知识	英语学科教学知识	课程知识
最重要	教学观摩活动	教学观摩活动	教学观摩活动	教学观摩活动

续表

知识类型 / 来源 / 重要程度	教育理论知识	英语学科知识	英语学科教学知识	课程知识
次重要	自身教学经验与反思 和同事的日常交流 教育见习、实习 阅读专业书刊 微格教学	自身教学经验与反思 和同事的日常交流 教育见习、实习 在职专业培训 阅读专业书刊 英语学科专业课	自身教学经验与反思 和同事的日常交流 在职专业培训 教育见习、实习 阅读专业书刊 英语教法课 微格教学	自身教学经验与反思 和同事的日常交流 教育见习、实习 在职专业培训 阅读专业书刊 微格教学
最不重要	英语教法课 在职专业培训 教育类课程 入职后的学历教育	微格教学 英语教法课 入职后的学历教育	教育类课程 入职后的学历教育	英语教法课 入职后的学历教育 教育类课程

（二）不同来源对初中英语教师专业知识发展的重要程度评价

如表 5-26 所示，与小学英语教师有所不同，在各类教师专业知识的来源中，自身教学经验与反思是初中英语教师专业知识发展最为重要的来源，而入职后的学历教育和微格教学是初中英语教师专业知识发展最不重要的来源。在师范生的各类教师专业知识来源中，教育见习、实习和英语教法课是比较重要的。

表 5-26　不同来源对初中英语教师专业知识发展的重要程度评价

知识类型 / 来源 / 重要程度	教育理论知识	英语学科知识	英语学科教学知识	课程知识
最重要	自身教学经验与反思 和同事的日常交流	自身教学经验与反思	自身教学经验与反思	自身教学经验与反思 和同事的日常交流
次重要	阅读专业书刊 教学观摩活动 在职专业培训 教育见习、实习 英语教法课	英语学科专业课 和同事的日常交流 教育见习、实习 教学观摩活动 阅读专业书刊 英语教法课	和同事的日常交流 教学观摩活动 教育见习、实习 阅读专业书刊 在职专业培训 英语教法课	阅读专业书刊 教学观摩活动 在职专业培训 教育见习、实习 英语教法课
最不重要	入职后的学历教育 教育类课程 微格教学	在职专业培训 微格教学 入职后的学历教育	微格教学 入职后的学历教育 教育类课程	入职后的学历教育 微格教学 教育类课程

（三）不同来源对高中英语教师专业知识发展的重要程度评价

如表 5-27 所示，相对于小学和初中英语教师来说，在各类教师专业知识的来源中，自身教学经验与反思、和同事的日常交流是高中英语教师专业知识发展最为重要的来源，教学观摩活动和阅读专业书刊是高中英语教师专业知识发展次重要的来源，而入职后的学历教育是高中英语教师专业知识发展最不重要的来源。在师范生的各类教师专业知识来源中，教育见习、实习是比较重要的。

表 5-27　不同来源对高中英语教师专业知识发展的重要程度评价

知识类型 / 来源 / 重要程度	教育理论知识	英语学科知识	英语学科教学知识	课程知识
最重要	自身教学经验与反思 和同事的日常交流	自身教学经验与反思 和同事的日常交流	和同事的日常交流 自身教学经验与反思	和同事的日常交流 自身教学经验与反思
次重要	教学观摩活动 教育见习、实习 阅读专业书刊	英语学科专业课 教学观摩活动 教育见习、实习 阅读专业书刊 微格教学	教育见习、实习 教学观摩活动 阅读专业书刊 英语教法课	教学观摩活动 教育见习、实习 阅读专业书刊 在职专业培训
最不重要	英语教法课 微格教学 教育类课程 入职后的学历教育	英语教法课 在职专业培训 入职后的学历教育	在职专业培训 微格教学 教育类课程 入职后的学历教育	英语教法课 微格教学 入职后的学历教育 教育类课程

（四）小结

综合不同来源对小学、初中、高中英语教师专业知识发展的重要性评价分析结果，就英语教师整体而言，教育见习、实习是职前阶段英语教师专业知识发展最重要的来源，自身教学经验与反思、和同事的日常交流与教学观摩活动是在职教师专业知识非常重要的来源，而入职后的学历教育是英语教师专业知识发展最不重要的来源。在所有 10 项教师专业知识来源中，在职教师更擅长在教学反思、教学观摩、合作交流等活动中促进自身教师专业知识发展，而职前阶段通过课程学习得到的理论知识并没有直接内化为教师职后教学中运用的实践知识，大部分英语教师还需要结合职后的教学实践，通过教学观摩、自我反思与合作交流等组织性与非组织性专业活动来促进教师专业知识的发展。

三、英语教师专业知识发展具有同一性

通过对小学、初中、高中英语教师专业知识结构特点的分析，我们发现英语教师专业知识发展具有同一性。这种同一性体现在：英语教师专业知识发展的趋势基本相同，英语学科知识的发展状况好于英语学科教学知识，英语课程知识是各学段英语教师专业知识发展中的薄弱点。这样的研究发现对于教师教育工作者来说，既令人失望，又具有挑战性。英语学科教学知识作为教师专业知识的核心，是保持教师知识复合性 、动态性的原动力，也拓宽着教师专业发展的知识基础，其发展状况在一定程度上决定了课堂教学效果的优劣。英语教师专业知识发展的同一性也说明我们现在英语教师的职前教育与职后培训存在同质性问题。这种问题在职前教育阶段的具体表现就是教师教育的理论学习与教育实践脱节、课程教学与基础教育脱节；在职后培训阶段的具体表现就是培训方式低效，职后培训与职前教育脱节、与教师的个体需求脱节。为解决上述问题，教师教育工作者有必要采取措施改革教师教育培养培训模式，优化教师教育课程体系，提高教育实践环节的有效性，充分考虑教师在职培训的学校、教师间的差异，要与新课程改革紧密结合，要坚持培训课程内容结构的系统性，坚持课程展开方式的实践性。

四、英语教师专业知识发展具有阶段性

本研究主要考虑了教师专业发展的职前和在职阶段，从职前教育经历和在职培训经验两个方面探究教师用以获取专业知识的来源。研究发现，英语教师专业知识发展具有阶段性，职前教育经历和在职培训经验对各阶段英语教师专业知识发展的贡献大小不一致。总的来说，英语教师在职培训经验的各个变量对其专业知识发展似乎更大，除了入职后的学历教育和在职专业培训，其他在职培训经验变量均位列职前教育经历的变量之前。例如，教学观摩活动是小学英语教师专业知识发展的最重要变量，自身教学经验与反思、和同事的日常交流是初中和高中英语教师专业知识发展的最重要变量。尽管

教育见习、实习是所有职前教育经验变量中对发展英语教师专业知识排名最靠前的变量，但也只是位列次重要来源变量之中，而教育类课程成为小学、初中和高中英语教师专业知识发展最不重要的来源变量。这样的研究结果，一方面回答了英语教师专业知识发展来自不同的来源，另一方面也说明英语教师专业知识发展具有阶段性。尽管教师教育的根本目标是为未来的教师提供足够的教学知识和技能，但能够促进教师专业知识发展的因素更多来自他们成为正式教师后的职业经验。这样的结果似乎能够带给教师教育工作者一个更加明确的信号：职前教师教育只是整个教师教育体系中的起点和基础，构建职前职后一体化的教师教育培养模式、促使教师形成终身学习的专业发展理念是所有教师教育工作者的必然使命。

五、英语教师专业知识发展具有交互性

在本研究中，我们从教师专业知识来源的实施主体出发，将教师专业知识发展的来源变量划分为三类：一是政府主体变量，如在职培训；二是学校主体变量，如教育见习、实习以及教学观摩活动；三是教师主体变量，如自身的教学经验与反思。研究结果表明，英语教师专业知识发展是多个实施主体共同作用的结果，具有交互性。以高中英语教师学科教学知识为例，和同事的日常交流、自身的教学经验与反思、教育见习实习、教学观摩活动、阅读专业书刊、英语教法课六个最有贡献变量的实施主体分别来自教师个体、大学和中学，也就是说，英语学科教学知识发展是英语教师、大学和中学三方协同作用的结果。研究结果表明，英语教师其他各类专业知识的发展均存在相似的情况。如果我们将教师专业知识定义为主客体间交互作用的一种智力结果，那么教师专业知识发展应该是多个来源主体间交互作用的结果。这样的研究结论带给我们一个非常重要的启示：教师是专业知识发展的主体，是终身学习者，在追求专业知识发展的过程中，教师需要基于自身的教学经验不断进行反思。同时，人与人、人与社会、人与自然之间不可避免地发生交互作用，知识的个人化过程始终是在社会关系中进行的，教师专业知识发展从教师的自我反思走向伙伴协作，从伙伴协作走向教师、大学与中学三方协作。

第六章　理科教师专业知识发展

第一节　高中物理教师专业知识发展

研究表明，教师专业知识只有将静态的教育教学知识与动态的教学实践情境融合、与教师的特性经验融合，才具有教育生命力。作为物理教师专业知识发展现状调研，我们借鉴了教师专业知识理论，也借助了一线教师的实践经验，具体从教师的教育理论知识、物理课程知识、物理学科知识和物理学科教学知识四个方面建立调查与分析框架，并进行实地调研，期望所得到的数据与结果分析对物理教师专业发展研究提供参考论据。

本研究试图回答以下问题：①如何测查高中物理教师专业知识？②高中物理教师专业知识现状如何？③如何促进高中物理教师专业知识发展？

一、研究方法

（一）研究工具

本次调研自编开发的测查工具——《高中物理教师专业知识测查问卷》是以马云鹏等人（2010）关于教师专业知识测查的基本框架为参照，为高中物理教师专业知识测查设计的调查问卷。问卷是基于教师专业知识内涵与结构理论成果分析，依据《普通高中物理课程标准（实验）》，参考物理高考说明（考纲）而开发的。

问卷中的物理课程知识包括 4 个题目，是关于物理学科的课程目标、学习内容、知识体系的知识，具体表现为对物理课程标准的理解以及对教材的把握；物理学科知识包括 18 个题目，选择《普通高中物理课程标准（实验）》中力、热、电、光、原五部分核心知识，且注意题目难易程度相近；物理学科教学知识包括 3 个情境题目，围绕物理教学问题分析、案例剖析、教学设计、教学评价进行设题，是教师利用教学法知识将物理学科知识转化为“易于学生理解、接受的知识”的体现。

问卷通过对师范院校物理教育专业四年级学生和高中物理教师两次预调研，对部分内容进行修订后形成正式问卷。

（二）测查对象

实地调研于 2012 年在东北师范大学教育创新实验区进行，在黑龙江、吉林、辽宁三省选择 12 所高中抽取 169 名物理教师为被试进行测查，其中辽宁桓仁两所高中抽测 23 人，辽宁喀左两所高中抽测 29 人，吉林抚松一所高中抽测 15 人，吉林东丰两所高中抽测 28 人，吉林通化两所高中抽测 22 人，吉林永吉两所高中抽测 39 人，黑龙江林甸一所高中抽测 13 人。

（三）测查与评分

测查方式为集中测试。测查得到了被测学校的大力协助，且有课题组成员全程监督、指导。测查时间为 1~1.5 小时。评分分为客观题和主观题两种评分体系。客观题答案分为正确和错误两种，按照分值赋分，答对得 2 分，答错得 0 分；主观题采用等级评分制和检核表评分，评分前对评分人员进行培训，并进行试评，以保证评分质量。

（四）数据录入

利用 SPSS 录入与管理数据，主要对高中物理教师的物理课程知识、物理学科知识和物理学科教学知识三类专业知识做描述性统计与分析。

二、高中物理教师专业知识状况

（一）教育理论知识状况

教育理论知识共 9 道题，每题 1 分，满分 9 分。测查结果显示，高中物理教师教育理论知识的平均分为 5.77 分，标准差为 1.44 分，正答率为 64.1%，略高于 60%。总的来看，高中物理教师对教育理论知识的掌握状况处于及格水平。在 9 道题中，有 3 道题的正答率低于 45%，这 3 道题分别涉及机械学习与有意义学习的区别、“最近发展区”理论、适合考查学生学习历程的评价方法；其余 6 道题的正答率都在 70%以上。可见，高中物理教师对部分教育理论知识的理解和掌握还有待提高。

（二）课程知识状况

课程知识分为一般课程知识和物理课程知识。一般课程知识共 3 道题，满分 3 分。测查结果显示，高中物理教师一般课程知识的平均分为 2.27 分，标准差为 0.60 分，正答率为 75.7%，整体表现较好。

物理课程知识共 4 道题，涉及普通高中物理课程基本理念与基本要求、“内容标准”结构、主体知识（必修模块内容）及教学要求。测查结果显示，高中物理教师物理课程知识的平均分为 3.85 分，标准差为 1.61 分，正答率为 48.1%。从表 6-1 可以看出，高中物理教师对必修模块内容和教学目标表述的正答率为 77%，而对课程内容的基本要求正答率为 25.5%，对“内容标准”结构的正答率仅为 12.0%。这说明高中物理教师对物理课程基本理念是认同的，对主体知识必修模块内容比较熟悉，但对课程内容的基本要求、“内容标准”结构缺乏专研，对教学内容与课程标准一致性要求也不够明晰。由此可见，高中物理教师对课程理论知识学习不够系统，尤其是缺乏对物理课程知识的掌握。

表 6-1　高中物理教师物理课程知识状况

问题测点	平均分（分）	正答率（%）	标准差（分）
课程内容的基本要求	0.51	25.5	0.874
“内容标准”结构	0.27	12.0	0.688
必修模块内容	1.54	77.0	0.845
教学目标表述	1.54	77.0	0.845

（三）物理学科知识状况

物理学科知识共 18 道题，其中包含物理科学方法知识、力学知识、热学知识、电学知识、光学知识、原子物理学知识共六方面学科基础知识，题目的难易程度相近。

1. 物理科学方法知识

物理科学方法知识共 4 道题，涉及物理数据、科学发现证据、估算判断和微元思想方法等基本问题。

测查结果显示，高中物理教师物理科学方法知识的平均分为 6.98 分，标准差为 1.25 分，正答率为 87.3%。从表 6-2 可以看到，物理数据、科学发现证据等题目的正答率超过 90%，微元思想方法题目的正答率超过 80%，估算判断题目的正答率为 77%。这表明物理课程改革中三维目标中的过程与方法目标得到了高中物理教师的认同与重视，具体到估算判断问题则相对弱些。

表 6-2　高中物理教师物理科学方法知识状况

问题测点	平均分（分）	正答率（%）	标准差（分）
物理数据	1.95	97.5	0.305
科学发现证据	1.85	92.5	0.535
估算判断	1.54	77.0	0.845
微元思想方法	1.64	81.0	0.766

2. 力学知识

力学知识共 6 道题，涉及摩擦力、功、速度等基础概念以及运动方程、能量转化与守恒定律、牛顿运动定律等规律。

测查结果（见表 6-3）显示，高中物理教师力学知识的平均分为 7.86 分，标准差为 1.92 分，正答率为 66.5%。其中，运动学与动力学中的基础知识为物理常规训练题目，正答率较高，如运动方程的正答率为 90.0%，速度分解的正答率为 91.5%，同步卫星的正答率为 82.0%；而知识基础但涉及问题超出考纲且属于基本物理问题的正答率较低，如摩擦力与功的正答率为

32.0%，能量转化的正答率为36.5%。

表6-3 高中物理教师力学知识状况

问题测点	平均分（分）	正答率（%）	标准差（分）
作用力与反作用力	1.57	78.5	0.584
摩擦力与功	0.46	32.0	0.845
运动方程	1.80	90.0	0.603
速度分解	1.83	91.5	0.553
能量转化	0.72	36.5	0.963
同步卫星	1.47	82.0	0.817

3. 热学知识

热学知识共1道题，涉及理想气体、气体压强、受力分析等基本知识。测查结果显示，高中物理教师热学知识的平均分为1.53分，标准差为0.85分，正答率为76.30%。问题测点是理想气体与动力学问题，这是物理典型问题的模型题，也是高考常见的考试内容，虽然复杂有难度，但高中物理教师对该问题的解决情况较好。

4. 电学知识

电学知识共4道题，涉及电流、电压、电阻、电功率、电磁感应等基础知识及应用。测查结果（见表6-4）显示，高中物理教师电学知识的平均分为6.67分，标准差为1.81分，正答率为83.4%。其中，电功率是高考原题，正答率为94.5%，电流互感器的正答率为82.0%，显像管电子枪属于电场加速问题，正答率为79.5%，它们都属于高中物理教学中有一定难度的常规训练题目，是物理高考中的常见题型；传感电子秤与这三题难度相当，但不属于常规训练问题，虽然正答率相对低一些，但也为77.5%。总体来看，电学知识是高中物理教师的强项，其原因：其一，电学是基础物理学的重要组成部分；其二，电学知识应用广泛；其三，电学知识在高考中是必考知识，分值占40%左右，是分值最高的部分。因此，电学基础知识受到高中物理教师的高度关注。

表 6-4　高中物理教师电学知识状况

问题测点	平均分（分）	正答率（%）	标准差（分）
电流互感器	1.64	82.0	0.766
电功率	1.89	94.5	0.450
传感电子秤	1.55	77.5	0.706
显像管电子枪	1.59	79.5	0.813

5. 光学知识

光学知识共 2 道题，涉及光的反射、光的折射基础知识，以及光电综合应用问题。测查结果（见表 6-5）显示，高中物理教师光学知识的平均分为 1.54 分，标准差为 1.15 分，正答率为 38.5%。答对半数以上题目的人数仅占被试总数的 69.2%，其中光电综合问题虽然较难，但因为是高考必考点，正答率为 65.5%；光的反射与折射虽然是物理几何光学的基础问题，题目不难，但由于涉及前沿应用，又是选考与选学的内容，高中物理教师平时重视度不够，正答率仅为 11.0%。

表 6-5　高中物理教师光学知识状况

问题测点	平均分（分）	正答率（%）	标准差（分）
光电综合	1.31	65.5	0.952
光的反射与折射	0.22	11.0	0.634

6. 原子物理学知识

原子物理学知识共 1 道题，涉及微观粒子能量与动量的基本问题。测查结果显示，高中物理教师原子物理学知识的平均分为 1.55 分，标准差为 0.84 分，正答率为 77.5%。问题测点是轰击粒子中的能量与动量问题，守恒观点是物理学科基本知识点，高中物理教师掌握较好。

以上物理学科知识测查数据分析总体表明：第一，无论是基础题还是综合题，高考考点部分正答率最高，而选考知识点相对次之，非考点知识正答率最低。第二，高中物理教师重视物理科学方法知识，绝大多数高中物理教师对物理学科基本知识钻研扎实。第三，高中物理教师的物理前沿知识应用(特别是与常规训练题目弱相关问题）相对较弱。

（四）物理学科教学知识状况

对物理学科教学知识的测查，选择了物理教学案例分析、教学评价和教学设计三个方面，主要涉及力学与电学的基础知识，评分采用等级赋分制。

测查结果（见表6-6）显示，高中物理教师的物理学科教学知识平均得分率为58.1%，其中教学案例分析得分率为48.0%，最低；物理教学评价和物理教学设计得分率均超过60%，刚刚及格。可见，高中物理教师学科教学知识状况普遍偏弱，亟待提升。

表6-6　高中物理教师物理学科教学知识状况

测试项目	满分（分）	平均分（分）	得分率（%）	标准差（分）
科学探究活动的案例评判与分析	4	1.9172	48.0	1.486
学习活动设计引导与评价	6	3.8521	64.1	2.432
教学设计	6	3.7278	62.2	2.405

进一步分析具体测试题目的答题情况，可以得到以下结论。

1. 关于科学探究活动项目

该项目问题主要测试高中物理教师运用探究教学理论进行教学活动案例评判与分析的情况。高中物理教师对探究学习方式的设计知识问答测试点正答率较低，主要问题出现在探究问题的判断依据上，近三分之二的教师答非所问，如“高度不同，软硬不同，作用时间不同”或“动量变化与冲量关系”或用公式表述关系等，少数回答“应用控制变量法很容易完成实验”“其他问题都是表面现象，没有探究价值”“符合分析问题、解决问题基本思维的拓展和延伸”等。大多数高中物理教师用物理知识作为分析教学问题的依据，说明他们习惯用物理知识解决问题的学科本位观，而对于科学探究方面的教学法知识运用意识较弱，个别用科学方法教学知识解决问题的层次较肤浅，对应用探究教学方法的教学策略认识不足。

2. 关于学习活动设计引导与评价项目

高中物理教师对学习活动设计引导与评价项目多采用知识主线，如对学生错误判断分析典型的回答主要有“不符合磁感线是闭合曲线这个知识点”“磁体有 NS 两极”。对实验方案设计中“如何判断”的典型回答是“同名磁极互相排斥、异名磁极互相吸引”“小磁针静止时 N 极指向即为磁场方向”。这几种回答都属于教师告知、学生记识的知识本位型设计，还有近半数教师空答或作答不完整。

高中物理教师对学生活动项目的设计基本上局限在物理知识层面，评价也主要用本问题的物理知识来判断对错，高度关注知识目标中对知识的记识和解题应用，个别设计中引导学生关注到过程与方法，但没有涉及情感态度与价值观目标的设计和评价，特别是非高考知识点的正答率最低。

3. 关于教学设计项目

教学设计项目由于明确要求“写出针对该内容的教学目标”和“设计一个包含实验的教学片段”，同时“牛顿第一定律”是《普通高中物理课程标准（实验）》的重点、高考的重点，且所给的设计参考材料充足，因此高中物理教师给出了较好的回答，体现出较好的教学实践。如在教学目标设计方面，绝大多数高中物理教师从知识与技能、过程与方法、情感态度与价值观三个维度进行教学设计，而设计的教学片段主要有“抽纸实验”“一摞象棋实验”“飞机投弹录像实验”“汽车启动刹车实验”“理想斜面实验”等，这些说明高中物理教师在教学方法多元化和教学媒体优化整合促进教学质量提升方面进行着实践探索。

三、研究结论

（一）高中物理教师专业知识发展不均衡，倾向物理学科本位

测查显示，高中物理教师对物理学科知识掌握较好，特别是对高考知识点的正答率平均接近 90%，这说明高中物理教师对高考物理知识点专研深入。高中物理教师专业知识的学科本位化还反映在物理学科教学知识上，无论是活动设计还是教学评价，涉及物理学科知识的掌握情况都明显高于教学

理论与实践应用，出现了倾向于物理学科基础知识教学的现象。物理课程知识以《普通高中物理课程标准（实验）》为准，高中物理教师注重对必修内容和课程理念的理解，但对一般课程知识不甚了解，专业知识失衡。总之，高中物理教师高度重视与高考相关的物理基础知识，忽视物理学科教学知识理论与实践的联系，这将不利于高中物理教师的专业成长。

（二）高中物理教师的物理学科知识扎实，尤其是考纲重要知识点，但对课程标准研修不足

测查显示，高中物理教师对课程标准的把握不尽如人意。课程标准中“内容标准”结构的正答率仅为12%，体现出高中物理教师对物理课程标准的研修不够。物理学科知识测查显示，题目难易相当问题，力学、电学的正答率均高于热学、光学、原子物理学，说明高中物理教师对力学、电学的知识整体掌握较好，而对热学、光学、原子物理学的知识掌握相对较薄弱。进一步分析测查问题与测查结果的关系发现，由于热学、光学、原子物理学的知识是高考选考内容，尽管问题难度中等，但正答率还是较低；而力学和电学的知识是高考必考内容，不但与热学、光学、原子物理学的题目难易相当的正答率高，而且无论题目综合性和难度如何，高中物理教师的正答率都较高。这表明高中物理教师重视物理基础知识，且高度重视与高考考点相关的物理知识。

（三）高中物理教师的物理课程知识薄弱，尤其是课程理论知识

测查显示，高中物理教师对课程标准的具体理论理解较差，对课程理论知识即使是常识性的也没有做出正确判断。常言道：没有理论指导的实践是盲目的实践，而没有实践支撑的理论是空洞的理论，课程知识与学科教学知识看起来一个是理论知识，一个是实践知识，但物理课程知识的薄弱将直接影响高中物理教师的专业发展。

（四）高中物理教师的教学偏重学科知识，对教学设计与方法关注不够

测查显示，高中物理教师用物理学科知识作为分析教学问题的主要依据。无论是教学设计还是教学方法的选择，大多数高中物理教师都是以物理学科知识为主线进行的。这一方面说明高中物理教师习惯于用物理学科知识解决问题的学科本位观，另一方面也体现出高中物理教师较强的实践指向。而在判断依据的理论分析上得分最低，说明高中物理教师的教学理论知识相对薄弱。

四、建议

如何更有效地促进高中物理教师专业发展，关系到物理教学效能和当前物理教学改革，从提高高中物理教师专业知识维度进行探讨有积极的实践意义和理论价值。

（一）推行教学反思式的理论学习，促进高中物理教师物理课程教学理论与实践的均衡发展

受外部文化或自身习惯的影响，教师在现实工作中容易倾向于例行常规，关注任务的完成，而对自身的教学实践缺乏敏锐的感知和批判意识。同时，部分教师未能充分认识到教育教学理论的价值，或者缺乏运用理论的意识，导致所学的教育教学理论与自身实践相脱节。理论源于实践，实践运用并检验理论。从这一点看，教师应充分利用自身的实践经验，通过反思来实现经验的提升，同时也应主动尝试将理论运用于实践。建议高中物理教师能够结合每节物理课堂教学实际，总结本节（或段）教学亮点，反思本节（或段）教学问题，形成主动寻找理论依据的学习方法，并养成写教学反思的习惯。更新观念体现在行动上，从教学实践中学习理论，用教育理论指导教学实践，从而促进教师专业知识均衡发展。

（二）加强对物理课程标准、物理教材和学生的同步研究，促进高中物理教师教学设计、实施与评价效果的提升

《普通高中物理课程标准（实验）》是物理教学实践的指导性文件，理解课程标准是物理教学之根。整体上把握教材、领会教材编写意图、实现用教材教学而不是教教材，是促进课堂教学质量提高的必由之路。而学生是教学的主体，教育教学最根本的目的就是促进学生全面发展、促进教师专业发展。因此，课程标准、教材、学生在教学设计、实施与评价中是相互关联、相互促进的。在教师教学工作中，无论是备课、上课、评课、说课，只有注

重三者之间的联系、寻求三者和谐统一的互动，才能促进教学设计、实施与评价效果的提升。

（三）注重专业引领与校本教研结合，促进高中物理教师物理教学与课程知识系统化

教育研究应将专业引领与校本教研相结合。校本教研以校为本，立足本校教师的实际问题，对促进教师专业成长具有实用性和常态性。教师的学科教学知识是实践性的，校本教研可以使教师在实践前、行动中、行动后围绕某一话题开展行动研究，积累学科教学知识的样例，不仅能够丰富教学经验，同时有助于系统化提升积累的教学经验和课程知识，引领专业成长。

（四）倡导研修团队与教研网络建设，为教师专业知识发展提供交流与专业指导平台

信息化优势为教育共享网络提供了技术保障，网络资源的丰富、网络的时空地域的突破为教师交流带来了极大的便利。建议以校学科为微单元建立教学教研网络交流小组，以区域学科为平面建立学科教研活动交流平台，利用网络交流优势为教师专业发展提供交流与专业指导平台。

第二节　高中化学教师专业知识发展

当前，我国正处于新一轮课程改革的大环境下，新课程改革旨在发展学生的学科核心素养，提高教育质量。研究表明，教师专业知识的水平直接影响着教师的教学质量。因此，教师专业知识状况对于新课程改革具有十分重要的意义。不同学科教师专业知识的现状与问题迥异，及时、准确地了解本学科教师专业知识发展状况将有的放矢地针对具体问题提出有效的发展策略。对于化学学科而言，独有的认知视角及科学方法使之区别于其他学科。为测查当前我国化学教师专业知识发展现状，自 2008 年起，我们跟随总课题组开展了多项关于化学教师专业知识的调查研究，部分调查结果已经发表①。下面将从化学学科教师专业知识现状及发展的视角对研究做进一步的分析，以期为化学教师专业知识发展提供参考借鉴。

一、研究框架与研究问题

本研究沿用将教育理论知识、课程知识、学科知识、学科教学知识作为教师专业知识的核心框架，对化学教师专业知识进行界定。教育理论知识具体指化学教师所具有的教育基本原理、一般教学法、教育心理学的知识；课程知识分为一般课程知识和学科课程知识，一般课程知识是关于基础教育课程改革的整体性知识，学科课程知识则具体到化学学科，主要指化学教师具有的关于化学学科的课程目标、学习内容、知识体系的知识，具体表现为对课程标准的理解以及对教材的把握；学科知识指化学教师所具有的关于化学学科的概念、原理、理论、方法等知识，也就是化学教师具有的化学知识；学科教学知识指如何利用教学法知识将化学学科知识转化为“易于学生理解、接受的知识”的知识。

本研究以自编问卷作为测查工具，并将问题集中于师范生和高中化学教师专业知识中的课程知识、学科知识和学科教学知识现状进行调查。师范生特指在师范院校接受了系统的职前教育，即将入职的本科师范生；高中化学教师是指在中学任教的专职教师。本研究中师范生样本选自吉林、辽宁、黑龙江三省的 4 所师范院校，其中部属师范院校 1 所，省属师范院校 3 所（三省各一所），共计 181 人。高中化学教师样本选自长春市及其周边地区的高中化学教师，共计 153 人。

---

① 王秀红，庄严，马云鹏．中学化学教师“物质结构与性质”模块学科知识状况调查分析［J］．化学教育，2012，33（5）：49-52；王秀红，刘均照，李艳梅．高中化学教师“化学反应原理”知识的调查分析［J］．化学教育，2012，33（11）：69-71，82；王秀红，黄美荣，孙闻东．高中化学教师无机元素化合物知识的调查研究［J］．化学教育，2011，32（12）：49-52.

二、研究发现

（一）师范生与高中化学教师的课程知识存在差异

研究发现，高中化学教师的课程知识得分率为79%，明显高于师范生（66%），其中高中化学教师的化学课程知识得分率高于一般课程知识，师范生的一般课程知识得分率高于化学课程知识，且高中化学教师的一般课程知识和化学课程知识的得分率均高于师范生。高中化学教师和师范生在课程知识方面存在差异可能是因为师范生较少接触中学教育教学实践，对课程改革、课程标准和教材缺乏深入的理解。基础教育课程改革已成常态，高中化学教师不断地接受各级各类培训，在改革中又亲身体验着新课程，他们对新课程理念、课程标准、教材等都比师范生了解得多，认识也更加深入，所以他们的课程知识水平优于师范生。不过，师范生的课程知识水平也是有底线的，一些最基本的课程知识他们还是应该掌握的①。然而，研究表明，师范生在一些非常“基本”的题目上的表现也不尽如人意。

具体来看，高中化学教师对一般课程知识中的“课程开发”的认识最为理想。针对调查教师对校本课程开发的主体认识的题目，有78%的高中化学教师认为校本课程开发的主体是教师。但是，高中化学教师对课程结构、课程管理、课程实施的认识不到位，对课程的认识最不理想，92%的高中化学教师把动态课程理解为静态的文本形式或教学科目，只有8%的高中化学教师能正确地将课程理解为经验。

学校类型、教师教龄、教师对课程知识的学习态度、学校对教师的评价和学校文化氛围等均对教师理解课程知识具有一定影响，其中学校类型对高中化学教师课程知识的正确率影响显著。以答题正确率作为因变量、学校类型作为自变量进行单因素方差分析检验后发现，显著水平 p 值为0.015。省重点师范院校毕业的高中化学教师正确率最高，这与省重点师范院校相对于

① 赵冬臣，马云鹏．从教师专业知识状况看教师教育课程改革［J］．课程·教材·教法，2011，31（10）：20.

其他类型学校更重视新课程和教师培训有一定的关系。分析教龄影响因素发现，相对于其他教龄教师课程知识的正确率，6~10 年教龄的高中化学教师的正确率最高。6~10 年的高中化学教师具有比较丰富的教学经验，且自主学习能力和学习热情也相对高一些，因此这一阶段教龄的高中化学教师对课程知识掌握较好。调查还发现，学校文化氛围对高中化学教师课程知识掌握情况的显著水平 p 值为 0.005，相关系数为 0.738，与学校对教师的评价、教师对课程知识学习态度相比，明显具有更大的影响。

对师范生而言，大部分师范院校的课程都不同程度地涉及基础教育课程改革方面的内容，有的师范院校专门为学生开设了课程标准解读和课程改革理念介绍方面的专题讲座，大部分学校在学科教学法课程中系统地介绍。研究结果表明，学科教学法课程对师范生课程知识的发展有作用，但并不明显。部分师范生认为，对他们课程知识发展作用最大的是教育见习与实习，学科教学法课程的作用次于教育见习与实习①。

（二）师范生与高中化学教师的化学学科知识存在明显差异

师范生和高中化学教师的化学学科知识均达到及格水平，但存在明显差异，高中化学教师优于师范生。测查发现，师范生的化学学科知识平均分为 6.15 分，得分率为 56%，高中化学教师的化学学科知识平均分为 6.90 分，得分率为 63%。问卷主要从无机元素化合物、有机化学、化学反应原理、物质结构四个模块对师范生和高中化学教师的化学学科知识进行了测查，具体测查结果如表 6-7 所示。

表 6-7　化学学科知识测查表

测查维度 / 平均得分（得分率） / 测查对象	无机元素化合物（满分 3 分）	有机化学（满分 2 分）	化学反应原理（满分 3 分）	物质结构（满分 3 分）
师范生	1.25（41.7%）	1.39（69.5%）	1.76（58.2%）	0.75（25.0%）
高中化学教师	1.57（52.3%）	1.87（93.5%）	2.23（74.3%）	1.70（56.2%）

① 赵冬臣，马云鹏．从教师专业知识状况看教师教育课程改革［J］. 课程·教材·教法，2011，31（10）：20.

高中化学教师的化学学科知识不等同于大学的化学知识，而是与高中课程内容密切相关的化学学科知识。研究发现，高中化学教师在化学学科知识的四个模块上均优于师范生，师范生的化学学科知识整体水平不容乐观，个体间存在差异性，对于不同学科知识模块的掌握程度也不相同。高中化学教师在化学学科知识中，“有机化学”模块平均得分为1.87分，得分率93.5%为优秀，“化学反应原理”模块平均得分为2.23分，得分率74.3%为良好，“无机元素化合物”和“物质结构”模块接近及格水平。师范生的化学学科知识只有“有机化学”模块达到了及格水平，其他模块知识得分率都在60%以下，“物质结构”模块成绩最不理想，平均得分仅为0.75分，得分率只有25.0%。

“无机元素化合物”模块是师范生与高中化学教师得分最为相似的模块，二者在这个模块均未达到及格水平，他们都对无机元素化合物的知识缺乏深入了解。高中化学教师能够较好地掌握化学课程中的铝及其化合物、铁及其化合物和硫、氯及其化合物知识，但对与高中课程内容密切相关的化学学科知识比较薄弱，且不能很好地从学科层面去分析和理解教学中的问题。一名合格的高中化学教师，不仅应能驾驭高中化学教科书中的知识，而且应能从化学学科层面去驾驭课程内容，即高中化学教师应具备化学学科知识。测查显示，高中化学教师不能站在学科整体视角去深度理解元素化合物知识，并缺乏从学科层面分析和理解教学中相关问题的能力。

“物质结构”模块是师范生与高中化学教师得分差距最大的模块。大部分高中化学教师对“物质结构”模块所涉及的化学学科知识理解水平较低，仅能在教材层面掌握，缺乏对知识深层次学科理论的理解。教材已成为高中化学教师物质结构知识的主要来源，甚至是唯一来源。师范生和高中化学教师理解知识割裂，缺乏整体思考，对问卷中测查单一知识的试题正确率较高，而对问卷中测查知识整合度较高的试题正确率较低，他们对该模块化学学科知识的掌握局限于对知识“点”的记忆，而对知识“点”与“点”之间的关系缺乏思考，并没有形成完整的学科知识体系。师范生平均得分仅为0.75

分，这也不禁引发了我们的思考。

从系统性来看，大学期间开设的学科专业课程非常系统深入，尤其是结构化学、物理化学、有机化学和无机化学都对物质结构进行了深入系统的学习。那么师范生怎么会在化学学科知识上表现较差呢？问题不在于学科专业课程的系统性和深刻性，而在于学科专业课程与高中教学的关联性。问卷把化学学科知识限定在与高中教学相关的知识范围内，命题也侧重于那些与高中教学联系紧密的内容。因此，师范生化学学科知识欠佳的原因并非所学专业课程不够系统深入，主要症结是这些课程的内容与高中化学之间缺乏关联。

从数据上看，教龄和职称对高中化学教师学科知识的掌握情况有显著影响。具体而言，教龄较长且职称较高的高中化学教师在化学学科知识方面表现较好。这种状况大概与教师的经验丰富程度和反思意识有关。在现实中，教龄在 10 年及以上的教师，一般职称为中教一级及以上，处于这一阶段的教师有了一定的教学经验，又具有一定的自主学习能力，能够在教学中不断总结和反思，从化学学科层面去分析和理解问题，形成了他们的学科知识，进而促进他们教学风格的形成。通过对不同地区、不同类型学校的高中化学教师问卷得分的单因素分析发现，大中城市学校的高中化学教师的问卷得分明显高于县镇学校的高中化学教师，省重点和市重点学校的高中化学教师的问卷得分明显高于其他类型学校的高中化学教师。

从学校的发展来讲，大中城市学校的办学条件要好于县镇学校，这将影响教师专业素养的形成，进而影响教师学科知识的掌握；省重点和市重点的学校在办学理念和管理上均好于其他类学校，教师会主动地提升自己的能力，并在教学中不断形成自己的学科知识体系。

（三）师范生与高中化学教师的化学学科教学知识整体掌握状况不容乐观

高中化学教师的化学学科教学知识水平明显高于师范生，但也仅达到及格水平，整体状况不容乐观，对特定主题内容的知识结构和学生理解的知识以及特定主题的教学策略和表征知识都存在不同程度的缺失。从数据上看，高中化学教师的化学学科教学知识测查得分率仅为 60%，师范生的得分率为 32%。高中化学教师对“关于学生对某一课题理解和误解的知识”掌握较好，对“特定主题教学策略和表征的知识”掌握相对薄弱，有待提高。师范生的化学学科教学知识的发展不是很充分，无法从各个方面周全考虑实施教学，常会顾此失彼。对“关于学生对某一课题理解和误解的知识”理解不够深刻，对学生认知水平了解有限，虽然有一定的新课程意识，但往往由于化学学科教学知识和能力不足导致没办法实施或实施效果不理想，其中对“学生知识”的理解最为薄弱。

关于学生对某一课题理解和误解的知识设置的一道题，是关于学生在具体运用“双线桥”分析金属铝和氢氧化钠溶液这一氧化还原反应时出现的问题，教材给出了正确的化学反应方程式，但很多学生在进行化学反应方程式配平时不能利用氧化还原反应的基本原理，进而对化学反应方程式的配平产生畏难情绪，进入死记硬背的恶性循环中，最终导致在相关计算中错误频出。统计显示，在第 36 题第（1）小题中 27 位高中化学教师选择了错误选项。

关于特定主题教学策略和表征的知识是学科教学知识的核心内容，在测查中主要设置三道题，分别选择了必修模块中的具体问题对高中化学教师进行测查。其中一题是关于教师如何将抽象的化学概念转换为学生易于理解的知识时所采取的表征方式的调查情况。运用各种表征方式，如类比、举例、讲解和演示等，能把抽象的概念有效地转化为易于学生理解的知识。电子层、气体摩尔体积等一些化学概念与学生已有的知识经验相去甚远，如果教师直接向学生讲授教学内容，学生会难以理解，因此需要教师运用一定的表征方式将其转化为学生能够理解的内容，如类比成学生熟悉的事物，向学生展示直观的图片或者以学生已有的知识为基础进行推导等。

在这道题目中，教师给出了丰富的答案。62%的高中化学教师选择电子层作答，其中 61%的高中化学教师给出了“洋葱式”电子层比喻，15%的高中化学教师将电子层比喻为楼层。还有一位高中化学教师把课堂中的自己和学生比作电子层结构，他写道：“电子层就像是同学们听老师讲课，不可能所有人都围在老师同半径的一圈里，要从里到外，一层一层地坐。”另一位高中化学教师则用生动的语言描述了电子层：“电子的分层排布像一朵花一样，一层层的花瓣包着花心，不同层的花瓣颜色也会有差别。”也有高中化学教师选择了直观的展示：“采用模型动画演示，与球体作类比的方式，阐述电子是按能量由低到高、从里向外分布的，即电子层排布。”38%的高中化学教师选择气体摩尔体积作答，其中63%的高中化学教师从影响气体体积因素出发，对概念进行解释；13%的高中化学教师通过对比固、液、气三种状态物质的体积来加深学生对气体摩尔体积概念的理解。大部分高中化学教师都提到了“把大小相同的篮球比作粒子数目；用篮球和乒乓球对比来说明粒子大小；用学生在操场排队说明距离”。也有部分高中化学教师提出了新颖的类比，如“将分子间距比喻成教室的墙距，分子为墙角”。还有一位高中化学教师联系学生已经学过的知识对气体摩尔体积的概念进行讲解：“在水电解这一反应中，$V_1(H_2):V_2(O_2)=2:1$，$n_1:n_2=2:1$，在 P、T 相同时得 $V_1:V_2=n_1:n_2$，$V_1:n_1=V_2:n_2=$定值，$V_m=22.4L/mol$。”选择有效的表征方式，体现了教师的教学功底，也是教师教学中的重要内容。

三、对高中化学教师专业知识发展的启示

（一）师范教育应注重与中学基础教育的衔接过渡

研究发现，师范生在教师专业知识四个部分的得分均低于高中化学教师，这不得不让我们思考当今的师范教育，尤其是在学科知识和学科教学知识上，师范生表现得较差。师范生接受教育的主要方式是师范院校的课程设置。毋庸置疑，师范院校的学科专业课程具有系统性和深刻性，有些师范院校专业课程的难度甚至高于综合院校，但却缺乏学科专业课程与中学教学的关联性。测查中不难发现，当问卷把学科知识和学科教学知识限定在与中学教学相关的知识范围内，命题也侧重于那些与中学教学联系紧密的内容时，师范生的得分率就会大大降低。这说明师范生的学科知识和学科教学知识欠佳的原因并非所学的专业课程不够系统深入，主要症结是这些课程的内容与中学化学之间缺乏关联，师范院校的教师教育课程与中学教学之间存在断层。我们需要在师范院校设置一门或几门课程，搭建起师范教育与中学基础教育之间的桥梁，以便进行良好的过渡。

因此，建议师范院校为师范生增设一门课程，使其从初中、高中、大学三个层面针对某一知识点进行进阶性理解，体会学科知识在不同年级的学习进阶，站在大学对知识深刻理解的角度，重新审视初高中知识，必将有新的认识。在此基础上，加强师范生对知识理解的深度和广度。作为未来的教师，师范生的知识储备不仅要比学生多，还要比学生深刻，这就要求师范教育能够将初中、高中、大学的知识打通，帮助师范生建立完整的化学课程知识体系，在此基础上拓宽师范生对知识的理解深度。同时也建议师范院校多组织一些有关化学对社会发展、对人类生活价值的主题讲座，让学生感受化学在生活、社会中的重要性，而不仅仅局限在知识层面。化学对学生的价值更多的在于化学观念和化学学科核心素养的形成。

师范生关于特定主题教学策略和表征的知识以及特定主题内容的知识结构和学生理解知识的不足，主要是由理论基础不扎实、实践机会少造成的。建议师范院校增设中小学教学方法这门课程，改变传统的固定教师教学模式，邀请优秀的一线教师或教育研究者来校交流，向师范生传递先进的教学思想和实践教学经验。测查发现，教育见习、实习所发挥作用之广和重要程度之高确实令人惊讶。但从目前师范院校教育见习、实习的现况来看，数量和质量都远远没有达到所需要的程度。师范院校应进一步向师范生提供一定数量的实践教学机会，邀请大学教师和中学教师共同点评执教，将理论和实践更好地结合，并建议师范院校给师范生创造更多的实习机会，如将教育实习实践由传统的大四阶段改为融入平常课程中，为师范生未来职业发展奠定基础。

（二）教师培训应具有针对性和专门性，尽量与具体学科相结合

随着我国基础教育课程改革的全面推进和教师专业化的要求，教师培训在教育事业中的重要作用日渐突出，尤其是对在职教师而言，它是教师专业发展的重要途径之一。但在以往的高中化学教师的培训计划中，高校培训专家更多关注的是教师教学方法方面的培训，而很少安排课程知识、学科知识方面的课程，培训具有普适性，不具有学科的专门性和针对性。任何一个学科都有其学科特质，不同的学科特质要求培训具有专门性和针对性。因此，面广量大的教师新课程培训工作想要取得实际效果，最直接、最有效的培训应该是专门化具体学科培训。就化学学科而言，教师培训内容应包括课程知识、学科知识和学科教学知识等与具体学科相结合的课程，真正促进化学教师专业知识的发展。

新课程改革后，高中化学教科书新增了很多大学化学的知识。那么，在对高中化学教师进行培训时可开设一些化学教师专业知识课程，以有利于教师专业知识的掌握。可以请大学化学相关专业的教授具体讲解中学化学专题的专业知识，如可以请无机化学教授讲解与中学化学知识相关的元素及其化合物知识，请物理化学教授讲解与中学化学相关的化学反应原理知识等。教师培训也应根据实际需要设置适合的课程，建议设置如大学化学知识与中学化学知识的衔接、与中学教材相关的化学史实等课程，另外可以请一些参编课程标准和教材的专家，分析课程内容的选择原因以及教材内容的编排意图等。

（三）创建并丰富特定化学主题的化学教师专业知识库

教师专业知识是随着教师的实践经验、学习汲取不断发展的，教师的讲授次数、教龄、职称等对教师专业知识发展具有重要影响。通过对教师教学资源获取的调查发现，缺乏有效的教学资源也是影响教师专业知识发展的一大重要原因。获取教学资源时，教师选择网络搜索引擎和与同行交流占大多数，只有33%的教师会选择利用相关专业数据库查阅文献资料。学校所在地、学校类型等相关教学条件都影响着教师选择获取教学资源的途径和方式。现阶段中学还没有能力引入专业文献数据库，导致教师不能及时了解当前教育研究成果，也不能及时更新自己的知识储备。因此，创建并丰富特定化学主题的化学教师专业知识库对化学教师专业知识发展具有重要意义。

各学校应增强不同年级、不同教龄的化学教师之间的交流，构建基于某一主题的学科教学知识库，组织一些校内外教学技能交流活动，采用适当政策鼓励教师多参加国家或省市的教学技能比赛等。除年级组内的集体备课外，定期开展全校化学教师的集体组会，为教师提供不同年级教师交流教学经验的机会。定期开展同课异授、同题异讲，不断丰富和发展教师专业知识库。对不同教师在各种特定教学情境中采取的具体的教学方式做整理归纳，努力创建一个完善的化学学科教学知识库，为广大教师的教学提供一个交流参考的平台。

（四）中学化学教师应增强自我学习意识，缩短知识优化周期

马克思主义哲学认为，影响事物的根本原因是内因。政府机关、教育部门、学校所出台的相关政策都是提高教师专业知识水平的外因，而真正决定教师专业知识水平的因素是教师自我的学习意识。不可否认，教师工作压力较大，空余时间较少，但教师不可因此而忽视自我学习。教师的自我学习可以提升自己的理论水平和教师专业知识水平，缩短教师专业知识优化的周期，并在教学中做到深入浅出、游刃有余、事半功倍。从长远来看，教师自我学习有利于教师专业化发展。教师只有树立自主学习、终身学习的观念，才能通过学习专业知识和教育理论等，增加自身知识底蕴，更深刻地领悟新课程理念，从而在教学中摆脱传统的教学思想、教学方式和教学行为，使自己的职业水平达到新的水准。教师是新课程改革的主体，其专业素养的高低直接影响着新课程改革的成败，因此必须认清形势，找准自己的位置，通过新课程改革促进自身的专业发展，真正做到与新课程共同成长。

第三节　高中生物教师专业知识发展

一、高中生物教师专业知识结构

教师作为教育教学活动的组织者，其专业素质特别是专业知识状况对整个课程改革具有重要影响。研究表明，教师的专业知识水平直接影响着教师的教学质量。伴随着生物学课程改革的深入，高中生物教师面临的任务与挑战越来越大，不仅要传递课程标准规定的生物学知识，而且要创造条件让学生经历知识如何得出来的过程和方法，从而领悟生物学科如何研究问题、解决问题的思想方法，形成基本的科学观点和价值观念。这就要求高中生物教师必须具备比较全面而扎实的生物学专业知识与素养，并且懂得如何将教材的知识以学生容易接受和理解的方式恰当地呈现出来，改善生物学科的教学质量。

依据马云鹏等人对不同学科教师专业知识的研究①，我们对高中生物教师专业知识进行了具体分析。

教育理论知识与其他学科教师所需要的基本相同，是指生物教师具有的教育学基本原理、一般教学法、教育心理学等相关知识。

课程知识分为一般课程知识和生物课程知识。一般课程知识是指基础教育课程的整体性知识，包括课程方案及培养目标等一般知识。生物课程知识则具体到生物学科，是指高中生物教师所具有的关于生物学科的课程目标、内容标准、知识体系及教学要求等知识，具体表现为对高中生物课程标准的理解以及对教材的把握、对教学活动建议等的理解、对教学实施及评价建议的领会等。

学科知识是指高中生物教师所具有的生物学基础知识，包括生物学概念、原理、规律等理论与方法的知识，生物学基本事实性知识，如对生物的形态、结构、发生、发展、变化的描述，生物学各领域的基本概念及生命活动原理与规律等，以及生物学基本过程与方法等知识。一名合格的高中生物教师应当具备学科内容和学科方法两方面的基本知识。

学科教学知识是指高中生物教师如何利用教学法将生物学知识转化为易于学生理解、接受的知识。这是近些年才引起人们关注的一类与学科知识关系密切且不同于学科知识的教师特有的知识。按照舒尔曼的观点，其核心要素主要包括：一是教学表征的知识，即通过类比、说明、举例、解释、演示等方式恰当地表述学科知识；二是对学生学习理解的知识，即理解学生所学知识的难易程度及相关因素，理解不同年龄和背景的学生掌握概念和前概念的状况，针对具体的生物学内容，如何以不同的方式和方法给不同水平的学

① 马云鹏等人的研究借鉴了舒尔曼关于教师知识的结构，重点从教育理论知识、课程知识、学科知识和学科教学知识四个方面对教师专业知识进行深入分析。

生讲解、演示或通过一定的活动如实验、探究、调查、小组讨论等呈现知识信息，以帮助学生更好地理解和应用知识。

只有及时、准确地了解教师专业知识发展现状，才能检验先前提出的改革策略的有效性，才能针对问题提出进一步的改革策略。生物学科对于培养学生的公民素养、促进社会发展具有重大意义，但其教育价值和课程目标的落实很大程度上取决于教师的专业知识与素养。调查分析高中生物教师专业知识现状，对提升高中生物教师的专业能力、促进生物学科课程改革、提高生物学科教学质量是非常必要的。

二、高中生物教师专业知识状况分析

为具体分析高中生物教师专业知识状况，我们对高中生物教师和生物科学专业高年级师范生两个群体的状况进行了分析。

（一）一项调查反映的高中生物教师专业知识状况

本研究中师范生样本来自吉林、辽宁、黑龙江三省的师范院校，其中部属师范院校 1 所，省属师范院校 3 所（三省各 1 所），共计 206 人。高中生物教师样本主要选取的是吉林省各地级市以及县城高中的生物教师，共计 162 人。

本问卷以东北师范大学教育学部与生命科学学院课题组共同开发的测查问卷为测查工具。问卷测试题经过专家咨询和小范围测试后，根据每个题目的效度和区分度等参数加以调整，最后形成最终的问卷。测查师范生与高中生物教师的问卷内容一致，问卷分为五大部分：第一部分是个人基本信息，包括性别、教龄、学历等内容；第二部分是教育理论知识，共 9 道选择题；第三部分是课程知识，其中一般课程知识 3 道选择题，生物课程知识 5 道选择题，共计 8 道题；第四部分是生物学科知识，此部分题型比较多样，有单项选择题、多项选择题、配对题等，共计 19 道题；第五部分是生物学科教学知识，因学科教学知识的特殊性，所以此部分知识的测查主要以主观情境题为主，共计 4 道题。

为保证测查结果的有效性，采取集中测试的方式，课题组成员全程监督与指导。问卷回收后，根据测查要求，剔除无效问卷。为保证评分信度，在评分之前对评分人员进行培训及试评测试，制定评分标准，以保证问卷评判质量。

应用 SPSS17.0 录入和处理问卷数据，对高中生物教师以及师范生的四类专业知识做描述性统计分析。测查对象的表现情况主要通过得分率来评判，采用独立样本 t 检验来测查高中生物教师与师范生在各类专业知识上的表现差异，省属师范院校之间的表现差异则主要通过单因素方差检验来分析。测查结果如表 6-8 所示。

表 6-8 高中生物教师与师范生的教师专业知识状况比较

知识类型		调查对象	总分值（分）	平均分（分）	标准差（分）	得分率（%）	差异显著
教育理论知识		师范生（N=206）	9	4.20	1.25	47	$t=10.343^{**}$
		高中生物教师（N=162）	9	5.81	1.37	65	
课程知识	一般课程知识	师范生（N=206）	3	2.12	0.83	71	$t=3.108^{**}$
		高中生物教师（N=162）	3	2.36	0.67	79	
	生物课程知识	师范生（N=206）	5	2.66	1.12	53	$t=4.999^{**}$
		高中生物教师（N=162）	5	3.19	0.87	64	
生物学科知识		师范生（N=206）	46	29.29	5.29	57	$t=12.575^{**}$
		高中生物教师（N=162）	46	32.52	3.88	71	
生物学科教学知识		师范生（N=206）	20	5.32	1.79	27	$t=14.325^{**}$
		高中生物教师（N=162）	20	9.31	3.46	47	

从表 6-8 可以看出，高中生物教师专业知识呈现以下状况。

1. 教育理论知识状况

教育理论知识共设置 9 道题，每题答对得 1 分，答错不得分，共计 9 分。测查结果显示，高中生物教师的得分率为 65%，平均分为 5.81 分，达到了及格水平。而师范生的得分率只有 47%，平均分为 4.20 分，低于及格水平。综合来看，高中生物教师的教育理论知识水平要明显优于师范生，二者具有极其显著性差异（$t=10.343$），这与传统上师范生的教育理论知识水平高于在职教师的认知相反。我们认为，近年来，随着课程改革的不断深入，在职教师有更多机会参加各种理论学习培训，再加上结合本职工作开展的相关专题教研活动，以及相应的考核制度，在职教师的教育理论知识水平在不断提升。相比之下，师范生对教育理论知识的学习效果较差，缺乏针对性，普遍存在理论脱离实际的情况，为应付考试而记诵的教育理论知识很难保持，导致测查中失分明显。

2. 课程知识状况

（1）一般课程知识状况。一般课程知识共设置 3 道单选题，每题答对得 1 分，答错不得分，共计 3 分。师范生与高中生物教师的一般课程知识得分率均比较高，都达到了 70%以上，高中生物教师的得分率甚至接近 80%的良好水平，说明二者对于基础教育课程改革的整体性具有一定的了解与认知。但师范生与高中生物教师还具有一定的差距，后者的一般课程知识水平明显好一些。

（2）生物课程知识状况。生物课程知识共设置 5 道单选题，每题答对得 1 分，答错不得分，共计 5 分。与一般课程知识相比，生物课程知识的测查具体到生物学科内，主要是检验测查对象对生物课程标准以及教材的整体把握。总体来看，高中生物教师与师范生在这一部分的表现要明显低于在一般课程知识部分的表现，高中生物教师刚达到及格水平，而师范生整体略高于 50%，说明无论是高中生物教师还是师范生都应该加强对生物课程标准以及教材的研究与学习。

3. 生物学科知识状况

生物学科知识设置的题目数量多，题型多样化，涵盖的知识面也比较广，19 道题，共计 46 分。

从测查结果可以看出，师范生与高中生物教师的生物学科知识有极其显著性差异。高中生物教师的得分率达到 71%，平均分为 32.52 分，而师范生还没有达到 60%的及格水平。这部分知识在测试时又具体分为遗传与进化、稳态与环境、生物技术与社会、生物实验等几部分。通过独立样本 t 检验发现，师范生与高中生物教师在任何一方面知识都存在显著性差异，特别是在生物实验、生物学规律这两部分差异更是显著。生物实验总分为 22 分，师范生的平均分为 12.76 分，高中生物教师的平均分为 14.30 分，二者表现都不佳，但高中生物教师的情况要好于师范生；而在生物学规律这部分，总分为 9 分，高中生物教师的平均分为 8.07 分，师范生的平均分为 5.62 分，差异明显。

测查结果也显示，虽然师范生的生物学科知识整体水平不高，但部属师范院校师范生要优于省属师范院校师范生，二者差异显著。差异主要集中在生物实验以及生物学规律这两方面。生物实验方面，部属师范院校师范生的平均分为 14.29 分，而省属师范院校师范生的平均分只有 12.25 分；生物学规律方面，部属师范院校师范生的平均分为 6.47 分，而省属师范院校师范生的平均分为 5.34 分，差异极其显著。数据还表明，省属师范院校师范生之间的生物学科知识差异也是极其显著的。

4. 生物学科教学知识状况

相比前三类专业知识，生物学科教学知识因综合性、实践性较强，答题具有一定的难度，测查对象不但要理解知识内容本身，更要思考如何将学科知识与学科教学知识有机融合起来，运用于具体的教学实践，更有效地教给学生。此部分设置的题型为情境题，共 4 道题，每道题 5 分，共计 20 分。测查结果显示，高中生物教师的生物学科教学知识得分率为 47%，没有达到 50%，而师范生更低，仅为 27%。从平均分来看，20 分的总分，师范生仅得了 5.32 分，高中生物教师得了 9.31 分，高中生物教师与师范生的生物学科教学知识表现均欠佳。从具体的答题情况来分析，师范生在各题的表现都较差，5 分的得分，仅维持在 1.5~2 分，而在第 43、44 两道题上表现更差。第 43 题考查测查对象对教学方法的合理应用，师范生平均分仅为 0.89 分，第 44 题考查测查对象对学生的理解，此题答题情况略好于第 43 题，平均分为 1.05 分。这两方面知识都与教学实践相关，反映出师范生应加强教学实践训练。高中生物教师的得分要好于师范生，各题平均分维持在 2~2.5 分，但第 43 题平均分略低，为 1.86 分。这说明高中生物教师在教学中应更加注重对教学方法的研究与应用。

针对测查结果，我们得出两点结论。

一是高中生物教师大部分专业知识得分率高于60%，达到及格水平，师范生则大部分专业知识得分率低于60%，处于及格水平之下。测查结果显示，除生物学科教学知识之外，高中生物教师其他三类专业知识的得分率均超过60%，一般课程知识的得分率甚至接近80%的良好水平，而相比之下，师范生在各类专业知识的得分率均逊色得多，除一般课程知识的得分率达到70%以上之外，其他均低于60%。不过，值得注意的是，无论是高中生物教师还是师范生，在生物学科教学知识上的表现都欠佳。

二是师范生与高中生物教师在各类专业知识上均存在极其显著的差异。从独立样本 t 检验的结果分析可得出：在教育理论知识、课程知识、生物学科知识以及生物学科教学知识这四类知识上，高中生物教师均明显优于师范生，二者的差异极其显著。部属师范院校师范生在各类教师专业知识上的表现明显优于省属师范院校师范生。从测查结果还可以看出，不同省属师范院校师范生之间的教师专业知识状况也存在着显著差异。这一结果在一定程度上可以反映出各校在本科教学水平上的某些差异。

（二）高中生物教师的职前培养状况

长期以来，我国师范院校的教师培养模式主要表现为，师范生从进入大学开始就按照特定的培养教师的课程方案学习和实习。在培养计划中，课程大致分为两大类：一类是学科专门知识与技能课程；另一类是教师教育类课程。近年来，应基础教育课程改革的要求，师范院校的课程方案不断改革，增加了一些供学生选修的通识类课程，以增进学生的人文与科学素养。学科类课程可以细分为专业基础课程、专业课程、专业选修课程，如生物科学专业师范生要学习4门专业基础课程（植物学、动物学、微生物学、生物化学）、5门专业课程（细胞生物学、遗传学、生理学、生态学、发育生物学）以及一定的专业选修课程（如昆虫学、应用生态学、生物工程、保护生物学等），此外还要完成与专业课程对应的实验课及野外实习等实践课程。这些课程为学生将来从事生物教学打下了学科方面的专业知识基础。教师教育类课程包括教育学、教学论、青少年发展心理学、学科教学论、学科课程标准与教材分析、教学设计等教育教学理论课程，以及教育见习（一般集中一周）、教育实习（通常6~8周）、微格训练等实践类课程。理论课基本是以教师讲授为主的大课，实践类课程分组进行。大班集中讲授的教学方式可以在有限的教学时间内集中传授基本的理论知识，教师常常借助多媒体演示文稿教学，教学效果在很大程度上依赖教师的学识和教学水平、教师在教学上的投入等，评价起来难度很大。特别是一些专业课程如何体现师范生的特殊需要，比如同样是遗传学课程，师范生与普通大学生物专业学生的需求就应有所不同，不仅要理解基础概念原理的结论，而且应关照到概念建立的过程方法及来龙去脉，以及这些知识与现实生活的联系和有哪些用处。这是师范生作为一名未来教师所应具备的专业知识基础，因为只知道结论的教师已经难以应对中小学课程教学的要求。但由于对学习效果及成绩考核评价方式比较单一，理论课的教学效果呈现出很大的差异性，教学总体水平不高。实践教学则由于种种条件限制，落实的情况也不理想。学生在教育实习中观摩听课的机会较多，但能够亲自上课的机会并不多，多数学生不能按照师范院校的要求完成规定的教学实习任务。一些学校扩大招生规模后带来的直接影响是生物实验、实习等实践教学环节难以落实，问题比较突出。而且，不同学校间学生的动手能力、创新意识、实践能力差异很大。总体来说，师范院校课程的“师范性”不够突出，难以适应基础教育改革的挑战。

（三）高中生物教师的专业成长状况

近年来，教师专业发展受到越来越多的重视。随着基础教育课程改革的不断深入，教师在课程改革实践中不断成长。首先，新课程对教师的专业知识和专业素养提出了更高要求，教师在教学实践中遇到了前所未有的挑战。生物新课程将知识内容的获得与知识产生、发展的过程和方法合而为一，强调理解知识的内在质量，同时体悟重要概念构建过程中的科学方法，由关注知识结论的传递转向更重视蕴含在知识内容背后的思想方法和思维过程，从重要概念、规律、原理的学习中建立起对生命科学本质的深入理解。教师在常规课、研讨课教学中，通过对课程标准和教材的钻研，通过教学设计过程中的教学分析和教学方法选择，不断体会知识呈现方式的变化。比如，人教版高中生物教材中的问题探讨、资料分析、科学史话等栏目，就将知识的结论建立在提供一定的背景，科学实验的事实，基于事实的分析、归纳、讨论等思维过程的基础之上。教材还设计了大量的探究、实验、模型建构等活动，高中生物教师在教的过程中不断体会，自我提高、反思、成长。许多学校还在学科教研组内建立了备课组集体备课、以老带新的“师徒制”等形式，大大促进了高中生物教师在教学实践中的专业成长。

此外，新课程改革以来组织的多层次、多角度的各种培训，也为高中生物教师的专业成长提供了比以往任何时期都多的提升机会。通过培训，高中生物教师加深了对新课程提出的新理念、新目标、新要求及相关理论的认识，并在实施新课程的过程中不断转化为自己的专业知识，不仅提高了理论学习和思考的积极性和自觉性，而且潜移默化地对自身的教学实践产生了影响。这些变化已在测查结果中体现出来。

三、高中生物教师专业知识发展路径与策略

通过对高中生物教师专业知识状况及存在问题的反思，结合当前我国教师教育改革和发展的实践，提出高中生物教师专业知识发展的几点策略。

（一）以核心概念为中心，切实提高高中生物教师与师范生的生物学科知识整体水平

学科知识是生物科学专业知识中最基础的知识，具备比较好的学科知识是对合格高中生物教师最基本的要求。自 20 世纪 50 年代以来，特别是近二十年来，生物科学与技术的发展日新月异，知识的更新不断加快，新的成果不断充实到生物学知识体系中来。按道理，在校师范生应该有条件在这部分知识上表现得更好一些，但本研究的结果却是高中生物教师明显优于师范生，并且在生物实验与生物学规律这两部分学科知识上差异比较明显。主要原因可能是，一方面，高中生物教师在新课程教学实践中学习、运用知识，积累了比较丰富的教学经验，能够较好地把握生物学科知识的重难点与考点，并且根据学生以及高考的需求有意识地补充自身的学科知识；而师范生虽然在

大学学习了比较系统的生物学科知识，但对高中生物学科知识缺乏整体性把握，特别是生物实验以及生物学规律这两部分内容，都需要一定的知识与经验的积累。另一方面，大学教学普遍采用多媒体，教师上课时的课件（PPT）成为一部分习惯于死记硬背学生的主要甚至是唯一的学习资源，“快餐式”学习、抓重点式应付考试使得师范生对学到的知识难以深入理解，导致测查中表现不如高中生物教师。这一现象应当引起师范院校教学及管理方面的高度重视。如果不能及时弥补师范生在专业知识上的欠缺，将很大程度上影响未来生物教育的质量。

近年来，为了提高教师的专业水平，国家层面、各省市开展了一系列教师培训项目。“国培计划”为成千上万的中小学、幼儿园教师提供了在职培训研修的机会。国家在重点师范院校设置免费师范生的专业培养模式，以强化对未来高素质教师的专业知识教育，探索高素质教师的培养模式，提升职前教师教育的规格和水平。但从测查结果看，效果还有待进一步观察和检验。高中生物教师的各类专业知识基本都处于及格水平以上，特别是在传统认知里比较薄弱的教育理论知识及课程知识这两部分，高中生物教师的表现是值得肯定的，间接地说明高中生物教师的专业化程度越来越好。同时，值得注意的是，高中生物教师专业知识整体水平达到了60%的及格水平，离应对课程改革的需求还有较大差距。从目前的培训目标定位来看，对提高受训教师的学科知识水平还没有明确的要求和规定，缺少系统的规划和有针对性的措施。因此，对教师学科知识的培训有待加强，否则，课程改革在教师这一环节上很难再有所推进。

基于以上分析，我们建议以学科核心概念为中心，加强高中生物教师对生物学科知识的理解和掌握，拓宽和加深高中生物教师对重要概念的把握水平。高中生物教师不仅要理解知识的已有结论，而且要清楚地知道这些知识得来的过程和方法，知道知识之间的相互关联，以及这些知识在现实生活中有什么用。只有这样，高中生物教师才能清楚所教课程及某个具体知识内容蕴含的教育价值，进而理解为什么要教这些知识和怎样组织、处理相关知识内容，按照知识本身内在的逻辑建构知识体系，选择知识呈现的方式和组织教学活动的方法，以便适合特定学生群体的学习。这是教师将学科知识转化为学科教学知识的必要条件和重要基础。

以核心概念为中心，意味着教师教育课程教学要突出学科核心概念、核心知识的教学，不能局限于学生对知识结论的理解、记忆水平，而要明确知识的来龙去脉，熟谙学科内在的逻辑结构和包含在知识产生、发展过程中的学科思想方法及智慧，即这个学科思考问题和解决问题的基本过程和方法。建立起对学科基本观点和价值观的理解和认同，这也是一名合格生物教师最为本质的和难能可贵的学科素养。缺少了这方面素养，即使掌握再多的教育理论和教学方法，也难以胜任真正意义上的高水平学科教学任务。

（二）通过自我反思，在实践中提高生物学科教学知识水平

学科教学知识是近年来逐步被认识到并引起关注的特殊类型的知识。它和学科知识密切相关，且对教师来说是同样重要的知识，二者共同成为高素质教师必备的重要专业知识。学科教学知识是综合性、实践性较强的知识，能综合地体现教师专业素质。它包括对教学法的选择、教学资源的应用以及对学生的了解等，并建立在教师深入思考以及丰富的教学实践基础之上。在学科教学知识测查中，高中生物教师与师范生均表现不佳，但高中生物教师要明显优于师范生。高中生物教师优于师范生的主要原因可能是其教学实践经验丰富，但是高中生物教师与师范生存在的普遍问题都是缺乏对教学各方面影响因素的思考，基本采用比较固定的模式教学，很少去思考为什么这样做以及可能带来的结果。新课程改革要求全面提高学生的素质，这就要求教师在教学过程中应多思考、多反思、多总结经验，总结出适于学生的最佳教学模式。鉴于学科教学知识的综合性和复杂性，因此必须通过实践并在实践的基础上不断自我反思、总结逐步提升。从一定意义上说，它是一种靠教师自己“悟”出来的实践智慧，也是一名懂专业知识的人与一名优秀教师之间最大的不同之处。因此，学科教学知识的获得和提升离不开实践，同样也离不开反思。在教师教育实践课程中，教师可以讲给学生听，但离不开更不能取代学生的实践活动与实践体验。有效的途径可能是：结合对核心概念的深入研究，延伸到以这些核心概念为内容的教学思考及教学设计中，再加上教学实践及反思，将学科知识和学科教学知识紧密结合起来，成为训练和提高教师专业知识和技能的有机整体和基本单元。

精心选择学科最为基础和核心的知识，首先围绕这些知识从学科视角深入分析研究，然后从课程标准要求的角度做教学分析，以及从学生学的角度分析，深入研究学生学的规律及容易出现的困难或问题，进而进行教学设计和决策，探讨如何表征知识和组织教学活动等，将学科教学知识融入核心概念或知识的多种教学策略和方法的研讨中。

（三）通过课例研究提高教学设计与组织能力

师范生与高中生物教师的差异性很大程度体现在教育实践上。虽然师范生在学校接受的是系统的教育培训，但大部分都偏重理论性，与教育实践相脱节的情况比较普遍，容易造成“高投入，低收效”的结果。所以，要改善师范生的培养模式，重视落实实践教学的各个环节，在学习相关理论的同时，提供更多亲身实践的机会，模拟教学、微格训练、走进学校、走进课堂去观摩及实践；同时也要鼓励师范生通过各种渠道加强教育实践，如“与中学联系日”、支教、社区教育服务等。创造条件让师范生尽早地进入中小学观摩见习，经常参与中小学的教学及教研活动，增强专业理解和职业意识，积累和提升对教师职业的感性认识，进而激发对专业课程学习的自觉性和主动性。

对于高中生物教师的培训应更加具有灵活性和针对性，除了确保他们掌握课程改革最新动态知识之外，应加强教师之间的交流与反思，特别是新老教师之间，共同思考解决教学实践中遇到的问题。

以典型案例为素材，专家引领，解析案例，围绕案例展开研讨、对话，在研讨和对话中交流教学见解，引发教学思想、教学智慧的碰撞，从而增进教学理解，提升教师的教学知识。基于课例研究的研讨式学习成为教师教育和培训经常采用的有效形式。师范生可以借鉴、模仿，从中习得教学设计、组织教学的方法，丰富自己的专业知识和经验，汲取有益的东西。课例研究也是在职培训的一种重要教学方式。基于自身已有的教学实践和经验，将案例作为“文本”来解读或者引出话题，围绕典型案例，分析交流对话，抒发各自的感悟或看法，加上专家分析点评，每一个参与其中的人，无论具有怎样的背景，无论价值观有什么不同，都可以进行有意义的对话和交流分享。

通过测查数据发现，部属师范院校师范生的教师专业知识成绩要明显好于省属师范院校师范生，而省属师范院校师范生之间也存在着显著差异，可能与学生生源、师资配备、课程设置及教学管理等多方面相关。部属师范院校师范生全部为免费师范生，毕业去向明确，职业准备充分，且基本上都是自主选择院校与专业。而通过与省属师范院校师范生交谈了解到，省属师范院校师范生经由调剂等方式被录取的占比高一些，就业方向不明确，准备不足，因此在成为教师的意识上与部属师范院校师范生相比有一定的差距，付出的努力在知识测试上也会有所体现。除生源质量外，师资力量以及课程资源是差距的主要原因。部属师范院校与省属师范院校由于级别不同，差异是可以被理解和接受的。但是对于同一级别的省属师范院校来说，差异的显著性应引起相关院校的关注与重视。

（四）理论与实践结合，加强教师专业知识的理论研究

教师专业的特殊性决定了教师专业知识的复杂性和综合性，既有可以传承的显性知识，更有一些难以确切说清楚的“内隐”知识；既有科学的，也有艺术的甚至技术的特性。正是教师专业知识的这种难认识特性使得长期以来教师专业知识理论研究滞后，导致教师教育课程体系、教学培训模式的单一和粗放。作为职业训练的专门机构或专业院系，师范院校或专业的课程教学一直争议较大。师范性和学术性孰轻孰重，如何兼顾协调，理论学习与实践教学有机整合而不是“两张皮”等问题，至今仍难以说清楚，困扰着教师教育及培训的实践。深入研究高中生物教师专业知识的结构、形成与发展机制以及影响因素，是改进教师教育课程教学模式、制定更加切实有效策略的基础。当前，我国教师教育改革迎来了难得的机遇。国家层面对教师职前培养和在职培训高度重视，且不断推出一系列重大举措，加大培养培训的经费投入和政策支持力度，并在专门理论指导下开发基于实践的课程资源，加大教师职业准入和在职专业考核评价力度。这样，教师专业知识方面的理论研究才会为教师教育改革和发展提供坚实的理论支持。

第四节　理科教师专业知识发展的特征与启示

教育的进步要求教师专业化发展，专业化、高素质的教师队伍将极大地影响教育质量。理科教育是学生全面发展教育中不可或缺的一部分，理科教师专业知识状况对科学教育具有重要意义。基于对高中物理教师、高中化学教师和高中生物教师的专业知识测查，我们得出理科教师专业知识发展的特征，并从中获得有关理科教师专业发展的启示，促进理科教师专业知识发展。

一、理科教师专业知识发展的特征

（一）理科教师专业知识状况不均衡，整体有待提升

测查结果显示，物理、化学、生物三科教师的大部分专业知识得分率高于60%，达到及格水平，教师专业知识的整体状况较好，但理科教师不同方面的专业知识状况相差较大，呈现不均衡状态。其中，高中物理教师的学科知识优于学科教学知识、优于物理课程知识，高中化学教师的课程知识优于学科知识、优于学科教学知识，高中生物教师的一般课程知识优于学科知识、优于生物课程知识、优于学科教学知识。可见，理科教师的一般课程知识相对来说表现较好，学科课程知识表现一般，学科知识水平良好，但在具体内容方面有所差别，学科教学知识及格率偏低。

（二）理科教师的学科知识表现相对优异，但以高考为指向

理科教师的学科知识掌握扎实，表现最为优异，尤其是对高考考点等重要知识点的掌握较好，学科本位思想在这方面表现得最为明显。理科教师高度重视与学科基本内容相关的基础知识，对于高考考点部分得分率最高，选考部分得分率次之，非考点部分得分率最低，绝大多数理科教师对学科基本知识专研扎实。比如，高中化学教师对“化学反应原理”这一高考必考考点知识的掌握最为优异，而对选考知识“物质结构”和“无机元素化合物”的

部分知识掌握得却不够理想。这一现象同样也表现在物理学科中，高中物理教师在力学、电学部分知识的得分率明显高于热学、光学和原子物理学，这与热学、光学、原子物理学知识是高考选考内容，而力学和电学是高考必考内容密不可分。这表明理科教师重视学科基础知识，且高度重视与高考考点相关的学科知识。

（三）理科教师的学科教学知识整体水平不容乐观，亟待提升

理科教师的学科教学知识整体水平不容乐观，是所有知识类型中得分率最低的一类。高中化学教师的学科教学知识得分率为60%，达到及格线，高中物理教师的学科教学知识得分率为58.1%，高中生物教师的学科教学知识得分率为47%，对于特定主题内容的知识结构和学生理解的知识以及关于特定主题教学策略和表征的知识都存在不同程度的缺失，尤其是在特定主题教学策略和表征知识方面，大多数理科教师均有待加强。比如，高中物理教师在教学设计方面表现较好，但物理教学过于强调学科知识，表现出以学科知识为本的教学取向，对学生的全面发展关注不够，且缺乏对学生学习特点的理解和考虑；高中生物教师的学科教学知识整体水平一般，关于学生对某一课题理解和误解的知识以及关于特定主题教学策略和表征的知识都需要提高，因此应注重了解学生身心发展的特点，选取适于学生的教学方法与策略，才能取得良好的教学成绩。理科教师对“关于学生对某一课题理解和误解的知识”部分掌握较好，对“关于特定主题教学策略和表征的知识”部分掌握相对薄弱，有待提高。理科教师在分析问题时一般采用学科知识来作为主要依据，无论是教学设计还是教学方法的选择，多以学科知识为主线进行，这一方面说明理科教师习惯用学科知识解决问题的学科本位观，另一方面体现出理科教师教学具有较强的实践指向，教学理论知识相对薄弱。

（四）理科教师与师范生的教师专业知识存在明显差异

理科教师和师范生在课程知识、学科知识和学科教学知识等几类专业知识方面均存在显著差异。

1. 课程知识方面的差异

在课程知识方面，理科教师的一般课程知识和学科课程知识都优于师范生。存在差别的原因可能是师范生较少接触中学教育教学实践，大学课程中缺乏对课程改革、课程标准和教材的介绍。而理科教师置身于基础教育课程改革之中，在改革前都接受了专门的培训，在改革中又亲身体验着新课程，他们对新课程理念、课程标准、教材等都比师范生了解得多，认识也更加深入，所以理科教师的课程知识优于师范生。但实践经历不能作为课程知识不够充分的理由，师范生应该掌握一些最基本的课程知识，课程知识水平应该达到一定的标准。但测查显示，师范生在课程知识尤其是在学科课程知识上的表现与期望相差太远，这种状况应得到重视与反思。

2. 学科知识和学科教学知识方面的差异

在学科知识和学科教学知识方面，理科教师的表现均优于师范生。

在学科知识方面，师范生与理科教师有着极其显著差异。就生物学科而言，高中生物教师的学科知识得分率明显高于师范生。而且通过独立样本 t 检验发现，师范生与高中生物教师在遗传与进化、稳态与环境、生物技术与社会任何一方面知识上都存在显著差异，有一定差距，特别是在生物实验、生物学规律这两部分知识上的差异更是显著。尽管二者在生物实验部分表现都不佳，但高中生物教师的情况要优于师范生。在生物学规律部分，高中生物教师和师范生差异明显。化学和物理学科也存在同样特征。

在学科教学知识方面，理科教师和师范生也存在较大差异。整体来看，理科教师明显优于师范生，这与学科教学知识较强的实践性、综合性特征有较大关系。学科教学知识要求教师不但要理解知识内容本身，更要思考如何将学科知识与学科教学知识有机地融合并运用于具体的教学实践。尽管理科教师与师范生在学科教学知识方面均表现欠佳，但从具体的答题情况来分析，师范生在各道题上的表现都比较差，在对教学方法的合理应用和对学生的理解这两方面与教学实践相关的知识上均表现较差，反映出师范生应加强教学实践训练，注重对教学方法的研究与应用。

二、理科教师专业知识发展的启示

(一) 师范教育应注重与中学基础教育的衔接过渡

师范生在教师专业知识三个方面的得分均低于理科教师，尤其是在学科知识和学科教学知识方面，表现较差，这不得不让我们思考当今的理科师范教育。师范院校的学科专业课程具有系统性和深刻性，有些师范院校的专业课程难度甚至高于综合院校，但缺乏与中学教学的关联性，师范教育课程与中学教学之间存在断层。因此，师范教育需要基于理科学科特质，注重与中学基础教育的衔接过渡，在系统性基础上，设置一门或几门课程，搭建起师范教育与中学基础教育之间的桥梁，以便进行良好的过渡。

(二) 推行教学反思式的理论学习，促进教师理论与实践均衡发展

教师专业知识的复杂性和综合性在一定程度上决定了教师职业的特殊性，理科教师在学科教学知识方面的掌握情况最为不容乐观，反映出教师专业知识，尤其是学科教学知识的实践性特征。而实践是以理论为指导的，理科教师要想具备较好的实践能力，就必须有良好的理论指导，这就要求理科教师专业知识要做到理论与实践均衡发展。教师在教学过程中有一部分知识是显性的、可传承的，是教师通过理论学习可以获得的，而有一部分知识却难以清晰地表述，兼具科学的、艺术的甚至技术的特性。因此，应兼顾协调理科教师的师范性和学术性，有机整合理论学习与实践教学，深入探讨教师专业知识发展的路径和策略，推进基于学科内容（核心知识）的中小学各学科课堂教学研究，职前—职后一体化设计，分阶段落实，把培养、培训课程纳入同一个体系中。

(三) 教师教育课程设置应关注理科学科特质

研究发现，在学科知识和学科教学知识方面，理科教师专业知识水平具有共性，且体现理科学科特质。这也就表明理科教师教育的课程结构应具有理科学科特质，区别于其他学科，要采用恰当的、适应理科教育的结构模式规划理科专业的教师教育课程。理科课程结构的设置应适当调整专业基础课程、专业选修课程和教育类课程之间的比例，建议理科教师教育课程加强与

基础教育课程有直接关联的学科专业课程和教育类课程的学习，特别是教会师范生从将来中学教学的角度来学习和理解学科专业课程的内容。[①] 专业基础课程在教学过程中应引导学生从学科思考、学科价值、学科发展脉络等方面与中学课程内容建立起联系。

① 马云鹏，赵冬臣，韩继伟，等．中学教师专业知识状况调查研究［J］．东北师大学报（哲学社会科学版），2008（6）：22.

第七章　体育教师与信息技术教师的专业知识发展

第一节　高中体育教师专业知识发展

一、体育教师专业知识发展的研究背景

（一）关于体育教师专业化的研究

随着人们对教育改革重视程度的提高，教师专业化研究不断升温，体育教师专业化研究也随之受到学者们的关注，越来越多的体育学者开始对体育教师专业化的途径和标准等问题进行研究和探索。蒋晓丽在《体育教师专业化与体育教师教育专业化研究》中论证了体育教师专业化的可行性和必要性，概括了体育教师专业化的内涵，提出了体育教师教育专业化是实现体育教师专业化的基本途径。[①] 张建华、孙红梅、魏争光在《新课程背景下体育教师专业化发展研究》中，在阐释和解析体育教师专业化发展的理论基础和科学内涵的基础上，探讨了新时期体育教师专业化发展问题，认为“学习是体育教师专业化发展的前提和基础，培训是体育教师专业化发展的主要途径，创新是体育教师专业化发展的灵魂和关键点，实践是体育教师专业化发展的

① 蒋晓丽．体育教师专业化与体育教师教育专业化研究［J］．体育科技，2006，27（2）：9.

必由之路”①。宋会君在博士论文《体育教师专业化之研究》中从宏观层面提出了体育教师实现专业化的评价标准：“第一，体育教师要有服务于社会的职业理念和职业伦理；第二，体育教师要有自己独特的体育专业知识；第三，体育教师要有自己的专业能力；第四，体育教师要经过长时间的专业训练；第五，体育教师要不断地学习进修，进行自己的专业发展；第六，体育教师要在自己的专业领域实施自己的专业自主；第七，体育教师要有自己的专业组织”②；另外，宋会君还在论文中对体育教育专业学生应该掌握的知识及体育教育专业应该开设的课程进行了详细论述。

体育教师专业化是一个动态发展过程，不是一朝一夕能够完成的事情，应有计划、有步骤地进行，切忌急于求成、急功近利。当前，国内学者从宏观角度分析了体育教师专业化的内涵、评价标准及实现途径等问题，但未对“如何成为一名优秀的体育教师”这一体育教师专业化的终极目的做细致、微观的剖析，使得体育教师专业化在具体操作层面缺乏理论依据。

（二）关于体育教师专业知识的研究

在体育教师专业化和体育教师教育改革的研究中，有不少学者对当前体育教师应该具备的专业知识进行了专门研究。毕红星、魏嘉陵在《试论体育教师专业知识创新模式》中提出，体育教学作为一种特殊的文化活动，它的一些专业知识要通过隐性学习获得，而且只有通过同伴及社会组织的对话和相互作用才能实现相互分享，同时“将创造知识的模式分为四种，即社会化、客观化、组合化、内在化。依据创造知识的模式，提出通过构建体育教学的学习共同体、采用案例教学法、情境学习、同伴互动等方式使体育教师获得教学专业知识”③。王秀香、孙慧、富学新在《对辽宁省中学体育教师专业知识需求的调查与分析》中运用问卷调查和文献资料等方法，对辽宁省 14 个地区的中学体育教师的专业素质进行了调查，结果显示辽宁省中学体育教

① 张建华，孙红梅，魏争光．新课程背景下体育教师专业化发展研究［J］．河北体育学院学报，2009，23（4）：26.

② 宋会君．体育教师专业化之研究［D］．北京：北京体育大学，2005.

③ 毕红星，魏嘉陵．试论体育教师专业知识创新模式［J］．四川体育科学，2007，9（3）：119.

师对专业知识的需求较迫切，不同教龄的教师对专业知识需求的程度和对各专业知识的需求各不相同。①

综上可知，体育教师专业知识在基础教育改革中起着重要的作用。当前，对体育教师专业知识结构的分类还没有一个统一的标准，而且关于“体育教师应该具有什么样的知识”的研究，学者们一致认为当前体育教师在专业知识方面不能令人满意。这也是近年来对体育教师教育大力进行课程改革、提升体育教师专业知识的一个根本原因。

（三）关于体育教师学科教学知识的研究

学科教学知识是反映某学科教师教学能力和水平的重要指标，但国内外对体育教师学科教学知识的研究仍处于起步阶段。国内相关研究人员主要从体育学科教学知识含义的界定、内容构建、测查工具编制以及教学中学科教学知识的构成要素等方面展开研究。例如，柴娇等人对体育学科教学知识的含义进行了界定，并对体育学科教学知识的内容进行了初步构建②；陆阳在对体育学科教学知识内容进行深入研究的基础上，设计了体育教师专业知识测查工具，并利用测查工具对在职体育教师和职前体育教师进行了测查和对比分析③；王鹏以武术三路长拳套路中的“大跃步前穿”技术动作教学为例，对武术教师的学科教学知识进行了研究，分析了武术教师在“大跃步前穿”教学中的学科教学知识构成要素④。国外相关研究人员主要从体育教师学科教学知识的检查、体育学科教学知识的构成、体育学科教学知识个案研究、职前体育教师在体育教师不同教育阶段对教学法问题的识别等方面进行了研究。例如，希尔（A. Shiri）、菲利普（W. Phillip）运用功能分析方法检查体育教师的学科教学知识，观察和测量了师生交互行为以及他们之间的相互适应，结果表明，教学适应性的功能分析方法是检查和发展体育

① 王秀香，孙慧，富学新．对辽宁省中学体育教师专业知识需求的调查与分析［J］．沈阳体育学院学报，2004，23（6）：817.

② 柴娇，郑风家，李林鹏，等．学科教学知识对培养体育教师专业化途径的研究［J］．西安体育学院学报，2011，28（3）：363.

③ 陆阳．体育教师专业知识状况及体育教师教育改革对策研究［D］．长春：东北师范大学，2012.

④ 王鹏．武术教师PCK研究［D］．上海：华东师范大学，2015.

教师学科教学知识的有效策略①；郑爱英通过研究提出，尽管人们对体育教育中的学科教学知识有一定的研究，但关于体育学科 PCK 的概念和组成部分的研究还比较少，体育学科 PCK 是指如何有意义地教授体育活动内容使学生能全面理解、完成和欣赏体育活动的一种基于动作的知识，它是由体育学科知识、体育课程知识、体育教学法知识、学生如何学习体育活动的知识、体育教学评价知识、体育教学环境方面的知识等六方面组成②；桑格瑞德（N. Tsangaridou）对体育学科 PCK 进行了个案研究，研究结果显示体育学科 PCK 表现为内容选择与实施、例子与示范、开放式问题、创造学习等五方面及发展合作关系③；马尔孔（D. Marcon）等人研究发现，职前体育教师在体育教师教育阶段的最开始时，其教学法问题主要限制在微观层面，那些即将完成职前教育的体育教师对教学法问题的识别则处于中观层面，而不是宏观层面④。

二、体育教师专业知识发展状况

（一）体育教师专业知识测查工具的构成

体育教师专业知识测查工具主要包括教育理论知识、一般课程知识、体育课程知识、体育基础理论知识、运动技能知识、体育学科教学知识六个方面。其中，教育理论知识主要考查体育教师对教育心理学、教育基本原理、一般教学法等方面知识的掌握情况；一般课程知识主要考查体育教师对于课程改革内容和精神的掌握；体育课程知识主要考查体育教师对体育课程标准、体育教学原理和方法等方面知识的掌握；体育基础理论知识的试题主要来自

① Shiri A, Phillip W. Pedagogical content knowledge of experienced teachers in physical education: function analysis of adaptations [J]. Research Quarterly for Exercise and Sport, 2011, 82 (4): 675.

② You JA. Portraying physical education-pedagogical content knowledge for the professional learning of physical educators [J]. Physical Educators, 2011, 68 (2): 98.

③ Tsangaridou N. Enacted pedagogical content knowledge in physical education: a case study of a prospective classroom teacher [J]. European Physical Education Review, 2002, 8 (1) : 21.

④ Marcon D, Amãndio G, Vieira J. Analysis of the pedagogical knowledge of prospective physical education teachers [J]. Kinesiology, 2012, 44 (22): 113.

体育人文社会学、体育教育训练学、运动人体科学以及民族传统体育学四个分支学科，从各学科中选择具有代表性的核心知识作为考查的重点；运动技能知识主要针对体育教育教学中常用的运动项目，通过考查体育教师对某项运动中某个运动技术的关键环节的掌握情况，反映体育教师的运动技能水平；体育学科教学知识主要考查体育教师是否能够了解学生在学习中需要借助的知识，是否能够预知学生在学习中遇到的困难以及易犯的错误，是否能够运用有效的教学手段和教学方法来帮助学生理解和掌握体育学科的相关知识和技术技能。

（二）高中体育教师专业知识整体状况

为了解高中体育教师和职前体育教师专业知识状况，课题组利用体育教师专业知识测查工具对东北师范大学实验区 12 所高中的体育教师和东北师范大学、吉林师范大学、长春师范大学（原长春师范学院）等 3 所师范院校的体育教育专业四年级师范生进行了调查。高中体育教师共发放问卷 87 份，回收 87 份，回收率 100%，有效问卷 72 份，有效率为 82. 76%；师范生共发放问卷 90 份，回收 87 份，回收率 96. 67%，有效问卷 85 份，有效率为 97. 70%。通过对测查问卷进行判定和统计分析得出以下结论。

1. 高中体育教师和师范生的教师专业知识总体掌握情况不理想

教师专业知识是反映教师教学水平的重要指标，在一定意义上，教师专业知识的掌握情况直接代表着教师的教学能力和水平。通过对高中体育教师和师范生的测查发现，高中体育教师和师范生在各类教师专业知识上的得分情况均不理想，大部分教师专业知识的得分率在 60%以下。

2. 课程知识和体育学科教学知识方面高中体育教师和师范生之间差异显著

从高中体育教师和师范生的教师专业知识对比来看（见表 7-1），课程知识部分的一般课程知识，高中体育教师的得分率为 68. 67%，师范生的得分率为 44. 00%；体育课程知识，高中体育教师的得分率为 52. 08%，师范生的得分率为 44. 50%，$p=0.000$，高中体育教师明显优于师范生；体育学科教学知识部分，高中体育教师的得分率为 48. 42%，师范生的得分率为 58. 89%，

p=0.000，师范生明显优于高中体育教师；在体育教师专业知识的其他维度，高中体育教师与师范生之间差异不显著。

表 7-1　高中体育教师与师范生的教师专业知识对比分析表

知识类型		教师类型	样本数量（人）	总分值（分）	平均分（分）	得分率（%）	标准差（分）	差异检验（p 值）
教育理论知识		高中体育教师	72	9	4.51	50.11	1.50	0.631
		师范生	85	9	4.40	48.89	1.46	
课程知识	一般课程知识	高中体育教师	72	3	2.06	68.67	0.89	0.003
		师范生	85	3	1.32	44.00	0.93	
	体育课程知识	高中体育教师	72	12	6.25	52.08	1.97	0.000
		师范生	85	12	5.34	44.50	1.74	
体育学科知识	体育基础理论知识	高中体育教师	72	34	20.40	60.00	5.00	0.282
		师范生	85	34	19.58	57.59	4.59	
	运动技能知识	高中体育教师	72	26	13.64	52.46	3.27	0.839
		师范生	85	26	13.76	52.92	4.30	
体育学科教学知识		高中体育教师	72	36	17.43	48.42	5.49	0.000
		师范生	85	36	21.20	58.89	5.15	

3. 第一学历不同的高中体育教师在体育基础理论知识和体育学科教学知识方面差异显著

从第一学历的角度来看，在体育基础理论知识方面，第一学历为大专的高中体育教师的得分率为65.24%，第一学历为本科的高中体育教师的得分率为57.71%，p=0.044，第一学历为大专的高中体育教师在体育基础理论知识方面明显优于第一学历为本科的高中体育教师；在体育学科教学知识方面，第一学历为大专的高中体育教师的得分率为42.06%，第一学历为本科的高中体育教师的得分率为51.22%，p=0.018，第一学历为本科的高中体育教师在体育学科教学知识方面明显优于第一学历为大专的高中体育教师。

（三）高中体育教师和师范生的教师专业知识状况及存在的问题

1. 教育理论知识

测查显示（见表7-1），高中体育教师和师范生在教育理论知识方面的差异不显著，但是得分情况都不理想，整体得分率只有50%左右。

通过对高中体育教师和师范生的走访发现，造成高中体育教师和师范生在教育理论知识方面得分率较低的原因有两方面：一方面，高中体育教师和师范生在上学期间都不重视教育理论知识的学习，考试时采取突击复习的方式应付考试，因而没有真正理解和掌握教育理论知识；另一方面，教育理论知识属于基础知识，在体育教学中没有直接运用，从而导致体育教师的教育理论知识水平普遍不高。

2. 课程知识

（1）一般课程知识。在一般课程知识方面，高中体育教师和师范生的差异显著（$p=0.003$），高中体育教师优于师范生，但两者的得分率都不高。

其原因在于，一方面，高中体育教师和师范生都不重视理论学习；另一方面，教学实践使得高中体育教师对一般课程的原理和理念有了比较深入的认识，因此他们对一般课程知识的掌握优于师范生。

（2）体育课程知识。在体育课程知识方面，高中体育教师和师范生的差异显著（$p=0.000$），且高中体育教师明显优于师范生。其原因在于，《普通高中体育与健康课程标准（实验）》是高中体育教学的指导和依据，高中体育教师在日常教学中会经常性地运用这方面知识，所以对课程标准的内容有一定的了解。但是，大多数高中体育教师不注重理论学习，因此他们在这方面的得分率也不高。对于师范生来说，关于《普通高中体育与健康课程标准（实验）》的知识只是在学校体育学课堂上听老师简单地介绍过，平时没有运用的机会，因此对这部分知识的掌握情况不好。

3. 体育学科知识

（1）体育基础理论知识。在体育基础理论知识方面，高中体育教师和师范生的差异不显著，且掌握情况均优于其他部分，但得分率依然不高，只有60%左右。其原因在于，本次测查的体育基础理论知识除少数体育基础知识外都是关于各体育项目的基础理论、规则以及裁判法方面的知识，高中体育教师只有在日常教学和体育活动的组织中经常地运用这方面知识，才能掌握一定的相关知识。但由于大多数高中体育教师不注重理论学习，因此他们对体育基础理论知识的理解和掌握也不深入，直接表现为得分率较低。对于师范生来说，体育基础理论知识是体育教育专业的必修内容，且在总学时中所占比例较大。但由于内容枯燥，缺乏趣味性，他们中的大多数不愿意学习，加之平时实践机会较少，理论无法联系实际，所学体育基础理论知识无法得到巩固和利用，因此对体育基础理论知识的掌握情况不好。

（2）运动技能知识。教学过程中以身体参与为主是体育学科与其他学科的主要区别。体育学科的教学目的和任务都是以运动技术学习为载体来实现的，因此体育教师运动技术的好坏直接影响着体育教学效果的优劣。本研究主要测查了体育教师对田径、篮球、排球、足球、乒乓球、体操、健美操、武术等八个常见项目基本技术的掌握情况。测查显示，在运动技能知识方面，高中体育教师和师范生的差异不显著，且得分情况都不理想，得分率只有52%左右。这说明高中体育教师和师范生运动技能知识的综合掌握情况不好，具体原因分析如下。

第一，师范生在日常学习和训练中只注重专项技术能力的提高，对其他运动项目的重视程度和参与程度不高。同时，《普通高中体育与健康课程标准（实验）》要求高中体育与健康课采取模块选修形式，使得师范生对课程标准下的体育课产生了片面理解，认为“只要学好自己的专项就可以了，我以后就教这方面的内容”，这种错误的理解也使得师范生忽视了对自己综合运动技术能力的提高。

第二，各师范院校缺乏对师范生综合运动技术能力的培养。通过对吉林省几所设有体育教育专业师范院校的走访调查发现，大多数学校在正常普修课之外都没有针对学生综合运动技术能力提高的措施，学生的课余学习和训练全凭个人意愿和爱好。

第三，高中体育教师缺乏综合运动技术能力提高的意愿和行动。对于高中体育教师来说，没有了就业压力，他们当中的大多数就不再关注个人综合运动技术能力的提高，甚至在正常工作之外也很少参加体育运动，即使参加也是选择个人喜欢和擅长的项目，很少是为了弥补自己运动技术能力的不足而选择自己不喜欢、不擅长的项目。

4. 体育学科教学知识

在体育学科教学知识方面，高中体育教师和师范生的差异显著（$p = 0.000$），师范生的得分情况明显优于高中体育教师。但是高中体育教师和师范生在体育学科教学知识部分的得分都不理想，得分率分别为 48.42% 和 58.89%。造成体育学科教学知识得分不理想的原因主要有以下两方面：一方面，师范生在大学期间都要通过普修课或专项课学习高中体育课的教学内容，他们对学科教学知识试题的作答基本上是普修课或专项课教师教学方法的移植，因此得分情况明显优于高中体育教师。但是由于师范生缺乏教学经历和教学经验，因此他们对学科教学知识的掌握有限，很难做到不同教学方法在各学科的相互借鉴和融合，导致学科教学知识的掌握情况不好。另一方面，高中体育教师工作热情普遍不高，缺乏对体育教学理论和方法的学习和研究，使得他们学科教学知识水平一直在低水平徘徊，无法提高。

（四）不同学历的高中体育教师专业知识状况

如表 7-2 所示，不同学历高中体育教师在教育理论知识、一般课程知识、体育课程知识、运动技能知识以及问卷总分等方面差异不显著，在体育基础理论知识（$p = 0.044$）和体育学科教学知识两方面差异显著（$p = 0.018$）。

表 7-2　不同学历的高中体育教师专业知识的得分情况

知识类型	第一学历	样本数量（人）	平均分（分）	得分率（%）	标准差（分）	差异检验（p 值）
教育理论知识	大专	22	4.32	48.00	1.041	0.467
	本科	50	4.60	51.12	1.666	
一般课程知识	大专	22	2.00	66.67	0.873	0.727
	本科	50	2.08	69.33	0.900	

续表

知识类型	第一学历	样本数量（人）	平均分（分）	得分率（%）	标准差（分）	差异检验（*p* 值）
体育课程知识	大专	22	6.00	50.00	2.047	0.479
	本科	50	6.36	53.00	1.946	
体育基础理论知识	大专	22	22.18	65.24	4.458	0.044
	本科	50	19.62	57.71	5.066	
运动技能知识	大专	22	13.86	53.31	3.385	0.702
	本科	50	13.54	52.08	3.253	
体育学科教学知识	大专	22	15.14	42.06	5.276	0.018
	本科	50	18.44	51.22	5.319	

第一学历为大专的高中体育教师和第一学历为本科的高中体育教师在体育基础理论知识和体育学科教学知识两方面存在差异与这两部分高中体育教师的教龄有直接关系。如表 7-3 所示，第一学历为大专的高中体育教师大多是教龄比较长的老教师，教龄均在 6 年以上；而在第一学历为本科的高中体育教师中，教龄在 6 年以下的教师有 23 名，占总数的 46%。老教师在多年的教学实践中积累下来的体育基础理论知识使得他们在体育基础理论知识的测查中优于年轻教师；同时相比年轻教师的积极工作和钻研，老教师工作热情不高，不重视教学方法，使得他们在体育学科教学知识部分的测查中成绩不如年轻教师。

表 7-3　不同学历的高中体育教师教龄统计表

第一学历 \ 教龄 / 人数（人）	1~3 年	4~6 年	7~9 年	10~12 年	13~15 年	16~18 年	18 年以上	总计（人）
大专	0	0	1	4	4	5	8	22
本科	11	12	6	3	5	3	10	50

（五）不同教龄的高中体育教师在体育学科教学知识方面的得分情况

教龄是指教师从事教学工作的连续累计时间。通常情况下，一名教师的教学经验和教学能力与他的教龄成正比，教龄越长，教师的教学经验越丰富，教学能力越高。学科教学知识是教师教学能力和教学经验的一种体现，为了解不同教龄高中体育教师在体育学科教学知识方面是否存在差异，通过单因素方差分析的方法进行对比分析后发现，不同教龄高中体育教师在体育学科教学知识方面差异不显著（见表 7-4）。分析其原因，主要体现在以下两方面。

表 7-4　不同教龄的高中体育教师在体育学科教学知识方面的得分情况的方差分析

因变量	(I) 教龄	(J) 教龄	均值差 (I-J)	标准误	显著性 (p 值)	95%置信区间	
						下限	上限
体育学科教学知识	1~3 年	10~12 年	2.71429	2.78261	0.336	-2.9470	8.3755
		18 年以上	2.72222	2.20256	0.225	-1.7589	7.2034
	10~12 年	1~3 年	-2.71429	2.78261	0.336	-8.3755	2.9470
		18 年以上	0.00794	2.56357	0.998	-5.2077	5.2236
	18 年以上	1~3 年	-2.72222	2.20256	0.225	-7.2034	1.7589
		10~12 年	-0.00794	2.56357	0.998	-5.2236	5.2077

第一，新体育教师工作认真，善于钻研。教龄比较短的高中体育教师基本上都是刚刚毕业的大学生，虽然教学经验比较欠缺，但由于刚刚走上教师岗位，工作热情比较高，工作十分努力、认真，在教学过程中能将自己在大学中学到的教学方法移植到课堂，并不断钻研新的教学方法，因此在一定程度上弥补了他们在教学能力和教学经验方面的不足。

第二，老体育教师工作热情不足，消极怠工。由于传统应试教育的惯性，体育课在基础教育中一直被视为副科，在学校教学中得不到重视，因此很多体育教师特别是老体育教师缺乏工作热情，加之学校对体育工作的管理不够完善，很多老体育教师上课时根本不备课，一本教案用十几年的情况屡见不鲜。他们不善于学习和钻研，工作消极怠工安于现状，从而使得教育教学能力始终徘徊在较低水平，没有明显的提高。

三、体育教师专业知识发展的特征与启示

（一）体育教师专业知识发展的特征

1. 职前培养和在职培训相分离

教师教育包括教师的职前培养和在职培训两大部分。在我国，由于历史原因，体育教师的职前培养和在职培训一直由不同的机构负责，而且相互之间沟通较少。这种相互分离的状态造成了职前培养和在职培训层次倒挂、课程简单重复缺乏内在联系，以及体育教师的终身教育无法全盘系统地安排等一系列问题，最终导致体育教师教育无法收到预期的效果。

2. 体育教育理论与实践相脱节

理论与实践相隔离一直是体育教师教育中存在的一大诟病，这种脱节直接导致了体育教育理论课程在体育教师教育中处于“附属”地位。由于所学理论知识不能及时地运用到实践，因此许多体育教育工作者认为学习体育教育理论对于解决体育教学工作中的具体问题帮助不大，从而直接造成了体育教师教育中“重技术，轻理论”现象的出现。

3. 师范生在运动技能学习中过多地重视“一专”而忽视了“多能”

“一专多能”一直是对体育教师运动技术能力的基本要求，但是近年来由于对体育课程标准的错误理解和对自己专项运动技术能力的过分关注，很多师范生忽视了对其他运动技能的学习和掌握，出现了运动技能方面的“偏科”现象，进而导致师范生和体育教师的综合运动技能不强。

4. 在职培训不能满足体育教师的需求

一直以来，体育教师的培训工作主要由体育教师进修机构负责，而培训的主要任务是“学历补偿教育”。近年来，随着体育教师整体学历水平的提高，传统的培训内容已经不能满足体育教师的需要，在职培训的内容、形式和方法等有待进一步改进和提高。

5. 体育教师缺乏终身学习的意识

当前，很多体育教师都存在“一次教育终身受用”的观念，对继续教育

和终身学习的认识和兴趣不足，理论知识和教学能力得不到提高，整体水平停滞不前。

（二）体育教师专业知识发展的启示

1. 构建一体化的体育教师教育模式①

一体化的体育教师教育模式是指体育教师的职前培养和在职培训相互衔接，实现资源共享和优势互补，从而建立体育教师的终身教育体系。具体而言，就是把职前培养、入职教育和在职培训作为体育教师教育的统一整体来对待，在教育过程中要“两手抓，两手都要硬”，避免“重职前，轻在职”情况的出现，建立一体化的体育教师教育机构。

2. 强化师范生教育见习制度，加强理论和实践的结合

由于缺乏实践锻炼，师范生对一些理论知识的认识和理解一直停留在表面，且容易忘记。很多四年级师范生在参加实习的时候才发现由于以前不重视理论知识的学习，实习中的很多问题解决起来非常困难，想重新学习之前的理论知识也非常困难。针对这种情况，我们建议在体育教育专业的培养方案中加入学生教育见习的内容，使师范生有机会将所学理论知识与教学实践相结合，一方面加强他们对理论知识的理解和认识，另一方面使他们认识到理论知识的重要性，改变他们“重技术，轻理论”的学习观念。

3. 引导师范生形成正确的运动技能学习观

体育与健康课程是一门由众多理论学科和运动项目组成的综合性课程，作为一名合格的体育教师，必须具备各体育相关学科的学科知识和各运动项目的运动技能。针对当前师范生在运动技能学习中存在的重视运动专项技术能力的发展而忽视其他运动项目技术技能的学习和掌握的情况，各学校应加强对师范生学习观念的引导，使他们了解社会对人才的需求标准，进而引导他们向“一专多能”的综合型体育教育人才方向发展。

① 黄汉升，季克异，林顺英．中国体育教师教育改革的理论与实践［M］．北京：高等教育出版社，2004：196.

4. 完善体育教师在职培训体系，转变体育教师学习观念，促进体育教师整体教学水平的提高

在职培训是体育教师职前教育的延伸，是体育教师教育工作的深入。当前，中小学体育教师的在职培训工作已经被列入教师教育发展的重点，受到国家教育部门的高度重视。针对体育教师在职培训中存在的问题，改革应注意结合体育教师在工作中存在的各方面问题和需求，完善体育教师在职培训体系，补充体育教师教学中的短板，同时对体育教师进行终身学习的引导，转变体育教师固有的学习观念，培养体育教师良好的学习习惯，进而促进体育教师整体教学水平的提高。

第二节　高中信息技术教师专业知识发展

随着我国课程改革和信息化教育的推进，特别是2000年全国中小学信息技术教育工作会议的召开，以及2003年《普通高中技术课程标准（实验）》的颁布，我国高中信息技术教育进入了一个崭新的高速发展阶段。高中信息技术教师作为高中阶段信息技术教育的实施者和推动者，其专业知识水平不仅直接影响着信息技术教育的质量，还间接影响着我国公民信息素养的养成以及我国基础教育信息化的推进。

目前，国内外学者对信息技术教师的专业知识进行了广泛研究。英国学者班克斯（F. Banks）认为，技术教育教师的专业知识包括学校知识、科目知识、教学知识和个人科目建构四个方面。① 美国教师教育鉴定委员会在中小学计算机科学教育评审标准中对计算机科学教师应掌握的具体知识和能力

① Banks F, Barlex D, Jarvinen E M, et al. DEPTH-developing professional thinking for technology teachers: an international study [J]. International Journal of Technology and Design Education, 2004, 14 (2): 141-157.

进行了划分。[①] 荷兰学者诺汉（E. J. Rohaan）认为，小学技术教育教师专业知识包括学生对技术的前期知识，经验和理解、误解知识，技术教育本质和目标知识，技术教育教学途径和教学策略知识。[②] 中国学者林凤英根据ACM[③] 与电气和电子工程师协会（IEEE-91）计算机课程目标提出了340项专业知识小项。[④] 詹青龙等人认为信息技术教师专业知识包括信息技术学科成熟度、信息技术学科知识、一般教育学知识、技术实践知识、信息技术学科教学知识。[⑤] 衷克定提出高校信息技术教师专业知识有学科相关内容、教育教学方法、教学活动组织和教学过程控制。[⑥] 马云鹏、赵冬臣、韩继伟在中学教师专业知识状况调查研究基础上提出了中学教师专业知识基本框架。[⑦] 纵观已有研究可见，国内外学者对信息技术教师专业知识内容进行了详细研究，但对信息技术教师专业知识评价的研究却甚少，因此有必要对信息技术教师专业知识评价进行研究。

一、高中信息技术教师专业知识结构分析

高中信息技术教师属于中学教师队伍的重要组成部分，其专业知识的核心要素也应是教育理论知识、课程知识、学科知识、学科教学知识。但高中信息技术教师因其专业特性，其专业知识又存在一定的特殊性。本研究根据课题组提出的教师专业知识基本框架，结合高中信息技术学科的特殊性，提出了高中信息技术教师专业知识框架，即信息技术学科知识、一般教育教学

① The Computer Science Teachers Association Curriculum Improvement Task Force. The new educational imperative: improving high school computer science education [R]. New York: Association for Computing Machinery, 2008.

② Rohaan E J, Taconis R, Jochems W M G. Measuring teachers' pedagogical content knowledge in primary technology education [J]. Research in Science & Technological Education, 2009, 27 (3): 327-338.

③ ACM 全称为 Association for Computing Machinery，中文名称为“中国计算机学会”。

④ 林凤英．高中电脑教师学科基本知识之研究［D］．台北：“国立”台湾师范大学咨询教育研究所，1997.

⑤ 詹青龙．信息技术教师培训：理论与应用［M］．北京：教育科学出版社，2009：50-56.

⑥ 衷克定，李燕萍．高校信息技术课程教师知识结构的分析研究［J］．高等理科教育，2009（2）：44-47.

⑦ 马云鹏，赵冬臣，韩继伟．教师专业知识的测查与分析［J］．教育研究，2010（12）：70-77.

知识、信息技术学科教学知识和信息技术课程知识（如图 7-1 所示）。

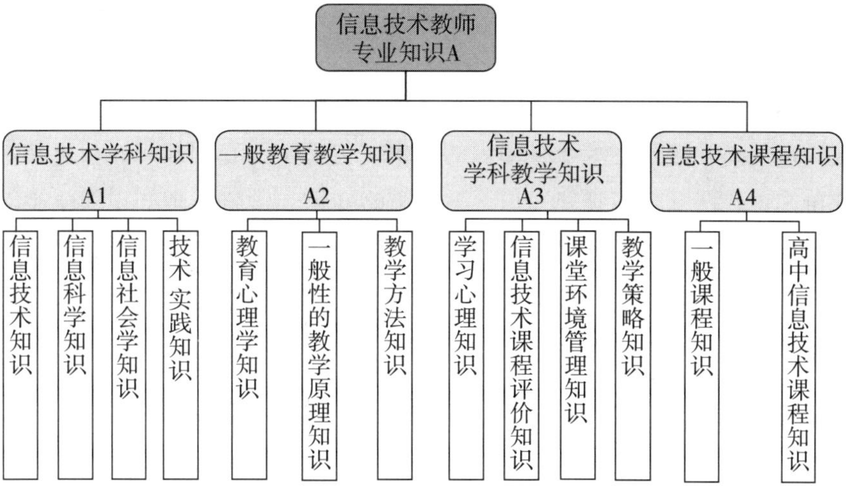

图 7-1　高中信息技术教师专业知识结构图

信息技术学科知识是指高中信息技术教师具有关于信息技术的概念、事实、原理、方法等知识。基于 STS 理念，其中涵盖了信息科学、信息技术和信息社会等方面。① 据此，信息技术学科知识主要包括信息技术知识、信息科学知识、信息社会学知识及技术实践知识。根据《普通高中技术课程标准（实验）》，信息技术知识包括信息技术基础模块知识、算法与程序设计模块知识、多媒体技术应用模块知识、数据库管理技术模块知识、人工智能初步模块知识；信息科学知识包括信息论、控制论、计算机科学、仿生学、系统工程与人工智能等学科的原理方法；信息社会学知识包括信息及信息技术的发展历史及趋势、技术伦理知识、信息法律知识、社会信息系统知识；技术实践知识则包括对设备的管理、对资源的管理、对技术的管理等相关知识。

一般教育教学知识是指高中信息技术教师所应具有的教育心理学知识、一般性的教学原理知识 、教学方法知识。教育心理学知识即教师应具有的教育心理、学习心理、智力缺陷与补偿、智力测量与教师心理等相关知识；一

① 董玉琦．信息技术课程研究：体系化、方法论与发展方向［J］．中国电化教育，2007，242（3）：11.

般性的教学原理知识即教育的本质、功能、目的，教育制度，教师素质及角色，教育平等，教育与人的发展的关系等相关教育原理；教学方法知识即教学方法指导思想、基本方法、具体方法、教学方式等相关知识。

信息技术学科教学知识是指高中信息技术教师利用教学法知识帮助学生理解、接受高中信息技术学科知识的知识，包括学习心理知识、信息技术课程评价知识、课堂环境管理知识、教学策略知识。学习心理知识即学生对信息技术概念、信息技术思想、信息技术发展的认知以及学生对信息技术课的学习需求、学习困难等；信息技术课程评价知识即评价信息技术学习方法，评价学生成绩的知识、方法；课堂环境管理知识即信息技术课堂上对学生分组管理、课堂教学资源管理、课堂设备管理、课堂情境应对等方面的知识；教学策略知识即信息技术课程模块的教学策略、知识点的教学策略、激发学生兴趣的教学策略、针对不同学生的教学策略、带领学生突破学习难点的教学策略等。

信息技术课程知识包括一般课程知识和高中信息技术课程知识。一般课程知识是指课程设计、课程实施、课程管理、课程评价等知识；高中信息技术课程知识是指高中信息技术课程性质、课程任务、课程标准、课程教学原则、课程教学方法、课程评价以及高中信息技术教材和课程资源等相关知识。

二、基于层次分析法的高中信息技术教师专业知识水平评价体系构建

层次分析法（analytic hierarchy process，AHP）最早由美国运筹学家萨蒂（T. L. Saaty）于20世纪70年代首先提出，它是一种适合于多准则、多要素、多层次的定性与定量相结合的评价方法。① 高中信息技术教师的专业知识评价内容包含了教师所拥有的信息技术学科知识、一般教育教学知识、信息技术学科教学知识、信息技术课程知识，是一个多准则、多要素、多层次的难

① Saaty T L. Modeling unstructured decision problems-the theory of analytical hierarchies [J]. Mathematics and Computers in Simulation, 1978, 20 (3): 157.

以定量化的复杂问题①，因此可以使用层次分析法来进行定性与定量评价。根据层次结构模型构造判断矩阵、一致性检验和权重计算，构建高中信息技术教师专业知识层次表（见表7-5）及高中信息技术教师专业知识组合权重表（见表7-6）。

表 7-5　高中信息技术教师专业知识层次表

目标层	准则层	指标层	指标说明
高中信息技术教师专业知识A	信息技术学科知识A1	信息技术知识 A11	包括信息技术基础模块知识、算法与程序设计模块知识、多媒体技术应用模块知识、数据库管理技术模块知识、人工智能初步模块知识
		信息科学知识 A12	包括信息论、控制论、计算机科学等学科的原理方法
		信息社会学知识 A13	包括信息及信息技术的发展历史及趋势、技术伦理知识、信息法律知识、社会信息系统知识
		技术实践知识 A14	包括对设备的管理、对资源的管理、对技术的管理等相关知识
	一般教育教学知识A2	教育心理学知识 A21	包括教育心理、学习心理、智力缺陷与补偿、智力测量与教师心理等相关知识
		一般性的教学原理知识 A22	包括教育的本质、功能、目的，教育制度，教师素质及角色，教育平等，教育与人的发展的关系等相关教育原理
		教学方法知识 A23	包括教学方法指导思想、基本方法、具体方法、教学方式等相关知识

① Schoenfeld A H. The complexities of assessing teacher knowledge［J］. Measurement：Interdisciplinary Research and Perspective，2007，5（2-3）：202.

续表

目标层	准则层	指标层	指标说明
高中信息技术教师专业知识A	信息技术学科教学知识A3	学习心理知识 A31	包括学生对信息技术概念、信息技术思想、信息技术发展的认知以及学生对信息技术课的学习需求、学习困难等
		信息技术课程评价知识 A32	包括评价信息技术学习方法，评价学生成绩的知识、方法
		课堂环境管理知识 A33	包括对学生分组管理、课堂教学资源管理、课堂设备管理、课堂情境应对等方面知识
		教学策略知识 A34	包括信息技术课程模块的教学策略、知识点的教学策略、激发学生兴趣的教学策略、针对不同学生的教学策略、带领学生突破学习难点的教学策略等
	信息技术课程知识A4	一般课程知识 A41	包括课程设计、课程实施、课程管理、课程评价等知识
		高中信息技术课程知识 A42	包括高中信息技术课程性质、课程任务、课程标准、课程教学原则、课程教学方法、课程评价以及高中信息技术教材和课程资源等相关知识

表 7-6　高中信息技术教师专业知识组合权重表

A	A1	A2	A3	A4	W
	0. 497	**0. 049**	**0. 331**	**0. 123**	
A11	0. 170				0. 084
A12	0. 473				0. 235
A13	0. 284				0. 141
A14	0. 073				0. 036
A21		0. 696			0. 034
A22		0. 075			0. 004
A23		0. 229			0. 011
A31			0. 493		0. 163

续表

A	A1	A2	A3	A4	W
	0.497	**0.049**	**0.331**	**0.123**	
A32			0.110		0.036
A33			0.046		0.015
A34			0.351		0.116
A41				0.250	0.031
A42				0.750	0.092

三、高中信息技术教师专业知识水平评价

根据高中信息技术教师专业知识水平评价模型的指标层设计高中信息技术教师专业知识测查问卷，并进行信度与效度的检验和问卷修改，最终确定56道题。课题组采用分层抽样和整群抽样相结合的方式，在辽宁省沈阳市、朝阳市，吉林省长春市、吉林市，黑龙江省哈尔滨市、齐齐哈尔市、佳木斯市的百余所高中选取450名高中信息技术教师进行问卷测查，其中回收有效问卷403份，有效率为89.56%。对测查问卷进行判定统计，根据表7-5将判定分值归结到相应的指标层和准则层，其整体水平如表7-7所示；再用标准归一化公式将每位教师每个指标层的分值进行归一化处理，使其分值为0~1；然后将每位教师的归一化分值与信息技术教师专业知识水平评价模型对应的指标权重进行加权求和，再将所有教师加权求和的分值用得分分布图的形式表示出来，其结果如图7-2至图7-6所示。

表7-7　高中信息技术教师专业知识整体水平

知识类型	总分值（分）	平均分（分）	标准差系数	得分率（%）
信息技术学科知识	40	19.20	0.324	48.08
一般教育教学知识	12	5.67	0.508	47.42
信息技术学科教学知识	12	5.40	0.464	44.97
信息技术课程知识	12	6.84	0.515	56.96

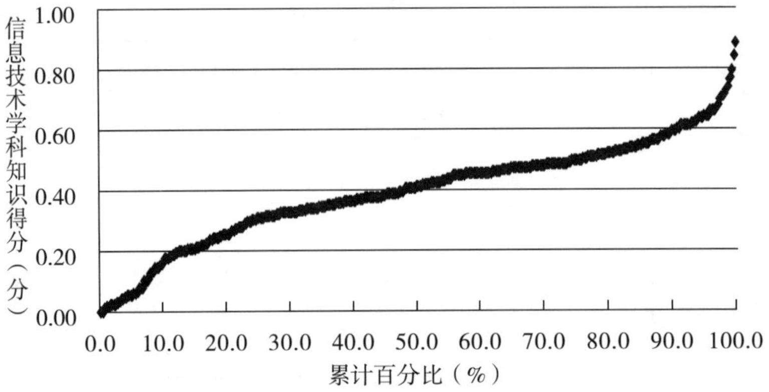

图 7-2　信息技术学科知识得分分布图

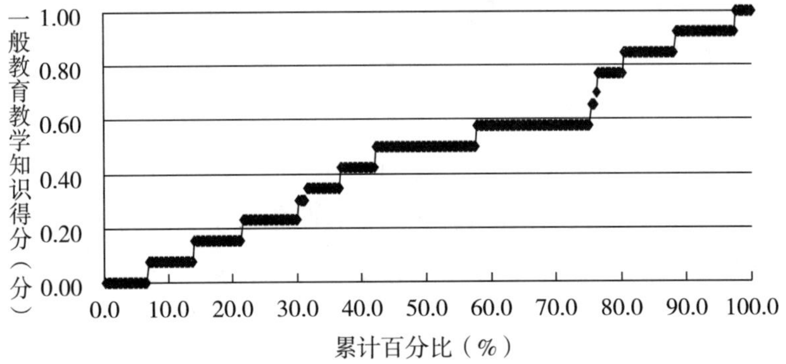

图 7-3　一般教育教学知识得分分布图

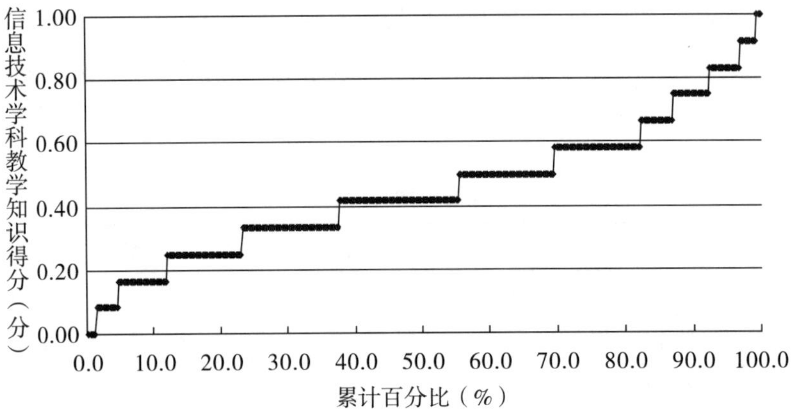

图 7-4　信息技术学科教学知识得分分布图

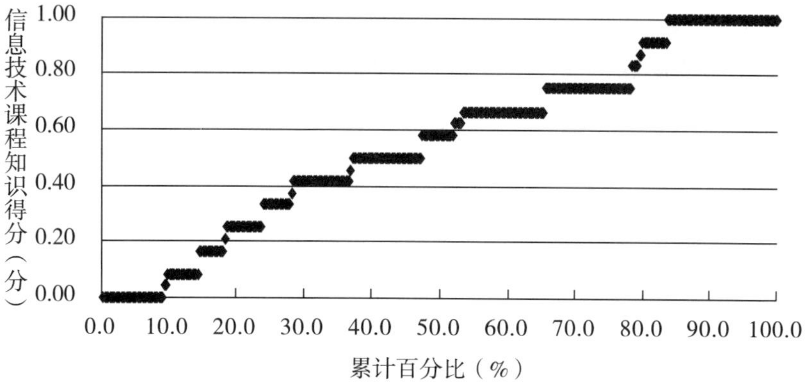

图 7-5 信息技术课程知识得分分布图

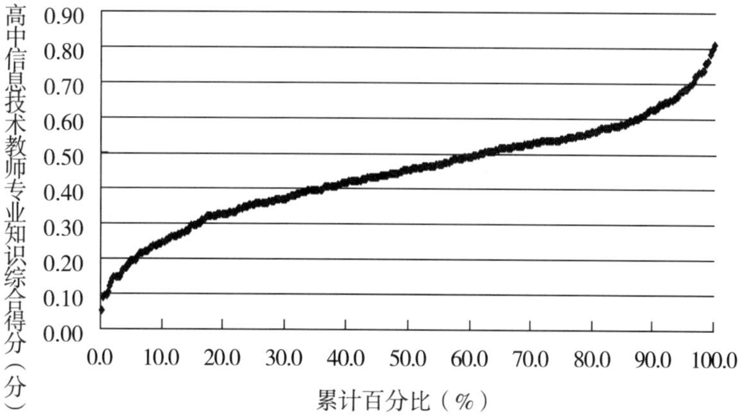

图 7-6 高中信息技术教师专业知识综合得分分布图

从表 7-7 可知，东北地区高中信息技术教师专业知识水平总体偏低，87%的教师专业知识综合标准差系数低于 0.6，达到优秀的仅几个人，70%的教师专业知识综合标准差系数处在 0.3~0.6。从图 7-2 至图 7-5 来看，东北地区高中信息技术教师对信息技术课程知识的掌握程度相对较好，其次是一般教育教学知识，再次是信息技术学科教学知识，最后是信息技术学科知识。信息技术课程知识的得分平均值为 0.6，优秀率为 21.3%；一般教育教学知识的得分平均值为 0.53，优秀率为 15%；信息技术学科教学知识的得分平均值为 0.47，优秀率为 8%；信息技术学科知识的得分平均值仅为 0.4，达到优秀水平的仅 2 人。从东北地区高中信息技术教师专业知识分布来看，专业知识综合得分分布图和信息技术学科知识得分分布图的曲线呈反“S”状，可见高中信息技术教师在这两方面整体水平比较一致，中间层次的教师数量较多，较低分和较高分的教师数量较少。而信息技术课程知识、一般教育教学知识、信息技术学科教学知识的得分分布图曲线接近直线状，特别是信息技术课程知识和一般教育教学知识，可见高中信息技术教师在这些方面差异明显。

为进一步弄清楚高中信息技术教师间的差异类型，根据高中信息技术教师在四类专业知识上的得分，采用 K-means 聚类法对高中信息技术教师的知识结构类型进行聚类，并根据年龄和专业背景分析得到四种类型：低分非均衡型、低分均衡型、高分非均衡型、高分均衡型（见表 7-8）。

表 7-8　高中信息技术教师专业知识结构表

知识类型	低分非均衡型	低分均衡型	高分非均衡型	高分均衡型	*F* 值
一般教育教学知识	2.65（22.08%）	4.15（34.58%）	6.02（50.17%）	7.59（63.25%）	90.44
信息技术课程知识	2.13（17.75%）	4.54（37.83%）	8.22（68.50%）	9.26（77.17%）	188.79
信息技术学科知识	8.98（22.45%）	15.01（37.53%）	17.01（42.53%）	24.92（62.30%）	519.03
信息技术学科教学知识	5.99（49.92%）	5.34（44.50%）	5.59（46.58%）	7.21（60.08%）	12.97
所占比例（人数/百分比）	63.00（15.63%）	138.00（34.24%）	111.00（27.54%）	91.00（22.58%）	

低分非均衡型高中信息技术教师在一般教育教学知识、信息技术课程知识和信息技术学科知识上的得分都最低，但在信息技术学科教学知识上的得分略高一点，均衡性相对较差。这类教师占总体的 15.63%，以中老年教师居

多，且一般是其他学科转行而来的教师。低分均衡型高中信息技术教师在一般教育教学知识、信息技术课程知识和信息技术学科知识上的得分率均衡性相对较好，但其平均水平也很低。这类教师占总体的34.24%，以年轻的非教育技术相关专业教师居多，他们自学信息技术的能力相对较强，但缺乏系统的教育理论学习和长期的教学实践。高分非均衡型高中信息技术教师对一般教育教学知识、信息技术课程知识掌握得相对较好，而信息技术学科知识和信息技术学科教学知识的得分率相对较低。这类教师占总体的27.54%，以年轻的教育技术相关专业毕业教师居多，他们理论知识掌握得相对较好，但缺乏教学实践。高分均衡型教师在四类专业知识上的得分都较高，均衡性相对较好，这类教师占总体的22.58%，大多是骨干教师。

四、结果及启示

高中信息技术教师专业知识水平评价是制定促进信息技术教师专业知识发展相关政策的一个非常重要的前期工作环节，具有较高的实用效能。只有弄清楚高中信息技术教师当前缺少什么知识，弄清楚他们的专业知识在哪些方面还存在欠缺，才能有的放矢地对信息技术教师教育工作做出及时调整和改革。

东北地区高中信息技术教师的实证研究也给我们一些启示。本研究测查问卷中的信息技术学科知识是《普通高中技术课程标准（实验）》中的基础性知识，一般教师都应该熟练掌握。然而，调查结果却是总体水平较低，没有达到课程标准的要求。信息技术学科知识是教师进行有效课堂教学的前提条件，高中信息技术教师只有熟练掌握学科知识，才能改进课堂教学，提高课堂效率，进而提高学生的信息素养，完成信息技术教育的目标。另外，对一名高中信息技术教师而言，信息技术课程知识、一般教育教学知识、信息技术学科教学知识、信息技术学科知识这四类知识缺一不可，而且应该协调发展、相互促进。然而，本研究调查发现高中信息技术教师的信息技术学科知识总体水平较低，专业知识发展也不均衡。鉴于此，建议以国家层面颁布《信息技术教师专业知识标准》《信息技术教师教育课程标准》，规范信息技术教师培养，同时采取多种手段提高信息技术教师专业知识水平、均衡信息技术教师专业知识的发展。与此同时，考虑到信息技术教师专业知识存在明显的差异性，建议根据不同类型信息技术教师采取不同措施来区别对待，做到有针对性地促进不同类型信息技术教师专业知识发展。

另外，我国信息技术教师教育的一个重要问题就是信息技术教育专业（或方向）在师资建设、课程设置、教材内容以及教育实习方面均未突出信息技术教育专业的独特性。信息技术教师的培养主要在教育技术学专业和计算机科学与教育技术（师范类）专业中进行，培养体系和课程体系均存在不足，且在很大程度上妨碍了教师专业知识结构的合理建构。因此，要从根本上解决这一问题，必须通过进一步改进信息技术教师教育课程，考查高等教育阶段信息技术教师教育与基础教育课程改革的衔接情况，明确信息技术教师的培养方向和目标，确定专业核心课程和基础课程的学科体系与内容，使信息技术教师在走向岗位之前就已经具备信息技术的专业知识和素养。

第八章　教师专业知识与职前教师教育改革

教育质量的提升需要打造高素质教师队伍。20 世纪 90 年代以来，世界各国都在进行面向 21 世纪的教育改革，而教育改革成败的关键在于师资的培养与建设。教育质量的高低与教师的水平有直接的关系，学生知识的掌握、智力的发展、世界观的形成也无一不与教师的水平和努力有关。要改进教育质量，必须从提高教师的质量入手。多年来，教师专业发展这一主题一直都是联合国教科文组织的关注焦点，也是发达国家教师教育发展的共同轨迹，还是我国教育发展的关键所在。《国家中长期教育改革和发展规划纲要（2010—2020 年）》明确提出："严格教师资质，提升教师素质，努力造就一支师德高尚、业务精湛、结构合理、充满活力的高素质专业化教师队伍。"建设一支优秀的教师队伍，教育好每一个学生，不仅是每个家庭的幸福所系，也是国家前途和民族未来所系。

教师的形象已由教学技术人员走向反思型教学专家，更注重专业素养。[①] 教师专业发展成为推进优质教育的核心要素，教师质量也就成为衡量教育质量的一个关键性指标。专业知识是教师质量和教学品质的重要保障。2005 年世界银行在《在知识社会中学习如何教学》的报告中指出，提高知识素养和能力结构是影响教师质量的关键方面。专业知识是教师专业素质的主要内容

---

① 王宇华．教师教育课程改革与教师专业发展：访华东师范大学钟启泉教授［J］．网络科技时代，2007（3）：6.

之一，是教师开展正常教学、保证教学品质的必备条件。教师为保证高质量、创造性地完成教学任务，需要具备必要的知识结构，其中包括学科知识、学科教学知识、教育情境知识和学习者及其特征的知识。因此，促进教师专业知识发展是教师教育理论和实践领域关注的重要问题之一。

教师队伍建设的一个重要途径就是教师教育，师范教育是教师教育的基础，关系到国家和民族生存发展的未来、关系到国家创新精神和创造能力的培育、关系到创新型人才的培养、关系到素质教育的实施、关系到教育质量的提高。优先发展教育，更加尊师重教，首先要重视师范教育。因此，职前阶段的教师培养工作对教师质量有很大的影响，注重职前教育规划与实施等工作，不断进行职前教育的改革与创新，为职前教师专业素养的提升创造更好的条件和平台。

第一节　职前教师专业知识的特征与问题

随着课程改革的深入推进与发展，教师专业发展的重要性越来越凸显。在教师专业发展过程中，专业知识发展是一个核心要素。课题组自 2008 年起开始探索教师专业知识的相关研究，逐步形成了 14 套测查工具（高中语文、数学、英语、物理、化学、生物、体育、信息技术，小学语文、数学、英语以及初中语文、数学、英语），通过对初中语文、数学、英语，小学数学以及高中语文、数学、英语、物理、化学、生物等学科职前教师的大规模测查，了解了职前教师所具备的专业知识状况，在此基于前期的调查和数据分析探讨职前教师专业知识的总体特征和存在的问题。

一、职前教师专业知识的总体特征

（一）专业知识整体水平不高，发展不均衡

调查结果显示，虽然职前教师的大部分专业知识得分率高于 60%，达到

了及格水平，但是教师专业知识的整体水平不高，且各类专业知识发展不均衡，一般课程知识相对来说表现较好；学科课程知识掌握一般；学科知识水平良好，但在具体内容方面有所差别；学科教学知识及格率偏低。不过，具体学科之间有所差别，如职前物理教师的物理学科知识优于物理学科教学知识、优于物理课程知识，职前化学教师的化学课程知识优于化学学科知识、优于化学学科教学知识，职前生物教师的一般课程知识优于生物学科知识、优于生物课程知识、优于生物学科教学知识。

（二）一般课程知识水平虽然相对较好，但未达到理想预期

数据统计结果显示，教师专业知识中整体表现相对较好的是一般课程知识，汉语言文学和生物科学两个专业的职前教师在此方面表现较好。尽管大多数学科的职前教师在此方面的及格率相对较高，但并未达到理想预期。原因可能是职前教师较少接触中小学教育教学实践，虽然被调查学校的职前课程涉及对课程相关理论、基础教育课程改革等通识性知识的介绍与学习，但职前教师并未置身于基础教育课程改革之中，也未接受过专门的培训并亲身体验新课程，他们对新课程理念、课程标准、教材等的了解绝大多数都是通过间接经验获得的，认识不够深入。不过，实践经历不能作为课程知识不够充分的理由，职前教师的课程知识水平应该达到一定的标准，他们应该掌握一些最基本的课程知识。如在一般课程知识“三维目标”一题上，职前教师的正确率仅为67.9%，这种状况期望得到重视与反思。

（三）学科知识水平基本良好

汉语言文学和英语两个专业的职前教师在学科知识方面的表现相对较好，好于数学与应用数学专业的职前教师。这在某种程度上说明汉语言文学和英语两个专业职前教育阶段的学科专业课程对他们的学科知识发展有很好的促进作用。

（四）教育理论知识和学科课程知识表现一般

在教育理论知识方面，大部分职前教师只能正确回答少数基本的教育理论知识题目；在学科课程知识方面，职前教师的平均及格率为61%，表现不佳。究其原因，可能与职前课程内容、教学与评价方式有关，所学内容并没有形成牢固的知识基础。

（五）学科教学知识水平不高，呈现多种类型

学科教学知识是教师专业知识中的核心部分，对此类知识的测查能够了解职前教师如何思考教学。在测查中，汉语言文学、数学与应用数学、英语三个专业职前教师的学科教学知识无论是总体水平还是各自的平均水平均列最后一名，且呈现多种类型特征。职前教师的学科教学知识水平多处于基本的理解水平，测查的题目对于学科知识本身没有难度，但能够看出职前教师对概念的本质和学生的迷思概念掌握不好，对于学生错在什么地方以及如何向学生解释清楚表现不佳。

（六）各类师范院校职前教师的专业知识水平存在一定差别

从整体看，部属师范院校职前教师的表现优于省属师范院校职前教师，省属重点师范院校职前教师的表现优于省属一般师范院校职前教师，但具体分析后发现，省属一般师范院校职前教师的表现只有学科知识一项明显低于部属师范院校和省属重点师范院校的职前教师；在学科课程知识方面，与部属师范院校和省属重点师范院校的职前教师没有明显差别；在教育理论知识方面，也不比省属重点师范院校职前教师差。特别是不同类型师范院校职前教师在学科教学知识上的表现，汉语言文学和英语两个专业都是省属一般师范院校职前教师最高（汉语言文学专业在统计上无显著差异，但省属一般师范院校职前教师得分最高），其中英语专业尤为明显（见表8-1、表8-2）。

表8-1　不同类型师范院校职前教师的学科教学知识得分率比较

得分率（%）　学校类型 专业	部属	省属重点	省属一般
汉语言文学	53.4	52.2	56.7
数学与应用数学	32.9	22.3	16.7
英语	38.2	31.3	41.6

表 8-2　不同类型师范院校职前教师的学科知识与学科教学知识的比较

排名 学校类型 / 知识类型		部属	省属重点	省属一般
学科知识	汉语言文学	2	1	3
	数学与应用数学	1	2	3
	英语	1	2	3
学科教学知识	汉语言文学	无显著差异		
	数学与应用数学	1	2	3
	英语	2	3	1

注：表中数字表示当存在显著差异时，根据得分率高低得出的排名。

省属一般师范院校职前教师的学科教学知识表现好于其他师范院校职前教师的原因可能是省属一般师范院校多数是由大专升格到本科，甚至是由中专升格到大专，又升至本科。这些师范院校在培养职前教师的学科教学素质方面积累了丰富的经验，虽然后来升格为本科院校，但仍然保留着传统，一直重视培养提高职前教师的专业技能，重视职前教师对教材的分析、教学方法设计与实践教学环节。

二、职前教师专业知识存在的问题

（一）专业知识结构不够完整，水平较低

职前教师的专业知识像一个清单，是零散的、无结构的，知识之间没有紧密的联系，仅停留在表面，且存在一定的错误或不准确。职前教师在大学课程里对学科知识的理解有限，对教授的相关课程主题理解有限，他们依赖的学科知识是从教材与课程中提取出来的，结构并未组织完整，因此他们的学科知识结构仍旧包含着所学学科主题与课程内容，而有关教学知识的结构呈现出职前教育中的教学知识培养情况，此外还包含极少的学生知识。职前教师虽然在某些主题方面有着一定的基础知识，但也存在着不准确，他们大

部分具有与学习者一样的迷思概念，教学时再次重复了这种迷思。知识的缺乏阻碍了职前教师将学科知识转化为学科教学知识，没有很好地将先后知识建立起联系，纵横把握课程和教学内容的联系。职前教师一开始并不具备良好的学科教学知识，呈现低水平状态，提问也局限在事实性和简单记忆类型的问题，只有经过漫长的教学经验积累过程才能获得新知和技能。

（二）学科知识与学科教学知识尚未建立起统整关系

职前教师较重视陈述性知识的教授而不重视概念知识间关系的教授，他们能够以正确的方式呈现事实的概念，常聚焦在内容的传递上。吉斯-纽斯（J. Gess-Newsome）和莱德曼（N. G. Lederman）发现职前教师并未统整学科知识与学科教学知识，他们的学科知识架构是模糊的、片段的①，而这样的学科知识会影响到教学以及教学的组织方式，常显示出无法关联教学与学科内容，缺乏将基本概念转化为教学能力。职前培养阶段也没有太多的工具和培训帮助他们整合学科知识、学科教学知识和情境知识。② 知识结构片段化的原因主要在于事先未将大学所学知识知觉化、结构化在大脑里。职前教师在实习期间并未深入思考学科领域的本质和相关概念，随着实习的深入，学科知识变得越来越简洁。现有的职前教育初期的学科知识与学科教学知识是截然分开的，只有经过一定的教学经历后，才能将二者加以整合。③ 学科教学知识并非一般性的教学法知识，由于它是对学科知识的“心理学化”，所以必须基于对学科知识的深刻理解才能做出有效的教学决策。

（三）对有关学生的知识理解不足

许多研究均表明，职前教师在对学生的理解方面显得不足，对学生学习困难的识别能力略显不足。④ 职前教师虽然常使用一些教学策略，但也常疏

---

① Gess-Newsome J，Lederman N G. Preservice biology teachers' knowledge structures as a function of professional teacher education：a year-long assessment［J］. Science Education，1993，77（1）：43.

② Gess-Newsome J，Lederman N G. Examining pedagogical content knowledge［M］. Netherlands：Kluwer Academic Publishers，1999：100.

③ 段晓林. 科学教师的学习与成长［M］. 彰化：彰化师范大学出版社，2009：38.

④ Käpylä M，Heikkinen J P，Asunta T. Influence of content knowledge on pedagogical content knowledge：the case of teaching photosynthesis and plant growth［J］. International Journal of Science Education，2009，31（10）：1412.

忽学生的先在知识与学生能力或是学习策略。[①] 职前教师实习试教时常采用游戏、说故事或小组讨论等方法，但因为缺乏对学生学习特质与学习情境的理解，因此无法掌握教学策略的有效性与目的性。[②] 在学生先在知识的了解方面，职前教师较少了解学生在学习此单元前的已有概念，常以课本的单元目标为主，举例不恰当。在学生背景和需求方面，职前教师对如何转换课程中的主题来满足学生的需求缺乏足够的经验与适切的策略，于是造成所教授主题过于深入或浅显，不符合学生需求。在学生学习困难方面，职前教师较难了解学生的迷思概念，虽然能在一定程度上将教学与学生的先在知识建立联系，但在关注学生迷思概念、使用评价来确定学生的学习情况等方面显得不够充分，对学生和教学的反思有待提升。

（四）各类专业知识的完备和整合程度影响教学策略的适切

学科知识和学科教学知识的结构不够完备，且二者没有得到很好的有机统合，再加上对学生理解的不足，导致职前教师在教学方法上储备不够充分，甚至策略不当。职前教师在教学中较易直接呈现课本中的内容，但不能选择恰当的教学策略来介绍概念，在选择教学重点及恰当的实验和表述时均存在困难。[③] 他们不会因学生能力或程度加以完善而调整教学内容来呈现较协调一致的结构，教学策略笼统，缺乏依据学生先在知识、能力和学习策略进行有针对性的调整，引导学生参与探究活动的能力略显不足，在教学中难以决定最适当的步骤[④]，主要采用直接的以及传统的教学方法，教学较为机械。

---

① Cochran K F, DeRuiter J A, King R A. Pedagogical content knowing: an integrative model for teacher preparation [J]. Journal of Teacher Education, 1993, 44 (4): 268.

② 孙敏芝．实习教师学科教学知识之探讨：教学设计与教学实务［J］．教育研究与发展，2006（6）：67.

③ Käpylä M, Heikkinen J P, Asunta T. Influence of content knowledge on pedagogical content knowledge: the case of teaching photosynthesis and plant growth [J]. International Journal of Science Education, 2009, 31 (10): 1404.

④ Grossman P L. The making of a teacher: teacher knowledge and teacher education [M]. New York: Teachers College Press, 1990: 8.

第二节 职前教师教育课程的反思

教师教育的目标在于培养和提高教师专业素质，而高质量的教师教育课程是实现这一目标的重要条件之一。那么，何谓高质量的教师教育课程？评价标准是多元的，如适应社会发展需求，遵循教师成长和发展规律，等等。不过，有一点很明确，教师教育课程的价值应直接指向教师，它是为教师专业发展服务的，对教师专业发展产生的结果以及教师对教师教育课程的看法应成为多元评价标准中的重要方面。因此，评价教师教育课程，不能忽视教师的声音，不能忽视教师的专业素质状况。这两方面信息是评价和改革教师教育课程的重要参考和有力证据。课题组关于教师专业知识的调查数据能够为探索教师教育课程改革提供有效策略和支持参考，有助于重新审视当前师范院校的课程结构、内容选择和教学方式。

一、教师教育课程应紧密联系基础教育课程与教学实际

大学期间的学科专业课程学习是职前教师发展学科知识的重要途径之一。职前教师的学科知识表现欠佳，促使我们反思师范院校的学科专业课程。调查显示，汉语言文学专业的职前教师认为大学期间的学科专业课程对学科教学知识发展有很大作用（继学科教学法课之后，排第三位），而数学与应用数学专业和英语专业的职前教师关于学科专业课程对学科教学知识发展的作用认同度较低，将学科专业课程的有用性排在倒数第一、二位。因此，学科专业课程的质量和效果如何，也会影响学科教学知识的发展。比较师范院校数学与应用数学专业以及汉语言文学专业和英语专业的学科专业课程会发现，它们与中学课程内容之间的联系存在着明显差异。数学与应用数学专业的学科专业课程和中学数学课程之间没有直接的联系，而汉语言文学专业和英语专业的学科专业课程与中学课程之间的联系较为紧密。也就是说，如汉语言

文学和英语这样的文科专业，知识的积累十分重要，大学的多数课程内容是中学内容的延伸，或是学生相关素养的积累，几乎都可以在中学找到相对应的点。而像数学教育这样的理科专业，大学的多数课程与中学课程明显不同，虽然通过大学课程的学习学生可以站在较高的视角来俯视中学内容，但不可否认，许多大学课程在中学的教学中很难找到一点儿影子。比如，张守波曾调查比较了三类大学（综合性大学 6 所，部属师范院校 6 所，地方师范院校 5 所）在数学专业课程设置方面的异同，发现师范院校数学专业的课程设置与综合性大学差别不大；某些部属师范院校的课程设置和学科知识的“完整性”“深奥性”甚至超过了一些综合性大学；大而全的课程设置模式极为普遍。可见，目前师范院校数学专业的学科专业课程设置与基础教育实际脱节的现象比较突出，这种课程设置没有为职前教师将来所要从事的中学教学工作提供足够的知识支撑。不可否认，某些数学专业课程虽然与中学教学联系不大，但对职前教师数学素养的全面发展以及部分职前教师考研或将来从事专门的数学研究工作有一定价值。不过，我们也不能忘记师范院校数学专业的培养目标是培养数学教师。课程总量和学习时间毕竟有限，应保证大部分课程为实现培养目标服务。因此，师范院校数学专业的学科课程设置和教学应加强与中学数学教学之间的联系。

此外，职前教师的课程知识水平也有待提升。相应地，师范院校应设置相关课程。尽管很多师范院校在学科教学法课程中设有课程改革和新课程分析方面的内容，但职前教师对学科教学法课程的作用认同并不高，低于对教育见习和实习的认同。因此，学科教学法课程对职前教师课程知识发展的作用仍有待提升，为职前教师创造接触基础教育实际的机会，把理论学习与实践反思结合起来。

二、教师教育课程设置应关注学科专业的差异

如前面所指出的，在学科知识和学科教学知识方面，不同专业的职前教师与不同学科的在职教师之间的差距不同。数学与应用数学专业的职前教师和在职教师之间的差距明显高于汉语言文学专业和英语专业，由此引发我们

思考：文科教师教育专业的课程结构与理科教师教育专业的课程结构是否应当有所不同？用同一结构模式规划不同学科专业的教师教育课程大概不妥。像数学与应用数学专业这样的理科类专业，专业基础课程、专业选修课程和教育类课程之间的比例应当与文科类专业的课程结构有所不同。就当前基础教育实际来看，理科教师教育课程应加强与基础教育课程有直接联系的学科专业课程和教育类课程，特别是教会职前教师从中小学教学的角度来学习和理解学科专业课程的内容。专业基础课程在教学过程中应引导学生从学科思考、学科价值、学科发展脉络等方面与中小学课程内容建立联系。文科专业则不同，因为文科专业的学科专业课程大多与基础教育阶段相对应的学科课程内容联系较为紧密，如汉语言文学、英语、历史等。课题组的调查结果也反映，汉语方文学专业和英语专业的职前教师对学科专业课程在学科知识发展中作用的评价均高于数学与应用数学专业的职前教师。文科和理科的这种差别应该引起重视，并在二者的教师教育课程设置方面体现出来。但现实并非如此，许多师范院校的教师教育课程都是按照统一的课程结构和模式来设置的，文理之间的差别很小。如课题组调查的一所师范院校，该院校将师范专业的全部课程学分限定为145~155学分，其中通识教育课程确定为50学分，教师资格教育课程（含教育理论类课、教育技能类课、教育实践类课）确定为25学分，专业教育课程（即学科专业课程）确定为75~85学分。文科和理科以及不同专业在教师教育课程结构方面基本是统一的。

三、教师教育课程应注重实践类课程的设计与实施

调查结果显示，汉语言文学专业、数学与应用数学专业和英语专业的职前教师都认为教育见习和实习对他们四类专业知识的发展作用最大，被他们认为是促进四类专业知识发展的最重要来源。职前教师比较认同学科教学法课程对学科教学知识发展的积极作用，认为学科教学法课程的作用仅次于教育见习和实习，其有用性在各种来源中位居第二。

教育见习和实习可以为职前教师提供观摩和体验教学的机会，通常被认为是促进学科教学知识发展的有效途径。教育见习和实习对教育理论知识、

课程知识和学科知识的发展都发挥着重要作用，而且，在被调查的职前教师看来，这种作用是第一位的，大于大学期间其他各种教师教育课程的作用。教育见习和实习所发挥作用之广和重要程度之高确实令人惊讶。因此，我们不可低估教育见习和实习的作用。但从目前师范院校教育见习和实习的现况来看，数量和质量都远远没有达到所需要的程度。以上结论的启示显而易见，师范院校应重视教育见习和实习的合理设计与有效实施，注重实践过程中的指导与反思。鉴于教育见习和实习对职前教师的各类专业知识都有很大的促进作用，师范院校应有效利用教育见习和实习这一途径发展职前教师的各类专业知识，而不要仅仅关注学科教学知识的发展。

四、注重对教师教育课程的评价并及时修订

研究发现，就职前教师的学科教学知识状况而言，省属一般师范院校职前教师的得分高于其他类型师范院校的职前教师。在汉语言文学、数学与应用数学、英语三个专业中，汉语言文学和英语两个专业都是省属一般师范院校职前教师的得分最高，这可能与省属一般师范院校长期重视培养学生学科教学素质有关。这给我们的启示是，应当重视师范教育机构长期以来在培养教师专业能力方面积累的经验，特别是师范专科学校和中等师范学校形成的重视学生专业技能和学科教学素质的做法和经验，使这些院校升格为本科院校后继续保持以往的优良传统。从另一个角度来看，重点本科师范院校在课程实施过程中应当加强这方面的培养和训练，从整体上提高教师培养质量。可见，对于培养课程与教学环节的有效评价能够反观职前教师的学习成效和培养质量，影响职前教师的学习效果。因此，要定期对培养课程体系的合理性和课程目标的达成度进行评价，根据评价结果及时修订培养方案，进行课程建设和教学改革创新，并在评价过程中注重多个利益方的参与，如培养方案的顶层设计者、教学管理人员、教师、学生、用人单位等，根据多元建议合理修订与调适。

第三节 职前教师教育改革的建议

基于对教师专业知识现状的研究分析，我们对测查工具本身、教师专业知识结构以及教师教育课程等几方面进行了反思，期望为当前的教师教育课程结构、内容选择和教学方式的改革以及教师评价等方面提供信息参考。

一、关注教师专业知识结构，推动教师考评制度的完善

测查发现，教师专业知识的总体水平令人不满意，且各类专业知识的水平也不够均衡稳定，如学科课程知识和学科教学知识总体水平偏低，而这两方面恰恰是与教学活动直接相关的知识，对教学活动有一定的影响，值得广泛关注。

目前，我国在学位颁发和教师资格认定上分离和普通化的倾向较为明显，职前教师毕业时获得的是其所在学科专业的学位，充分肯定了该学科的专业知识和专业学习是教师未来从教的基础。而目前的教师资格认定并未充分实现甄选功能，通过综合素质、教育知识与能力、学科知识与教学能力的笔试以及教育教学实践能力的面试，达到相应考核分数标准的即可颁发相应学科的教师资格证，一些非学科专业的、非师范专业的学生也比较容易通过相关的考试，但不具备相关教育教学能力的人员并不能通过上述考试被筛选出来。与美国教师资格证制度相比，我们目前的审核制度无法检验从教教师学科教学知识的发展水平，也无法确保所有从教教师掌握了教学所需的基本知识和技能，能够保证学生更好地学习。因此，考评制度是评估和促进教师专业知识结构改善的一个有效途径。教师教育工作必须落实到具体的课程、教材、师资、教学方法、技术手段和实践环节的改革，构建适应教师终身发展的教师教育课程体系，从职业发展的需求出发，注重理念、素质、能力、知识的综合培养，完善教师的能力和知识结构。

二、调整教师教育课程设置，提升教师教育质量

在整体规划教师教育课程时，应充分考虑学科专业间的差别，不能整齐划一地要求具体模块课程比例或学分总数，需要赋予各专业以充分的自主权和弹性空间，各专业在制订与完善课程计划时要进行充分论证。

在设计教师教育课程中的具体模块时，可以结合教师专业知识的结构及教师专业成长的基本规律进行顶层设计与调整完善，如学科知识模块在考虑相关学科知识系统、完整、精深的同时，更应突出高观点的学科知识与基础教育中学科知识的联系，在学科素养与教学应用之间嫁接桥梁，引导师范生从学科教学的角度学习并思考学科价值、学科发展、学科思维、学科知识等。

在教学具体实施过程中，专任教师应提升教学内容的适切性与实用性，特别是与学科教学法相关的课程，做到理论与实践的深度融合，多为师范生创造接触基础教育实际的机会，基于真实的情境思考学科教学，有效地整合教师专业知识中的各个要素，形成实践智慧。注重通过实践反思达到自我理解、自我审视、自我澄清，建构个人实践理论，对教育教学进行慎思和再造，提升教师对教育教学的理解，实现有效教学。

三、注重学科教学知识的培养，发挥教师教育一体化的纽带作用

学科教学知识是教师专业发展的重要标志。从教师的学科教学知识状况了解教师专业发展和专业成长，无疑是重要的途径；而从学科教学知识的培养入手，也是教师教育培养工作的一个有力切入点，有助于提升教师专业素养，进而提高教育质量。

（一）教师教育课程设置应重视学科教学知识的培养

调查显示，职前教师的学科教学知识得分率最低，是各类专业知识中最低的一类，需要引起足够重视。因此，建议将此类专业知识作为大多数学科教师教育和专业发展的重中之重。而有关调研反馈，职前教师课堂教学基本功严重欠缺，现代教育技术能力低，创新与科研能力不足，教育教学组织管理能力差，学科知识结构不系统、学科思想方法和概念构建的知识不完备。

新手教师（包括职前教师）的知识结构不够完整，水平较低；学科知识与教学知识没有统整；对学生的理解不足；教学策略不够适切。这些不足均与学科教学知识相关，因而教师教育课程设置应注重与学科教学知识相关的内容，引导教师和教师教育工作者重视学科教学知识的功能及对教学的意义，帮助教师学习如何教学，如何组织、呈现具体内容和问题，并使之适应不同学生的兴趣和能力，学会选择恰当的知识表征方式，使学科知识为学生所理解和接受。

（二）学科教学知识的培养应采取实践取向的策略

教师专业发展不是从理论学习到实践应用的线性过程，需要教师在实践体验的基础上结合经验进行反思来渐进发展。传统的教师专业发展模式存在着唯“知识论”的弊端，认为教师学习了相关的教育理论、掌握了学科专业知识就具备了设计、实施、评价等教学能力，错误地认为教师有了这些知识就能够熟练地进行教育工作实践。本研究有关学科教学知识题目作答情况的结果显示，学科教学知识呈现完美答案的教师少之又少。在分析题中，一些教师即使能够正确地回答出学科知识的题目，但是在相关的教学分析，即如何恰当地教给学生或恰当地指出学生所犯错误等方面表现得尚不满意。学科教学知识与学科知识、教育理论知识相比，更具有针对性和情境性，因而它的培养不能局限于知识的传授与习得，而应与实际的教学问题、特定的主题教学相联系，帮助教师将对学生的学习、教学策略、特定学科内容等的理解结合起来。职前教师通过增加教学实践参与的过程，形成对实践的见识和关于教学的知识。已有学者的研究证实，教师在反思与教育实践中更有利于学科教学知识的形成。因此，教师教育课程需要紧密联系基础教育课程与教学实践，通过对专业实践、特定教学策略的反思来凝练集体的经验并提升个人的学科教学知识素养，帮助职前教师将学科知识与具体教学所用的知识结合起来，提升教育质量。

（三）与学科教学知识相关的课程应成为教师教育职前职后一体化的纽带

学科教学知识理论是针对教师教育机构中“学术”与“师范”培养分离带来的弊端提出的，学科教学知识研究的发展与完善能够促使教师教育计划中学科课程和教育课程结合更加紧密、更有针对性。目前，对学科教学知识的研究较多关注理论层面的诠释，较少深入到具体学科与年段的教学实践，更鲜有联系中小学教师培养和培训的实践。因此，研究与中小学各学科核心内容相关的学科教学知识，并将其融入教师培养与培训课程之中，必将有利于提高教师培养质量，有助于教师专业水平的提高，对教师教育改革具有重要意义。通过对教师有关学科核心知识的具体理解和教学思考，进一步评价与分析教师相关专业知识情况，如教师的学科知识整体结构和具体知识间的结构关系，对学生学习错误和学习困难的理解，以及基于学生学习困难和先在知识的教学策略等，能够更恰当地分析教师学科教学知识的具体特征与表现，进而提出有针对性地改进教师学科教学知识的策略。正如前述分析结果显示，职前教师与在职教师在学科教学知识的具体类型上存在着不同的表现与特征，因而教师教育学科教学知识相关课程内容的设置或者工作坊主题的设计都应有所侧重，帮助教师增加解决典型问题的策略积累，更加全面地了解学生的学习。

随着教师教育改革的深入，美、日、英等国均在其教师教育相关文件中体现出努力培养教师终身学习能力的诉求及重要性，注重职前职后教师教育课程的连续性，着眼于教师终身专业发展规划的教师教育课程构建。学科教学知识相关课程的开发与设计能够实现教师缄默性的知识由“隐性”到“显性”再到“隐性”的传递过程，避免知识与技能过度依赖“经验教师”“优秀教师”，避免知识与技能的“失传”或“流失”，减少“试误”过程的时间浪费。对相关知识的系统整理与积淀，能够将知识与技能的传递更为系统化、科学化，共同分享经验，帮助教师思考教学、学习教学。

四、完善教师专业知识测量工具，提高教师专业知识评价质量

我国尚未出台相关标准明确规定教师应该具备哪些专业知识，因此这些知识所涵盖的领域和内容没有统一参照。已有测查工具的理论框架是在教师专业知识相关理论的基础上搭建的，尽管工具的编制在专家协商确定基础上进行了信度、效度的检验，但测查领域和内容的确定均受专家个人背景和观

点的影响。此外，高质量的测查需要每一个题目均具有代表性，试题数量能够涵盖所有测查的特质，目前的测查工具的题目数量有待扩充。由于本测查并非利害性，测查实施的过程不能排除被试存在未能真实表现其专业知识水平的现象，从而造成对测查信度的影响。综上所述，试题的基础性和工具的推广性均有待进一步检验。

此外，学科教学知识作为教师专业知识的核心部分，其复杂性使得全面、准确的测量与评价工作受到极大挑战。学科教学知识具有缄默性，不容易被观察和测量，教师无法直接表述或告诉调查者“我在使用学科教学知识”，因此单一工具或方法的测量均具有局限性，需多种途径（如观察法、访谈法、纸笔测验法）收集教师知道什么、做了什么、行动原因等信息，需将其与特定的学生、内容、事件等联系起来，通过一系列课程或一个单元课程才能全面把握教师的学科教学知识。

第九章　教师专业知识与在职教师培训

教学是一项复杂且多样性的任务，而教师有效地完成教学任务需要具备哪些知识、技能和能力呢？这是在职教师培训设计者常常要思考的问题。从教师在职培训的实践发现，教师在职培训内容一定要包括“知识”（knowlege）和“能力”（capability）两个方面，一是培训设计者要依据《小学教师专业标准（试行）》和《中学教师专业标准（试行）》，其中专业知识和专业能力是两个非常重要的维度；二是已有经验表明，为了教好某一领域的知识，教师必须知道该领域的知识，且仅靠这种知道还不能进行有效教学，还需要具备多种类型的知识才能成为课堂上的优秀教师。陈向明也指出，教师只有以知识为基础，才能意识到自己的理智力量，找到自己知识的生长点和自我专业发展的空间。[①] 因此，本章基于前面教师专业知识的测查，延伸探讨教师专业知识与在职教师培训的问题。

第一节　在职教师专业知识的特征与存在的问题

在职教师教学时，需要不断地从教学经验中把握学科和教学两方面的知

① 陈向明．实践性知识：教师专业发展的知识基础［J］．北京大学教育评论，2003，1（1）：111.

识，需要不断地融合所教学科和教学等不同类型的知识，并能纯熟地运用到教学中去。对教师个体来说，知识学习、经验积累的过程是充满主体精神的同化和顺应过程，因此，在职教师专业知识表现出不同的特质。

一、在职教师专业知识的特征

（一）教师在教育教学实践中创生自己独特的知识

从情境认知理论（situated cognition）出发的学者认为，教师专业知识的发展位于教室和教学情境之中，此时专业知识并不是以一种和情境分离的抽象方式被存储在教师的思想当中的，而是以能在教学情境中容易提取、应用的方式来加以存储的。简言之，它是在情境中发展，并与它所发展的教室、教学活动等所有特质一起被存储下来，在未来相似的情境下提取与利用。① 教师在教育教学过程中一定会根据自己所面临的具体情境创造性地行动和思考，并且会依赖自己在实践中所积累的经验进行日常工作。在这个过程中，教师在为学生成长创造有益经验的同时，也创生着自己独特的知识，这就是很多学者所说的实践性知识。

从前面的研究发现，实践性知识是教师专业发展的知识基础，在教师职业专业化、教师主体精神以及教师成长等方面都有着十分重要的意义，是教师开展日常工作必需的和非常重要的支点，教师职业的优势、独特性和不可替代性就体现在这种实践性知识与能力上。而且，实践性知识也影响着教师对理论性知识的筛选、过滤、学习与运用。有学者指出，专家教师之所以成为专家，就是因为实践性知识在他们的知识结构中占有很大成分，而且随着教师的成长，实践性知识在教师知识结构中的地位和作用也越来越重要，作为优秀的教师是以实践性知识为基础和特色的。② 因此，从某种程度上说，教师实践性知识的积淀状况，实践性能力如对知识的运用能力、处理实际问题的智慧、对情境的专业判断力等的强弱直接决定着教师在职业中能否成功，

① Putnam R T，Borko H. Teacher learning：implications of new views of cognition［J］. Educational Researcher，2000，29（1）：13.

② 钟启泉. 现代课程论（新版）［M］. 上海：上海教育出版社，2003：542.

也是教师能否达到专业水平的重要标志之一。

（二）不同类型教师的专业知识图式与缺失不同

不同的教师所擅长和欠缺的知识类型不同，因而会形成不同的知识结构。这一点，前面几个学科教师专业知识的研究已经为我们提供了佐证。研究结果表明，经验教师具备专长的特征，比新手教师表现出更多的教育学知识、学科知识和学科教学知识，其认知图式更为丰富详尽，更具有关联性，也更易于理解。所以，经验教师在教学计划和教学互动中对教学的处理更为有效。与新手教师不同，经验教师更多的是在头脑中进行计划，同时在计划的速度和效率方面更快、更高，因为他们能将现存的教学图式中的有关信息进行组合以适应每节课的具体要求，而新手教师常常需要不断调适教学图式且教学图式又非常有限。也就是说，新手教师通常没有足够的学科教学知识，他们经常表示不知道学生知道些什么，或者能够学些什么，在所教学科范围内缺乏足够的讲述技能。因此，他们必须在备课时就把要向学生表述的话语和手段想好。

经验教师的教学特质主要表现在如下几个方面：①擅长自己的领域及特定的学科；②经常为了完成教学目标而不断地重复运用教学技巧及方法，以发展为自动化；③解决问题时对任务的需求及社会的情况较敏感；④在教学方面比新手教师更具弹性；⑤注重问题的潜在因素，而不是只看问题的表面；⑥有快速正确的模型认知能力，能对所经验的有所感受；⑦能觉察所经验领域中有意义的模型；⑧具有更丰富及更多个人的信息来源，以应对所尝试解决的问题；⑨对所得到的信息能从假设中做大体的推论；⑩自信，有成功的经验，善于评价；⑪能及时注意反常的事物，因为他们知道这些可能是过程中的重点。

也许经验教师和新手教师的学科知识都相当丰富，但学科教学知识会有明显不同。教师如果具有长期的教学实践，就能够积累课堂教学的丰富经验。“知识包”是经验教师所特有的学科知识图式，每个教学主题都可以形成一个知识包，每个知识包都包含一些“关键片段”或“概念结”，教师在教学时会根据教学脉络去组织他们的知识包。而且，同样的知识包在不同的教学主题中重要性也会跟着改变。这也表明，在经验教师的教学实践中能有机会看到学科教学知识的多种样貌。

学科教学知识强调的是几种不同类型知识的有机融合和相互作用，是把有关学生的知识、教学情境的知识有机融合，帮助教师建构课程内容，选择恰当的教学策略与方法，进而帮助学生融入学习和理解的过程。而任何分离的、松散的、缺失的知识结构都将影响到教师专业知识的完善程度，进而影响到他们专业成长的程度。因此，教师专业知识结构的缺失将影响他们从一名初职教师转变为优秀教师，影响他们从普通教师成长为专家教师。

（三）在职教师专业知识来源多样化

教师专业知识是怎样发展而来的呢？教师专业知识会受到哪些因素的影响呢？研究发现，教师认为教学经验是他们“学习如何去教”最有效的来源，其次是与其他教师的讨论、观摩其他教师的教学、个人进修等，至于在大学接受的专业教育，以及在职进修的培训学习等，都被评为是效果比较低的来源。教学技能不是通过职前教育获得的，而是随着时间的推移，教师通过自身教学经验的积累、反思而习得的。整体来说，教师倾向于那些能直接改善实际教学及提升学生学习效果的知识来源。因此，在教师获得专业知识的诸项可能来源中，与其工作情境（即教室）较接近的、较直接的来源通常被认为是效果较大的，如教师本身的经验、学校同事间的切磋等；反之，则被认为是效果较小的，如大学的专业教育等。被认为对教师专业知识发展效果较大的来源，也一定能够表达有关学科教学法、特定学生及其特征，以及教育历程，尤其是课堂教学经历等方面的知识。

需要注意的是，关于各种来源对教师专业知识发展作用的调查结果所显示的只是实际状况，未必代表各种来源所能发挥的最大作用。在充分利用那些作用显著的来源的同时，也应反思和完善那些作用较弱的来源。促进教师专业知识发展，不能依赖单一的来源，应综合发挥多种来源的作用，相互补充。综合而言，教师专业知识主要来源于以下六个方面。

第一，职前的专业课程。教师在职前教育中所接受的有关学科的课程与教学，对其专业知识的发展有直接的影响，其中特定学科的教学法课程用以协助职前教师建构个人独特的教学法，因此师资培育的专业课程也是教师获得系统性专业知识的来源之一。①

第二，学生时期的学习经验。教师在进入师资培养课程之前，已有多年当学习者的经验，这些长期观察见习的经验常会在不知不觉中内化为教师个人对教学的想法，甚至影响教师的教学理念、教学方式或教学态度等行为模式。不过，这些源于观察的学徒式的教师专业知识可能内隐多于明确、保守多于革新。②

第三，教学实践经验。教师可以在实际教学中来验证所学的理论或原则，并且从实践中获得更多直接的教学经验，尤其是对于学习者常出现的错误概念和前概念等可以有进一步的了解，当然，他们也会比较地运用何种教学策略或教学表征更有助于教学。

第四，其他教师的建议。这些建议包括学校同事、师资培养学习历程的同伴、实习辅导教师之间的讨论或所提出的看法。

第五，教学情境。教学情境包括学校环境文化、学校行政组织、家长的态度、学校教学资源、社会的期望、教育法令等。

第六，个人进修。教师个人参加在职进修与教学相关的工作坊或充实相关的教育学术文献资料。

二、在职教师专业知识存在的问题

（一）学科知识和学科教学知识的真实水平和发展状况不容乐观

由于某些特殊原因，学科教师队伍中有一些教师是跨专业教学，他们在日常的课堂教学中会遇到许多问题。比如，由于学科知识欠缺，会导致教师对内容不能整体理解，仅能就例题讲题，不能用好的教学表征促进学生的理解。特别是新课程改革赋予教师教学更大的自主权，很多教师由于缺乏学科知识，因此会在新课程实施中感到困惑，不知道怎样根据教材备课、上课，

① 赵冬臣，马云鹏，韩继伟，等．中学语文教师专业知识来源调查与分析［J］．教师教育研究，2009，21（6）：69.

② 黄永和．教学表征：教师的教学法宝［J］．国教世纪，1997（178）：19.

要么按照以往的教学方式一讲到底，要么照本宣科机械地按照教材的编写顺序展开教学，要么将动手实践变成漫无目的的游戏活动，完全脱离教学内容。这些状况都表明教师所拥有的学科知识和学科教学知识不能满足教学的需要，他们不知道某一内容可以用哪些方式进行表征、每一表征的优缺点以及不同表征间的联系；不知道学生在理解上有哪些困难、如何帮助学生克服常见错误等。可见，教师专业知识直接影响着教师的教学行为，影响着课堂教学效率。

（二）实践性知识并没有得到充分挖掘与尊重

每一位教师的头脑和身体里都存在着大量的实践性知识，因此可以根据教学环境进行自发的调节，以适应千变万化的实践情境的需要，这是教师教学智慧的最集中体现。实践中，管理者常常会忽略教师在教学实践中形成的知识，只是将其看作一种简单的经验，而不是教师真正建构的知识。实际上，教师都会在教学实践中建构自己独特的实践性知识，这种实践性知识常常以内隐的形式存在于头脑中、身体中、行动中，只有在解决具体问题时才能充分表现出来，因此没有得到充分的挖掘与尊重。教师的教学实践展示过程，实际上是将自己的实践性知识转化为外显知识的过程。教师展示自己的教学实践可以使实践性知识得到多种方式的相互转化，从而使教师加深对自我实践的理解，同时也使其他教师在观摩的过程中获得更多的经验，并将其应用到自己的教学实践中，尽可能地实现实践性知识在教师之间的学习和发展。

（三）教师没有时间和精力来整理和反思自己实践性知识及存在的问题

教师忙于应对大量繁杂的工作，缺乏充分的对话机会，也没有意识到自己的一些做法实际上就是实践性知识。另外，各学校对教师研修的重视程度不同，一些比较封闭的学校工作环境导致许多教师对自己的经验缺少反思，随着教学经验的不断丰富，这种经验式的实践性知识就会程序化，带有日常知识的性质。因此，这是一种即刻的、难以反思的知识，如果没有同伴的语言和行动的提醒，教师本人有时很难发现自己的实践性知识可能存在的缺陷，一般也不会进行深刻而全面的反思，只会按照某种定式持续地教学。当教育教学工作不尽如人意或失败时，教师只认为“科学”的教育教学知识没有实效性，完全不会审视支配自己行为的知识、看法和观念。①

第二节　对在职教师专业知识培训的反思

在职教师培训的教育形态非常复杂，有其对象、时间和途径等因素的特殊性，因此设置培训课程既要以帮助教师“加深专业理解”“解决实际问题”和“提升自身经验”为宏观思路，又要充分考虑教师工作所处的学段、教师从教的学科、教师专业发展所处的阶段以及教师自身的特殊要求等因素，还要遵循教师作为成年人的学习特点和规律。随着大规模培训的进行，在职教师培训在培训方式、培训课程、培训评估等方面都有值得反思的空间。基于前面对教师专业知识的讨论，在此重点反思在职教师培训中关于教师专业知识发展的问题。

一、知识观影响对在职教师培训的定位

在讨论培训项目设计时，我们会讨论培训的目标、课程、实施和评价，但知识观对在职教师培训定位的影响却无时无刻不存在着。人们普遍相信，知识是普遍有效的，只要教师“吸收”了培训的知识，就能很好地将其应用到以后的教育教学实践中，就能使教学变得更加有效。事实上，在在职教师培训中，培训机构在定位时仍然持传统知识观，即知识是由专家或学者发现、生产和供应的，是外在于教师，供教师去学习、去认识的真理，教师的任务是“消费、加工处理和使用它们”②。在培训中，教师大多以知识的接受者出现，在学习中更多的是认同权威性的解释和理解，而其自身对知识的体会和感悟并没有真正体现其价值所在。教师只是培训的被动接受者与消费者，接

---

① 夏吉莉．缄默知识与教师专业发展［J］．现代教育论丛，2004（3）：62.

② 卢乃桂，操太圣．立法者与阐释者：大学专家在“校院合作”中角色之嬗变［J］．复旦教育论坛，2003，1（1）：19.

受与应用一套真理性的、去情境化的知识。事实上，这种知识观下的教师培训忽视了具体的教育情境和经验性知识对教师知识建构所起到的作用。

教师的劳动具有高度特殊的个性化实践的特点，而教学实践并不完全是有形的、直观的工作，它面对的始终是变动的教学环境，教学的根本问题不是理论的或技术的问题，而是实践的问题。教师所考虑的不是“我应该怎么做”的问题，而是“我此时此地该怎么做”的问题。因此，教师必须积极主动地面对教学问题，并在独特的、不稳定的甚至是冲突的教学情境中建立自己的教学理论与技术。从某种程度上说，教师对教室事件的自然反应（如直觉、判断）和洞悉力比教学的科学更重要。但在以知识灌输为导向的教师培训中，培训课程的设计常常重视将各种理论引入、移植到课堂并要求教师接受，而忽视了教师基于自身体验、感悟、反思、实践而形成的教育智慧的作用，使人们看不到教师行为背后丰富的、情境化的个人体验和行为基础，也会割裂教师丰富的生活场景、疏离教师真实的生活世界，不可避免地导致教师产生培训的这些理论无用的想法。

二、学科教师培训过于关注教育理论知识

基于追求专业特质的教师专业发展理论有意无意地使得教师培训者认为，只要教师具备了足够的教学理论知识，就能表现出适切而有效的教学行为，因此把不断学习教学新理论作为中小学教师成长的必备条件。[①] 正因如此，从培训内容来看，学科教师培训更多地把注意力集中在了教学理念、教学策略和方法上，导致的结果是让教师感到学习的内容过于抽象、概括，培训的实效性不够好。教师认为听到的理论确实不错，但毕竟和自己的实际相距太远，用不到教学中去，特别是对于特定环境的教师，如农村教师，更是认为实质性的东西少，联系实际不紧密，教育理论难以发挥指导教育实践的作用。教师往往想看到一个模型，把无形的东西变成可操作的东西，但在培训中却

① 操太圣，卢乃桂．伙伴协作与教师赋权：教师专业发展新视角［M］．北京：教育科学出版社，2007：24.

很难得到。而且，我们常常认为教师经过培训后能对知识进行顺应和同化的建构，实现教育理论知识的迁移，解决教师自己在教学中的问题，而缺乏对教师学习这些内容的反思引导，这不利于教师更新自己的知识结构并形成体系。因而，教师在理论上不能够升华，培训一段时间后又会回到原点，从而制约了教师培训的成效。实质上，在在职教师培训中，广大在职教师渴求的不是抽象的教育教学理论的学习，而是针对具体教学内容的一些能实际操作运用的专业知识。众所周知，教育理念是一种教师个人的教育哲学观，是教师关于教育的观念和看法，它是教师从事教育工作的逻辑起点，反映了教师对于教育的价值追求，并指导着教师的教学实践。但受训教师并不是带着一张白纸来的，各自拥有层次、程度不同的教育理念，因此试图仅仅依靠专家学者的灌输来统一教师的教育理念，往往是徒劳的，甚至会起反作用。[①] 教师专业发展不是从理论学习到实践应用的线性过程，需要教师在实践体验的基础上结合经验进行反思来渐进发展。传统的教师专业发展模式存在着唯“知识论”的弊端，认为教师学习了相关的教育理论、掌握了学科知识，就具备了设计、实施、评价等教学能力，错误地认为教师有了这些知识就能够熟练地进行教育工作实践。

三、学科教师培训忽视学科教学知识

随着课程改革的深入推进，如何有效地促进教师专业知识发展是我们必须面对的问题。而学科教学知识直接影响着教师的教学行为，影响着课堂教学效率。毋庸置疑，教师所掌握的知识，特别是学科教学知识，对于教师的课堂教学行为乃至最终对学生所学到的一切，都是最为重要的影响因素之一。尽管如此，在学科教师培训内容设计方面，关于学科教学知识的培训设计并没有受到应有的重视。目前，关于学科教学知识研究的应用多是在教师教育的课程设置与教学实践中，至于其对在职教师培训能有些什么启示，国内的

① 蔡伟．建构以角色转换为核心的“全动型”教师培训模式［J］．课程·教材·教法，2011（12）：90.

研究尚不多见。在职教师培训关注学科教学知识研究不够，导致在职教师培训经验化有余而理论支撑不足。尽管我们说教师培训不是万能的，尤其是对于大规模的教师培训而言更是这样，但这并不意味着教师培训对教师学科教学知识的发展不能有所作为。

以数学学科为例，研究表明，如果在职教师培训涉及与学生学习表现相关的具体要求，关注数学学科知识及其在教育体系中的具体要求，围绕具体的教学内容进行深入、长期的学习和训练，那么培训的效果就会是好的，对教师教学水平的提高就会有帮助。① 一直以来，职前数学教师教育重视数学学科知识而忽视数学学科教学知识，在职数学教师培训重视数学教学的通识理念，数学学科教学知识从未成为重要的课程模块。张奠宙认为，如今的数学教师培训内容存在泛化的现象，忽视对传统的双基和数学内容的掌握，他发出了对数学被边缘化及教师数学素养是数学教育成败关键的警告。在职前数学师资培养中，数学学科知识一直是核心课程内容，同时开设教育学、心理学课程，这些课程是并列的，并没有很好地建立起内在的联系。如何发展职前师资的数学学科教学知识，虽有认识，但在实际的课程设置中却存在缺失，或设置此类课程，但并没有实现应有的效果，因为现在的数学教材教法课程多数情况是教学论加数学例子，并没有实现数学知识与教学法知识的真正融合，也就更谈不上学科教学知识的发展，这常常会导致初任教师教学上的困惑。对于在职数学教师，他们需要即刻应用的内容是能解决其教学中所遇到问题的具体方法，而不仅仅是对教学理念、教学方法的解读。正如舒尔曼所言："而是渴求知道针对具体的教学内容有怎样的本质理解，有哪些有效的表征形式？如何在课堂教学中实现这些表征的过程，以形成教学需要的知识，但这种针对性很强的培训是非常少的，这也是教师培训存在的问题。以往的师资培育机构不是太重视学科知识，就是太重视教学知识。"②

① Supovitz J. Translating teaching practice into improved student achievement [J]. Teachers College Record, 2001, 103 (8): 86.

② Shulman L S. Those who understand: knowledge growth in teaching [J]. Educational Researcher, 1986, 15 (2): 9.

教师通过增加教学实践参与的过程，形成对实践的见识和关于教学的知识。已有学者的研究证实，教师在反思与教育实践中更有利于学科教学知识的形成，因此在职教师培训更应聚焦通过加强课堂教学经验来发展教师学科教学知识，教师教育课程需要紧密联系基础教育的课程与教学实践，通过对专业实践、特定教学策略的反思，来凝练集体经验并提升个人学科教学知识素养，帮助教师将学科知识与具体教学中所运用的知识和教学经验结合起来，提升教学质量。

四、在职教师培训专业知识需求分析缺失

教师专业知识的发展有赖于高质量的教师教育和专业发展机会，而提供高质量的教师教育和专业发展机会，常基于对教师专业知识状况的了解。只有基于对所培训教师专业知识现状的分析和把握，才能判断教师究竟缺少哪方面的专业知识，才能更有针对性地设计培训课程。因此，在职教师培训专业知识需求分析是设计在职教师培训课程的一项非常重要的基础工作。

目前更多的是一些教育研究者对我国中小学教师专业知识状况进行的调查，或将专业知识作为一个整体来调查，不做具体分析，或单就专业知识中的某一类（如学科知识）进行调查。从研究方法来看，均采用问卷调查法。具体来看，少部分研究采取教师自我评价的方式调查教师专业知识，这种方法的局限导致其研究效度难以保证，而通过试题测查教师专业知识是大部分研究使用的方法。另外，许多已有研究采用了比较的视角，如城乡比较、专家教师与新手教师比较、不同教龄教师的比较。而培训机构或培训基地鲜有对在职培训教师做这方面的调查，因此培训课程的设计很难关照到教师专业知识的结构与水平，无法检验教师经过培训后学科教学知识发展水平是否有所提高，是否掌握了进行教学所需要的基本知识和技能，从而保证学生更好地学习。

已有研究表明，考评制度是评估和促进教师专业知识结构改善的一个有效途径。教师教育工作必须落实到具体的课程、教材、师资、教学方法、技术手段和实践环节的改革，构建适应教师终身发展的教师教育课程体系，从

教师职业发展的需求出发，注重理念、素质、能力、知识的综合培养，完善教师的能力和知识结构。同样，在职教师培训也需要这样对教师专业知识进行评估，培训前的评估能够给培训机构或培训基地提供课程设计的依据，培训后的评估能了解培训的效果。

第三节　在职教师专业知识培训改进的建议

在职教师培训的目标之一就是改进教师教学。教学改进从根本上说是个人和组织的学习过程。艾尔默（R. F. Elmore）认为，“改进是一个持续的、发展的过程，在连续发展阶段中它需要不同类型的知识和技能”[①]，使教师能够对“教学是什么”有更多的了解，并使教学效果更好；还要使教师更加清楚自己在教学活动中所扮演的角色，并使自己所做的教学策略更加有目的。富兰（M. Fullan）也认为，只有当教师乐意去改变时，专业发展才可能发生。有效的在职教师培训工作能为教师专业成长提供重要的途径和保障，但在职教师培训的出发点应是教师的专业需求。因此，设计提升教师专业知识的培训课程必须切合教师的专业需求。

一、认同教师在培训中是知识的主动建构者

波兰尼（M. Polanyi）认为人类的知识有两类，通常被描述为知识的，即以书面文字、图表和数学公式加以表述的，只是一种类型的知识；而未被表达的知识，像我们在做某事的行动中所拥有的知识，是另一种形式的知识。[②]他把前者称为显性知识，而将后者称为隐性知识。按照波兰尼的理解，显性知识是能够被人类以一定符号系统（最典型的是语言，也包括数学公式、各

① Elmore R F. Accountable leadership [J]. The Educational Forum, 2005, 69 (2): 135.

② 波兰尼. 科学、信仰与社会 [M]. 王靖华，译. 南京：南京大学出版社，2004：13.

类图表、盲文、手势语、旗语等诸种符号形式）加以完整表述的知识。隐性知识和显性知识相对，是指那种我们知道但难以言述的知识。[①] 波兰尼提到的隐性知识，简单来说就是一种以个人经验为主所累积的知识，教师专业知识就有很多内容属于隐性知识。教师通过正规教育或是教学相关书籍等外显方式所能学到的教学知识，都只是教学知识冰山中的一角，有更多的知识是内化在每个会教学的教师身体里的，是只能意会不能言传或是非笔墨所能形容清楚的知识，而这部分知识对教师的教学有着重要影响。越来越多的学者已经意识到，教育是一个复杂、特殊的领域，教师个体存在大量的知识，此类知识指导、支配着教师的教育教学实践行为，而教育教学实践已不能被教育研究者简单地发现、归纳，并系统化、理论化了。波兰尼提出的“隐性知识”“我们所认识的多于我们所能告诉的”观点对在职教师培训提出了一个不容忽视的问题：既然优秀教师的“优秀”大部分是“隐性知识”，参加培训的教师个体也拥有大量的“隐性知识”，对教师来说，参加培训并不是被动地接受知识，而是更多地借助自己的经验与知识进行自主学习。因此，如何让教师个体的隐性知识显性化，首先需要我们认同在培训中教师是知识的主动建构者，不能以理论填鸭式的方式或技术化的训练，而应关注教师的个体专业经验和专业反思能力，挖掘培训教师处于缄默、隐性状态的专业知识，促使隐性知识显性化，这也符合成人学习的特点：“成人主要是根据自己的经验说明自己，他们极为重视自己经验的价值，他们自己就是丰富的学习资源。”[②]

二、认识到学科教学知识的培训价值

学科教学知识是教学知识中的核心部分，是教师与非教师、新手教师与专家教师的区别所在，也是教师专业知识发展的重心所在，甚至在某种程度上决定了一个教师专业化发展的程度。研究发现，学科教学知识是教师从事

---

① 波兰尼．科学、信仰与社会［M］．王靖华，译．南京：南京大学出版社，2004：13.

② 诺尔斯．现代成人教育实践［M］．蔺延梓，译．北京：人民教育出版社，1989：51.

教学所应具备的核心知识，它影响着教师的教学行为，进而影响着课堂教学质量。针对学科教学知识对具体教学过程的作用，有学者认为，学科教学知识弥补了仅仅关注教师的学历或学历资格所带来的局限，实质性地提高了对促进教师所需具备的专业知识的理解，也产生了许多新的方法探查教师专业知识。① 教师学科教学知识的价值主要体现在两个方面：从宏观上看，学科教学知识对于促进教师专业发展作用显著，它是学科教师专业发展的核心；从微观上说，在具体的教学过程中，学科教学知识实质性地提高了教师对知识与学生的理解。学科教学知识有助于教师进一步加深对教师专业的认识，有助于教师进一步发展专业知识。这是因为：①学科教学知识影响着教师的教学行为，进而影响着教师的专业发展。可以说，教师具有学科教学知识的多少决定着教师教学能力的大小。②学科教学知识直接影响着课堂教学质量。教师一旦建构起自己的学科教学知识，就会内化为教师解释、认识、评价教学事件的框架或模型，并以这种框架或模型去分析、说明、论证、评价教学中的问题，以至于成为处理各种教学问题的原则和方法，对教学质量的影响非常大。

国内外学者都对学科教学知识的结构进行了探讨，并提出了不同的观点。基于前面对不同学科教师的学科教学知识的研究发现，学科教学如何表征呈现的知识及关于学生理解的知识是其核心要素。我们可以从下面这个“盒子”比喻得到理解。

“当一个医生为一个出疹子的孩子诊断的时候，他的脑海里就会出现各种‘盒子’：这是阳光暴晒引起的？是食物过敏引起的？还是麻疹子？于是，医生就会根据孩子的各种症状来判断。如果他判断孩子的症状属于麻疹子的情况，那他就会把对此病的治疗归类于麻疹子的‘盒子’，从而确切地知道该怎么做。”②

对于所有教师来讲，他们脑子里也会有这样类似的“盒子”。当教师面对

① 李琼，倪玉菁．教师知识研究的国际动向：以数学学科为例［J］．外国中小学教育，2006（9）：10.

② 博诺．六顶思考帽［M］．冯杨，译．太原：山西人民出版社，2008：5.

一个确定的主题教学内容时，脑子里就会闪现：是直接引入还是创设一个相关的情境？如果创设情境，这个情境应是什么样的？怎样按有意义的顺序来组织和呈现这个内容？为了促进学生的理解，应该提供哪种或哪些形式的表征？是用解释、图形、符号、模拟还是操作？学生在这个教学内容的学习中会遇到什么困难？学生有哪些看法或误解？教师应怎样处理学生的困难和误解？面对这些问题，教师会基于已有的经验对每一个问题做出判断，再对应相应的“盒子”，一旦确定是哪个“盒子”，教师就能够在课堂上随机应变，做出有益于学生的适当教学决策，教师的行为也就变得相当明确。

溯源舒尔曼提出的学科教学知识就会发现，从结构上说，舒尔曼提出的学科教学知识的两个主要成分是教师对学科知识的表征以及对学生特定的学习困难与概念的理解。而且，这两者是相互交织在一起的，教师拥有对学科知识越多的表征方式，且能越好地了解学生的学习困难，那么他就越能有效地发展自己的学科教学知识。

三、学科教师培训应倡导运用案例沟通理论与实践

实践不仅是教学技能提高的主要途径，也是理论研究的重要基地。在职教师培训既要重视教师教育理论的学习，也不能忽视他们教育实践技能的掌握，要帮助教师用所学的教育理论去很好地处理教学中遇到的实际问题。实际上，教师所储备的知识能否在教学中发挥效用，关键在于教师对知识的转化和加工，这一过程需要教师具有知识转化与加工的能力，否则容易造成理论与实践的脱节。在职教师培训要解决这样的问题，需要倡导运用案例作为桥梁，来沟通教育理论与教育实践。案例可以为教师提供理解“实践情境”的机会和过程。从教育哲学的角度来看，认知的最好策略之一便是“结合实践的对话”。学科教学知识是教师专业知识的核心，影响着教师的教学行为、教学策略，并最终影响到教学效果和教师专业发展。从这个意义上说，学科教学知识案例研究是从教师个人的实践角度去理解学科知识、理解学科教学理论的一次学习过程。虽然教师的学科教学知识具有一定的个体性和内隐性，但我们仍然可以通过优秀教师的课堂教学案例发现其学科教学知识的特点，

这些特点可以被研讨、模仿，内化为其他教师的学科教学知识，这将有助于提高教师的理解和教学表征能力，促进教师专业发展。不过，在提炼的过程中我们要关注优秀教师是如何呈现和表征具体教学内容的。当学生学习产生困难或有迷思概念时，教师做了哪些有益于学生的适当决策？他们是怎样提升与深化自己的学科教学知识的？这些有关优秀教师学科教学知识的分析，可以成为其他教师学习学科教学卓有成效的方法。学科教学知识原本就是一种实践性知识，它的生长离不开课堂教学实践。同课异构其实就是很好的课堂教学案例对比分析的形式，尽管教学内容完全相同，但因不同教师学科教学知识的差异导致教学效果不同，多做这样的对比分析，可以帮助教师找到教学的最佳设计思路，以及解决学生学习困难的最优方法，做出最有效的教学决策。此外，也可以帮助教师更准确地发现自身教学中的不足，促使其在反思中丰富自己的专业知识、提高自己的专业水平。

四、学科教师专业知识培训要强化对自己隐性知识的反思

教师会基于具体的教学内容深入理解学科知识，基于教师经验分享学习者及其学习的知识，基于课堂教学实践学习学科教学知识。这些知识都是教师在实践中获得的隐性知识。为了能使隐性知识更好地发挥作用，在职教师培训要给教师提供机会，让教师的隐性知识“显性化”，通过群体的分享，反思自己在知识方面存在的问题，同时认识到哪些知识是有价值的。教师的隐性知识随时都在不断地产生和积累，要使这些隐性知识向有利的方向发展并指导实践，教师就必须经常反思，也只有通过不断反思，才能发现和主导行为。因此，在职教师培训要强化对教师隐性知识的反思，让他们对自己所处的教学情境进行深入的分析，批判性地审视自己的教育教学行为。而在构建教师专业知识培训内容时，要包括教师专业知识的不同方面，按照理论与实践相结合的原则，以教师的培训需要为依据，以问题为核心，激发教师的反思意识，关注教师专业知识的获得，促进教师的专业成长。

附录　教师专业知识测查工具

1　小学语文教师专业知识测查问卷

老师，您好！感谢您接受问卷调查。这是一份调查教师专业知识状况的问卷，将为我们的研究提供非常有价值的信息。问卷匿名填写，不会涉及您和您所在学校的评价活动。请独立填写，反映您的真实看法和知识状况。

第一部分：个人基本信息

1. 您的性别：□男　□女

2. 您的教龄：□1~3 年　□4~6 年　□7~9 年　□10~12 年
□13~15 年　□16~18 年　□18 年以上

3. 您的第一学历：□中师　□大专　□本科　□硕士研究生　□博士研究生

4. 您的第一学历专业是中文专业吗？□是　□否

5. 下列称号，您属于哪一类型？（同时拥有多种称号的，请选择最高称号）
□校级骨干教师　□区级骨干教师　□市级骨干教师
□省级骨干教师　□国家级骨干教师　□非骨干教师

第二部分：教育理论知识

6. 在人的身心发展中起决定作用的因素是（　　）。
A. 遗传素质　B. 社会环境　C. 学校教育　D. 人的实践活动

7. 素质教育的重点是（　　）。
A. 知识与技能的传授　B. 创新精神与实践能力的培养
C. 个性的培养　D. 情感、态度、价值观的教育

8. 苏联教育家维果斯基提出“教学应走在发展的前面”，其含义是(　　)。

A. 在教学中，教师应提前讲授学生在下一阶段才能掌握的内容

B. 教学应超前，教师在设计教学时可以不考虑学生现有的发展水平

C. 教师应根据学生的“最近发展区”设计和实施教学

D. 教学应适应学生的身心发展，不能超越学生现有的水平

9. 遗忘的进程表现为哪一特征？（　　）

A. 先快后慢　　B. 匀速　　C. 先慢后快　　D. 时快时慢

10. 下面属于机械记忆的是（　　）。

A. 通过“山巅一寺一壶酒”记住 3.14159

B. 通过多次朗读记住一个英文单词

C. 通过阅读成语故事记住成语

D. 把拼音“q”联想成气球，记住它的读音

11. 机械学习与意义学习划分的主要依据是（　　）。

A. 是否理解学习材料　　B. 是否主动学习

C. 学习内容是否复杂　　D. 是否反复练习

12. 把实物、教具展示给学生观察，或通过示范性实验来说明和印证知识的方法是（　　）。

A. 参观法　　B. 实验法　　C. 实践法　　D. 演示法

13. 下列属于形成性评价的是（　　）。

A. 在教学活动开始之前，为了解学生的学习准备情况而进行的测验

B. 为了解一节新授课是否实现了教学目标，下课前对学生进行的测验

C. 为了解学生一学期的学业发展状况而进行的期末测试

D. 为了解学生毕业时的学业发展状况而进行的毕业考试

第三部分：课程知识

14. 下列课程中有一门新课程是从小学一直到高中都作为必修课程来设置的，它是（　　）。

A. 信息技术　　B. 综合实践活动　　C. 通用技术　　D. 思想政治

15. 下列关于“研究性学习”课程表述正确的是（　　）。

A. “研究性学习”课程是指科技类活动课

B. “研究性学习”课程应由专人来教

C. “研究性学习”课程应采用弹性课时制

D. “研究性学习”课程主要通过测验来评价

16. 校本课程开发的主体是（　　）。

A. 学校教师　B. 课程专家　C. 学生　D. 学生家长

E. 社区人士

17. 下列属于体验性目标的陈述方式是（　　）。

A. 说出、表演、展示　B. 设计、制作、创作

C. 感受、参加、养成　D. 解释、完成、背诵

18. 根据《义务教育语文课程标准（2011 年版）》的规定，学生小学毕业时应认识常用汉字（　　）。

A. 2500 个左右　B. 2800 个左右

C. 3000 个左右　D. 3500 个左右

19.（　　）是语文素养的综合体现。

A. 识字写字能力　B. 阅读能力

C. 写作能力　D. 口语交际能力

20.《义务教育语文课程标准（2011 年版）》对第一学段默读的要求是（　　）。

A. 初步学会　B. 学习默读

C. 有一定的速度　D. 养成习惯

21. 对于小学写作教学，《义务教育语文课程标准（2011 年版）》提出哪个学段为“写话”？（　　）

A. 第一学段　B. 第二学段　C. 第三学段　D. 第四学段

22.《义务教育语文课程标准（2011 年版）》对第一学段汉字的基本笔画和常用偏旁部首的目标要求是（　　）。

A. 了解　B. 基本掌握　C. 掌握　D. 不要求

23.《义务教育语文课程标准（2011 年版）》提出的阅读目标“学习略读，粗知文章大意”，是对哪个学段提出的？（　　）

A. 第一学段　B. 第二学段　C. 第三学段　D. 第四学段

24. 培养学生口语交际能力，应鼓励学生（　　）锻炼。

A. 在各科教学活动以及日常生活中　B. 在口语交际课中

C. 在家庭生活中　　　　D. 在与社会人群交往中

25.《义务教育语文课程标准（2011 年版）》对第三学段背诵优秀诗文篇（段）数提出的目标是（　　）。

A. 60 篇（段）　　　　B. 50 篇（段）

C. 40 篇（段）　　　　D. 30 篇（段）

第四部分：语文学科知识

26. 下列各组词语中，注音、书写全都正确的一组是（　　）。

A. 鞭苔　豢养　飞来横（héng）祸　载（zǎi）歌载（zǎi）舞

B. 商贾（gǔ）　禅（shàn）让　迫不及待　釜底抽薪

C. 拌脚石　诞辰　否（pǐ）极泰来　心宽体胖（pàng）

D. 刚劲（jìn）　邮局（yóu）　再接再励　背道而弛

27. 带点字解释全部正确的一组是（　　）。

A. 锱铢必较（比较）　攻无不克（克服）

B. 煞费苦心（结束）　恍然大悟（明白）

C. 休戚相关（亲属）　不拘一格（标准）

D. 心领神会（理解）　手足无措（安放）

28. 请把下列成语补充完整。

拾人牙（　）　久负（　）名　胆（　）心惊　无（　）之谈

司空见（　）　一见如（　）　应接不（　）　（　）肩接踵

29. 下列句子中成语使用恰当的一项是（　　）。

A. 说起四季如春的昆明，只听他夸夸其谈，使得在场的人非常向往

B. 无论学习哪一门知识，都不是一挥而就的，需要付出艰辛的努力

C. 一个小学生能写出如此漂亮的字，真叫人刮目相看

D. 人们常常把贝克汉姆和罗纳尔多相提并论，因为他俩都是世界级的球星

30. “我即刻胆怯了起来，便想全翻过去先前的话来，那是……实在，……我说不清……。其实，究竟有没有灵魂，我也说不清。”这句话中省略号的用法表示（　　）。

A. 沉默，无语　　　　B. 语言中断

C. 语言断断续续　　　　D. 含糊其词，欲言又止

31. “他不喜欢乘马车游公园——除非为了去炫耀一下他的新衣服。”句中破折号表示（　　）。

A. 解释、说明　　B. 声音的延续

C. 意思的转折　　D. 意思的递进

32. “你像高山之间出现的晨曦照亮了昏暗的大地。”这句话缩句正确的是（　　）。

A. 你像晨曦　　B. 晨曦照亮了大地

C. 你像晨曦照亮了大地　　D. 你照亮了大地

33. 下列诗句表现的自然季节与其他三项不同的一项是（　　）。

A. 天街小雨润如酥，草色遥看近却无

B. 渭城朝雨浥轻尘，客舍青青柳色新

C. 忽如一夜春风来，千树万树梨花开

D. 乱花渐欲迷人眼，浅草才能没马蹄

34. 唐宋八大家除了有苏洵、苏辙、苏轼、韩愈外，还有（　　）。

A. 曾巩、杜甫、柳宗元、王安石

B. 柳宗元、曾巩、欧阳修、王安石

C. 欧阳修、李白、杜牧、曾巩

D. 王安石、陆游、柳宗元、欧阳修

35. “人固有一死，或重于泰山，或轻于鸿毛。”这句名言出自哪位名人？（　　）

A. 闻一多　　B. 毛泽东　　C. 司马迁　　D. 岳飞

36. 南宋著名理学家朱熹将“四书”“五经”合称为《四书五经》，其中“四书”具体包括（　　）。

A. 《大学》《中庸》《论语》《孟子》

B. 《大学》《老子》《论语》《孟子》

C. 《大学》《中庸》《论语》《老子》

D. 《老子》《孟子》《论语》《中庸》

37. 下列句子没有语病的一项是（　　）。

A. 在会议上，校长虚心接受和听取了同学们的意见

B. 我并不否认这部小说没有某些不尽如人意之处，但总体上是成功的

C. 学习语文，除了要扩大阅读量，多练习写作外，培养良好的学习习惯也很重要

D. 在实施愉快教育后，学生的学习热情有了明显的进步

38. 诵读要注意节奏，下面停顿不正确的是（　　）。

A. 乃/取一葫芦/置于地，以钱/覆其口

B. 南朝/四百八十/寺，多少/楼台/烟雨中

C. 自是/指物作诗/立就

D. 自/非亭午/夜分，不见/曦月

39. 下列哪部作品不是列夫·托尔斯泰的？（　　）

A.《战争与和平》　　B.《安娜·卡列尼娜》

C.《复活》　　D.《巴黎圣母院》

阅读下面文章，完成 40~43 题。

华威先生（节选）

他永远挟着他的公文皮包。并且永远带着他那根老粗老粗的黑油油的手杖。左手无名指上带着他的结婚戒指。拿着雪茄的时候就叫这根无名指微微地弯着，而小指翘得高高的，构成一朵兰花的图样。

他的时间很要紧。

他立刻就走：他要到难民救济会去开会。

“工人抗战工作协会的指导部今天开常会。通俗文艺研究会的会议也是今天。伤兵工作团也要去的，等一下。你们知道我的时间不够支配：只容许我在这里讨论十分钟。”他说。

“我的意见很简单，只有两点，”他舔舔嘴唇。“第一点，就是——每个工作人员不能够怠工。而是相反，要加紧工作。这一点不必多说，你们都是很努力的青年，你们都能热心工作。我很感谢你们。但是还有一点——你们时时刻刻不能忘记，那就是我要说的第二点。”

“这第二点呢就是：青年工作人员要认定一个领导中心。你们只有在这一个领导中心的领导之下，抗战工作才能够展开。青年是努力的，是热心的，但是因为理解不够，工作经验不够，常常容易犯错误。要是上面没有一个领导中心，往往要弄得不可收拾。”

“你们工作——有什么困难没有？”他问。

“我刚才的报告提到了这一点，我们……”

“唔，唔，唔。我知道我知道。我没有多余的时间来谈这件事。……”

这就到了通俗文艺研究会的会场。

于是他发表了两点意见：第一，他告诉大家——在座的人都是当地的文化人，文化人的工作是很重要的，应当加紧地做去。第二，文化人应当认清一个领导中心，文化人在文抗会的领导中心的领导之下团结起来，统一起来。

五点三刻他到了文化界抗敌总会的会议室。

他声明——这文化界抗敌总会的常务理事会，是一切救亡工作的领导机关，应该时时刻刻起领导中心作用。

“群众是复杂的。工作又很多。我们要是不能起领导作用，那就很危险，很危险。事实上，此地各方面的工作也非有个领导中心不可。我们的担子真是太重了，但是我们不怕怎样的艰苦，也要把这担子担起来。”

他反复地说明了领导中心作用的重要，这就戴起帽子去赴一个宴会。他每天都这么忙着。

华威太太每次遇到我，总是代替华威先生诉苦。

“唉，他真苦死了！工作这么多，连吃饭的工夫都没有。”

“他不可以少管一点，专门去做某一种工作么？”我问。

“怎么行呢？许多工作都要他去领导呀。”

可是有一次，华威先生简直吃了一大惊。妇女界有些人组织了一个战时保婴会，竟没有去找他！

他开始打听，调查。他设法把一个负责人找来。

“我知道你们委员会已经选出来了。我想还可以多添加几个。由我们文化界抗敌总会派人来参加。”

他看见对方在那里踌躇，他把下巴挂了下来：

“问题是在这一点：你们委员是不是能够真正领导这工作？你能不能够对我担保——你们会内没有汉奸，没有不良分子？你能不能担保——你们以后工作不至于错误，不至于怠工？你能不能担保，你能不能？你能够担保的话，那我要请你写个书面的东西，给我们文抗会常务理事会。以后万一——如果你们的工作出了毛病，那你就要负责。”

接着他又声明：这并不是他自己的意思。他不过是一个执行者。这里他食指点点对方胸脯："如果我刚才说的那些你们办不到，那不是就成了非法团体了么？"

这么谈判了两次，华威先生当了战时保婴会的委员。于是在委员会开会的时候，华威先生挟着皮包去坐这么五分钟，发表了一两点意见就跨上了包车。

40. 下面是对文中加点的"简直"和"竟"这两个词语可否删去的讨论，其中正确的一种意见是（　　）。

A. 不可删，删了会减弱句子的讽刺意识

B. 可以删，删了会使句子更简洁

C. 不可删，删了句子的结构就不完整了

D. 删与不删均可，语意的表达没有什么变化

41. 华威先生看见对方在那里踌躇，说了一大段话。对此分析恰当的一项是（　　）。

A. 他说话过于直率，不善于做深入细致的思想工作

B. 他对抗战时期的群众团体要求过于严格，以致使人难以接受

C. 他对汉奸和不良分子的活动能力估计过高，有些草木皆兵

D. 他要通过对对方的威胁恐吓挤进战时保婴会

42. "于是在委员会开会的时候，华威先生挟着皮包去坐这么五分钟，发表了一两点意见就跨上了包车。"这句描写要讽刺的是（　　）。

A. 华威先生不学无术，不善言谈

B. 华威先生作风浮躁，很难把工作做好

C. 华威先生包而不办，只想抓权，不干实事

D. 华威先生忙忙碌碌，不善于把握工作节奏

43. 作者在对"兰花图样"的指形描写中流露出怎样的情感？

第五部分：语文学科教学知识

44. 在语文教学中，如何把孩子的经验和期盼作为教学的起点，从而促进课堂教学有效地进行，实现教学目标？（　　）

教师 A：在教学前，需要了解学生的学习心理且做预设准备，并对孩子

自身的学习经验做深入探究；同时要有符合学生的明确的教学目标，对孩子也要有期盼，师生共同学习。

教师 B：在教学前，需要对学生有充分的了解，符合学生的学习心理，对孩子有教学期望。

教师 C：在教学前，需要对学生的学习心理进行良好的估测，并深入了解孩子自身的学习经验，同时要有明确的教学目标，并将两者进行有效的结合。

教师 D：在教学前，把孩子的经验与期盼融入教学中，并结合教师本人的期盼，进行合理的教学与指导。

45. 当您讲解一篇课文时，如何准确地把握课文的重点与难点，并将其转化到具体的教学中？（　　）

教师 A：在授课的过程中，由学生自己对课文进行提前整理与理解，教师向学生指出课文的重点与难点，并向学生讲解，促使学生理解其原因，然后让学生理解课文。

教师 B：在讲解课文前，对课文的重点与难点要有较好的整体把握，提前预设学生遇到这些重点与难点的学习心态，并由学生指出课文的重点与难点，然后以较为通俗易懂的方式将其呈现在学生面前，从而使其理解课文。

教师 C：教师对课文有充分的准备，让学生自己指出课文中的重点与难点，并以形象直观的方式向学生讲解，促使学生理解课文。

教师 D：在讲解课文前，对课文的重点与难点要有较好的整体把握，提前预设学生遇到这些重点与难点的学习心态，然后以较为通俗易懂的方式将其呈现在学生面前，引导学生正确理解课文。

46. 对于教材的解读，您如何将文本与阅读主体的关系进行处理，从而实现立体全方位的有效教学？（　　）

教师 A：学生阅读教材，提出自己的疑惑，教师针对学生的不理解进行讲解。

教师 B：教师全方位阅读教材，内化为自己的理解，并以例子的方式呈现在学生面前，学生通过教师的讲解理解教材。

教师 C：厘清教材脉络和编者意图，把握学生学习心理和学习前的心理预设，关注学生阅读后的心理与情感反应，并将两者结合，互撑有无。

教师 D：对教材要有整体的把握，并做深入的解读，摸清编者及作者的意图；厘清学生的阅读心理及学习心理，了解学生原有的阅读经验，教师成为两者的桥梁。

47. 在讲评课文《夸父追日》时，如果有学生说夸父是自取灭亡时，您将如何去引导学生？(　　)

教师 A：对学生的这种想法给予忽视，岔开话题，谈论其他问题。

教师 B：对学生的观点给予直接的否定，引导其对夸父的精神进行正确的理解。

教师 C：并不对学生的观点直接给予否定，而是用举例子的方式，引导学生转变对夸父追日行为的认识。

教师 D：以“很有创意”“观点挺新颖”等观点对学生给予鼓励，并举例子，引导学生对夸父的精神给予认同。

48. 在课堂上，如果有学生听课心不在焉，您将如何激发学生的学习兴趣？(　　)

教师 A：在讲课的过程中，在不影响讲课的同时，走到该生面前，轻轻拍他的肩膀，并给予笑容，鼓励他谈谈自己的感受。

教师 B：直接对学生说，上课要认真听讲，并进行问题考验，以集中学生的注意力。

教师 C：通过提问的方式，从侧面提示学生认真听讲。

教师 D：提高自己的声音，并对该学生给予笑容，让其谈谈他对此问题的理解，并给予鼓励与积极的评价。

49. 课堂上有学生问您“童话和寓言有什么不同”时，您将通过怎样的方式让学生理解这个问题？

50. 在讲《愚公移山》时，如果有学生说愚公很傻时，您将怎样引导？

51. 您预计在教授《草》这首古诗时，学生可能遇到的困难和问题是什么？

2　小学数学教师专业知识测查问卷

老师，您好！感谢您接受问卷调查。这是一份调查教师专业知识状况的问卷，将为我们的研究提供非常有价值的信息。问卷匿名填写，不会涉及您和您所在学校的评价活动。请独立填写，反映您的真实看法和知识状况。

第一部分：个人基本信息

1. 您的性别：□男　□女

2. 您的教龄：□1～3 年　□4～6 年　□7～9 年　□10～12 年
　　□13～15 年　□16～18 年　□18 年以上

3. 您的第一学历：□中师　□大专　□本科　□硕士研究生　□博士研究生

4. 您的第一学历专业是数学专业吗？□是　□否

5. 下列称号，您属于哪一类型？(同时拥有多种称号的，请选择最高称号)
□校级骨干教师　□区级骨干教师　□市级骨干教师
□省级骨干教师　□国家级骨干教师　□非骨干教师

第二部分：教育理论知识

6. 在人的身心发展中起决定作用的因素是（　　）。
A. 遗传素质　B. 社会环境　C. 学校教育　D. 人的实践活动

7. 素质教育的重点是（　　）。
A. 知识与技能的传授　B. 创新精神与实践能力的培养
C. 个性的培养　D. 情感、态度、价值观的教育

8. 苏联教育家维果斯基提出“教学应走在发展的前面”，其含义是（　　）。
A. 在教学中，教师应提前讲授学生在下一阶段才能掌握的内容
B. 教学应超前，教师在设计教学时可以不考虑学生现有的发展水平
C. 教师应根据学生的“最近发展区”设计和实施教学

D. 教学应适应学生的身心发展，不能超越学生现有的水平

9. 遗忘的进程表现为哪一特征？(　　)

A. 先快后慢　　B. 匀速　　C. 先慢后快　　D. 时快时慢

10. 下面属于机械记忆的是（　　）。

A. 通过“山巅一寺一壶酒”记住 3.14159

B. 通过多次朗读记住一个英文单词

C. 通过阅读成语故事记住成语

D. 把拼音“q”联想成气球，记住它的读音

11. 机械学习与意义学习划分的主要依据是（　　）。

A. 是否理解学习材料　　B. 是否主动学习

C. 学习内容是否复杂　　D. 是否反复练习

12. 把实物、教具展示给学生观察，或通过示范性实验来说明和印证知识的方法是（　　）。

A. 参观法　　B. 实验法　　C. 实践法　　D. 演示法

13. 下列属于形成性评价的是（　　）。

A. 在教学活动开始之前，为了解学生的学习准备情况而进行的测验

B. 为了解一节新授课是否实现了教学目标，下课前对学生进行的测验

C. 为了解学生一学期的学业发展状况而进行的期末测试

D. 为了解学生毕业时的学业发展状况而进行的毕业考试

第三部分：课程知识

14. 下列课程中有一门新课程是从小学一直到高中都作为必修课程来设置的，它是（　　）。

A. 信息技术　　B. 综合实践活动

C. 通用技术　　D. 思想政治

15. 下列关于“研究性学习”课程表述正确的是（　　）。

A. “研究性学习”课程是指科技类活动课

B. “研究性学习”课程应由专人来教

C. “研究性学习”课程应采用弹性课时制

D. “研究性学习”课程主要通过测验来评价

16. 校本课程开发的主体是（　　）。

A. 学校教师　B. 课程专家　C. 学生　D. 学生家长

E. 社区人士

17. 下列属于体验性目标的陈述方式是（　　）。

A. 说出、表演、展示　B. 设计、制作、创作

C. 感受、参加、养成　D. 解释、完成、背诵

18.《义务教育数学课程标准（2011 年版）》指出数学教学活动应(　　)。

A. 以教师讲授为主，学生学习为辅，教师引导激发学生学习的积极性

B. 以学生的活动为中心，鼓励学生主动探究、动手实践、合作交流

C. 激发学生兴趣，调动学生积极性，引发学生的数学思考，鼓励学生的创造性思维

D. 让学生轻松愉快、自主地学习，教师是辅助者、帮助者

19.《义务教育数学课程标准（2011 年版）》在课程内容中解释了数感的主要内涵，具体地说，数感不包括下面哪一项？（　　）

A. 对数与数量的感悟　B. 对算法的感悟

C. 对数量关系的感悟　D. 对运算结果估计的感悟

20.《义务教育数学课程标准（2011 年版）》对过程目标的要求是(　　)。

A. 了解、掌握、感受　B. 理解、体验、灵活应用

C. 经历、体验、探索　D. 认识、探索、掌握

21. 下面哪个核心概念是《全日制义务教育数学课程标准（实验稿）》中没有，而在《义务教育数学课程标准（2011 年版）》中新增加的（　　）。

A. 统计观念　B. 运算能力　C. 推理能力　D. 空间观念

22. 第一学段图形的认识在内容编排上是按什么顺序？（　　）

A. 先认识平面图形，再认识立体图形

B. 先认识立体图形，再认识平面图形

C. 平面图形和立体图形同时认识

D. 以上说法均不正确

23.《义务教育数学课程标准（2011 年版）》对“数据分析观念”的描述不包括（　　）。

A. 了解在现实生活中有许多问题应当先做调查研究，收集数据

B. 了解对于同样的数据可以有多种分析方法

C. 通过数据分析体验随机性

D. 统计量的计算是统计的核心

24. 下面哪一项是《义务教育数学课程标准（2011 年版）》对“图形与几何”第二学段课程内容的描述？(　　)

A. 能在方格纸上画出一个简单图形沿水平方向、竖直方向平移后的图形

B. 通过观察、操作等活动，进一步认识轴对称图形及其对称轴，能在方格纸上画出轴对称图形的对称轴

C. 结合实例，感知平移、旋转、对称现象

D. 通过具体事例认识平移，探索其基本性质

25. 数学学习评价的主要目的是（　　）。

A. 了解学生学习的结果

B. 全面了解学生数学学习的过程和结果，激励学生学习和改进教师教学

C. 关注学生学习的过程和方法

D. 关注学生在数学活动中表现出来的情感、态度和价值观

第四部分：数学学科知识

26. 现行教材圆的面积公式的推导过程体现了（　　）思想在数学教学中的应用。

A. 极限　　B. 集合　　C. 优化　　D. 函数与方程

27. 1 路和 2 路公共汽车早上 6 时同时从起始站发车，1 路车每隔 6 分钟发一辆，2 路车每隔 8 分钟发一辆，这两路车第二次同时发车的时间是（　　）。

A. 6：06　　B. 6：08　　C. 6：48　　D. 6：24

28. 墨水瓶的包装盒上印有“净含量：60 毫升”的字样，这个“60 毫升”是指（　　）。

A. 包装盒的体积　　B. 墨水的体积

C. 墨水瓶的体积　　D. 墨水瓶的容积

29. 两千多年前，(　　）给出了圆的概念：“一中同长也”？

A. 欧几里得　　B. 墨子　　C. 刘徽　　D. 祖冲之

30. 观察下图，覆盖住的大杯中可能放着哪些球？（　　）

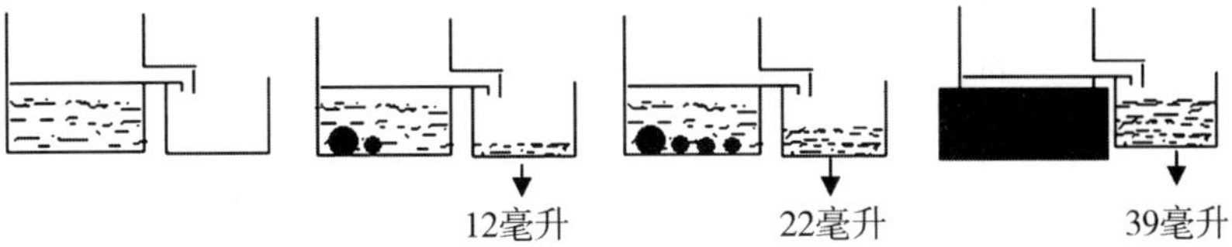

A. 1 个大球，7 个小球　　B. 2 个大球，3 个小球

C. 2 个大球，4 个小球　　D. 2 个大球，5 个小球

31. 用丝带捆扎一种礼品盒如图，结头处长 25 厘米，要捆扎这种礼品盒需准备（　　）分米的丝带比较合理。

A. 10　　B. 21. 5　　C. 23　　D. 30

32. 王老师要给寒假参加冬令营的 90 名同学每人发一顶营帽。有三家商场的帽子款式和价格符合要求，每顶帽子定价 20 元。由于买的数量多，三家商场的优惠情况如下：

甲商场：一次性购买 50 顶以上，全部打七折。	乙商场：消费满 200 元返 100 元代金券（代金券可以代替现金，但必须当天消费）。	丙商场：买四送一（即每买 4 顶帽子，另外免费赠送 1 顶，但不满 4 顶仍按原价计算）。

请算一下到哪家商场购买比较便宜？（　　）

A. 甲商场　　B. 乙商场

C. 丙商场　　D. 三家商场都一样便宜

33. 指出下面的图像中哪一个是 $y=\frac{k}{x}$（k 为常数，$k>0$）的图像？（　　）

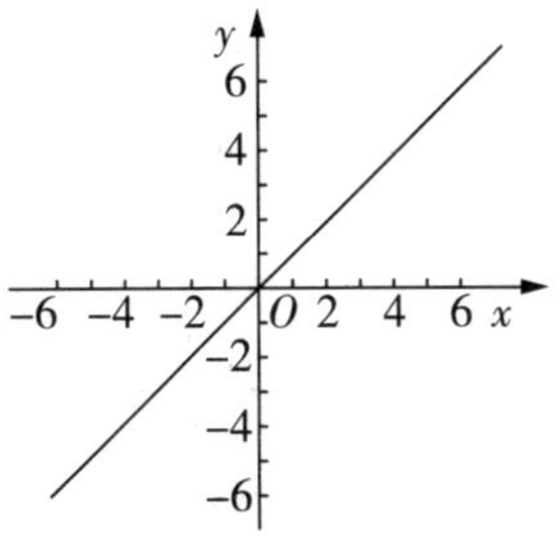

A

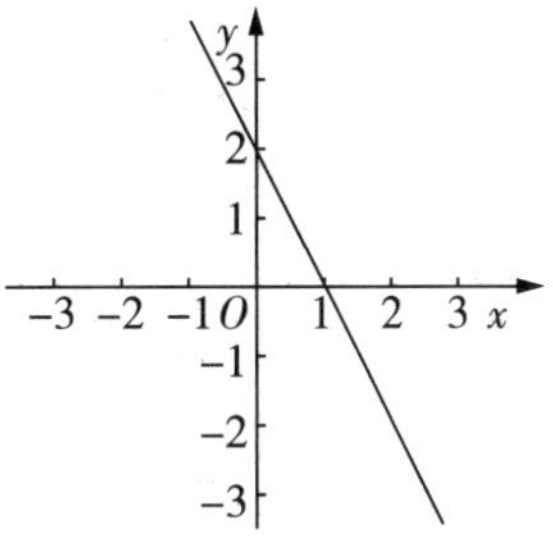

B

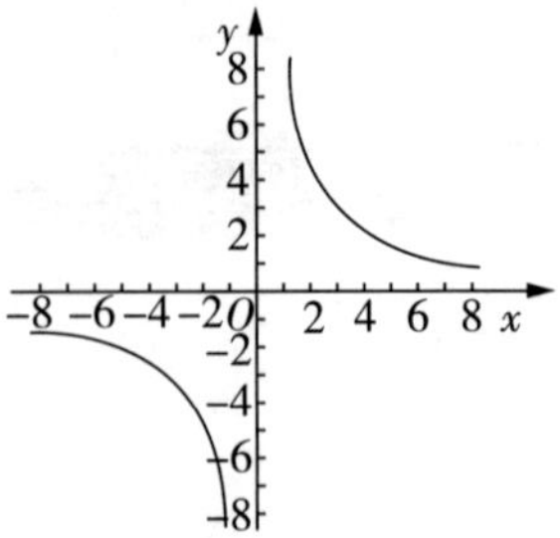

C

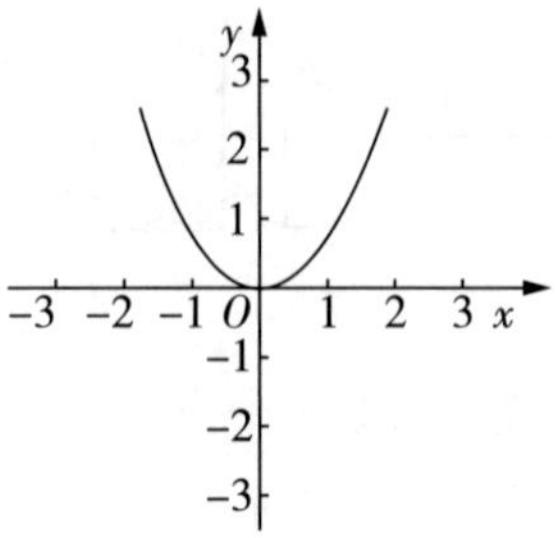

D

34. 去年每升汽油的价格为 4.50 元，今年与去年同期相比，汽油价格的涨幅达到 10%。你对“涨幅”一词的理解是（　　）。

A. 今年的售价是去年的百分之几

B. 去年的售价是今年的百分之几

C. 今年与去年售价的差是去年的百分之几

D. 今年与去年售价的差是今年的百分之几

35. 掷一枚硬币 10 次，如果前 9 次都出现正面朝上，那么第 10 次出现反面朝上的概率是（　　）。

A. $\frac{1}{10}$　　B. $\frac{1}{2}$　　C. $\frac{1}{9}$　　D. $\frac{9}{10}$

36. 由 27 个小正方体拼成一个大正方体，把它的表面全部涂上绿色，两面涂色的小正方体有（　　）。

A. 8 块　　B. 6 块　　C. 12 块　　D. 1 块

37. 某同学从家出发，按一定速度步行去学校，途中天气有变，将要下雨，他便跑步去学校。下面哪幅图能正确地表示出他行进的路程与时间的关系？（　　）

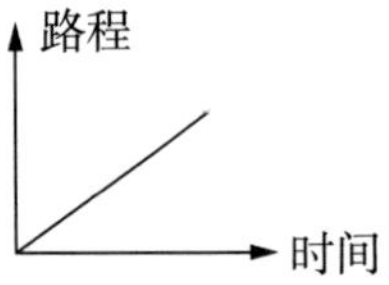

A

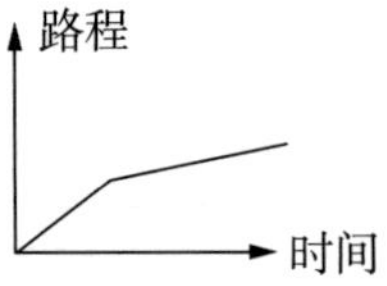

B

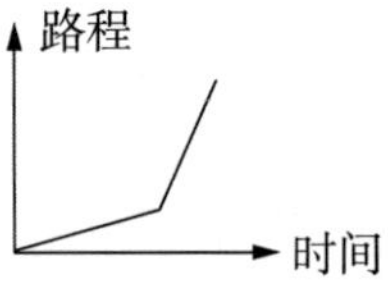

C

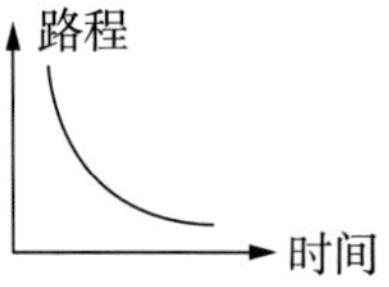

D

38. 从 49 个学生中选一名班长，小红、小明、小华为候选人。统计 37 张选票后的结果是：小红得 15 票，小明得 10 票，小华得 12 票。小红至少再

得几张票才能保证以票数最多当选班长？(　　)

A. 6 张　　　　B. 7 张　　　　C. 5 张　　　　D. 9 张

39. 根据下面的三视图，判断需要多少个小立方体。(　　)

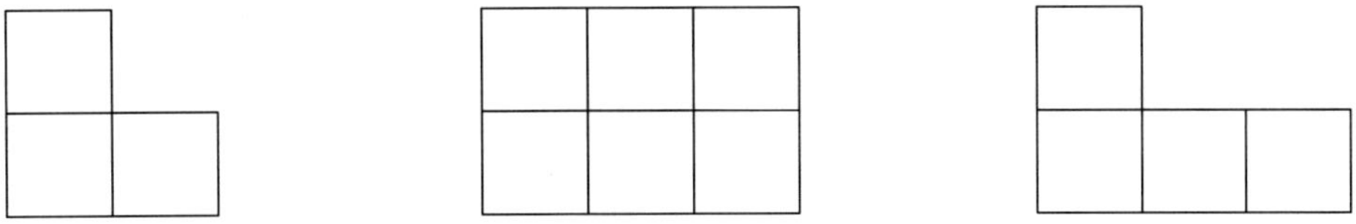

侧视图　　　　俯视图　　　　主视图

A. 6 个　　　　B. 7 个　　　　C. 8 个　　　　D. 9 个

40. 有四张图，上面的比例尺分别如下，哪一张图表示的实际距离最长？(　　)

A. 1：2000000　　　　B. $\frac{1}{3000000}$

C. 1000：1　　　　D. 0　15　30 km

41. 用电脑录入一篇 1800 字的文章，A 需要 30 分钟，B 需要 45 分钟。现在是 11：10，如果 A 和 B 合作，能在 11：30 前录完吗？

42. 在一条笔直的道路上，甲、乙两人分别从相距 400 米的两地同时出发。甲每分钟走 100 米，乙每分钟走 80 米，多少分钟后甲、乙两人之间的距离为 1000 米？(列出所有算式，不计算)

43. 学校鼓励学生参加社会实践，小萌所在班级的研究性学习小组在假期对他们所在城市的一家晚报读者进行了一次问卷调查，以便了解读者对该报纸四个版面的喜欢情况。他们调查了男、女读者各500名，要求每位读者选出自己最喜欢的一个版面，并将得到的数据绘制成下面尚未完成的统计图。

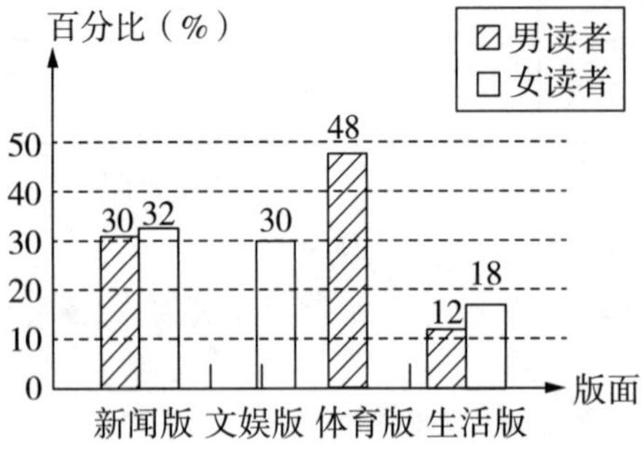

图1

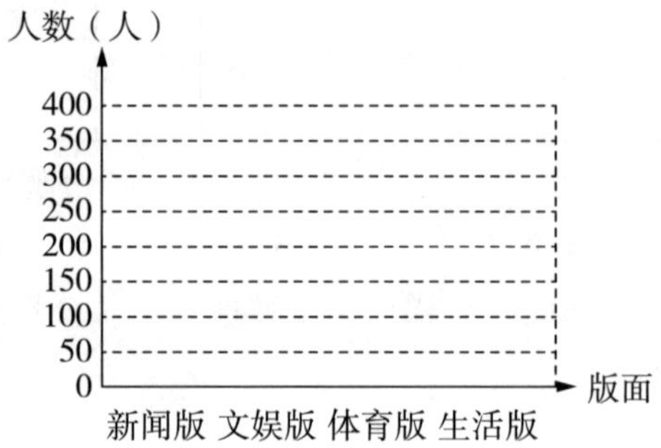

图2

（1）请直接将图1所示的统计图补充完整；

（2）请分别计算出喜欢各版面的总人数，并根据计算结果利用图2画出折线统计图；

（3）请根据上述统计情况对该报社提出一条合理化建议。

第五部分：数学学科教学知识

44. 一名学生在计算26×53时，其竖式过程如下。您怎样向学生解释他的错误？把您向学生解释的语言写在下面。

$$\begin{array}{r} 26 \\ \times\ 53 \\ \hline 78 \\ 130 \\ \hline 208 \end{array}$$

45. 一名学生告诉老师他有一个发现：一个封闭图形的周长增加，它的面积也增加，他还举了一个例子证明他的发现。

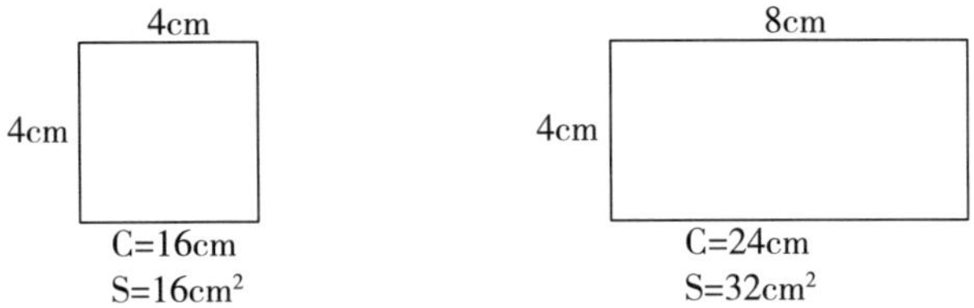

您怎样判断这个学生的发现？如果您认为学生的发现是对的，您将怎样向他进一步证明？如果您认为学生的发现是错的，您将怎样推翻他的说法？

46. 教授“38+49”这道题时，学生会有不同的计算方法。请把学生可能出现的计算方法列举出三种。如果一些学生选择的计算方法不是教材或教师认为“最佳”的方法，您会怎么处理？为什么？

47. 下面是学生作业的一部分（左侧是学生原来的做法，右侧是老师批改后学生的修改），请分析该生错题的原因，以及您会如何向学生讲解。

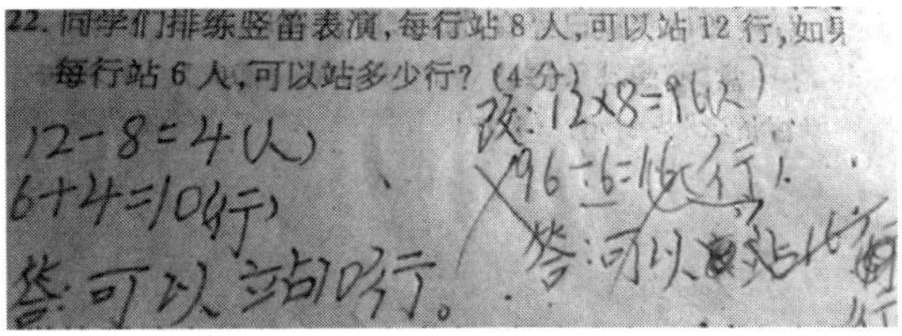

3 小学英语教师专业知识测查问卷

老师，您好！感谢您接受问卷调查。这是一份调查教师专业知识状况的问卷，将为我们的研究提供非常有价值的信息。问卷匿名填写，不会涉及您和您所在学校的评价活动。请独立填写，反映您的真实看法和知识状况。

第一部分：个人基本信息

1. 您的性别：□男 □女

2. 您的教龄：□1~3 年 □4~6 年 □7~9 年 □10~12 年
□13~15 年 □16~18 年 □18 年以上

3. 您的第一学历：□中师 □大专 □本科 □硕士研究生 □博士研究生

4. 您的第一学历专业是英语专业吗？□是 □否

5. 下列称号，您属于哪一类型？(同时拥有多种称号的，请选择最高称号)
□校级骨干教师 □区级骨干教师 □市级骨干教师
□省级骨干教师 □国家级骨干教师 □非骨干教师

第二部分：教育理论知识

6. 在人的身心发展中起决定作用的因素是（ ）。
A. 遗传素质 B. 社会环境 C. 学校教育 D. 人的实践活动

7. 素质教育的重点是（ ）。
A. 知识与技能的传授 B. 创新精神与实践能力的培养
C. 个性的培养 D. 情感、态度、价值观的教育

8. 苏联教育家维果斯基提出“教学应走在发展的前面”，其含义是( )。
A. 在教学中，教师应提前讲授学生在下一阶段才能掌握的内容
B. 教学应超前，教师在设计教学时可以不考虑学生现有的发展水平
C. 教师应根据学生的“最近发展区”设计和实施教学

D. 教学应适应学生的身心发展，不能超越学生现有的水平

9. 遗忘的进程表现为哪一特征？(　　)

A. 先快后慢　　B. 匀速　　C. 先慢后快　　D. 时快时慢

10. 下面属于机械记忆的是（　　）。

A. 通过“山巅一寺一壶酒”记住 3. 14159

B. 通过多次朗读记住一个英文单词

C. 通过阅读成语故事记住成语

D. 把拼音“q”联想成气球，记住它的读音

11. 机械学习与意义学习划分的主要依据是（　　）。

A. 是否理解学习材料　　B. 是否主动学习

C. 学习内容是否复杂　　D. 是否反复练习

12. 把实物、教具展示给学生观察，或通过示范性实验来说明和印证知识的方法是（　　）。

A. 参观法　　B. 实验法　　C. 实践法　　D. 演示法

13. 下列属于形成性评价的是（　　）。

A. 在教学活动开始之前，为了解学生的学习准备情况而进行的测验

B. 为了解一节新授课是否实现了教学目标，下课前对学生进行的测验

C. 为了解学生一学期的学业发展状况而进行的期末测试

D. 为了解学生毕业时的学业发展状况而进行的毕业考试

第三部分：课程知识

14. 下列课程中有一门新课程是从小学一直到高中都作为必修课程来设置的，它是（　　）。

A. 信息技术　　B. 综合实践活动

C. 通用技术　　D. 思想政治

15. 下列关于“研究性学习”课程表述正确的是（　　）。

A. “研究性学习”课程是指科技类活动课

B. “研究性学习”课程应由专人来教

C. “研究性学习”课程应采用弹性课时制

D. “研究性学习”课程主要通过测验来评价

16. 校本课程开发的主体是（　　）。

A. 学校教师　　B. 课程专家　　C. 学生

D. 学生家长　　E. 社区人士

17. 下列属于体验性目标的陈述方式是（　　）。

A. 说出、表演、展示　　B. 设计、制作、创作

C. 感受、参加、养成　　D. 解释、完成、背诵

18. 义务教育阶段英语课程的总目标是（　　）。

A. 使学生对英语学习有持续的兴趣和爱好

B. 使学生形成初步的综合语言运用能力

C. 使学生在学习中乐于参与、积极合作、主动请教

D. 使学生对在英语学习中接触的外国文化习俗感兴趣

19. 义务教育阶段的英语课程以小学3年级为起点。《义务教育英语课程标准（2011年版）》规定，______为6年级结束时应达到的基本要求；____为9年级结束时应达到的基本要求；______为高中毕业的基本要求。

A. 一级；四级；七级　　B. 三级；六级；八级

C. 二级；五级；八级　　D. 二级；六级；八级

20. 义务教育阶段英语课程目标的各个级别均以学生______五个方面的综合行为表现为基础进行总体描述。

A. 语言知识、语言技能、学习策略、情感态度、创新精神

B. 语言知识、交际能力、学习策略、情感态度、合作精神

C. 语言知识、语言技能、学习策略、情感态度、文化意识

D. 语言能力、文化知识、学习方法、祖国意识、文化理解

21. 教育部之所以在《关于积极推进小学开设英语课程的指导意见》和《义务教育英语课程标准（2011年版）》中强调现代化教学手段是因为它具有许多功能，比如（　　）。

A. 开阔学生视野

B. 消除感官疲劳

C. 与国际英语教学手段接轨

D. 能活化所学英语的情境、语境，便于在用中学

22. Jim Scrivener 在 Learning teaching 一书中对阅读教学的相关概念做了

界定，其中“Read quickly and find a specific piece of information”是对哪种阅读方法的定义？(　　)

A. Skimming　　B. Scanning

C. Study Reading　　D. Proficient Reading

第四部分：英语学科知识

23. “I don’t think it’s my ______ that the TV blew up. I just turned it on, that’s all.” said the boy.

A. error　　B. mistake　　C. fault　　D. duty

24. ______ father is a fireman.

A. Mary’s and Mike　　B. Mary’s and Mike’s

C. Mary and Mike’s　　D. Mary and Mike

25. —______ will the meeting ______?

—In about 20 minutes.

A. How long; last　　B. When; last

C. How often; finish　　D. How soon; end

26. If you have a problem ______ your composition, you had better ask your teacher ______.

A. with; for some advice　　B. for; for some advices

C. on; some advice　　D. in; on some advice

27. Paper ______ the fibres of plants for many years.

A. has been made from　　B. have been made out of

C. has made up of　　D. have been made into

28. —Would you help me put away these things?

—______.

A. Yes, quite right　　B. Never mind

C. You’re welcome　　D. With pleasure

29. A “kilt” is a traditional Scottish clothes item worn by men. What is it?

A. a type of skirt　　B. trousers

C. a shirt　　D. a tie

30. The weather in Britain is ______ too cold in winter ______ too hot in summer.

A. either; or　　B. both; and　　C. neither; nor　　D. or; and

31. —Bill, can I get you anything to drink?

—______.

A. You are welcome　　B. No problem

C. I wouldn't mind a coffee　　D. Doesn't matter

32. The Great Wall is ______ tourist attraction that millions of people pour in every year.

A. so a well-known　　B. a so well-known

C. such well-known　　D. such a well-known

完形填空

As she walked round the large shop, Edith realized how difficult it was to choose a suitable Christmas (33) ______ for her father. She wished that he were as easy to please as her mother, who was (34) ______ satisfied with perfume. Besides, shopping at this time of the year was a most (35) ______ job. People (36) ______ on your feet, pushed you with their shoulders and almost knocked you over in their hurry in order to find something cheap ahead of you.

Partly to have a rest, Edith paused in front of a counter, where some beautiful ties were on (37) ______. "They are (38) ______ silk," the shop assistant told her with a smile trying to (39) ______ her to buy one. But Edith knew from past (40) ______ that her choice of ties hardly ever pleased her father. She moved on slowly and then, quite by chance, stopped where a small crowd of men had gathered round a counter. She found some fine pipes on sale and the (41) ______ were very beautiful. Edith did not hesitate for long, although her father (42) ______ smoked a pipe once in a while, she believed this was (43) ______ to please him.

When she got home, with her small but (44) ______ present hidden in her handbag, it was time for supper and her parents were already (45) ______ table. Her mother was in great (46) ______. "Your father has at last decided to stop smoking," she told her daughter happily. Edith was so (47) ______ that she could not say a single word.

( ) 33.	A. suit	B. card	C. thing	D. gift
( ) 34.	A. never	B. seldom	C. always	D. scarcely
( ) 35.	A. unhappy	B. careful	C. exciting	D. tiring
( ) 36.	A. walked	B. stepped	C. lifted	D. stood
( ) 37.	A. time	B. show	C. board	D. duty
( ) 38.	A. real	B. cheap	C. poor	D. exact
( ) 39.	A. hope	B. ask	C. force	D. persuade
( ) 40.	A. experience	B. things	C. books	D. school
( ) 41.	A. money	B. cigarette	C. shapes	D. shop
( ) 42.	A. always	B. nearly	C. only	D. never
( ) 43.	A. hardly	B. impossibly	C. possibly	D. certainly
( ) 44.	A. cheap	B. well-chosen	C. expensive	D. ready-made
( ) 45.	A. on	B. by	C. beside	D. at
( ) 46.	A. excitement	B. anger	C. sadness	D. disappointment
( ) 47.	A. glad	B. happy	C. surprised	D. excited

综合阅读 Test A

When women sit together to watch a movie on TV, they usually talk simultaneously (同时的) about a variety of subjects, including children, men, careers and what's happening in their lives. When groups of men and women watch a movie together, the men usually end up telling the women to shut up. Men can either talk or watch the screen, they can't do both, and they don't understand that women can. Besides, women consider that the point of all getting together is to have a good time and develop relationships, not just to sit there like couch potatoes staring at the screen.

During the ad. breaks, a man often asks a woman to explain the plot and tell him where the relationship between the characters is going. He is unable, unlike women, to read the subtle body language signals that reveal how the characters are feeling emotionally. Since women originally spent their days with the other women and children in the group, they developed the ability to communicate successfully in order to maintain relationships. For a woman, speech continues to have such a clear purpose: to build relationships and make friends. For men, to talk is to relate the facts.

Men see the telephone as a communication tool for sending facts and information to other people, but a woman sees it as a means of bonding. A woman can spend two weeks on vacation with her girlfriend and, when she returns home, telephone the same girlfriend and talk for another two hours.

There is no convincing evidence that social conditioning, the fact that girls' mothers talked to them more, is the reason why girls talk more than boys. Psychiatrist Dr Michael Lewis, author of *Social Behavior and Language Acquisition*, conducted experiments that found mothers talked to and looked at baby girls more often than baby boys. Scientific evidence shows parents respond the brain bias of their children. Since a girl's brain is better organized to send and receive speech, we therefore talk to them more. Consequently, mothers who try to talk to their sons are usually disappointed to receive only short grunts (嘟哝声) in reply.

48. While watching TV with others, women usually talk a lot because they______.

A. are afraid of awkward silence with their families and friends

B. can both talk and watch the screen at the same time

C. think they can have a good time and develop relationships

D. have to explain the plot and body language to their husbands

49. After a vacation with her girlfriend, a woman would talk to her again on the phone for hours in order to______.

A. experience the happy time again　　B. keep a close tie with her

C. recommend her a new scenic spot　　D. remind her of something forgotten

50. What does the author want to tell us most? (　　)

A. Women's brains are better organized for language and communication

B. Women love to talk because they are more sociable than men

C. Men do not like talking because they rely more on facts

D. Social conditioning is not the reason why women love talking

51. Which would be the best title for the passage? (　　)

A. Women Are Socially Trained to Talk　　B. Talking Maintains Relationships

C. Women Love to Talk　　D. Men Talk Differently from Women

综合阅读 Test B

What's your spiritual IQ?

It's the secret weapon that will help you cope with the hassles of life. Spiritual intelligence is the capacity to sense, understand and tap into the highest part of ourselves, of others and of the world around us.

While we're all born with SQ, most of us aren't even aware that we have it. Fortunately, you don't have to sign up for classes to learn how to enhance your SQ. Here are some simple steps that can lead you to this new level of understanding:

Sit Quietly. The process of cultivating spiritual intelligence begins in solitude and silence. Most spiritual traditions involve an inner wisdom. To tune into its whisper, you have to turn down the volume in your busy, noisy, complicated life and force yourself to do nothing at all. Start small by creating islands of silence in your day. In the car, instead of reaching for the radio dial, use the time to reflect. At work, shut the door to your office between meetings, take a few deep ______ and let them out very, very slowly.

Step Outside. For many people, nature sets their spirit free. Go outside to watch a beautiful sunset. If you're walking the dog, take the time to admire an azalea bush in bloom. Follow the flight of a bird; watch clouds float overhead. Gaze into the night sky and think of the stars as holes in the darkness letting heaven shine through. Find an activity you enjoy. It's important to find a hobby that helps you tune into your spirit. Garden, walk or jog, arrange flowers, listen to music that touches your soul.

Trust Your Spirit. This is a lesson that Charlene Baumbich, an author and speaker in Illinois, has learned well. Several years ago she was convinced that she couldn't write a book she'd contracted to do. The day before she planned to scuttle the deal, she went to a crafts fair. There Baumbich found a photograph of a chubby toddler opening a treasure chest—out of which flew butterflies. "There was a voice that said, 'Just open the lid. Write the first word.' " So she did. And that book, *How to Eat Humble Pie and Not Get Indigestion*, was a success. Her advice to other women curious about tuning into their inner wisdom: Take the first step. Peer inside yourself. And don't be______ if you find butterflies.

52. What's spiritual IQ? ____

____

53. 把文中画线句子译成中文：_______________________________________

____

54. 在短文的两个空白处填上适当的词语，使短文衔接连贯。

55. 在短文中找出与下面所给句子意思最接近的一句，并用____标出来。

It puts the hassles of daily living into perspective.

第五部分：英语学科教学知识

56. Pet Shop 教学片段

教师把一只小猫玩偶放到讲桌上，要求学生依次到前面拿起玩偶，说："Take the kitten home." 大多数学生都喜欢这个活动，可是有一名女生到讲桌前不做任何反应，一名男生则非常淘气地摆弄玩偶，惹得大家哄堂大笑。

①请问这位教师使用的是哪种英语教学方法。

②如果您是这位教师，如何运用轻松幽默、富有童趣的语言补全对话？

师：Take the kitten home.

女生：(到讲桌前不做任何动作，不说英语。)

师：____

女生：(仍然不做任何动作，不说英语。)

师：____

男生：(到讲桌前非常淘气地摆弄玩偶) Take the kitten home.

师：____

57. 英语课后，教师把没有多少英语基础的 Paul 留了下来，先请 Paul 发"helicopter"这个音。Paul 发音不准，在教师领读两遍后，Paul 的发音正确了，于是教师让他在黑板上直升机的图片下写出这个单词。Paul 第一次写的是"helikopt"，第二次写的是"helicoptr"。您认为 Paul 不能准确记忆单词的问题在哪里？如果您是这位教师，将如何运用科学的方法使 Paul 记下这个单词？

4　初中语文教师专业知识测查问卷

老师，您好！感谢您接受问卷调查。这是一份调查教师专业知识状况的问卷，将为我们的研究提供非常有价值的信息。问卷匿名填写，不会涉及您和您所在学校的评价活动。请独立填写，反映您的真实看法和知识状况。

第一部分：个人基础信息

1. 您的性别：□男　□女

2. 您的教龄：□1~3 年　□4~6 年　□7~9 年　□10~12 年
□13~15 年　□16~18 年　□18 年以上

3. 您的第一学历：□中师　□大专　□本科　□硕士研究生　□博士研究生

4. 下列称号，您属于哪一类型？(同时拥有多种称号的，请选择最高称号)
□校级骨干教师　□区级骨干教师　□市级骨干教师
□省级骨干教师　□国家级骨干教师　□非骨干教师

第二部分：教育理论知识

5. 世界上最早的教育专著是（　　）。
A.《雄辩术原理》　B.《大教学论》　C.《论语》　D.《学记》

6. 为人的身心发展提供可能性，是人发展的前提和基础的是（　　）。
A. 环境　B. 遗传素质　C. 教育　D. 社会

7. 在一个人的发展过程中，有的方面在较低年龄阶段就已达到了较高水平，有的方面则要在较高年龄阶段才能达到成熟水平。这反映人的身心发展具有（　　）。
A. 顺序性　B. 阶段性　C. 不均衡性　D. 差异性

8. 赫尔巴特所代表的传统教育思想一般被概括为教师中心、课堂中心和（　　）。

A. 学生中心　　B. 教材中心　　C. 活动中心　　D. 经验中心

9. 海南的教师在向学生介绍雪花时，采用观看录像并向空中抛撒大量碎纸屑的方式，让学生体会下雪的场景。这种直观的手段属于（　　）。

A. 实物直观　　B. 语言直观　　C. 虚拟直观　　D. 模像直观

10. 从评价的功能来区分，教学评价的类型可分为（　　）。

A. 诊断性评价、形成性评价和终结性评价

B. 相对评价、绝对评价和个体内部评价

C. 纸笔测试、档案袋评价和表现性评价

D. 质性评价、量化评价和二者结合型评价

11. 一项测验对同一班级学生先后施测两次，两次测验结果保持一致。这说明该测验具有较好的（　　）。

A. 信度　　B. 效度　　C. 难度　　D. 区分度

12. “让学校的每一面墙说话”运用的德育方法是（　　）。

A. 谈话法　　B. 榜样示范法

C. 陶冶法　　D. 实践锻炼法

第三部分：课程知识

13. 新课程提出了三维目标，分别是知识与技能、过程与方法和（　　）。

A. 思想品德　　B. 创新精神

C. 实践能力　　D. 情感态度与价值观

14. 下列关于“研究性学习”课程表述正确的是（　　）。

A. “研究性学习”课程是指科技类活动课

B. “研究性学习”课程应由专人来教

C. “研究性学习”课程应采用弹性课时制

D. “研究性学习”课程主要通过测验来评价

15. 目前我国的新课程改革实行国家、地方、学校三级课程，体现的是哪方面的改革？（　　）

A. 课程实施　　B. 课程结构　　C. 课程评价　　D. 课程管理

16. 根据《义务教育语文课程标准（2011 年版）》的规定，学生初中毕业时应认识常用汉字（　　）。

A. 2500 个左右　　B. 3000 个左右
C. 3500 个左右　　D. 5000 个左右

17. 语文素养综合体现为（　　）。

A. 识字写字能力　　B. 阅读能力
C. 写作能力　　D. 口语交际能力

18. 下列属于初中生应该掌握的常见修辞方法是（　　）。

A. 借代　　B. 反语　　C. 反复　　D. 对比

19. 语文新课程积极倡导的学习方式是________________。

20. 关于复句的知识最早是在哪册教材中出现的？其准备性知识包括哪些？

答：________________________________。

第四部分：语文学科知识

21. 下列各组词语中，没有错别字的一组是（　　）。

A. 临摹　变换莫测　脉络　融会贯通
B. 竣工　仗义直言　拇指　荒谬绝伦
C. 影牒　旁征博引　辞书　杳无音信
D. 裨益　湮没无闻　坐落　矫揉造作

22. 下列各句中，加点成语使用恰当的一句是（　　）。

A. 我市公安干警倾巢出动，经过数夜蹲守，终于抓获了这起枪杀案的犯罪嫌疑人

B. 这个地区有良好的自然条件，又有一个很好的领导班子，因此，这里的人民能安之若素，到处呈现一片欣欣向荣的景象

C. 本刊将洗心革面，继续提高稿件的编辑质量，决心向文学刊物的高层次、高水平攀登

D. 这小姑娘玲珑剔透，大家非常喜欢她

23. 我国新文学史上第一篇短篇小说是（　　）。

A.《春风沉醉的晚上》　B.《沉沦》　C.《狂人日记》　D.《伤逝》

24. 下列不属于破折号用法的是（　　）。

A. 表注释　　B. 表强调
C. 表话题转换　　D. 表意思递进

25. 提出“文学即人学”主张的是（　　）。

A. 高尔基　　B. 马克思　　C. 毛泽东　　D. 鲁迅

26. 给句子中加点的词注音并解释。

窈窕淑女，君子好逑。

窈（　　）＿＿＿＿＿窕（　　）＿＿＿＿＿好（　　）＿＿＿＿＿

27. 文章表达方式一般包括＿＿＿＿＿＿＿＿＿＿＿＿＿＿＿＿等。

28. 汉字造字法包括＿＿＿＿＿＿＿＿＿＿＿＿＿＿＿＿＿＿。

29. 世界作品中三大吝啬鬼指＿＿＿＿＿＿＿＿＿＿＿＿＿＿＿。

30. 世界三大短篇小说家是＿＿＿＿＿＿＿＿＿＿＿＿＿＿＿＿。

31. 王国维在《人间词话》中借用古人词句提出“古今之成大事业大学问者，必经过三种境界”：

一是：“＿＿＿＿＿＿＿＿＿＿＿＿＿＿＿＿＿＿＿＿＿＿＿”；

二是：“＿＿＿＿＿＿＿＿＿＿＿＿＿＿＿＿＿＿＿＿＿＿＿”；

三是：“＿＿＿＿＿＿＿＿＿＿＿＿＿＿＿＿＿＿＿＿＿＿＿”。

阅读下面文章，完成 32~35 题。

夜·历史一种

廖无益

①黄昏是打开夜的一道门。那道门在旷野中伫立，蝙蝠在它的额前乱飞。它们忽东忽西毫无规则地飞翔，无言的黑影，让黄昏变得神秘和亲近。随后，黄昏就慢慢阖上眼睑，成长为黑夜，单纯和透明。

②那时，农村还没有电灯。人们吃罢晚饭，就搬张凳子聚在村口，用芭蕉扇拍着蚊子，拉拉家常。伸手不见五指的晚上，只有开口说话，人们才能分清对方是谁。庄稼地从村头往远处延伸，玉米棵子遮住道路。向东走过一段土路是个缓坡，爬上去能看见远远的灯火。孩子以为是星光，大人说那是矿上的灯光。除了这些，再没什么可看。这几盏灯火，成了孩子想象的出口。

③透明的黑暗在我面前伸展，像一大滴露水，富于弹性和张力，把梦包裹和融化。那黑暗清新，散溢着泥土的芬芳，干净得没一点渣子。三两个萤火虫在远处飞舞，大人说拍拍手，它就能冲你飞来。我们就拍着手，嘴里一

通乱喊，果然看见一只萤火虫越飞越近，最后绕过树木，飞进我家的院墙。我们跑进院门，见那只萤火虫飞得有一人高了，就一把打在地上，然后拾起来倒捏着头，露出它发光的腹部，在黑暗中抡起胳膊，萤火就滑出一圈一圈的光。我晃着它跑出院子，用它来吸引更多的萤火虫。

④后来，我看见更多的萤火，它们照亮了一条道路。它们像一群蓝精灵在路的上空盘旋，越聚越多。没有星光和月亮，我看见明亮的路，看见每一根树枝，看见路上的每块石头。直到现在我仍然疑惑，不知为什么会有那样的奇迹。萤火虫上下飞舞，点点光斑迷眼。

⑤我对夜寄予幻想。

⑥那时我已经长大，自己住三间老屋。夜像家乡的老屋，老屋的气息宁静安详。屋后面是小路和庄稼地。后墙上开两个小窗，像老屋的两个耳朵。我能从这两个耳朵清晰地听见庄稼叶子的摩擦，或过路人偶尔走过时的脚步与对话。几只壁虎在窗外趴着，伺机捕获被灯光吸引的昆虫。如果有雨，就能听到庄稼叶子更动听的演奏，那声音据说曾被音乐家写入乡村音乐经典。院子里有棵梨树，风雨大的时候令人担心，半夜里能听见梨子落地的声音，或砸碎在磨盘上的声音。它们使夜显得富有。

⑦但是我越来越失去黑夜。生活的碎片被灯光照耀，反射出彩虹，辨不清面孔。这些黑夜向灯光敞开，但并不透明。那是午夜或凌晨。有一双眼睛从窗户后面看见我，认出我，但并不说话。大楼上一个窗口睁开，有人彻夜不眠，等早晨来人接班。一排路灯在我面前伸展，是一些声控灯，不管我走路多轻，只要走到跟前，它就打开，为我照亮道路，同时还照亮我的脸，我的表情，照亮地上的影子。树荫在灯光下面敞开。

⑧我想念纯洁的夜。它从山顶上一跃而下，在我们身后张开翅膀。那温暖的翅膀。它把道路掩盖，把桥梁托在空中，把树木藏进风里，把狗叫声拉长，把鸡撵进窝里，把旷野清理干净。它慢慢喘息，把筋骨铺上旷野，懒散地进入睡眠。在明天太阳出来之前，它有足够的时间完成一个梦，有足够的时间孕育出露水，看到启明星在东方升起。黎明之前的美丽黑暗像一道闸门，矗立在北方的旷野，把夜和白天截然分开。一旦闸门开启，白天就抢步而进，阳光奔溅如决堤的洪水。

⑨我想念纯洁的夜。当所有的人都不在，我想把夜慢慢合上，在那里寻

找黑暗。但夜兴奋异常。夜从我的咖啡里跳出来，在桌子上打滚，然后掉到桌子底下。我无法把它拾起来，它已破碎不堪。

⑩夜停在远处，在树梢以上，在楼顶以上，在城市以上。

32. 下列对文章内容理解不准确的一项是（　　）。

A. 作者在本文中用生动形象的笔墨赋予“夜”以生命，表现了不同时期“夜”的不同特点

B. 农村夜晚的生活单调、乏味，除了“几盏灯火，成了孩子想象的出口”，就“再没什么可看”

C. 第⑧段运用比喻、拟人、排比等修辞手法描写了“夜”所具有的温暖、纯净、从容等特点

D. 作者将“夜”称为“历史一种”是表明“纯洁的夜”所代表的那种生活状态已经成为过去

33. 在③④段中，作者用大量文字描写萤火虫，其用意是什么？

34. 作者为什么说“我越来越失去黑夜”？

35. 从全文看，结尾一段文字有哪些方面的作用？

第五部分：语文学科教学知识

36. 人教版七年级上册第二单元有一篇课文《〈论语〉十则》，您预计在教授这篇课文时学生可能遇到的困难和问题是什么？

37. 课堂上有学生问您“小说和记叙文有什么不同”时，您将通过怎样的方式让学生理解这个问题？

5　初中数学教师专业知识测查问卷

老师，您好！感谢您接受问卷调查。这是一份调查教师专业知识状况的问卷，将为我们的研究提供非常有价值的信息。问卷匿名填写，不会涉及您和您所在学校的评价活动。请独立填写，反映您的真实看法和知识状况。

第一部分：个人基本信息

1. 您的性别：□男　□女

2. 您的教龄：□1~3 年　□4~6 年　□7~9 年　□10~12 年
　　□13~15 年　□16~18 年　□18 年以上

3. 您的第一学历：□中师　□大专　□本科　□硕士研究生　□博士研究生

4. 下列称号，您属于哪一类型？(同时拥有多种称号的，请选择最高称号)
□校级骨干教师　□区级骨干教师　□市级骨干教师
□省级骨干教师　□国家级骨干教师　□非骨干教师

第二部分：教育理论知识

5. 世界上最早的教育专著是（　　）。
A.《雄辩术原理》　B.《大教学论》　C.《论语》　D.《学记》

6. 为人的身心发展提供可能性，是人发展的前提和基础的是（　　）。
A. 环境　B. 遗传素质　C. 教育　D. 社会

7. 在一个人的发展过程中，有的方面在较低年龄阶段就已达到了较高水平，有的方面则要在较高年龄阶段才能达到成熟水平。这反映人的身心发展具有（　　）。
A. 顺序性　B. 阶段性　C. 不均衡性　D. 差异性

8. 赫尔巴特所代表的传统教育思想一般被概括为教师中心、课堂中心和（　　）。

A. 学生中心　　B. 教材中心　　C. 活动中心　　D. 经验中心

9. 海南的教师在向学生介绍雪花时，采用观看录像并向空中抛撒大量碎纸屑的方式，让学生体会下雪的场景。这种直观的手段属于（　　）。

A. 实物直观　　B. 语言直观　　C. 虚拟直观　　D. 模像直观

10. 从评价的功能来区分，教学评价的类型可分为（　　）。

A. 诊断性评价、形成性评价和终结性评价

B. 相对评价、绝对评价和个体内部评价

C. 纸笔测试、档案袋评价和表现性评价

D. 质性评价、量化评价和二者结合型评价

11. 一项测验对同一班级学生先后施测两次，两次测验结果保持一致。这说明该测验具有较好的（　　）。

A. 信度　　B. 效度　　C. 难度　　D. 区分度

12. “让学校的每一面墙说话”运用的德育方法是（　　）。

A. 谈话法　　B. 榜样示范法　　C. 陶冶法　　D. 实践锻炼法

第三部分：课程知识

13. 新课程提出了三维目标，分别是知识与技能、过程与方法和（　　）。

A. 思想品德　　B. 创新精神

C. 实践能力　　D. 情感态度与价值观

14. 下列关于“研究性学习”课程表述正确的是（　　）。

A. “研究性学习”课程是指科技类活动课

B. “研究性学习”课程应由专人来教

C. “研究性学习”课程应采用弹性课时制

D. “研究性学习”课程主要通过测验来评价

15. 目前我国的新课程改革实行国家、地方、学校三级课程，体现的是哪方面的改革？（　　）

A. 课程实施　　B. 课程结构　　C. 课程评价　　D. 课程管理

16. 新课程中有关“圆”的内容做了重要的改动，以下正确的一项是（　　）。

A. 重视对点与圆、直线与圆以及圆与圆位置关系的探索，删除了圆内接

四边形的性质

B. 重视对圆的性质的探索，删除了弦切角定理、相交线定理和切割线定理

C. 重视对切线与过切点的半径之间关系的探索，删除了垂径定理

D. 重视三角形外心的概念，删除了两圆连心线性质和两圆公切线作法

17. 如果请您来复习全等三角形和作三角形这两部分内容时，您会选择以下哪种教学顺序？(　　)

A. 作三角形 → 全等三角形判定 → 全等三角形性质 → 全等图形

B. 全等图形 → 全等三角形性质 → 全等三角形判定 → 作三角形

C. 全等图形 → 全等三角形性质 → 作三角形 → 全等三角形判定

D. 作三角形 → 全等图形 → 全等三角形性质 → 全等三角形判定

18. 平面几何教学经历了实验与论证两个阶段，初中教材是在哪一部分开始实施几何论证的？(　　)

A. 图形认识初步　B. 三角形　C. 全等三角形　D. 四边形

19. 在“整式”一章中，哪一部分知识不是这一章的重点？(　　)

A. 增强学生的符号感　B. 分析、归纳与概括

C. 基本运算能力　D. 探求运算的变化规律

20. 四边形教学的难点是（　　）。

A. 平行四边形的性质及判定

B. 特殊四边形的对称性

C. 等腰梯形的判定及性质的应用

D. 平行四边形与各种特殊四边形之间的联系和区别

21. 在“实数”一章中，您通常不会采用以下哪种方法进行无理数教学引入？(　　)

A. 乘方的逆运算　B. 正方形的面积

C. 勾股定理　D. 骰子随机取得

22. 平移是一种基本的图形变换，教材采取逐步渗透、螺旋上升的方法，这个内容在教材的哪部分均有涉及？

第四部分：数学学科知识

23. 某城市80%的家庭年收入不少于2.5万元，下面一定不少于2.5万元的是（　　）。

A. 年收入的平均数　　B. 年收入的众数

C. 年收入的中位数　　D. 年收入的平均数和众数

24. 下列说法正确的是（　　）。

A. 矩形的对称轴是2条或4条

B. 等腰三角形的对称轴是1条或3条

C. 平行四边形既是轴对称图形又是中心对称图形

D. 长方形的对称轴只有2条

25. 将一骰子（1~6点）连续抛掷三次，它落地时向上的点数分别记为 a、b、c，则 a、b、c 三个数满足 $a+c=2b$ 的概率为（　　）。

A. $\frac{1}{9}$　　B. $\frac{1}{12}$　　C. $\frac{1}{15}$　　D. $\frac{1}{18}$

26. 小明把棱长为4的正方体分割成了29个棱长为整数的小正方体，则其中棱长为1的小正方体有（　　）。

A. 22个　　B. 23个　　C. 24个　　D. 25个

27. 7条长度均为整数厘米的线段：a_1，a_2，a_3，a_4，a_5，a_6，a_7，满足 $a_1<a_2<a_3<a_4<a_5<a_6<a_7$，且这7条线段中的任意3条都不能构成三角形。若 $a_1=1$ 厘米，$a_7=21$ 厘米，则 $a_6=$（　　）。

A. 18厘米　　B. 13厘米　　C. 8厘米　　D. 5厘米

28. 要在边长为16米的正方形草坪上安装喷水龙头，使整个草坪都能喷洒到水。假设每个喷水龙头的喷洒范围都是半径为6米的圆面，则需要这种喷水龙头的个数最少是（　　）。

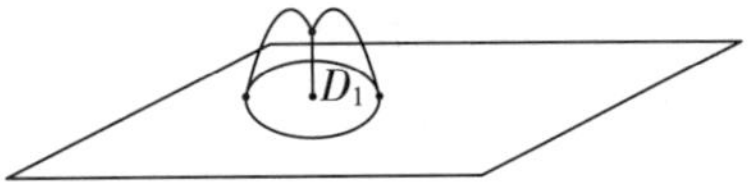

A. 3个　　B. 4个　　C. 5个　　D. 6个

29. 在一次聚会上，四位好朋友按照各自的喜好选择了形状不同、内空高度相等、杯口半径相等的圆形酒杯（如图所示）。酒杯盛满酒后，他们约定：先各自饮杯中酒的一半，设剩余的高度从左到右依次为 h_1、h_2、h_3、h_4，则它们的大小关系正确的是（　　）。

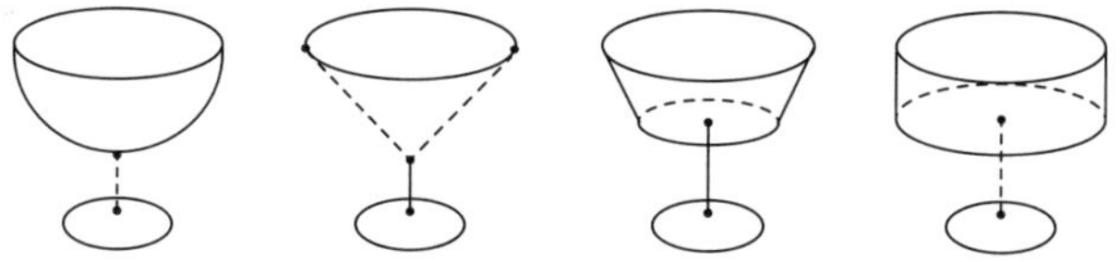

A. $h_2 > h_1 > h_4$　B. $h_1 > h_2 > h_3$　C. $h_3 > h_2 > h_4$　D. $h_2 > h_4 > h_1$

30. 把试题分成三类：A 类是信息过多的题目；B 类是信息不足的题目；C 类是信息恰当的题目。判断下列问题的类型，将合适的字母填在问题前的括号内。

（　　）类题（1）$\triangle ABC$ 是一块菜地，$\angle ABC=30°$，$AB=4\sqrt{3}$。现在准备在直线 AC 上建一个水泵站 P，使其到 AB 的距离为 1，求 CP 的长度。

（　　）类题（2）如图，在 $\triangle ABC$ 中，$AB=AC$，$AD=DE=EB$，则 $\angle A$ 等于

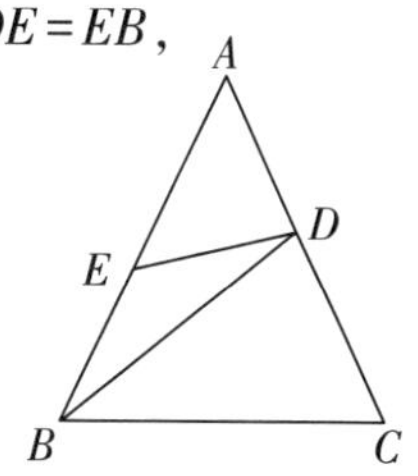

A. 30°　　B. 36°

C. 45°　　D. 54°

（　　）类题（3）已知二次函数 $y=x^2+2ax-2b+1$ 和 $y=-x^2+(a-3)x+b^2-1$ 的图像都经过 x 轴上两个不同的点 M、N，求 a、b 的值。

（　　）类题（4）某种储蓄的月利率为 0.15%，现存入 10000 元，存了 10 年，求这笔存款每月的利息是多少。

（　　）类题（5）如图，$\odot O$ 的直径为 10cm，P 为 AB 上一点，若 OP 的长为整数，则满足条件的点 P 有多少个？

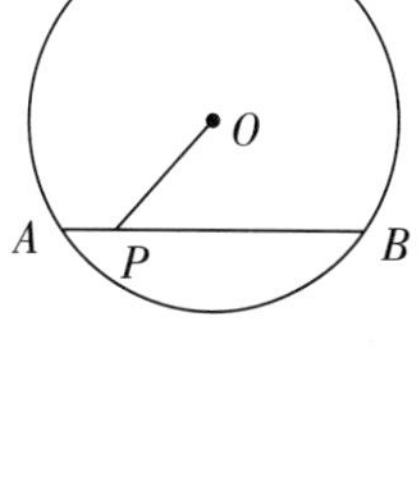

31. 判断题：根据下列条件能否判断两个三角形全等。

（1）有两边和其中一边上的中线对应相等的两个三角形；

（2）有两角和其中一角的角平分线对应相等的两个三角形；

（3）有两边和其中一边上的高对应相等的两个三角形；

(4) 有两边对应相等且有一个角是直角的两个三角形；

(5) 有两边对应相等且有一个角相等的两个钝角三角形。

请把能判断两个三角形全等的题号写在横线上：________________

32. 用等腰三角形来构造全等三角形判定 SSA 的反例，你会几种不同的添加辅助线的方法？并做出解释。

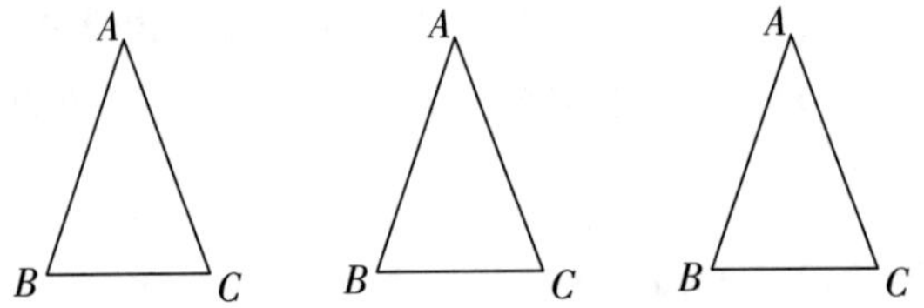

方法 1：________________

方法 2：________________

方法 3：________________

方法 4：________________

33. 如图所示，AB 是$\odot O$ 的弦，半径 OC、OD 分别交 AB 于点 E、F，且 $AE = BF$，求证：$OE = OF$。

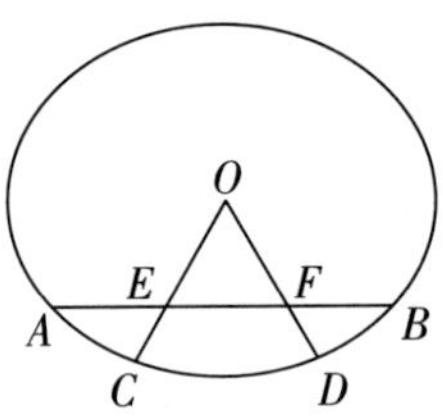

答：有如下作辅助线的方法（不要求证明过程，只要写出所作辅助线）。

作法 1：________________

作法 2：________________

作法 3：________________

作法 4：________________

作法 5：________________

解决这个问题要关注的基本图形是：________________。

34. 如图，在五边形 $ABCDE$ 中，已知 $BC+DE=CD$，$\angle B+\angle E=180°$，$AB=AE$，求证：AD 平分 $\angle CDE$。

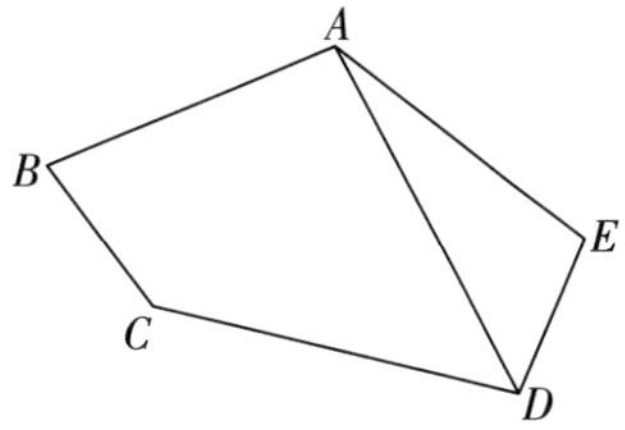

35. 如图，点 A 是线段 BE 上一点，$\triangle ABC$ 和 $\triangle AED$ 都是等边三角形，连接 BD 和 CE，求 $\angle CFB$ 的度数。将这道习题编写成具有一般特性的习题。

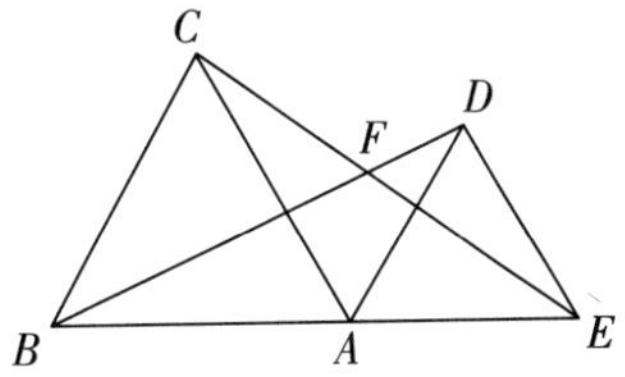

第五部分：数学学科教学知识

36. 在教二元一次方程组的概念时，学生在判断是否为二元一次方程组时，认为下面四组中的 D 选项是错误的。如果不强迫学生接受概念，您会如何向学生解释？

A. $\begin{cases} x^2+y=3 \\ x-y=1 \end{cases}$　B. $\begin{cases} x+y=3 \\ y+z=7 \end{cases}$　C. $\begin{cases} xy=-2 \\ y+x=7 \end{cases}$　D. $\begin{cases} x+y=7 \\ y-3=1 \end{cases}$

37. 解一元二次方程 $x(x+1)=6$ 时，学生解题方法如下：

解：$\because x(x+1)=2\times3=(-3)\times(-2)$

得 $x=2$ 或 $x=-3$

$\therefore$ 方程的解是 $x_1=2$，$x_2=-3$

您如何点评学生的解题方法？

38. 在“列代数式”这部分内容的教学中，学生经常会出现一些错误。

(1) 请写出六个以上学生常见的错误。

(2) 您有哪些好的做法可以有效减少学生的这些错误？

39. 请设计几个几何求值题。要求题目的解法要能用到方程 $4^2+(8-x)^2=x^2$。

6　初中英语教师专业知识测查问卷

老师，您好！感谢您接受问卷调查。这是一份调查教师专业知识状况的问卷，将为我们的研究提供非常有价值的信息。问卷匿名填写，不会涉及您和您所在学校的评价活动。请独立填写，反映您的真实看法和知识状况。

第一部分：个人基本信息

1. 您的性别：□男　□女

2. 您的教龄：□1~3 年　□4~6 年　□7~9 年　□10~12 年
□13~15 年　□16~18 年　□18 年以上

3. 您的第一学历：□中师　□大专　□本科　□硕士研究生　□博士研究生

4. 下列称号，您属于哪一类型？（同时拥有多种称号的，请选择最高称号）
□校级骨干教师　□区级骨干教师　□市级骨干教师
□省级骨干教师　□国家级骨干教师　□非骨干教师

第二部分：教育理论知识

5. 世界上最早的教育专著是（　　）。

A.《雄辩术原理》　B.《大教学论》　C.《论语》　D.《学记》

6. 为人的身心发展提供可能性，是人发展的前提和基础的是（　　）。

A. 环境　B. 遗传素质　C. 教育　D. 社会

7. 在一个人的发展过程中，有的方面在较低年龄阶段就已达到了较高水平，有的方面则要在较高年龄阶段才能达到成熟水平。这反映人的身心发展具有（　　）。

A. 顺序性　B. 阶段性　C. 不均衡性　D. 差异性

8. 赫尔巴特所代表的传统教育思想一般被概括为教师中心、课堂中心和（　　）。

A. 学生中心　　B. 教材中心　　C. 活动中心　　D. 经验中心

9. 海南的教师在向学生介绍雪花时，采用观看录像并向空中抛撒大量碎纸屑的方式，让学生体会下雪的场景。这种直观的手段属于（　　）。

A. 实物直观　　B. 语言直观　　C. 虚拟直观　　D. 模像直观

10. 从评价的功能来区分，教学评价的类型可分为（　　）。

A. 诊断性评价、形成性评价和终结性评价

B. 相对评价、绝对评价和个体内部评价

C. 纸笔测试、档案袋评价和表现性评价

D. 质性评价、量化评价和二者结合型评价

11. 一项测验对同一班级学生先后施测两次，两次测验结果保持一致。这说明该测验具有较好的（　　）。

A. 信度　　B. 效度　　C. 难度　　D. 区分度

12. “让学校的每一面墙说话”运用的德育方法是（　　）。

A. 谈话法　　B. 榜样示范法　　C. 陶冶法　　D. 实践锻炼法

第三部分：课程知识

13. 新课程提出了三维目标，分别是知识与技能、过程与方法和（　　）。

A. 思想品德　　B. 创新精神

C. 实践能力　　D. 情感态度与价值观

14. 下列关于“研究性学习”课程表述正确的是（　　）。

A. “研究性学习”课程是指科技类活动课

B. “研究性学习”课程应由专人来教

C. “研究性学习”课程应采用弹性课时制

D. “研究性学习”课程主要通过测验来评价

15. 目前我国的新课程改革实行国家、地方、学校三级课程，体现的是哪方面的改革？（　　）

A. 课程实施　　B. 课程结构　　C. 课程评价　　D. 课程管理

16. 下面哪位语言学家提出了五个假说：习得—学得假说，自然顺序假说，监控假说，输入假说和情感过滤假说，从而形成二语习得理论？（　　）

A. Stern　　B. Widdowson　　C. Krashen　　D. Johnson

17. 下面关于“任务教学法”的表述，正确的是（　　）。

A. 任务教学法中的“任务”与通常所说的“练习”和“活动”没有本质上的区别

B. 任务教学法是以学习者为中心的教学法，在课堂操作上可表现为一系列交际活动，参与这些交际活动，通过既定的教学途径达到培养学生交际能力的教学目的

C. 任务教学法中最关键的是任务的设计

D. 任务教学法中教师只能作为任务的监控者和指导者，而不是任务的参与者

18. 关于学术论文写作的表述中，正确的是（　　）。

A. Reference 包括研究中参考的任何资料；Bibliography 包括在论文中所引用的资料

B. 在进行学术论文撰写时，如果可用的相关实证研究太少，可以省略“文献回顾”的撰写

C. 一般来讲，报告研究结果又可以叫作讨论研究结果

D. 应用语言学领域展开的研究，除了具有理论意义外，还必须具有实践意义

19. 下列哪一项是《义务教育英语课程标准（2011 年版）》五级中对词汇的基本要求？（　　）

A. 学会使用 1500~1600 个单词和 200~300 个习惯用语

B. 学会使用 1300~1400 个单词和 200~300 个习惯用语

C. 学会使用 1500~1600 个单词和 300~400 个习惯用语

D. 学会使用 1300~1400 个单词和 300~400 个习惯用语

20. 下面关于“that”的用法，哪一项是在八年级教授的？（　　）

A. Who's that speaking?

B. What's that?

C. The weather in Beijing is hotter than that in Changchun.

D. This is the best film that I have ever seen.

21. 下列句子中，哪一个是九年级教学的重点？（　　）

A. He goes to school by bus every day.

B. He said that the earth goes round the sun.

C. He asked, "Do you like reading English books?"

D. Why don't you get her a scarf?

第四部分：英语学科知识

(第 22~26 题为听力理解。根据录音中的对话内容回答问题)

22. What does Peter want to drink?

A. Tea. B. Coffee. C. A cold drink.

23. What caused Peter problems at the bank?

A. The exchange rate was down.

B. He was late.

C. The computers weren't working.

24. Who did Peter talk to at the bank?

A. An old friend.

B. An American man.

C. A German man.

25. Henry gave Peter a map of ________.

A. the city B. the bus routes C. the train system

26. What do Peter and Sally decide to order?

A. food and drinks B. just food C. a cold drink

27. This is the package ________ last night.

A. be weighed B. to be weighed C. to weigh D. weighed

28. After hearing the news, ________.

A. tears came to his eyes B. his eyes were full of tears

C. he burst into tears D. his eyes were filled with tears

29. I'd like to ride my bike in the street, but my mother tells me ________.

A. not to B. not to do C. to not do D. doesn't do

30. Jim's family went to visit ________ family last night.

A. the Whites B. the White's C. the White D. the Whites'

31. ______ in the United States, St. Louis has now become the 24th largest city.

A. The fourth biggest city it was

B. Once the fourth biggest city

C. Being the fourth biggest city

D. It was once the fourth biggest city

32. Contrast may make something appear more beautiful than it is when ________ alone.

A. seen　　B. is seen

C. to be seen　　D. having been seen

33. ________ tomorrow, he would get there by Wednesday.

A. Would he leave　　B. If he leaves

C. Was he leaving　　D. Were he to leave

34. I like going to the cinema ________ TV.

A. more than to watch　　B. than watching

C. rather than to watch　　D. more than watching

35. He had been there ________ a time, and knew everyone well.

A. much　　B. many　　C. some　　D. few

36. Human behaviors is mostly a product of learning, whereas the behavior of an animal depends mainly on ________.

A. consciousness　　B. impulse　　C. instinct　　D. response

阅读理解

Everyone wants happiness, but what does it really mean? We must have heard this story: A rich man had been seeking for happiness all day, only to find a man in rags… so it may mean different to each of us.

My happiness is not based on others' happiness because I'm not noble. But I have true human feeling. When I do something good, something proud, something respectable and something useful, I do feel happy. Since I'm a college student, my happiness is getting a high score in exams, gaining teachers' and parents' praise, finishing a terrible essay or hand writing or a wonderful painting.

Confucius said: "Make progress every day." And I think learning new knowledge is happiness, too. We can swim in the sea of knowledge.

To the young, great happiness is to realize our dreams. Sometimes we are even happy about little things, such as receiving a letter, finding out the key to a puzzle.

Those are all happiness! Widen your eyes, and you'll see it everywhere.

37. What are the types of the passage? It's ________.

A. a narrative composition　　B. a descriptive composition

C. an expositive composition　　D. an argumentative composition

38. The passage tells us ________.

A. happiness is very important to our life

B. rich men are the happiest

C. the young are the happiest

D. the college students are the happiest

39. Which of the following is TRUE according to the passage?

A. Happiness is based on others' happiness.

B. Open your eyes and you'll see happiness everywhere.

C. A student's happiness is only to get a high score and to be praised.

D. Happiness is in the sea of knowledge.

40. The writer is ________.

A. a noble and hard-working student of College of Arts

B. a noble and hard-working student of a rich family

C. very good at swimming

D. a student who is usually praised by her teachers

41. The main idea of the passage is that ________.

A. a college student should finish writing his or her essay

B. young people should redouble their efforts to realize their dream

C. happiness is to learn new knowledge

D. a happy mind often makes a strong body

First read the following questions, then answer the questions.

42. Where is Cambridge?

A. In the North End in Boston.
B. In the suburbs of Boston.
C. Near Beacon Hill in Boston.
D. Near Faneuil Hill in Boston.

43. How do most people get around in Boston?

A. By the subway.
B. By car.
C. By bus.
D. On foot.

Boston is a beautiful big city with historical landmarks, museums and cultural sites. There are a number of fine arts venues and more than 50 colleges and universities in the area, including Harvard in Cambridge, one of the bigger Boston suburbs.

To see 372 year-old Boston, put on your tennis shoes and tour the streets on foot. Most of the city's sights can be seen within a five-square-mile area in the North End, the historic center of the city. Most people use the city's subway to get around. From Faneuil Hall to Beacon Hill to Harvard, Paul Reverse's house or the site of the Boston Massacre, visitors can find a huge chunk of the nation's heritage in one afternoon.

44. 翻译画线句子：____________________

____

First read the following questions, then answer the questions.

45. How many exhibits does Old Shoes Museum have?

A. About 780.
B. About 501.
C. About 1,000.
D. About 930.

46. Which of the following can NOT be seen inside the aquarium?

A. The Oriental TV Tower.
B. The underwater viewing tunnel.
C. Large themed exhibition areas.
D. More than 10,000 precious fish.

CITY TOURS

Old Shoes Museum

Bai Lu Tang, the only comprehensive museum of old shoes in China, is the best place to appreciate the history of Chinese footwear and its place in national culture. Among more than 1,000 pieces, the most representative are the three-inch embroidered shoes, accessories and o1d photos. These rare treasures are very artistic and enjoyable. Yang Shaorong, the curator, has exhibited his collection in countries like Canada and Singapore.

Place: Room 501, No 8, Iane 780, Hongzhou Lu

Tel: 64460977, 64450432

Time: 9:30 a. m. -5:30 p. m.

Ocean Aquarium

The Ocean Aquarium, located near the Oriental TV Tower, is one of the largest in Asia, and features the longest underwater viewing tunnel at 155 metres. The aquarium is divided into eight zones with 28 large themed exhibition areas, displaying more than 300 species and a total of more than 10,000 precious fish around the world.

Place: 158 Yincheng Beilu, Pudong

Tel: 58779988

Time: 9: 00 a. m. -9: 00 p. m.

第五部分：英语学科教学知识

47. 在教学中，有学生问您“在表示位置关系时，如何区分介词 in，on，to 的用法”，您认为怎样解释能够使学生有效地掌握？

48. 您认为学生在学习使用一般过去时和现在完成时这两种时态时，通常会出现哪些问题、错误或者困难？

7　高中语文教师专业知识测查问卷

老师，您好！感谢您接受问卷调查。这是一份调查教师专业知识状况的问卷，将为我们的研究提供非常有价值的信息。问卷匿名填写，不会涉及您和您所在学校的评价活动。请独立填写，反映您的真实看法和知识状况。

第一部分：个人基本信息

1. 您的性别：□男　□女

2. 您的教龄：□1~3 年　□4~6 年　□7~9 年　□10~12 年
□13~15 年　□16~18 年　□18 年以上

3. 您的第一学历：□中师　□大专　□本科　□硕士研究生　□博士研究生

4. 下列称号，您属于哪一类型？(同时拥有多种称号的，请选择最高称号)
□校级骨干教师　□区级骨干教师　□市级骨干教师
□省级骨干教师　□国家级骨干教师　□非骨干教师

第二部分：教育理论知识

5. 学生掌握知识的关键环节是（　　）。
A. 感知　　B. 理解　　C. 运用　　D. 记忆

6. 技能形成的基本途径是（　　）。
A. 讲解　　B. 观察　　C. 示范　　D. 练习

7. 机械学习与有意义学习划分的主要依据是（　　）。
A. 是否理解学习材料　　B. 是否主动学习
C. 学习内容是否复杂　　D. 是否反复练习

8. 素质教育的重点是（　　）。
A. 知识与技能的传授　　B. 创新精神与实践能力的培养
C. 个性的培养　　D. 情感、态度、价值观的教育

9. 以下关于直接经验和间接经验的阐述错误的是（　　）。

A. 学生在学校教育过程中以学习间接经验为主

B. 学生在学校教育过程中以学习直接经验为主

C. 间接经验的学习需要以一定的直接经验为基础

D. 间接经验与直接经验是学生的两个同样重要的知识来源

10. 下面对“最近发展区”的理解正确的是（　　）。

A. “最近发展区”是指与教学内容有紧密联系的其他学科的内容领域

B. “最近发展区”是指学生通过最近的学习已经获得的发展区域

C. “最近发展区”是指学生现有的水平与经过教学所能达到的水平之间的差距

D. “最近发展区”要求教学适应学生的身心发展，不能超越学生现有的水平

11. 下列关于教学重点和教学难点的表述正确的是（　　）。

A. 教学重点是相对于教学内容体系而言的，教学难点是相对于学生接受能力而言的

B. 教学重点未必是教学难点，但教学难点一定是教学重点

C. 教学难点未必是教学重点，但教学重点一定是教学难点

D. 教学重点和教学难点是相同的

12. 下列评价方法比较适合考查学生学习历程的是（　　）。

A. 纸笔测验　　B. 实际操作　　C. 档案袋评价　　D. 问卷调查

13. 以下关于学习方式的阐述正确的是（　　）。

A. 接受式学习是指学生将学习材料作为现成的结论性知识来加以接受

B. 探究式学习强调学生的主动参与，要求学生探索人类尚未发现的知识

C. 合作学习是指两个或两个以上的学习者在同一时间和地点学习同一内容

D. 自主学习是指学生一个人独自学习

第三部分：课程知识

14. 新课程提出了三维目标，分别是知识与技能、过程与方法和（　　）。

A. 思想品德　　B. 创新精神

C. 实践能力　　　　　　　　　　D. 情感态度与价值观

15. 下列属于体验性目标的陈述方式是（　　）。

A. 说出、表演、展示　　　　　　B. 设计、制作、创作

C. 感受、参加、养成　　　　　　D. 解释、完成、背诵

16. 在当前新课程背景下，教材编写、教学、评估的依据是（　　）。

A. 课程纲要　　B. 课程计划　　C. 课程标准　　D. 教学大纲

17. 语文教育的基本任务是（　　）。

A. 培养思想品德　　　　　　　　B. 提高语文素养

C. 培养实践能力　　　　　　　　D. 提高文学审美能力

18.《普通高中语文课程标准（实验）》指出，语文课程的基本特点是（　　）。

A. 理论性与实践性的统一　　　　B. 工具性与人文性的统一

C. 知识性与审美性的统一　　　　D. 民主性与科学性的统一

19.《普通高中语文课程标准（实验）》对中国古代优秀作品的阅读与鉴赏的要求是“体会其中蕴含的中华民族精神，为形成一定的传统文化底蕴奠定基础”，其中教学的基本方式是（　　）。

A. 讲授　　　　　　　　　　　　B. 自主合作式学习

C. 诵读　　　　　　　　　　　　D. 探究式学习

20.《普通高中语文课程标准（实验）》在课程的基本理念中提出高中语文课程应遵循的原则是（　　）。

A. 全面均衡与个性发展相统一　　B. 全面开放与合理有序相统一

C. 共同基础与多样选择相统一　　D. 必修课程与选修课程相统一

21. 在《普通高中语文课程标准（实验）》和《2010 年高考考试大纲（课程标准实验版）——语文》中均被作为一项重要能力加以提倡和考核的是（　　）。

A. 识字写字能力　　　　　　　　B. 综合性学习能力

C. 合作能力　　　　　　　　　　D. 探究能力

22. 高中语文课程评价的根本目的是（　　）。

A. 促进学生语文学习方式的根本转变　B. 促进学生语文素养的全面提高

C. 促进语文课程的全面优化　　　　　D. 促进语文教师的专业发展

23.《普通高中语文课程标准（实验）》提出通过高中语文必修课程和选修课程的学习，学生应在五个方面得到发展。下面不属于这五个方面的是（　　）。

A. 积累·整合　　B. 分析·综合　　C. 感受·鉴赏　　D. 应用·拓展

24. 普通高中语文选修课程是按照若干系列来设计的，下列不属于选修课程系列名称的是（　　）。

A. 诗歌与散文　　B. 小说与戏剧

C. 通讯与传记　　D. 文化论著研读

第四部分：语文学科知识

25. 关于“语言”的定义，下列说法不正确的一项是（　　）。

A. 语言是一种社会现象

B. 语言就是人们说出来的话

C. 语言的客观存在形式首先是有声的口头语言

D. 语言是一个符号系统

26. “有饭吃就行了”和“有人吃就行了”中加下划线的短语分别是（　　）。

A. 述宾短语　述宾短语　　B. 连动短语　兼语短语

C. 述宾短语　兼语短语　　D. 兼语短语　连动短语

27.《赤壁赋》中有“壬戌之秋，七月既望”的诗句，其中的“既望”是指（　　）。

A. 农历初一　　B. 农历十四　　C. 农历十五　　D. 农历十六

28. 下列各组字中属于古今字关系的是（　　）。

A. 见—现　征—徵　解—懈　　B. 奉—俸　景—影　文—纹

C. 益—溢　然—燃　干—乾　　D. 立—位　县—悬　雕—凋

29. 下列各组词语中，没有错别字的一组是（　　）。

A. 以逸待劳　纷至踏来　信口雌黄　哄堂大笑

B. 漫不经心　和颜悦色　见微知著　推心至腹

C. 突如其来　接踵而至　精妙绝伦　浑然一体

D. 张灯结彩　休戚与共　不知所终　黔驴计穷

30. 修辞一般分为三大类，包括（　　）。

A. 抒情　记叙　描写　　B. 拟音　拟形　拟义

C. 语音　词语　语句　　D. 直接　间接　转接

31. 下列语段中画线词语使用不恰当的一项是（　　）。

欣逢您四十华诞，我们谨向您——亲爱的母校，致以热烈的祝贺。

四十年来，您培养的莘莘学子，或纵横商海，运筹帷幄，或潜心学界，激扬文字……在各行各业的建设中，总是首当其冲。

亲爱的母校，是您厚实的沃土孕育了我们的未来，是您严谨的学风和优良的传统赋予了我们奋发向上的力量，是您把我们这些懵懂少年培养成今天的栋梁之材。

A. 莘莘学子　B. 运筹帷幄　C. 首当其冲　D. 栋梁之材

32. 文学最本质的特征是（　　）。

A. 现实的反映　B. 文化的载体　C. 语言的艺术　D. 抒情的方式

33. 提出“文学即人学”主张的是（　　）。

A. 高尔基　B. 马克思　C. 毛泽东　D. 鲁迅

34. 我国新文学史上第一篇短篇小说是（　　）。

A.《春风沉醉的晚上》　B.《沉沦》

C.《狂人日记》　D.《伤逝》

35. 一般认为，“新时期文学”的开始年是（　　）。

A. 1919 年　B. 1949 年　C. 1976 年　D. 1978 年

36. 请给下列作家、作品及主人公连线。

曹禺	《芙蓉镇》	方达生
沈从文	《活着》	方鸿渐
余华	《倾城之恋》	天保
钱钟书	《日出》	富贵
张爱玲	《边城》	胡玉音
古华	《围城》	白流苏

37. 莎士比亚四大悲剧包括（　　）。

A.《哈姆雷特》《李尔王》《奥赛罗》《麦克白》

B.《哈姆雷特》《李尔王》《罗密欧与朱丽叶》《麦克白》

C.《哈姆雷特》《罗密欧与朱丽叶》《奥赛罗》《麦克白》

D.《哈姆雷特》《李尔王》《奥赛罗》《罗密欧与朱丽叶》

38.《墙上的斑点》作者是英国作家伍尔夫，其流派属于典型的（　　）。

A. 后现代主义　　B. 象征主义　　C. 意识流　　D. 荒诞派

39. 托尔斯泰的长篇小说《复活》中的女主人公玛丝洛娃是（　　）。

A. 上流社会妇女　　B. 被侮辱与被迫害的下层妇女

C. 追求个性解放的贵族妇女　　D. 无可救药的下贱女人

40. 请给下列作家、国别及作品连线。

霍桑	日本	《伪君子》
笛福	法国	《变形记》
卡夫卡	英国	《挪威的森林》
莫里哀	奥地利	《百年孤独》
村上春树	美国	《鲁滨孙漂流记》
马尔克斯	哥伦比亚	《红字》

41. 中国最早的文学理论著作是（　　）。

A. 刘勰的《文心雕龙》　　B. 钟嵘的《诗品》

C. 曹丕的《典论·论文》　　D. 陆机的《文赋》

42. 标志汉大赋形成的第一篇作品是（　　）。

A. 司马相如的《子虚赋》　　B. 枚乘的《七发》

C. 扬雄的《羽猎赋》　　D. 贾谊的《吊屈原赋》

43. 下列词人中不属于婉约派的是（　　）。

A. 辛弃疾　　B. 柳永　　C. 秦观　　D. 周邦彦

44. 中国古代小说的发展脉络大约是：源头可以追溯到远古的________，魏晋的________标志着小说的产生，接下来是唐________、宋元________、明________和________、清代的________堪称短篇精粹，________则是古代小说的不朽巨著。

阅读下面的文字，完成45~47题。

干　栏　居

干栏居是一种将房屋用桩柱架离地面的宫室形式。《新唐书·南平獠传》

称：“山有毒草……沙风、蝮蛇，人楼居，梯而上，名曰‘千栏’。”《说文》中的“泽中守草楼”也应是千栏形式，与其认为千栏居是巢居的演化，倒不如说千栏居就是巢居的一种较高级形式，并且与楼阁的起源有着密切关系。

千栏居以下部架空的桩柱或“千栏”得名，但与上部房屋的结构形制并无确定关系，故就整座建筑而言，千栏居并不推算作一种结构类型。

浙江余姚河姆渡，在距今约7000年前的第四期原始聚落遗址上，发现了现知最早的千栏居遗址。桩柱可分为圆柱、矩形桩和坛柱等，直径或边长为10~20厘米，入地60~80厘米。桩柱上用主梁和次梁架起厚约10厘米的地板，一般高出地面80厘米到1米左右，地板以上的房子为“长屋”形成，进深约7米，檐下还有宽约1.1米的室外走廊。

河姆渡千栏居的“长屋”，是长江流域史前的一种特殊的家族聚居形成，即以家族长辈的房子为中心，左右毗邻的小辈房子“一”字形延伸开来。河姆渡千栏居的长度约30米，而属于大汶口文化的安徽尉迟寺长屋遗址长达25间，有80米左右，浙川下王岗长屋遗址长达100米左右。此外，成都十二桥发现的千栏居（相当于商代），主体建筑面积在1200平方米以上。

千栏居也可建于水面上，如湖北蕲春毛家嘴遗址（相当于西周），便是在水塘上立桩架屋的。

中国古代木构建筑的结构构件结合部位，是一种榫卯的结点构造。梁与柱的交流，是在梁端或柱端做出榫头，有燕尾榫和销钉榫等，较之巢居的技术迈进了一大步。板之间的连接已用会口技术。这种榫卯构造在蕲春毛家嘴千栏居遗址中用得更为娴熟，榫卯就迄今掌握的材料看，最早发现于河姆渡的千栏居遗构中。

千栏居及其长屋，广泛地存在于我国南方以及东南亚等古代的稻作文化圈中，并一直沿用到近世。从河姆渡遗址中的榫卯构造可以推定，中国古代木构官室产生的主要源头之一，是在长江流域，这里的宫室建筑以先帝的榫卯构造方式，取代了原始的墩扎构造。

（节选自《中华文化通志·建筑志·宫殿建筑》）

45. 下列关于“千栏居”的表述正确的一项是（　　）。

A. 千栏居是巢居的一种较高级形成，属官室演化过程中的一种建筑类型

B. 楼阁建筑应是居室向官室演化过程中的高级阶段，它的起源就是千栏居

C. 千栏居不因上部房屋的结构形制取名，而是因为下部架空的桩柱或

“千栏”得名

D. 就整座建筑而言，千栏居形制的建筑并不是一种房屋结构类型

46. 下列表述完全符合原文意思的一项是（　　）。

A. 浙江余姚河姆渡在距今约 7000 年前的第四期原始聚落的遗址是最早的千栏居遗迹

B. 河姆渡千栏居的“长屋”，是古代长江流域的一种特殊的家庭聚居形式

C. 中国古代木构建筑的榫卯的结点构造，在蕲春毛家嘴千栏居遗址中用得更为娴熟

D. 河姆渡遗址中的千栏居建筑使用的是先进的榫卯构造方式，由此推断，长江流域是中国古代木构宫室的主要发源地之一

47. 根据原文提供的信息，下列推断错误的一项是（　　）。

A. 千栏居采用将房屋用桩柱架离地面的建筑形式，与原始巢居一样，都具有躲避野兽、蛇虫侵扰的作用

B. 文章开头引用古代的两则材料来介绍千栏居，其中《说文》“泽中守草楼”中的千栏居形式与湖北蕲春毛家嘴遗址千栏居基本属同一种类型

C. 以家族长辈的房子为中心左右毗邻的小辈房子“—”字形延伸开来的“长屋”，同家庭聚居形式，它体现了宫室建筑的某些特征

D. 从古代千栏居及其长屋广泛分布的区域及建筑形制来看，防潮和防寒是其主要功能

第五部分：语文学科教学知识

48. 课堂上有学生提出：“《荷塘月色》中有‘荷塘月色’和‘江南采莲’两幅图画，但二者毫不相干，为什么作者还要生拉硬扯地把‘江南采莲’写进来呢?”您作为老师采用的应对方式是（　　）。

A. 直接通过讲解提出自己的看法，说服这个学生

B. 把问题抛给全体学生，引发对此问题的讨论

C. 组织学生重读课文，然后进行细致的讲解分析和引导

D. 留作课外思考题，让全体学生查阅相关资料提出自己的看法

49. 学生在课堂上提出从“古之学者必有师”这句话可以看出韩愈过于极端和武断，无论是古人还是现代人都有很多自学成才的，难道非得有老师

吗？对此您采取的处理方式是（　　）。

A. 组织学生重读课文，引导学生深入理解这句话

B. 征求其他学生的意见，引发思考和讨论

C. 直接指出学生对问题理解的偏颇之处，说服学生

D. 通过大量的例证，说明教师在学生成长中的重要作用

50. 人教版必修五第二单元有《逍遥游》一课，学生学习此课文会遇到哪些困难和障碍？

51. 课堂上学生问李清照的《声声慢》中“乍暖还寒”的“还”读音是huán还是hái，教师如何应对？

8 高中数学教师专业知识测查问卷

老师，您好！感谢您接受问卷调查。这是一份调查教师专业知识状况的问卷，将为我们的研究提供非常有价值的信息。问卷匿名填写，不会涉及您和您所在学校的评价活动。请独立填写，反映您的真实看法和知识状况。

第一部分：个人基本信息

1. 您的性别：□男 □女

2. 您的教龄：□1~3 年 □4~6 年 □7~9 年 □10~12 年 □13~15 年 □16~18 年 □18 年以上

3. 您的第一学历：□中师 □大专 □本科 □硕士研究生 □博士研究生

4. 下列称号，您属于哪一类型？(同时拥有多种称号的，请选择最高称号)

□校级骨干教师 □区级骨干教师 □市级骨干教师

□省级骨干教师 □国家级骨干教师 □非骨干教师

第二部分：教育理论知识

5. 学生掌握知识的关键环节是（ ）。

A. 感知 B. 理解 C. 运用 D. 记忆

6. 技能形成的基本途径是（ ）。

A. 讲解 B. 观察 C. 示范 D. 练习

7. 机械学习与有意义学习划分的主要依据是（ ）。

A. 是否理解学习材料 B. 是否主动学习

C. 学习内容是否复杂 D. 是否反复练习

8. 素质教育的重点是（ ）。

A. 知识与技能的传授 B. 创新精神与实践能力的培养

C. 个性的培养 D. 情感、态度、价值观的教育

9. 以下关于直接经验和间接经验的阐述错误的是（　　）。

A. 学生在学校教育过程中以学习间接经验为主

B. 学生在学校教育过程中以学习直接经验为主

C. 间接经验的学习需要以一定的直接经验为基础

D. 间接经验与直接经验是学生的两个同样重要的知识来源

10. 下面对“最近发展区”的理解正确的是（　　）。

A. “最近发展区”是指与教学内容有紧密联系的其他学科的内容领域

B. “最近发展区”是指学生通过最近的学习已经获得的发展区域

C. “最近发展区”是指学生现有的水平与经过教学所能达到的水平之间的差距

D. “最近发展区”要求教学适应学生的身心发展，不能超越学生现有的水平

11. 下列关于教学重点和教学难点的表述正确的是（　　）。

A. 教学重点是相对于教学内容体系而言的，教学难点是相对于学生接受能力而言的

B. 教学重点未必是教学难点，但教学难点一定是教学重点

C. 教学难点未必是教学重点，但教学重点一定是教学难点

D. 教学重点和教学难点是相同的

12. 下列评价方法比较适合考查学生学习历程的是（　　）。

A. 纸笔测验　　B. 实际操作　　C. 档案袋评价　　D. 问卷调查

13. 以下关于学习方式的阐述正确的是（　　）。

A. 接受式学习是指学生将学习材料作为现成的结论性知识来加以接受

B. 探究式学习强调学生的主动参与，要求学生探索人类尚未发现的知识

C. 合作学习是指两个或两个以上的学习者在同一时间和地点学习同一内容

D. 自主学习是指学生一个人独自学习

第三部分：课程知识

14. 新课程提出了三维目标，分别是知识与技能、过程与方法和（　　）。

A. 思想品德　　B. 创新精神

C. 实践能力　　　　　　　　　　D. 情感态度与价值观

15. 下列属于体验性目标的陈述方式是（　　）。

A. 说出、表演、展示　　　　　　B. 设计、制作、创作

C. 感受、参加、养成　　　　　　D. 解释、完成、背诵

16. 在当前新课程背景下，教材编写、教学、评估的依据是（　　）。

A. 课程纲要　　　B. 课程计划　　　C. 课程标准　　　D. 教学大纲

17. 《选修 1-2》与《选修 2-2》中均安排了推理与证明的学习。“推理与证明”是数学的基本思维过程，也是人们学习和生活中经常使用的思维方法。推理一般包括合情推理和演绎推理。下列说法错误的是（　　）。

A. 合情推理是根据已有的事实和正确的结论（包括定义、公理、定理等）、实验和实践的结果，以及个人的经验和直觉等推测某些结果的推理过程

B. 归纳、类比是合情推理常用的思维方法，其结论一定正确

C. 演绎推理是由一般到特殊的推理，即从一般性原理推出某个特殊情况下的结论。一般模式是“三段论”，即①大前提——已知的一般原理；②小前提——所研究的特殊情况；③结论——根据一般原理，对特殊情况做出的判断

D. 综合法、分析法是两种直接证明的方法，反证法是间接证明的方法，在《选修 1-2》与《选修 2-2》中均有学习要求，而数学归纳法仅在《选修 2-2》中有学习要求

18. 下列不属于高中数学课程基本理念的是（　　）。

A. 提供多样课程，适应个性选择

B. 倡导积极主动、勇于探索的学习方式

C. 发展学生的数学应用意识

D. 大力提高学生的计算能力、逻辑推理能力和空间能力

19. 《普通高中数学课程标准（实验）》中，关于统计的教学安排是（　　）。

A. 不仅在《数学 3》中安排学习，还在《选修 1-1》与《选修 2-1》中安排学习统计案例

B. 不仅在《数学 3》中安排学习，还在《选修 1-1》与《选修 2-3》中

安排学习统计案例

C. 不仅在《数学3》中安排学习，还在《选修1-2》与《选修2-2》中安排学习统计案例

D. 不仅在《数学3》中安排学习，还在《选修1-2》与《选修2-3》中安排学习统计案例

20. 复数的引入是中学阶段数系的又一次扩充，体现了人类理性思维在数系扩充中的作用。在大纲版教材中，复数仅是理科数学的学习要求，在课标版教材中，(　　)。

A. 复数仅是理科数学学习的要求

B. 复数仅是文科数学学习的要求

C. 复数是文科数学、理科数学学习的共同要求

D. 复数已不作为学习要求

21.《普通高中数学课程标准（实验）》必修课程包括（　　）个模块。

A. 4　　B. 5　　C. 6　　D. 7

22. 必修2空间几何体的教学中（　　）。

A. 台体体积的计算公式不要求学生记忆

B. 要求学生掌握三垂线定理

C. 不要求证明线面平行判定定理

D. 要求学生掌握反证法证明有关定理

23. 算法的教学重点是（　　）。

A. 程序框图　　B. 程序语言　　C. 程序设计　　D. 算法思想

24. 概率教学的核心问题是让学生（　　）。

A. 掌握古典概型和几何概型　　B. 理解互斥事件和独立事件

C. 了解随机现象和概率的意义　　D. 区别概率和频率

第四部分：数学学科知识

25. 设 $m \in \mathbf{R}$，$\lg m > 0$ 是 $\frac{1}{m} < 1$ 的（　　）。

A. 充分而不必要条件　　B. 必要而不充分条件

C. 充要条件　　D. 既不充分也不必要条件

26. 函数$f(x)=1-\sqrt{x}$的值域是（　　）。

A. $[0,\ +\infty)$　　B. $[1,\ +\infty)$

C. $(-\infty,\ -1]$　　D. $(-\infty,\ 1]$

27. 已知$f(x)=\begin{cases}x, & x>0\\ f(x+1), & x\leqslant 0\end{cases}$，则$f[f(-1)]=$（　　）。

A. -1　　B. 0　　C. 1　　D. 2

28. 在某个物理实验中，测得变量x和y的几组数据，如下表：

x	0.50	0.99	2.01	3.98
y	−0.99	0.01	0.98	2.00

则对x，y最适合的拟合函数是（　　）。

A. $y=2^x$　　B. $y=x^2-1$　　C. $y=2x-2$　　D. $y=\log_2 x$

29. 函数$f(x)=x^2-2ax-3$在区间$[1,\ 2]$上存在反函数的充要条件是（　　）。

A. $a\leqslant 1$　　B. $a\geqslant 2$

C. $1\leqslant a\leqslant 2$　　D. $a\leqslant 1$或$a\geqslant 2$

30. 函数$y=\log_2|x+a|$图像的对称轴为$x=-2$，则实数a的值为（　　）。

A. $\frac{1}{2}$　　B. $-\frac{1}{2}$　　C. -2　　D. 2

31. 若函数$f(2x)$的定义域为$(-1,\ 1)$，则$f(2^{x-1})+f(\log_2 x)$的定义域是（　　）。

A. $(-1,\ 1)$　　B. $\left(\frac{1}{8},\ 1\right)$　　C. $\left(\frac{1}{2},\ 1\right)$　　D. $\left(\frac{1}{4},\ 2\right)$

32. 已知函数$f(x)=10^x+a\cdot 10^{-x}$，则对任意的实数a，$f(x)$不可能（　　）。

A. 是奇函数　　B. 既是奇函数又是偶函数

C. 是偶函数　　D. 既不是奇函数又不是偶函数

33. 若一系列函数的解析式相同，值域相同，但定义域不同，则称这些函数为“同族函数”。那么函数解析式为 $y=x^2$，值域为 $\{1,4\}$ 的“同族函数”共有（　　）。

A. 7 个　　B. 8 个　　C. 9 个　　D. 4 个

34. 若函数 $f(x)=\log_a(2x^2+x)(a>0,a\neq 1)$ 在区间 $\left(0,\dfrac{1}{2}\right)$ 上恒有 $f(x)>0$，则 $f(x)$ 的单调递增区间是（　　）。

A. $\left(-\infty,-\dfrac{1}{4}\right)$　　B. $\left(-\dfrac{1}{4},+\infty\right)$

C. $(0,+\infty)$　　D. $\left(-\infty,-\dfrac{1}{2}\right)$

35. 若函数 $f(x)=\dfrac{(2-m)x}{x^2+m}$ 的图像如图所示，则 m 的范围为（　　）。

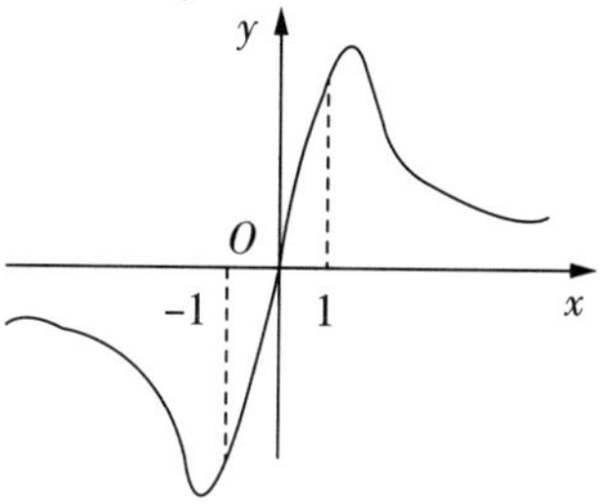

A. $(-\infty,-1)$　　B. $(-1,2)$

C. $(1,2)$　　D. $(0,2)$

36. 函数 $f(x)=2^x-|x^2-1|-1$ 的零点个数是（　　）。

A. 1 个　　B. 2 个　　C. 3 个　　D. 0 个

37. 设 $f(x)$ 是周期为 2 的奇函数，当 $0\leqslant x\leqslant 1$ 时，$f(x)=2x(1-x)$，则 $f\left(-\dfrac{5}{2}\right)=$（　　）。

A. $-\dfrac{1}{2}$　　B. $-\dfrac{1}{4}$　　C. $-\dfrac{1}{4}$　　D. $\dfrac{1}{2}$

38. 已知函数 $f(x)=\lg(5^x+4\cdot 5^{-x}+m)$ 的值域为 $\mathbf{R}$，则 m 的取值范围为（　　）。

A. $(-\infty,-4)$　　B. $(-\infty,-4]$

C. $(4,+\infty)$　　D. $[-4,+\infty)$

39. 已知二次函数 $f(x)=x^2+ax+b$，若不等式 $f(x)<x$ 的解集为 $\{x\mid 1<x<3\}$，则不等式 $f[f(x)]<f(x)$ 的解集为（　　）。

A. $(1,3)$　　B. $(0,1)\cup(2,3)$

C. $(1,2)\cup(2,3)$　　D. $(3,+\infty)$

40. 设点 P 从点 O 出发，按逆时针方向沿周长为 l 的图形运动一周，若 O，P 两点间的距离 y 与点 P 走过的路程 x 的函数关系如右图，则点 P 走过的图形可能是（　　）。

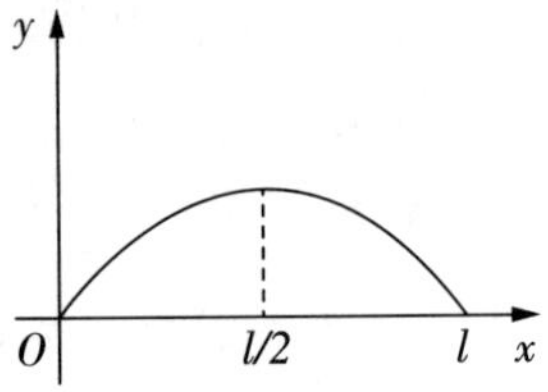

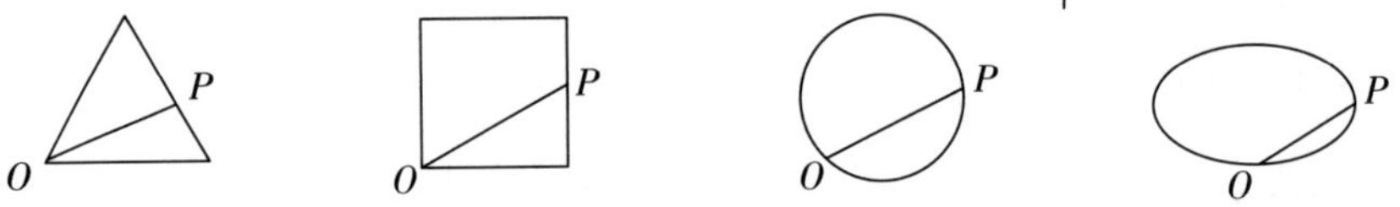

A　　　　B　　　　C　　　　D

41. 设 $y=f(x-1)$ 是 $\mathbf{R}$ 上的奇函数，若 $y=f(x)$ 在 $(-1,\ +\infty)$ 上是增函数，且 $f(0)=1$，则满足 $f(m)>-1$ 的实数 m 的范围是（　　）。

A. $(-2,\ +\infty)$　　B. $(-1,\ +\infty)$　　C. $(-2,\ 0)$　　D. $(-\infty,\ 0)$

42. 若函数 $f(x)=2\sin\omega x$ $(\omega>0)$ 的图像在 $(0,\ 2\pi)$ 上恰有一个极大值和一个极小值，则 ω 的取值范围是（　　）。

A. $\left(\frac{2}{3},\ \frac{4}{3}\right]$　　B. $\left(\frac{3}{4},\ \frac{5}{4}\right]$　　C. $\left(\frac{4}{5},\ \frac{4}{3}\right]$　　D. $\left(\frac{2}{3},\ \frac{3}{4}\right]$

43. 函数 $f(x)=ax^3+bx^2+cx+d$ $(a,\ b,\ c,\ d\in\mathbf{R})$ 的图像如图所示，则下列结论正确的是（　　）。

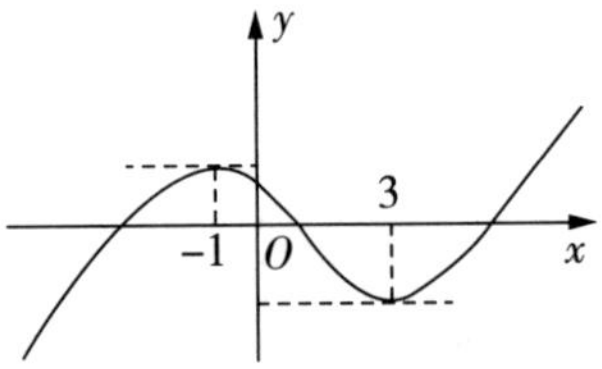

A. $c>0$　　B. $a+b>0$

C. $d<0$　　D. $3a+b=0$

44. 设直线 $x=t$ 与函数 $f(x)=x^2$，$g(x)=\ln x$ 的图像分别交于点 M，N，则当 $|MN|$ 达到最小值时 t 的值为（　　）。

A. 1　　B. $\frac{1}{2}$　　C. $\frac{\sqrt{2}}{2}$　　D. $\frac{\sqrt{5}}{2}$

45. 已知函数 $f(x)$ 的图像如右图所示，则 $f(x)$ 的解析式可能是（　　）。

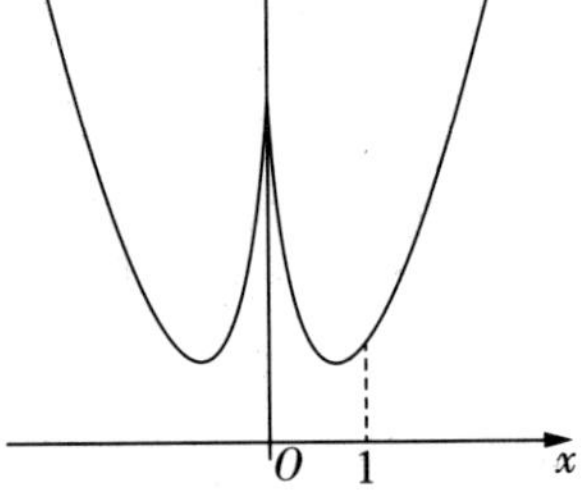

A. $f(x)=x^2-2\ln|x|$

B. $f(x)=x^2-\ln|x|$

C. $f(x)=|x|-2\ln|x|$

D. $f(x)=|x|-\ln|x|$

46. 已知映射f：$P(m, n) \to P'(\sqrt{m}, \sqrt{n})$（$m \geqslant 0$，$n \geqslant 0$）。设点$A(1, 3)$，$B(2, 2)$，点$M$是线段$AB$上一动点，$f$：$M \to M'$。当点$M$在线段$AB$上从点$A$开始运动到点$B$结束时，点$M$的对应点$M'$所经过的路线长度为（　　）。

A. $\frac{\pi}{3}$　　B. $\frac{\pi}{4}$　　C. $\frac{\pi}{6}$　　D. $\frac{\pi}{12}$

47. 设函数$g(x)=x^2-2(x \in \mathbf{R})$，$f(x)=\begin{cases} g(x)+x+4, & x<g(x) \\ g(x)-x, & x \geqslant g(x) \end{cases}$，则$f(x)$的值域是（　　）。

A. $\left[-\frac{9}{4}, 0\right] \cup (1, +\infty)$　　B. $[0, +\infty)$

C. $\left[-\frac{9}{4}, +\infty\right)$　　D. $\left[-\frac{9}{4}, 0\right] \cup (2, +\infty)$

48. 函数$y=\frac{(x-a) \cdot a^x}{|x-a|}(a>0 \text{且} a \neq 1)$的图像可以是（　　）。

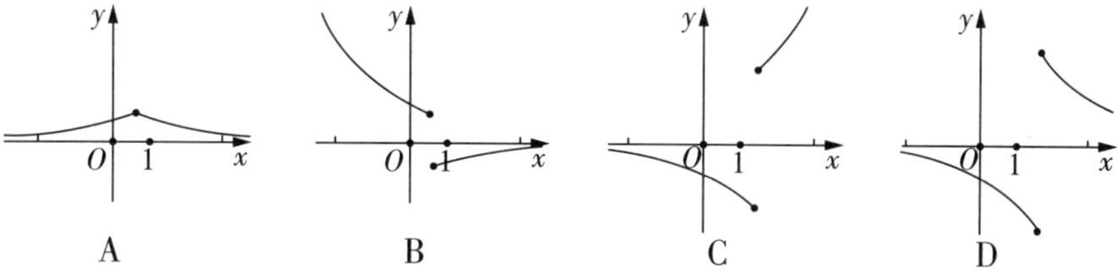

49. 已知函数f：$\{1, 2, 3\} \to \{1, 2, 3\}$，则满足$f(f(x))=f(x)$的函数共有（　　）。

A. 1个　　B. 4个　　C. 8个　　D. 10个

50. 函数$y=f(x)$与函数$y=g(x)$有相同的定义域，且都不是常函数，对定义域内的任何x，有$f(x)+f(-x)=0$，$g(x)g(-x)=1$，且$g(x) \neq 1$，则$F(x)=\frac{2f(x)}{g(x)-1}+f(x)$是（　　）。

A. 奇函数　　B. 偶函数

C. 既是奇函数又是偶函数　　D. 既不是奇函数也不是偶函数

51. 设$a \in \mathbf{R}$，若函数$y=e^{ax}+3x$，$x \in \mathrm{R}$有大于零的极值点，则（　　）。

A. $a<-\frac{1}{3}$　　B. $a>-\frac{1}{3}$　　C. $a<-3$　　D. $a>-3$

52. 能使函数 $y=\sqrt{x}+\sqrt{x+a}$ 的最小值是 $\frac{\sqrt{3}}{2}$ 的实数 a 有（　　）。

A. 1 个　　B. 2 个　　C. 3 个　　D. 无数个

53. 已知函数 $f(x)=\begin{cases}(1-3a)x+10a & x\leqslant 6\\ a^{x-7} & x>6\end{cases}$，若数列 $\{a_n\}$ 满足 $a_n=f(n)$ $(n\in\mathbf{N}^*)$，且 $\{a_n\}$ 是递减数列，则实数 a 的取值范围是（　　）。

A. $\left(\frac{1}{3},\ 1\right)$　　B. $\left(\frac{1}{3},\ \frac{1}{2}\right)$

C. $\left(\frac{1}{3},\ \frac{5}{8}\right)$　　D. $\left(\frac{5}{8},\ 1\right)$

54. 若 x_1 满足 $2x+2^x=5$，x_2 满足 $2x+2\log_2(x-1)=5$，则 $x_1+x_2=$（　　）。

A. $\frac{5}{2}$　　B. 3　　C. $\frac{7}{2}$　　D. 4

55. 如图所示，$f_i(x)(i=1,\ 2,\ 3,\ 4)$ 是定义在 $[0,\ 1]$ 上的四个函数，其中满足性质：“对 $[0,\ 1]$ 中任意的 x_1 和 x_2，任意 $\lambda\in[0,\ 1]$，$f[\lambda x_1+(1-\lambda)x_2]\leqslant\lambda f(x_1)+(1-\lambda)f(x_2)$ 恒成立”的只有（　　）。

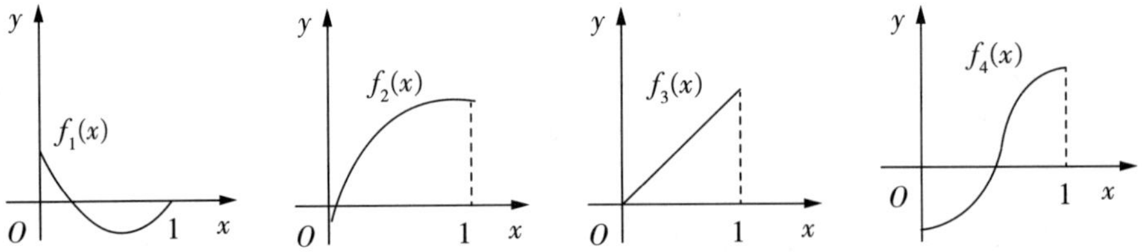

A. $f_1(x)$，$f_3(x)$　　B. $f_2(x)$　　C. $f_2(x)$，$f_3(x)$　　D. $f_4(x)$

56. 在直角坐标系中，如果两点 $A(a,\ b)$，$B(-a,\ -b)$ 在函数 $y=f(x)$ 的图像上，那么称 $[A,\ B]$ 为函数 $f(x)$ 的一组关于原点的中心对称点（$[A,\ B]$ 与 $[B,\ A]$ 看作一组）。函数 $g(x)=\begin{cases}\cos\frac{\pi}{2}x, & x\leqslant 0,\\ \log_4(x+1), & x>0\end{cases}$ 关于原点的中心对称点的组数为（　　）。

A. 1　　B. 2　　C. 3　　D. 4

57. 若关于 x 的不等式 $a \leqslant \frac{1}{3}x^2 - \frac{2}{3}x + 1 \leqslant b$ 的解集是 $[a, b]$，则 $a+b$ 的值为（　　）。

A. 2　　B. 5　　C. $\frac{2}{3}$　　D. $\frac{5}{3}$

58. 已知定义在 $\mathbf{R}$ 上的函数 $f(x)$ 的图像关于点 $\left(-\frac{3}{4}, 0\right)$ 对称，且满足 $f(x) = -f\left(x+\frac{3}{2}\right)$，$f(-1)=1$，$f(0)=-2$，则 $f(1)+f(2)+f(3)+\cdots+f(2011)$ 等于（　　）。

A. −2　　B. 1　　C. 0　　D. 2

59. 已知集合 $A=\left\{(x, y) \middle| y=\sqrt{x^2+2}-\ln x\right\}$，集合 $B=\{(x, y) \mid y=mx+n\}$，集合 $C=\{0, 2, 3\}$，$m, n \in C$，则集合 $D=\{(m, n) \mid A \cap B \neq \varnothing\}$ 中的元素有（　　）。

A. 5 个　　B. 6 个　　C. 7 个　　D. 8 个

60. 设函数 $f(x)$ 在 $\mathbf{R}$ 上的导函数为 $f'(x)$，且 $2f(x)+xf'(x)>x^2$，下面的不等式在 $\mathbf{R}$ 内恒成立的是（　　）。

A. $f(x)>0$　　B. $f(x)<0$　　C. $f(x)>x$　　D. $f(x)<x$

61. 已知 $f(x)$ 是定义在 $\mathbf{R}$ 上的偶函数，且 $x \leqslant 0$ 时，$f(x)=\begin{cases}\left(\frac{1}{e}\right)^{x+2} & x \leqslant -1 \\ f(x-1) & -1<x \leqslant 0\end{cases}$。若 $f(x) \geqslant x+a$ 对于任意 $x \in \mathbf{R}$ 恒成立，则常数 a 的取值范围是（　　）。

A. $\left(-\infty, \frac{1}{e}-2\right]$　　B. $(-\infty, -2]$

C. $\left(-\infty, \frac{1}{e}-1\right]$　　D. $(-\infty, -1]$

62. 对于实数 x，$[x]$ 称为取整函数或高斯函数，亦即 $[x]$ 是不超过 x 的最大整数。例如，$[2.3]=2$。在直角坐标平面内，若 (x, y) 满足 $[x-1]^2+[y-1]^2=4$，则 x^2+y^2 的取值范围是（　　）。

A. $[10, 20]$　　B. $[10, 20)$

C. $(1, 5) \cup [10, 20)$　　　　D. $[1, 5) \cup [10, 20)$

63. 我们把形如 $y=\frac{b}{|x|-a}(a>0, b>0)$ 的函数因其图像类似于汉字“囧”字，故生动地称为“囧函数”，并把其与 y 轴的交点关于原点的对称点称为“囧点”，以“囧点”为圆心且凡是与“囧函数”有公共点的圆，皆称为“囧圆”，则当 $a=1$，$b=1$ 时，所有的“囧圆”中面积的最小值为（　　）。

A. 2π　　B. 3π　　C. 4π　　D. 5π

64. 已知函数 $f(x)=x^3-3x^2+1$，$g(x)=\begin{cases} x+\frac{1}{4x}, & x>0 \\ -x^2-6x-8, & x\leqslant 0 \end{cases}$，则方程 $g[f(x)]-a=0$（a 为正实数）的根的个数不可能为（　　）。

A. 3 个　　B. 4 个　　C. 5 个　　D. 6 个

第五部分：数学学科教学知识

65. 下面罗列了四种不同版本的高中数学课本对函数概念的定义，您认为学生更容易理解哪一种定义？（　　）

A. 在某个变化过程中有两个变量 x，y，如果对于 x 在某个实数集合 D 内的每一个确定的值，按照某个对应法则 f，y 都有唯一确定的实数值与它对应，那么 y 就是 x 的函数

B. 一般地，设 A，B 是两个非空数集，如果按某种对应法则 f，对于集合 A 中的每一个元素 x，在集合 B 中都有唯一的元素 y 和它对应，那么这样的对应叫作从 A 到 B 的一个函数

C. 设集合 A 是一个非空的实数集，对 A 内任意实数 x，按照确定的法则 f，都有唯一确定的实数值 y 与它对应，则这种对应关系叫作集合 A 上的一个函数

D. 给定两个非空数集 A 和 B，如果按照某个对应关系 f，对于 A 中任何一个数 x，在集合 B 中都存在唯一确定的数 $f(x)$ 与之对应，那么就把对应关系 f 叫作定义在 A 上的函数

66. 教师请学生思考下面这个问题：设有集合 $A=\{(x, y) \mid (1, 3), (2, 6), (-2, -6), (3, 4)\}$，那么 y 能否看作 x 的函数？很多学生都不确

定，私下里相互讨论。这时善于思考的小明站起来，回答说："y 不可能是 x 的函数。"您认为小明最有可能的判断理由是什么？(　　)

A. 因为这是一个集合，函数和集合是不一样的

B. 因为集合中前面三个数对中表示 y 的数都是表示 x 的数的 3 倍，但是这个关系在第 4 个数对中不成立

C. 因为函数的表示法只有三种：解析式、图像、表格

D. 因为集合中的 4 个数对没有按照表示 x 的数从小到大排列

67. 如图 A、B 是抛物线上的两个点。教师问："线段 AB 的中点是否也在该抛物线上？"一个学生想了一会儿，回答说："应该也在这条抛物线上……这就好像 3 到 3.5 的距离等于 3.5 到 4 的距离。"您认为该学生最有可能的理由是什么？(　　)

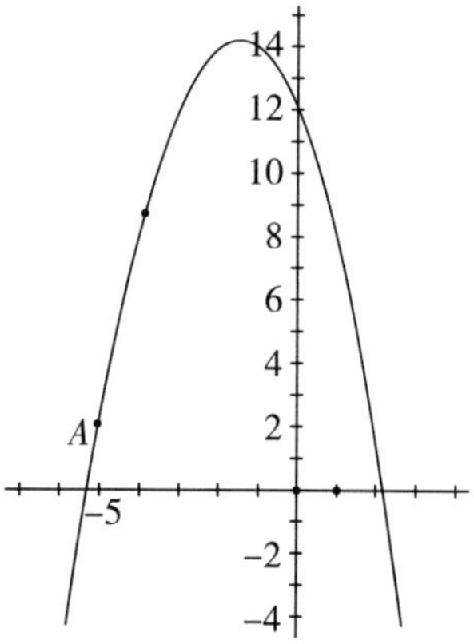

A. 线段 AB 和抛物线靠得很近，看起来线段 AB 好像就是抛物线上的一部分

B. 把直线的性质用到了抛物线上

C. 没有任何理由，猜的

D. 以上皆有可能

68. 徐老师想通过实际生活的例子来引入反函数的概念，她设计了两个情境：

Ⅰ. f：甲、乙两水杯，甲一杯水加两勺巧克力粉，乙一杯水加一勺巧克力粉；

g：甲、乙两水杯，甲半杯水加一勺巧克力粉，乙一杯水加一勺巧克力粉。

Ⅱ. f：甲、乙两根弹簧分别伸长为原来的两倍和三倍；

g：甲、乙两根弹簧分别收缩为原来的二分之一和三分之一。

您认为哪个情境适合引入反函数的概念？(　　)

A. 只有Ⅰ　　　　B. 只有Ⅱ

C. 两个都适合　　　　D. 两个都不适合

69. 由函数$f(x)= x^2$，$x \in \mathbf{R}$，$g(x)= x+1$，$x \in \mathrm{R}$复合形成函数$f(g(x))$，学生最有可能出现的错误是哪个？(　　)

A. $f(g(x))=x^2+1$，$x \in \mathbf{R}$　　B. $f(g(x))=x^2+x+1$，$x \in \mathbf{R}$

C. $f(g(x))=x^3+x^2$，$x \in \mathbf{R}$　　D. $f(g(x))=x^3+1$，$x \in \mathbf{R}$

70. 小红常常像看“公交路线图”一样认识函数图像。您认为她最可能会把下列哪个（些）当作外出旅行图（横轴表示时间，纵轴表示离家的距离)？(　　)

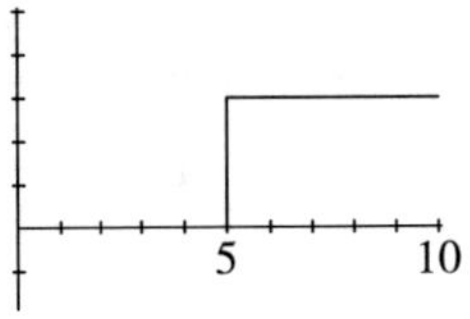

(1)

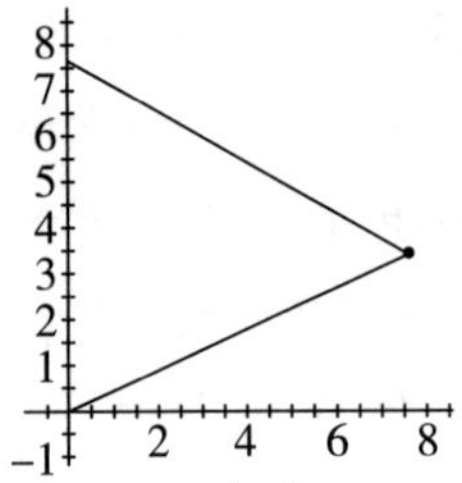

(2)

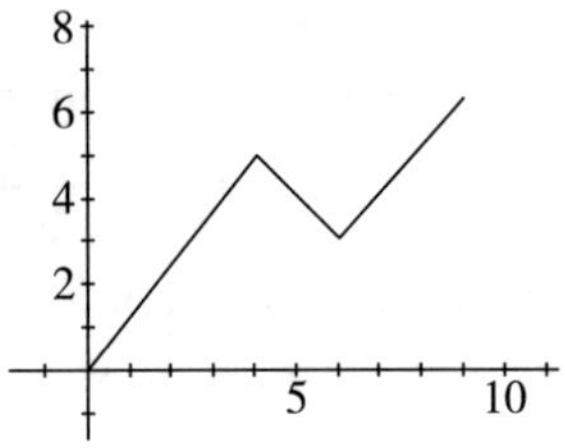

(3)

A. 只有（1）　　B. 只有（2）

C. 只有（3）　　D. 只有（1）（2）

E. 只有（1）（3）　　F. 只有（2）（3）

G.（1）（2）（3）

71. 李萍正在一所高中实习，王老师是她的指导老师。为了了解学生对函数概念的理解情况，王老师让李萍设计了一组练习题，让学生判断哪些表示函数关系。李萍一共设计了4组拿给王老师看，您认为王老师最满意哪一组？(　　)

A 组

$y=x^4$，$x \in \mathbf{R}$

$y=x^3+x+1$，$x \in \mathbf{R}$

$$y=\begin{cases}1, & x>0\\0, & x=0\\-1, & x<0\end{cases}$$

B 组

$y=|x|$，$x \in \mathbf{R}$

$|y|=x$，$x=\pm 1$，± 2，$+3$

$$y=\begin{cases}x, & (-\infty, 1]\\x+1, & [1, +\infty)\end{cases}$$

C 组

$y=x^3+x+1$，$x \in \mathbf{R}$

$y=|x|$，$x \in \mathbf{R}$

$|y|=x$，$x=\pm 1$，± 2，$+3$

D 组

$y=x^4$，$x \in \mathrm{R}$

$|y|=x$，$x=\pm 1$，± 2，$+3$

$$y=\begin{cases}1, & x\text{是有理数}\\0, & x\text{是无理数}\end{cases}$$

72. 周老师请学生思考选择题：函数 $f(x)=x+\dfrac{|x|}{x}$ 的图像是哪一个？

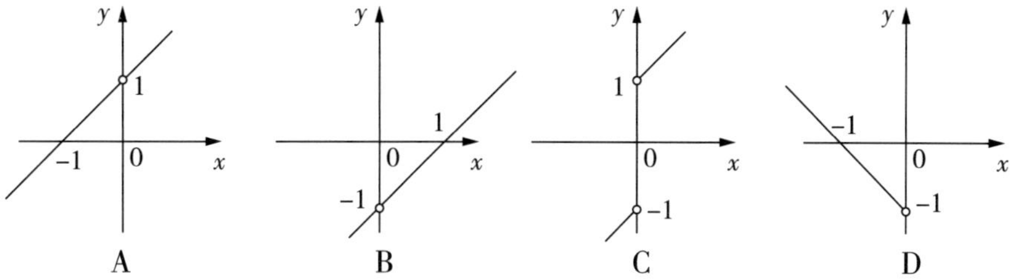

小方立刻回答说："选 C。"老师问："为什么？""因为直线的解析式都是 $y=ax+b$ 的形式。"如果周老师想了解小方是否真正弄懂了这个问题，应该接下来问小方哪个问题比较合适？(　　)

A. "你能画出 $f(x)=x+\dfrac{1}{x}$ 的图像吗？"

B. "你能画出 $f(x)=x+\dfrac{|2x|}{2x}$ 的图像吗？"

C. "你能画出 $f(x)=x+\dfrac{x}{|x|}$ 的图像吗？"

D. "你能画出 $f(x)=-x+\dfrac{|x|}{x}$ 的图像吗？"

73. 下图曲线表示的是一种药剂在服用一次后人体血液中的药剂浓度（c）和时间（t）的关系：$c=\dfrac{3t}{4+t^2}$。刚上高中一年级的小燕认为，在病人服

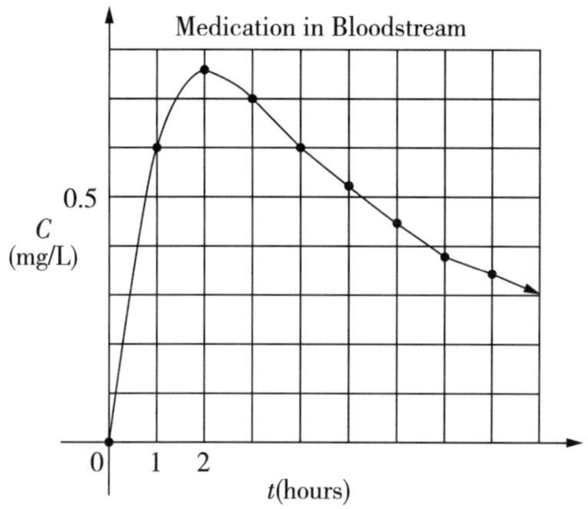

用该药剂9小时后，浓度曲线趋于平坦，这表明药剂浓度在血液中的含量此时开始保持稳定。您打算如何纠正她的误解？（　　）

A. 让她继续描点画图，再观察图像

B. 联系日常生活实际，指出药物在人体内保持稳定是不可能的

C. 把函数关系变形为 $c=\dfrac{3}{\dfrac{4}{t}+t}$，然后指出当 $t\to\infty$ 时，$c\to 0$

D. 取一些比较大的特殊值，如当 $t=20$，$t=100$ 时，比较 c 的大小情况

74. 下面有求反函数的4道练习题：

Ⅰ. 求 $f(x)=x^2+2x-3$，$x\in[1,+\infty)$ 的反函数；

Ⅱ. 求 c 的反函数；

Ⅲ. 求 $f(x)=x-1$，$x\in[2,3)$ 的反函数；

Ⅳ. 求 $f(x)=x^3+1$，$x\in\mathrm{R}$ 的反函数。

吴老师计划把这4道题选作课堂的例题，您认为按照下面哪个顺序安排教学比较恰当？（　　）

A. Ⅰ、Ⅱ、Ⅲ、Ⅳ　　B. Ⅱ、Ⅲ、Ⅳ、Ⅰ

C. Ⅱ、Ⅳ、Ⅲ、Ⅰ　　D. Ⅲ、Ⅱ、Ⅳ、Ⅰ

9　高中英语教师专业知识测查问卷

老师，您好！感谢您接受问卷调查。这是一份调查教师专业知识状况的问卷，将为我们的研究提供非常有价值的信息。问卷匿名填写，不会涉及您和您所在学校的评价活动。请独立填写，反映您的真实看法和知识状况。

第一部分：个人基本信息

1. 您的性别：□男　□女
2. 您的教龄：□1~3 年　□4~6 年　□7~9 年　□10~12 年
　　□13~15 年　□16~18 年　□18 年以上
3. 您的第一学历：□中师　□大专　□本科　□硕士研究生　□博士研究生
4. 下列称号，您属于哪一类型？(同时拥有多种称号的，请选择最高称号)
□校级骨干教师　□区级骨干教师　□市级骨干教师
□省级骨干教师　□国家级骨干教师　□非骨干教师

第二部分：教育理论知识

5. 学生掌握知识的关键环节是（　　）。
A. 感知　B. 理解　C. 运用　D. 记忆
6. 技能形成的基本途径是（　　）。
A. 讲解　B. 观察　C. 示范　D. 练习
7. 机械学习与有意义学习划分的主要依据是（　　）。
A. 是否理解学习材料　B. 是否主动学习
C. 学习内容是否复杂　D. 是否反复练习
8. 素质教育的重点是（　　）。
A. 知识与技能的传授　B. 创新精神与实践能力的培养
C. 个性的培养　D. 情感、态度、价值观的教育

9. 以下关于直接经验和间接经验的阐述错误的是（　　）。

A. 学生在学校教育过程中以学习间接经验为主

B. 学生在学校教育过程中以学习直接经验为主

C. 间接经验的学习需要以一定的直接经验为基础

D. 间接经验与直接经验是学生的两个同样重要的知识来源

10. 下面对“最近发展区”的理解正确的是（　　）。

A. “最近发展区”是指与教学内容有紧密联系的其他学科的内容领域

B. “最近发展区”是指学生通过最近的学习已经获得的发展区域

C. “最近发展区”是指学生现有的水平与经过教学所能达到的水平之间的差距

D. “最近发展区”要求教学适应学生的身心发展，不能超越学生现有的水平

11. 下列关于教学重点和教学难点的表述正确的是（　　）。

A. 教学重点是相对于教学内容体系而言的，教学难点是相对于学生接受能力而言的

B. 教学重点未必是教学难点，但教学难点一定是教学重点

C. 教学难点未必是教学重点，但教学重点一定是教学难点

D. 教学重点和教学难点是相同的

12. 下列评价方法比较适合考查学生学习历程的是（　　）。

A. 纸笔测验　　　　B. 实际操作

C. 档案袋评价　　　　D. 问卷调查

13. 以下关于学习方式的阐述正确的是（　　）。

A. 接受式学习是指学生将学习材料作为现成的结论性知识来加以接受

B. 探究式学习强调学生的主动参与，要求学生探索人类尚未发现的知识

C. 合作学习是指两个或两个以上的学习者在同一时间和地点学习同一内容

D. 自主学习是指学生一个人独自学习

第三部分：课程知识

14. 新课程提出了三维目标，分别是知识与技能、过程与方法和（　　）。

A. 思想品德　　　　B. 创新精神

C. 实践能力　　　　D. 情感态度与价值观

15. 下列属于体验性目标的陈述方式是（　　）。

A. 说出、表演、展示　　B. 设计、制作、创作

C. 感受、参加、养成　　D. 解释、完成、背诵

16. 在当前新课程背景下，教材编写、教学、评估的依据是（　　）。

A. 课程纲要　　B. 课程计划　　C. 课程标准　　D. 教学大纲

17. 高中阶段英语课程目标共有四个级别，其中高中阶段必须达到的目标是（　　）。

A. 六级　　B. 七级　　C. 八级　　D. 九级

18. 人教版高中英语教材在每个单元的最后都有 summing up 和 learning tip 两个部分，这两个部分侧重于高中英语课程目标中哪种素养的培养？（　　）

A. 文化意识　　B. 语言知识　　C. 语言技能　　D. 学习策略

19. “评价自己的学习效果，总结有效的学习方法。”它对学习策略的描述属于哪种学习策略？（　　）

A. 认知策略　　B. 交际策略　　C. 调控策略　　D. 资源策略

20. 下面对高中阶段学生在说的技能方面必须达到的目标描述正确的是（　　）。

A. 能做一般生活翻译

B. 能根据话题要求与人交流、合作、共同完成任务

C. 能就国内外普遍关心的问题，如环保、人口、和平与发展等用英语交谈，表明自己的观点和态度

D. 能经过准备就一些专题做 5~10 分钟演讲并回答有关问题

21. 语音教学是语言教学的基础，高中阶段的英语教学是否应该包括语音教学？教材中是否有语音教学内容的呈现？（　　）

A. 是，有　　B. 是，没有　　C. 否，有　　D. 否，没有

22. 高中英语教学倡导任务型教学，任务型教学理论认为，有效的语言学习是（　　）的，而不是（　　）的。

A. 认知性，经历性　　B. 传授性，经历性

C. 经历性，传授性　　D. 模仿性，经历性

23. 高中英语课程提倡形成性评价与终结性评价相结合，既关注结果，又关注过程。下面不属于形成性评价的是（　　）。

A. 教师采取让学生写写作提纲的形式考查学生的写作能力

B. 教师让学生阅读课文找出作者要传达的主要信息

C. 组织小型的辩论会，考查学生的听说能力

D. 为检测学生的综合语言运用能力进行的学期考试

24. 下面对高中阶段学生在文化意识方面必须达到的目标描述错误的是（　　）。

A. 通过中外文化对比，加深对中国文化的理解

B. 了解英语国家的主要宗教传统

C. 在使用英语的过程中，能发现隐含在语言中的对其他国家文化的态度

D. 了解英语国家主要大众媒体的情况

第四部分：英语学科知识

25. —Have you finished reading Jane Eyre?

—No, I ______ my homework all day yesterday.

A. was doing　　B. would do　　C. had done　　D. do

26. The discovery of gold in Australia led thousands to believe that a fortune ______.

A. is made　　B. would make　　C. was to made　　D. had made

27. ______ at my classmates' faces, I read the same excitement in their eyes.

A. Looking　　B. Look　　C. To look　　D. Looked

28. My mother opened the drawer to ______ the knives and spoons.

A. put away　　B. put up　　C. put on　　D. put together

29. You ______ buy a gift, but you can if you want to.

A. must　　B. mustn't　　C. have to　　D. don't have to

30. Some people eat with their eyes. They prefer to order what ______ left.

A. looks　　B. smells　　C. feels　　D. tastes

31. The doctor is skilled at treating heart trouble and never accepts any gift from his patients, so he has a very good ______.

A. expectation　　B. reputation　　C. contribution　　D. civilization

32. In ______ most countries, a university degree can give you ______ flying start in life.

A. the; a　　B. the; /　　C. /; /　　D. /; a

33. ______ that's important is that you are doing your best and moving in the right direction.

A. One　　B. All　　C. Everything　　D. Anything

34. Would you mind not picking the flowers in the garden? They are ______ everyone's enjoyment.

A. in　　B. at　　C. for　　D. to

35. People have always been ______ about exactly how life on earth began.

A. curious　　B. excited　　C. anxious　　D. careful

36. —Volunteering is becoming______ popular in China.

—Yeah, people are now aware that helping others is helping themselves.

A. naturally　　B. successfully

C. splendidly　　D. increasingly

37. Tom was about to close the window ______ his attention was caught by a bird.

A. when　　B. if　　C. and　　D. till

38. Children who are not active or ______ diet is high in fat will gain weight quickly.

A. what　　B. whose　　C. which　　D. that

39. We haven't discussed yet ______ we are going to place our new furniture.

A. that　　B. which　　C. what　　D. where

40. Just use this room for the time being, and we'll offer you a larger one___ it becomes available.

A. as soon as　　B. unless　　C. as far as　　D. until

41. If he ______ my advice, he wouldn't have lost his job.

A. followed　　B. should follow

C. had followed　　D. would follow

42. —According to my grandma, it is a good idea to eat chicken soup when you have a cold.

—______, scientists agree with her.

A. Sooner or later　　B. Once in a while

C. To be exact　　D. Believe it or not

43. We laugh at jokes, but seldom ______ about how they work.

A. we think　　B. think we

C. we do think　　D. do we think

44. It was from only a few supplies that she had bought in the village ______ the hostess cooked such a nice dinner.

A. where　　B. that　　C. when　　D. which

45. ______ the first to use nuclear weapons.

A. Under no circumstances China will be

B. Never China will be

C. Will China never be

D. Under no circumstances will China be

46. I really appreciate ______ to help me, but I am sure that I will be able to manage by myself.

A. you to offer　　B. you offering

C. that your offer　　D. that you are offering

47. If they ______use of the information, we should have spent more time in solving the problem.

A. had not given　　B. did not give

C. had not been given　　D. were not given

48. ______ any aspect of society the sociologist must determine the laws influencing human behavior in social contexts.

A. Explain　　B. To explain

C. One explains　　D. The explanation of

49. In times of economic difficulty, corporate budgets for research and development are often ______before any others.

A. shifted　　B. slashed　　C. examined　　D. presented

50. Modern printing equipment quickly turns out ______copies of textual and pictorial matter.

A. duplicate B. illustrated C. legible D. excessive

51. In terms of precipitation, ten inches of snow is ______ an inch of rain.

A. the symbol of B. the equivalent of

C. the product of D. as thick as

52. After the court, the suspected murderer ______ that his motive was revenge.

A. recognized B. acknowledged C. agreed D. admitted

53. The media like any big business ______ today is an extremely competitive world of its own.

A. execution B. venture C. preceded D. presided

54. While I was in the lunge room, I heard a man saying, "Please ______ your overcoat from the seat so that I could sit down."

A. move B. shift C. transfer D. remove

Decide which of the choices given below would best complete the passage.

Our constitution does not copy the law of (55) ______ states; we are rather a pattern to others than imitators to ourselves. Its administration favors the many (56) ______ of the few; this is why it is called a democracy. If we look to the laws, they (57) ______ equal justice to all in their private differences; if to social standing, advancement in public life falls to reputation for capacity, class consideration not being allowed to (58) ______ with merit; nor again does poverty bar the way: If a man is able to serve the state, he is not hindered by the (59) ______ of his condition. The freedom which we enjoy in our government (60) ______ also to our ordinary life. There, far from exercising a jealous surveillance over each other, we do not feel called (61) ______ to be angry with our neighbor for doing what he likes, or even to (62) ______ in those injurious looks which can't fail to be offensive, although they inflict no positive penalty. But all (63) ______ ease in our private relations does not make us lawless as citizens. (64) ______ this is our chief safeguard, teaching us to obey the magistrates (65) ______ the law, particularly such as regard the protection of the injured, (66) ______ they are actually on the stature book, or being to that code (67) ______ is unwritten, yet can't be broken without acknowledged disgrace. Further, we provide plenty of means (68) ______ the mind to refresh itself from business. We celebrate games and sacrifices all the year round, and the elegance of our private establishments forms a daily source of pleasure and helps to (69) ______ the spleen.

55. A. another B. these C. neighboring D. those
56. A. but B. instead C. than D. out
57. A. occupy B. arrive C. offend D. afford
58. A. fight B. interfere C. argue D. transmit
59. A. obscurity B. obscure C. obsecration D. obsequies
60. A. extends B. advances C. extinguishes D. enjoys
61. A. in B. at C. for D. upon
62. A. indulge B. lead C. intrude D. persuade
63. A. these B. this C. those D. that
64. A. About B. On C. Against D. With
65. A. or B. and C. to D. with
66. A. whether B. which C. what D. that
67. A. of B. but C. which D. on
68. A. to B. on C. for D. in
69. A. banner B. banish C. bandy D. bargain

Getting the Meanings of Idioms and Colloquial Phrases in Italic.

70. Do it right and you may be fixed for life, or even become *a household name*. ( )

A. famous B. promoted C. ignored D. sent home

71. "*Slip up* and you will slink away to the snickers of your colleagues, and worse, the wider world..." ( )

A. move ahead B. go forward
C. get an idea D. make a mistake

72. The news that it could be done at room temperature and pressure was a

bombshell. ( )

A. thing or event attracting a lot of attention

B. thing or event causing great anger

C. thing or event that is admired by all

D. thing or event that was expected and prepared for

73. At that time Herschel was a professional musician...who had a *knack* for building telescopes. ( )

A. an ability B. the money C. a room D. the idea

74. It can be OK to be wrong, but to *jump the gun* and be wrong as well is unforgivable. ( )

A. move too slowly B. move too fast

C. use violence D. use influence

Passage

When you look at an annual rainfall map for North America, it appears to be a swirl of colors and lines extending from the North to the South. Rainfall is a measure of the quantity of water in the form of either rain, hail, or snow reaching the ground. As you look closely at the rainfall map it is apparent that the precipitation averages are varied due to the location of the given region, its height above the sea level, its distance from the sea, and the direction of the prevailing winds. On mountain slopes exposed to oceanic winds the rainfall is generally high, but regions shut off from the sea by high mountains have very little rain of 5 inches. The mountain ranges of North America such as the Appalachians and the Rockies, have a great effect on the amount of rainfall on the amount of rainfall in those areas. North and West of the Appalachians the amount of precipitation drops an average of 40% below that of south of this range. As you go east of the Rockies the annual rainfall is considerably decreased, in some areas, to well under 10 inches.

Let's take two cities in Washington State as an illustration. Although Tacoma and Yuma are only five and a half miles apart, Tacoma is on the windward side of the Cascade range including Mount Rainer which is over one and a half miles high, but Yuma is on the leeward side. Tacoma has 39 inches of rain per year, but Yuma has less than 20% of that amount. Mountain effects of the kind are so close that one comes to abrupt differences of climatic conditions over relatively small distances.

Along the pacific coast the yearly precipitation is greater than that of the Atlantic coast area. This is generally true with a few exceptions caused by the mountain ranges which dot this area and cause a great diversity on the rainfall map.

The annual average rainfall over the whole of North America is 36 inches. This of course, includes the snow which falls in many areas of North America. Approximately 38 inches of snow make about one inch of rain. Therefore it can be easily seen that a foot of snow in any one area does not equal a foot of rain on the rainfall map. Most of the rainfall recorded in many areas is actually snow. In Indiana, for example, the rainfall map would show an average of 50 inches per year, but actually 80% of this is snow, totaling well over 125 feet of snow recorded there annually.

75. What is the average amount of rainfall in North America?

A. 36 inches　　B. 10 inches　　C. 38 inches　　D. 40 inches

76. How much less is the rainfall northwest of the Appalachian Mountains than that of south of the mountains?

A. 20%　　B. 40%　　C. 60%　　D. 80%

77. Which of the following factors is NOT mentioned to influence the rainfall of a certain area?

A. Altitude　　B. Location　　C. Wind　　D. Temperature

78. In the Rockies range, the oceanic winds are usually from ______ to ____.

A. east; west　　B. west; west

C. north; south　　D. south; north

79. The cities of Tacoma and Yuma are mentioned to ______.

A. show the typical rainfall distribution of Washington State

B. show that mountains can affect the rainfall greatly

C. show two different climates within short distance of each other

D. illustrate the different effects of the Pacific Ocean and the Atlantic

第五部分：英语学科教学知识

80. 在讲授新的阅读课文时，两位英语教师都是首先让学生阅读课文，找主体思想（main idea）。一位教师让学生大声朗读课文，另一位教师让学生默读课文。您经常使用哪种方法？为什么？

81. 在阅读过程中，学生经常会遇到长难句，这些句子往往由多个句子组成，而且是从句套着从句，影响学生对文意的理解。比如下面的句子。

It is difficult to measure the quantity of paper used as a result of use of Internet-connected computers, although just about anyone who works in an office can tell you that when e-mail is introduced, the printers start working overtime.

（1）您是如何引导学生快速准确地理解句意的？

（2）请翻译上面这个句子。

82. Suppose you are going to ask your students to write about the solutions to the problem that our city is faced with. Design a writing activity. Write out your teaching steps.（用英语写出教学步骤）

10　高中物理教师专业知识测查问卷

老师，您好！感谢您接受问卷调查。这是一份调查教师专业知识状况的问卷，将为我们的研究提供非常有价值的信息。问卷匿名填写，不会涉及您和您所在学校的评价活动。请独立填写，反映您的真实看法和知识状况。

第一部分：个人基本信息

1. 您的性别：□男　□女

2. 您的教龄：□1~3 年　□4~6 年　□7~9 年　□10~12 年
　　□13~15 年　□16~18 年　□18 年以上

3. 您的第一学历：□中师　□大专　□本科　□硕士研究生　□博士研究生

4. 下列称号，您属于哪一类型？(同时拥有多种称号的，请选择最高称号)
□校级骨干教师　□区级骨干教师　□市级骨干教师
□省级骨干教师　□国家级骨干教师　□非骨干教师

第二部分：教育理论知识

5. 学生掌握知识的关键环节是(　　)。
A. 感知　B. 理解　C. 运用　D. 记忆

6. 技能形成的基本途径是(　　)。
A. 讲解　B. 观察　C. 示范　D. 练习

7. 机械学习与有意义学习划分的主要依据是(　　)。
A. 是否理解学习材料　B. 是否主动学习
C. 学习内容是否复杂　D. 是否反复练习

8. 素质教育的重点是(　　)。
A. 知识与技能的传授　B. 创新精神与实践能力的培养
C. 个性的培养　D. 情感、态度、价值观的教育

9. 以下关于直接经验和间接经验的阐述错误的是(　　)。

A. 学生在学校教育过程中以学习间接经验为主

B. 学生在学校教育过程中以学习直接经验为主

C. 间接经验的学习需要以一定的直接经验为基础

D. 间接经验与直接经验是学生的两个同样重要的知识来源

10. 下面对“最近发展区”的理解正确的是(　　)。

A. “最近发展区”是指与教学内容有紧密联系的其他学科的内容领域

B. “最近发展区”是指学生通过最近的学习已经获得的发展区域

C. “最近发展区”是指学生现有的水平与经过教学所能达到的水平之间的差距

D. “最近发展区”要求教学适应学生的身心发展，不能超越学生现有的水平

11. 下列关于教学重点和教学难点的表述正确的是(　　)。

A. 教学重点是相对于教学内容体系而言的，教学难点是相对于学生接受能力而言的

B. 教学重点未必是教学难点，但教学难点一定是教学重点

C. 教学难点未必是教学重点，但教学重点一定是教学难点

D. 教学重点和教学难点是相同的

12. 下列评价方法比较适合考查学生学习历程的是(　　)。

A. 纸笔测验　　B. 实际操作

C. 档案袋评价　　D. 问卷调查

13. 以下关于学习方式的阐述正确的是(　　)。

A. 接受式学习是指学生将学习材料作为现成的结论性知识来加以接受

B. 探究式学习强调学生的主动参与，要求学生探索人类尚未发现的知识

C. 合作学习是指两个或两个以上的学习者在同一时间和地点学习同一内容

D. 自主学习是指学生一个人独自学习

第三部分：课程知识

14. 新课程提出了三维目标，分别是知识与技能、过程与方法和（　　）。

A. 思想品德　　B. 创新精神
C. 实践能力　　D. 情感态度与价值观

15. 下列属于体验性目标的陈述方式是(　　)。
A. 说出、表演、展示　　B. 设计、制作、创作
C. 感受、参加、养成　　D. 解释、完成、背诵

16. 在当前新课程背景下，教材编写、教学、评估的依据是(　　)。
A. 课程纲要　　B. 课程计划　　C. 课程标准　　D. 教学大纲

17.《普通高中物理课程标准（实验）》在课程内容选择上的基本要求是(　　)。
A. 体现时代性、基础性、选择性　　B. 体现时代性、基础性、发展性
C. 体现选择性、基础性、综合性　　D. 体现选择性、基础性、多元性

18.《普通高中物理课程标准（实验）》中“内容标准”的结构是（　　）。
A. 力热电光原
B. 必修、选修 1、选修 2、选修 3 共四个系列
C. 科学探究、共同必修模块、选修模块
D. 必修模块、选修模块

19.《普通高中物理课程标准（实验）》中必修模块的物理内容是（　　）。
A. 力学基础知识　　B. 力学和电学基础知识
C. 力学和光学基础知识　　D. 力学和热学基础知识

20. 关于“练习使用示波器”，下列教学目标中哪一条表述更加规范？(　　)
A. 教师讲解和示范示波器的使用方法
B. 讲解和示范如何使用示波器测量电流、电压
C. 会使用示波器测量电流、电压
D. 通过讲解和示范，使学生学会使用示波器测量电流、电压

第四部分：物理学科知识

21. 下列数据最符合实际的是(　　)。
A. 拿起一颗葡萄的力约为 5N
B. 甲型 H1N1 流感病毒的长度约为 1cm

C. 人的正常体温约为39℃

D. 无线电波在空气中的传播速度约为3×105km/s

22. 某科学家宣布他的实验结果获得了重要发现。以下哪一项能作为科学家的发现是否有效的最好证据？(　　)

A. 该科学家是这一领域的权威

B. 研究报告描述该实验结果的详细程度

C. 其他专家的意见

D. 他人能重复其实验并得到相同的结果

23. 一人看到闪电123s后又听到雷声。已知空气中的声速为330~340m/s，光速为3×10^{8}m/s，于是他用12.3除以3很快估算出闪电发生的位置到他的距离为4.1 km。根据所学的物理知识可以判断(　　)。

A. 这种估算方法是错误的，不可采用

B. 这种估算方法可以比较准确地估算出闪电发生的位置与观察者的距离

C. 这种估算方法没有考虑光的传播时间，结果误差很大

D. 即使声速增大2倍以上，本题的估算结果依然正确

24. 在“探究弹性势能的表达式”活动中，为了计算弹簧弹力所做的功，我们把拉伸弹簧的长度分为很多小段，当各小段足够小时，拉力在各小段可以近似地认为是恒力。用各小段拉力做功的代数和代表弹力在整个过程所做的功，物理学把这种研究方法叫作“微元法”。下面几个实例中应用到这一物理思想方法的是(　　)。

A. 由速度的定义$v=\frac{\Delta x}{\Delta t}$，当$\Delta t$非常小时，$\frac{\Delta x}{\Delta t}$就可以表示物体在$t$时刻的瞬时速度

B. 在探究加速度、力和质量三者之间的关系时，先保持质量不变研究加速度与力的关系，再保持力不变研究加速度与质量的关系

C. 在推导匀变速直线运动位移公式时，把整个运动过程划分成很多小段，每一小段近似地看作匀速直线运动，然后把各小段的位移相加代表整个运动的位移

D. 在不需要考虑物体本身的大小和形状时，用有质量的点来代替物体，即质点

25. 汽车拉着拖车在水平道路上沿直线加速行驶，根据牛顿运动定律可知(　　)。

A. 汽车拉拖车的力大于拖车拉汽车的力

B. 汽车拉拖车的力等于拖车拉汽车的力

C. 汽车拉拖车的力大于拖车受到的阻力

D. 汽车拉拖车的力等于拖车受到的阻力

26. 某次爬管测试中，某同学沿竖直管向上爬行，全程中有一段匀速爬行的过程，速度为 v，重心升高 h，用时为 t，同学与管之间的动摩擦因数为 μ，则这一过程中（重力加速度为 g）（　　）。

A. 摩擦力对同学做的功为 mgh

B. 摩擦力对同学做的功为 μmgh

C. 同学受到的摩擦力的冲量大小为 mgt

D. 合外力对同学做的功为 $\frac{1}{2}mv^2$

27. 一小球沿斜面向上运动，其运动方程为 $s=5+4t-t^2$（SI），则小球运动到最高点的时刻应是(　　)。

A. $t=4\text{s}$　　B. $t=2\text{s}$　　C. $t=8\text{s}$　　D. $t=5\text{s}$

28. 小河宽为 d，河水中各点水流速度大小与各点到较近河岸边的距离成正比，$v_{水}=kx$，$k=\frac{4v_0}{d}$，x 是各点到近岸的距离，v_0是小船划水速度。小船船头始终垂直于河岸渡河，则下列说法正确的是(　　)。

A. 小船的运动轨迹为直线

B. 小船渡河所用的时间与水流速度大小有关

C. 小船渡河时的实际速度是先变小后变大

D. 小船到达离河对岸 $\frac{3d}{4}$ 处时，船的渡河速度为 $\sqrt{2}v_0$

29. 动车组列车进站前的减速过程分为两个阶段进行：第一阶段采用“再生刹车”技术，速度从 250km/h 减至 90km/h，这期间停止动力供给，列车依靠惯性继续前行，并带动发电机发电；第二阶段采用机械刹车，速度从 90km/h 开始不断减小直至停止。关于列车进站过程中的能量转化，下列说法正确的是(　　)。

A. 第一阶段减小的动能全部转化为电能，即电能等于减小的动能

B. 第一阶段减小的动能有一部分转化为电能，即电能小于减小的动能

C. 第二阶段减小的动能主要转化为内能，且内能等于减小的动能

D. 第二阶段减小的动能主要转化为内能，且内能大于减小的动能

30. 下列说法正确的是(　　)。

A. 在完全失重的情况下，密闭容器内的气体对器壁的顶部没有作用力

B. 一定质量的理想气体，当温度升高时它的内能一定增大

C. 一定质量的理想气体，经等温压缩后其压强可能不变

D. 盛有气体的容器做匀减速运动时，容器中气体分子的平均动能随之减小

31. 在变电站里，经常要用交流电表去监测电网上的强电流，所用的器材叫电流互感器。如下所示的四个图中，能正确反映其工作原理的是（　　）。

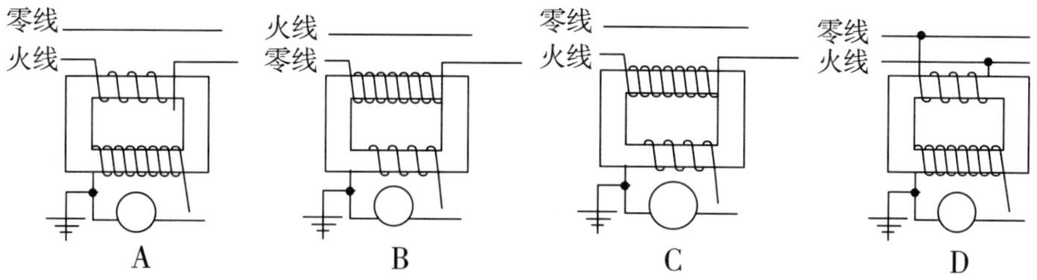

32. 某厂商制造了一种特殊的手机，在电池电能即将耗尽时，摇晃手机，电池即可产生电能。如果将该手机摇晃一次，产生的电能相当于将120g的重物举高20cm，则每两秒摇晃三次，摇晃手机产生电能的平均功率为（取 $g=10m/s^2$）（　　）。

A. 3.6W　　B. 0.36W　　C. 1.6W　　D. 0.16W

33. 下列说法正确的是(　　)。

A. 拍摄玻璃橱窗内的物品时，往往在镜头前加一个偏振片以增加透射光的强度

B. 雨后天空出现的彩虹是光的衍射现象

C. 对于不同的匀速运动参考系，一切物理规律都是相同的

D. 变化的磁场一定会产生变化的电场

34. 在一个风平浪静而又漆黑的夜晚，为引导直升机来救援一艘沉船，潜水员在水底沉船船身上设置了一盏引导灯（可看作点光源）。若水中无杂质，且只有沉船上引导灯开启，则下列叙述正确的是(　　)。

A. 潜水员在水下向上方水面看去，看到水面到处都是亮的，但中部较暗

B. 潜水员在水下向上方水面看去，看到是一个亮点，它的位置与潜水员的位置无关

C. 从直升机向下方水面看去，看到的是一个亮点，它的位置与直升机的位置无关

D. 从直升机向下方水面看去，看到水面中部有一个圆形区域是亮的，周围是暗的

35. 一质子轰击一 α 粒子时因未对准而发生轨迹偏转。假设附近没有其他带电粒子，则在这一过程中，由此质子和 α 粒子组成的系统(　　)。

A. 动量守恒，能量不守恒　　　　B. 能量守恒，动量不守恒

C. 动量和能量都不守恒　　　　D. 动量和能量都守恒

36. 美国的全球卫星定位系统（简称 GPS）由 24 颗卫星组成，卫星分布在等分地球的 6 个轨道平面上，每个轨道上又分布有 4 颗卫星，这些卫星距地面的高度均为 20 000km。我国自行设计的“北斗一号”卫星定位系统由 3 颗卫星组成，3 颗卫星都定位在地球同步轨道上。比较这些卫星，下列说法正确的是(　　)。

A. “北斗一号”系统中的 3 颗卫星的质量必须相同，否则它们不能定位在同一轨道上

B. GPS 的卫星较“北斗一号”的卫星有较小的运行速度

C. GPS 的卫星较“北斗一号”的卫星有更大的加速度

D. GPS 的卫星较“北斗一号”的卫星周期短

37. 有一种测量人体重的电子秤，其原理如右图所示。它主要由三部分构成：踏板、压力传感器 R（一个阻值可随压力大小而变化的电阻器）、显示体重的仪表 G（实质是理想电流表）。设踏板的质量可忽略不计，已知理想电流表的量程为 3A，电源电动势为 12V，内阻为 2Ω，电阻

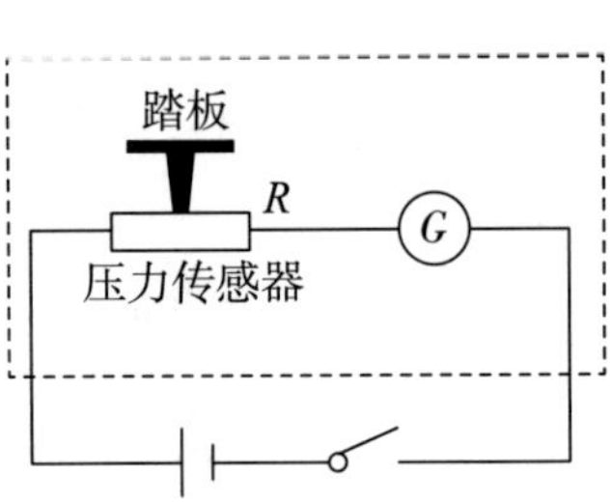

R 随压力变化的函数式为 $R=30-0.02F$（F 和 R 的单位分别是 N 和 Ω），下列说法正确的是(　　)。

A. 该秤能测量的最大体重是 1400N

B. 该秤能测量的最大体重是 1300N

C. 该秤零刻度线（即踏板空载时的刻度线）应标在 G 表刻度盘 0.375A 处

D. 该秤零刻度线（即踏板空载时的刻度线）应标在电流表刻度盘 0.400A 处

38. 在显像管的电子枪中，从炽热的金属丝不断放出的电子进入电压为 U 的加速电场，设其初速度为零，加速后形成的横截面积为 s、电流为 I。已知电子的电量为 e、质量为 m，则在刚射出加速电场时，一小段长为 Δl 的电子束内的电子个数是(　　)。

A. $\dfrac{I\Delta l}{e}\sqrt{\dfrac{m}{2eU}}$　　B. $\dfrac{I\Delta l}{es}\sqrt{\dfrac{m}{2eU}}$　　C. $\dfrac{I}{es}\sqrt{\dfrac{m}{2eU}}$　　D. $\dfrac{sI\Delta l}{e}\sqrt{\dfrac{m}{2eU}}$

第五部分：物理学科教学知识

39. 玻璃杯从一定高处掉到水泥地上会破碎，而掉到沙坑里却不容易破碎。下面是四位同学针对这一现象提出的问题，其中较有价值且可探究的问题是(　　)，简要说明判断依据。

A. 玻璃杯掉到水泥地上会破碎，是因为地面比较硬

B. 玻璃杯从一定高处掉到水泥地上会破碎吗

C. 为什么玻璃杯掉到水泥地上会破碎，而掉到沙坑里却不容易破碎呢

D. 玻璃杯掉到地上是否破碎与下落高度、地面的软硬程度有什么关系

判断依据：____。

40. 某兴趣小组在研究扬声器结构时，发现扬声器中有一个环形磁体，他们不知道环形磁体的磁极分布情况，于是几位同学提出了以下三种猜想。

猜想 1：磁极呈横向分布（如图甲，左侧为 N 极，右侧为 S 极）。

猜想 2：磁极呈轴向分布（如图乙，上面为 N 极，下面为 S 极）。

猜想 3：磁极呈上中下分布（如图丙，上下面为 N 极，中部为 S 极）。

（1）根据所学知识，他们经过讨论，断定猜想 3 是错误的。您认为他们判断的依据是____。

（2）为了验证其他猜想，他们用细线将环形磁体水平悬挂起来（如图丁

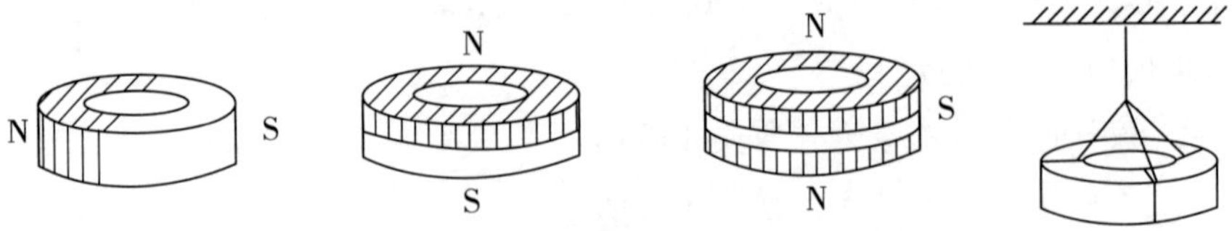

甲　乙　丙　丁

所示)，结果观察到磁体在任意位置都能保持静止。这说明猜想________是错误的。

(3) 请设计一个简单实验，验证剩下的一个猜想是否正确，简述您的实验方案。

主要器材：____；

简要做法：____；

如何判断：____。

41. 阅读下列材料，完成教学设计。

材料一：《物理》教科书“牛顿第一定律”原文节选（略）。

材料二：《普通高中物理课程标准（实验）》有关“牛顿第一定律”的内容标准要求：“理解牛顿运动定律，用牛顿运动定律解释生活中的有关问题。”

材料三：教学对象为普通高中一年级学生。

根据以上材料，回答下列问题。

(1) 写出针对该内容的教学目标。

(2) 设计一个包含实验的教学片段（不少于100字）。

11　高中化学教师专业知识测查问卷

老师，您好！感谢您接受问卷调查。这是一份调查教师专业知识状况的问卷，将为我们的研究提供非常有价值的信息。问卷匿名填写，不会涉及您和您所在学校的评价活动。请独立填写，反映您的真实看法和知识状况。

第一部分：个人基本信息

1. 您的性别：□男　□女

2. 您的教龄：□1~3 年　□4~6 年　□7~9 年　□10~12 年
　　□13~15 年　□16~18 年　□18 年以上

3. 您的第一学历：□中师　□大专　□本科　□硕士研究生　□博士研究生

4. 下列称号，您属于哪一类型？(同时拥有多种称号的，请选择最高称号)
□校级骨干教师　□区级骨干教师　□市级骨干教师
□省级骨干教师　□国家级骨干教师　□非骨干教师

第二部分：教育理论知识

5. 学生掌握知识的关键环节是(　　)。
A. 感知　B. 理解　C. 运用　D. 记忆

6. 技能形成的基本途径是(　　)。
A. 讲解　B. 观察　C. 示范　D. 练习

7. 机械学习与有意义学习划分的主要依据是(　　)。
A. 是否理解学习材料　B. 是否主动学习
C. 学习内容是否复杂　D. 是否反复练习

8. 素质教育的重点是(　　)。
A. 知识与技能的传授　B. 创新精神与实践能力的培养
C. 个性的培养　D. 情感、态度、价值观的教育

9. 以下关于直接经验和间接经验的阐述错误的是(　　)。

A. 学生在学校教育过程中以学习间接经验为主

B. 学生在学校教育过程中以学习直接经验为主

C. 间接经验的学习需要以一定的直接经验为基础

D. 间接经验与直接经验是学生的两个同样重要的知识来源

10. 下面对“最近发展区”的理解正确的是(　　)。

A. “最近发展区”是指与教学内容有紧密联系的其他学科的内容领域

B. “最近发展区”是指学生通过最近的学习已经获得的发展区域

C. “最近发展区”是指学生现有的水平与经过教学所能达到的水平之间的差距

D. “最近发展区”要求教学适应学生的身心发展，不能超越学生现有的水平

11. 下列关于教学重点和教学难点的表述正确的是(　　)。

A. 教学重点是相对于教学内容体系而言的，教学难点是相对于学生接受能力而言的

B. 教学重点未必是教学难点，但教学难点一定是教学重点

C. 教学难点未必是教学重点，但教学重点一定是教学难点

D. 教学重点和教学难点是相同的

12. 下列评价方法比较适合考查学生学习历程的是(　　)。

A. 纸笔测验　　B. 实际操作

C. 档案袋评价　　D. 问卷调查

13. 以下关于学习方式的阐述正确的是(　　)。

A. 接受式学习是指学生将学习材料作为现成的结论性知识来加以接受

B. 探究式学习强调学生的主动参与，要求学生探索人类尚未发现的知识

C. 合作学习是指两个或两个以上的学习者在同一时间和地点学习同一内容

D. 自主学习是指学生一个人独自学习

第三部分：课程知识

14. 新课程提出了三维目标，分别是知识与技能、过程与方法和(　　)。

A. 思想品德　　B. 创新精神

C. 实践能力　　D. 情感态度与价值观

15. 下列属于体验性目标的陈述方式是(　　)。

A. 说出、表演、展示　　B. 设计、制作、创作

C. 感受、参加、养成　　D. 解释、完成、背诵

16. 在当前新课程背景下，教材编写、教学、评估的依据是(　　)。

A. 课程纲要　　B. 课程计划　　C. 课程标准　　D. 教学大纲

17. 您认为校本课程开发的主体应该是(　　)。

A. 政府人员　　B. 学校领导　　C. 专家　　D. 教师

18. 您认为化学课程对培养学生的人文精神有帮助吗？(　　)

A. 作用较大　　B. 作用一般　　C. 作用较小　　D. 没有作用

19. 您认为教师在化学课程实施过程中的角色是(　　)。

A. 执行者　　B. 开发者和建设者

C. 监督者和评价者　　D. 管理者

20. 下列哪一项是新课程对“必修模块”知识体系做出的调整？(　　)

A. 强化了按照元素自然族来介绍元素化合物知识的做法

B. 有关化学反应与能量，新课标的要求比原教学大纲的要求低

C. 删去了乙烯的制法、苯的结构的知识

D. 强调同系物的概念及其性质

21. 您认为高中化学课程的宗旨是(　　)。

A. 让学生掌握化学科学知识

B. 提高学生的科学素养

C. 提高学生的学习兴趣

D. 旨在提高学生处理生活中问题的能力

22. 新课程对元素化合物知识体系做出了调整，下列描述不正确的是(　　)。

A. 突出“元素中心”模式，强调分类和转化的观点

B. 必修阶段有机化合物知识要求介绍官能团体系、官能团结构和相互转化

C. 强调以实验探究为核心的多样化的教与学方式

D. 重视将元素化合物知识与概念原理知识、过程方法和 STS 内容整合处理

23. 您认为科研院所和工矿企业是化学课程资源吗？(　　)

A. 科研单位是　　B. 工矿企业是　　C. 两者都是　　D. 两者都不是

24. 普通高中课程由（　　）、科目和模块三个层次构成。

A. 课程内容　　B. 单元　　C. 评价体系　　D. 学习领域

第四部分：化学学科知识

25. 铁的氧化态有哪些？（　　）

A. +2，+3　　B. +2，+3，+6

C. +2，+3，+4，+5　　D. +2，+3，+4，+5，+6

26. 两性物质指既能与酸反应，又能与碱反应，生成盐和水的化合物。但强碱弱酸盐（如 $NaHCO_3$）及弱碱弱酸盐（如 NH_4HS）也能跟强酸、强碱反应，但它们不能称为两性物质，因为它们与酸或碱作用的生成物不全是盐和水，因此只能说它们具有两性。那么下列说法正确的是(　　)。

A. 铝属于两性物质

B. 铝具有两性

C. 铝属于两性物质，也具有两性

D. 铝不属于两性物质，也不能说具有两性

27. 下列关于硅酸的说法正确的是(　　)。

A. 硅酸可以由 SiO_2 和水通过化合反应直接制得

B. H_2SiO_3 常以通式 $x SiO_2 \cdot y H_2O$ 表示，经老化、水洗、烘干、活化即得硅胶

C. 因为硅酸难溶于水，所以它不能与 NaOH 溶液反应

D. 由反应 $Na_2SiO_3 + 2HCl \xlongequal{} 2NaCl + H_2SiO_3\downarrow$ 制取硅酸是利用了由可溶性酸制难溶性酸的性质

28. 香兰素是重要的香料之一，它可由丁香酚经多步反应合成。

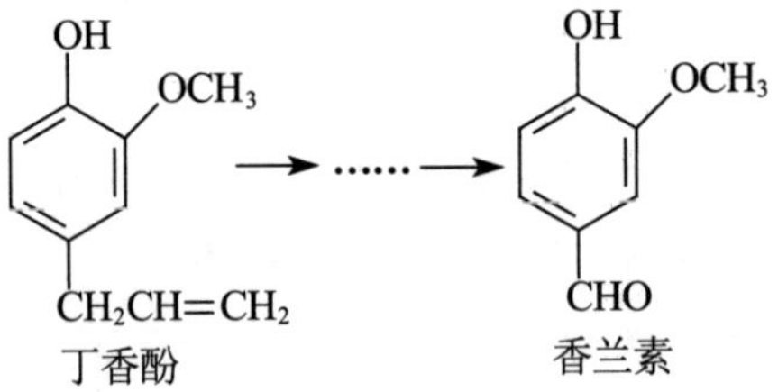

有关上述两种化合物的说法正确的是(　　)。

A. 常温下，1mol 丁香酚只能与 1mol Br_2 反应

B. 丁香酚不能与 $FeCl_3$ 溶液发生显色反应

C. 1mol 香兰素最多能与 3mol 氢气发生加成反应

D. 香兰素分子中至少有 12 个原子共平面

29. 下列各组有机物只用一种试剂无法鉴别的是(　　)。

A. 乙醇、甲苯、硝基苯　　B. 苯、苯酚、乙烯

C. 苯、甲苯、环己烷　　D. 甲酸、乙醛、乙酸

30. 下列关于化学基本概念或基本原理的几点认识正确的是(　　)。

A. 同种元素化合价越高，对应物质氧化性越强

B. 温度一定，对于一个确定的化学反应，其化学平衡常数总为定值

C. 同一物质的溶度积常数 Ksp 与溶解度一样都只与温度有关

D. 某离子在溶液中沉淀完全即意味着溶液中无该离子

31. 在人教版选修四教科书中有这样一段话："反应是在恒压条件下进行的，此时反应的热效应等于焓变。所以，在这里，我们用 ΔH 表示反应热。"您是怎么理解这句话的？(　　)

A. 焓变可以表示反应热

B. 反应热只有在恒压条件下才可以用焓变表示

C. 反应热还可以包括燃烧热、中和热、溶解热等类型

D. 中学教学中涉及的反应大多是开放体系，都是恒压的，所以都用焓变表示反应热

32. 化学平衡常数是否有单位？(　　)

A. 无单位

B. 有单位，单位是一个固定的

C. 有单位，单位不固定

D. 不清楚，教材没有特别说明，平常也不写单位

33. 下列叙述正确的是(　　)。

A. 因为 p 轨道是"8"字形的，所以 p 电子走"8"字形

B. 基态原子失去一个电子形成基态正离子所需的最低能量叫作第一电离能

C. 元素电负性大小顺序：B>Be=Al>Mg

D. 电子云是电子出现的概率分布图

34. 在下面的电子结构中（n 值相同），第一电离能最小的原子可能是(　　)。

A. ns^2np^3　　B. ns^2np^5　　C. ns^2np^4　　D. ns^2np^6

35. 下列分子中，键角大小排列正确的是(　　)。

① $AsH_3>PH_3>NH_3$　　② $NH_3>PH_3>AsH_3$

③ $NF_3>NBr_3>NI_3$　　④ $NI_3>NBr_3>NF_3$

A. ①③　　B. ③④　　C. ①④　　D. ②④

第五部分：化学学科教学知识

36. 在一节习题课中李老师让李明写出铝和氢氧化钠溶液的化学反应方程式，并用“双线桥”法对其进行分析。李明写出了化学反应方程式，但是却没有正确地标注出电子转移。

(1) 您认为根本原因是李明(　　)。

A. 不会运用“双线桥”法

B. 不会判断反应中的电子转移数目

C. 不会判断反应中的氧化剂和还原剂

D. 不理解这个化学反应的本质

(2) 若需要采用类似的化学反应作为巩固练习，您会选取哪个化学反应?

37. 有的学生认为 HNO_3 具有强氧化性、Cl^- 具有还原性，那么 HNO_3 与 Cl^- 则不能大量共存。您能否用简单的化学事实来说明这个问题?

38. Na 与 H_2O 反应的实验现象有“浮、游、熔、响、红”。

(1) 学生最不易观察到哪一个现象，为什么?

(2) 教学中您是如何处理这个问题的?

39. 为了让学生更好地理解电子层（或气体摩尔体积）的概念，您将如何向学生解释（如可以运用类比、举例、讲解和演示等方式)? 请选择一个概念，详细说明您的具体方法。

12　高中生物教师专业知识测查问卷

老师，您好！感谢您接受问卷调查。这是一份调查教师专业知识状况的问卷，将为我们的研究提供非常有价值的信息。问卷匿名填写，不会涉及您和您所在学校的评价活动。请独立填写，反映您的真实看法和知识状况。

第一部分：个人基本信息

1. 您的性别：□男　□女
2. 您的教龄：□1~3年　□4~6年　□7~9年　□10~12年
□13~15年　□16~18年　□18年以上
3. 您的第一学历：□中师　□大专　□本科　□硕士研究生　□博士研究生
4. 下列称号，您属于哪一类型？(同时拥有多种称号的，请选择最高称号)
□校级骨干教师　□区级骨干教师　□市级骨干教师
□省级骨干教师　□国家级骨干教师　□非骨干教师

第二部分：教育理论知识

5. 学生掌握知识的关键环节是(　　)。
A. 感知　B. 理解　C. 运用　D. 记忆
6. 技能形成的基本途径是(　　)。
A. 讲解　B. 观察　C. 示范　D. 练习
7. 机械学习与有意义学习划分的主要依据是(　　)。
A. 是否理解学习材料　B. 是否主动学习
C. 学习内容是否复杂　D. 是否反复练习
8. 素质教育的重点是(　　)。
A. 知识与技能的传授　B. 创新精神与实践能力的培养
C. 个性的培养　D. 情感、态度、价值观的教育

9. 以下关于直接经验和间接经验的阐述错误的是(　　)。

A. 学生在学校教育过程中以学习间接经验为主

B. 学生在学校教育过程中以学习直接经验为主

C. 间接经验的学习需要以一定的直接经验为基础

D. 间接经验与直接经验是学生的两个同样重要的知识来源

10. 下面对“最近发展区”的理解正确的是(　　)。

A. “最近发展区”是指与教学内容有紧密联系的其他学科的内容领域

B. “最近发展区”是指学生通过最近的学习已经获得的发展区域

C. “最近发展区”是指学生现有的水平与经过教学所能达到的水平之间的差距

D. “最近发展区”要求教学适应学生的身心发展，不能超越学生现有的水平

11. 下列关于教学重点和教学难点的表述正确的是(　　)。

A. 教学重点是相对于教学内容体系而言的，教学难点是相对于学生接受能力而言的

B. 教学重点未必是教学难点，但教学难点一定是教学重点

C. 教学难点未必是教学重点，但教学重点一定是教学难点

D. 教学重点和教学难点是相同的

12. 下列评价方法比较适合考查学生学习历程的是(　　)。

A. 纸笔测验　　　　B. 实际操作

C. 档案袋评价　　　　D. 问卷调查

13. 以下关于学习方式的阐述正确的是(　　)。

A. 接受式学习是指学生将学习材料作为现成的结论性知识来加以接受

B. 探究式学习强调学生的主动参与，要求学生探索人类尚未发现的知识

C. 合作学习是指两个或两个以上的学习者在同一时间和地点学习同一内容

D. 自主学习是指学生一个人独自学习

第三部分：课程知识

14. 新课程提出了三维目标，分别是知识与技能、过程与方法和(　　)。

A. 思想品德　　　　B. 创新精神

C. 实践能力　　　　D. 情感态度与价值观

15. 下列属于体验性目标的陈述方式是(　　)。

A. 说出、表演、展示　　B. 设计、制作、创作

C. 感受、参加、养成　　D. 解释、完成、背诵

16. 在当前新课程背景下，教材编写、教学、评估的依据是(　　)。

A. 课程纲要　　B. 课程计划　　C. 课程标准　　D. 教学大纲

17. 必修1“组成细胞的分子”一章的课程目标“概述蛋白质的结构和功能”属于以下哪种目标层次？(　　)

A. 了解水平　　B. 理解水平　　C. 应用水平　　D. 掌握水平

18. 新课程中“植物的激素调节”部分所做出的改动，以下说法正确的是(　　)。

A. 重视了植物的向旋光性，删除了植物向性运动的概念及设计和观察向性运动的实验

B. 重视生长素的发现过程，删除了生长素的产生、运输和分布

C. 重视生长素的生理作用，删除了其他植物激素的作用

D. 重视生长素的实际应用，删除了植物生长调节剂的应用

19. 以下关于高中生物课程“遗传与进化”模块的课程价值说法正确的是(　　)。

A. 理解生命活动中物质的变化、能量的转化

B. 领悟假说演绎、建立模型等科学方法及其在科学研究中的应用

C. 培养学生设计实验、动手操作的能力

D. 认识生命系统结构和功能的整体性

20. 以下关于高中生物课程“现代生物科技专题”模块的课程价值说法正确的是(　　)。

A. 增强学生的科技意识　　B. 有助于学生认识生命的延续和发展

C. 形成生物进化观点　　D. 形成辩证唯物主义自然观

21. 必修3“通过激素的调节”一节的教学难点是(　　)。

A. 促胰激素的发现过程　　B. 动物激素在生产中的应用

C. 反馈调节的理解和应用　　D. 激素调节的特点

第四部分：生物学科知识

22. 染色体是真核细胞中重要的结构之一，下列论述不正确的是(　　)。

A. 染色体经 DNA 酶处理后，加入双缩脲试剂会发生紫色反应

B. 生物的性别都是由性染色体决定的

C. 性染色体上的基因在遗传时也遵循孟德尔遗传规律

D. 通过对比 Y 染色体上的碱基序列可进行父子鉴定

23. 半乳糖血症是人类的一种隐性遗传病，可以通过限制食物中乳糖和葡萄糖的浓度加以治疗。小苏和她的丈夫都是半乳糖血症的携带者，那么若小苏已经孕有异卵双胞胎，双胞胎都是女孩且都患有半乳糖血症的概率以及若小苏已经孕有同卵双胞胎，双胞胎都是女孩且都患有半乳糖血症的概率分别是(　　)。

A. $\frac{1}{64}$，$\frac{1}{8}$　　B. $\frac{1}{64}$，$\frac{1}{16}$　　C. $\frac{1}{32}$，$\frac{1}{8}$　　D. $\frac{1}{32}$，$\frac{1}{16}$

24. 下列关于基因工程的产生和发展的说法正确的是(　　)。

A. 莱德伯格等发现了噬菌体的转导作用

B. 具有自我复制能力的质粒的发现，为基因转移找到了运载工具

C. 博耶和科恩将重组的 DNA 转入大肠杆菌 DNA 中，转录出了相应的 *m*RNA。这个实验说明质粒可以作为基因工程的载体，外源基因可以在原核细胞中成功表达

D. 桑格发明的 DNA 测序新方法和聚合酶链式反应技术，使基因工程技术得到了进一步的发展和完善

25. 下列有关细胞结构与功能的叙述，正确的是(　　)。

A. 人的肾小管上皮细胞中没有胰岛素基因

B. 人体内不再分裂的体细胞中共有 46 个 DNA 分子

C. 性激素的合成与内质网有关

D. 内质网与细胞膜相连，不与核膜相连

26. 胰腺细胞分泌很多与消化作用相关的酶，下列哪种胰腺细胞中酶分子的“移动”路径是正确的？(　　)

A. 内质网→高尔基体→细胞核

B. 高尔基体→内质网→溶酶体

C. 细胞核→内质网→高尔基体

D. 内质网→高尔基体→膜泡与质膜融合

27. 细菌在演化过程中形成的某些特殊结构，有助于自身向营养物质移动或逃避有害刺激的是(　　)。

A. 鞭毛　　B. 菌毛　　C. 荚膜　　D. 芽孢

28. 如图所示是某生物体的精原细胞增殖以及形成精细胞过程示意图。某染色体DNA数目均为 $2n$，图中标明了染色体与染色体上的基因，①③细胞均处于染色体的着丝粒向两极移动的时期。下列判断错误的是(　　)。

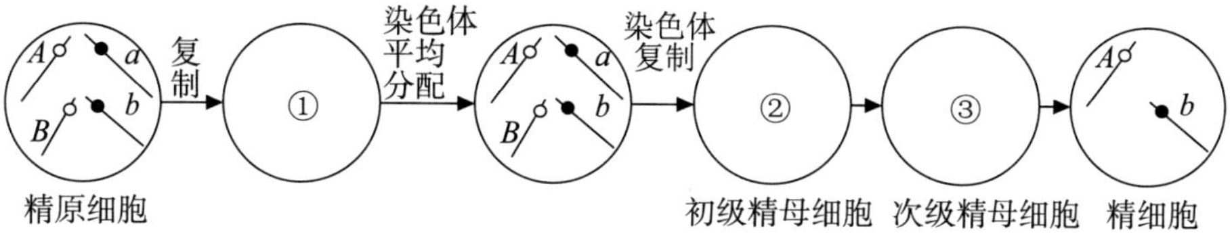

A. ①中无同源染色体，染色体数目为 $4n$，DNA 数目为 $4n$

B. ②中有同源染色体，染色体数目为 $2n$，DNA 数目为 $4n$

C. ③中无同源染色体，染色体数目为 $2n$，DNA 数目为 $2n$

D. 此分裂过程产生的另外三个精细胞的基因组成是 aB、Ab、aB

29. 对于生物激素调节及其应用方面的有关说法正确的是（　　）。

A. 某农民种的小麦在扬花期受到大风袭击，影响了传粉，该农民给小麦田喷洒了一定浓度的生长素，他认为这样能避免小麦减产

B. 甲状腺激素分泌不足，蝌蚪会停止生长因而不能形成青蛙成体，幼年人会得呆小症，成年人耗氧量会增加

C. 切除动物的垂体后，动物血液中的生长激素和甲状腺激素都会减少，而下丘脑分泌的促甲状腺激素释放激素会增加

D. 激素间的协同作用对于维持动物正常的新陈代谢和生长发育等都有着非常重要的意义，而激素间的拮抗作用对机体是不利的，机体能通过反馈调节来缓解这种作用

30. 下列哪些符合油菜花的特征（多选）？(　　)

A. 二强雄蕊，花药横裂　　B. 四强雄蕊，花药纵裂

C. 单雌蕊，边缘胎座　　　　　　　D. 合生雌蕊，侧膜胎座

31. 当一个人的前臂受伤造成大出血时，对其进行止血结扎的最佳位置是(　　)。

A. 腕部　　　　　　　　　　　　B. 上臂

C. 前臂伤口上端　　　　　　　　D. 腕部和上臂同时进行止血

32. 下列哪种人类疾病与蚊子有关系，用奎宁可以有效控制其发作？(　　)

A. 昏睡病　　　B. 血吸虫病　　　C. 痢疾　　　D. 疟疾

33. 如图所示，种群在理想环境中呈“J”形增长（如甲），在有环境阻力条件下呈“S”形增长（如乙）。下列有关种群增长曲线的叙述正确的是(　　)。

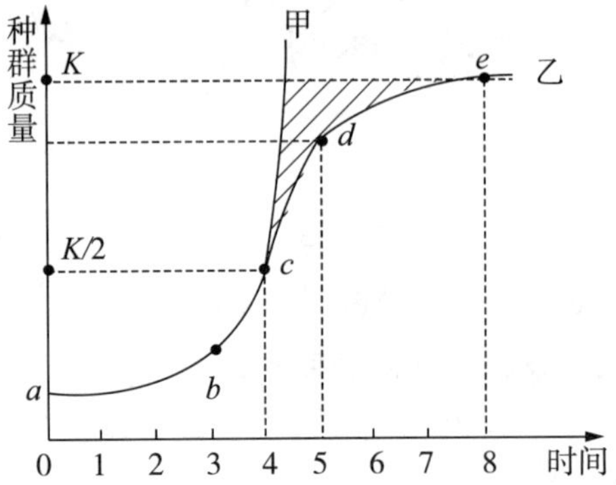

A. 渔业捕捞后需控制剩余量在 b 点

B. 种群增长过程中出现环境阻力是在 d 点之后

C. 防治蝗灾应在害虫数量达到 c 点时进行

D. 当种群数量达到 e 点后，增长速率为 0

34. 保护生物多样性是实现人类社会可持续发展的基础。下列对生物多样性的理解正确的是(　　)。

A. 生物多样性的丰富程度与自然选择无关

B. 群落演替过程中的生物多样性逐渐降低

C. 物种多样性比较高的生态系统相对稳定

D. 遗传多样性较低的种群适应环境能力强

35. 关于生物进化，下列表述正确的是(　　)。

A. 生物进化在方向上是随机的

B. 从进化的方向看，生物进化是不定向但适应局部环境的

C. 生物进化过程的实质在于有利变异的保存

D. 自然选择下群体基因频率的改变意味着新物种的形成

36. 意大利在1943年首次使用杀虫剂DDT成功地消灭了斑疹伤寒，1944年氯丹作为DDT的增补剂而使用。长期使用化学药剂使家蝇、蚊子出现抗药性。至1951年年底，DDT（双氯苯基三氯乙烷）、氯丹、六六六等都已列入失效的化学药物名单之中，而家蝇、蚊子却大量繁殖。请回答：

（1）DDT不溶于水，与脂肪酸、甘油一样通过自由扩散进入细胞，故DDT进入人体后主要贮存在(　　)。

A. 上皮细胞　　B. 脂肪细胞　　C. 神经细胞　　D. 肌肉细胞

（2）DDT进入海洋中，下列哪种生物体内积累的DDT含量高？(　　)

A. 浮游植物　　B. 浮游动物　　C. 小鱼　　D. 鲨鱼

（3）长期使用杀虫剂，家蝇、蚊子出现了抗药性并越来越强，其原因是(　　)。

A. 化学杀虫剂对害虫抗药性变异个体长期自然选择的结果

B. 害虫的抗药性对化学杀虫剂长期选择的结果

C. 使用杀虫剂后，害虫才产生了抗药性

D. 使用杀虫剂后，改变了害虫的生理作用

37. 一位喜欢钓鱼的学生一次从湖中钓到两条无鳞的草鱼，他想确定一下这种特殊的表型是否有遗传基础，于是做了一系列实验。他首先应该做的是(　　)。

A. 培养大量的野生型鱼

B. 确定野生型鱼有鳞表型能够真实遗传

C. 培养大量无鳞鱼，研究表型特征

D. 用无鳞鱼和有鳞鱼杂交

38. 下面是关于实验的一些问题。

（1）选择观察染色质的方法（多选）：(　　)。

A. 电镜　　B. 相差显微镜　　C. 普通光学显微镜

D. 苏木精——伊红染色　　　　　　E. 姬姆萨（Giemsa）显带

(2) 下列是生物实验常用到的实验方法，请把实验方法与相应的原理搭配起来。

分配层析法（　　）　　　　　　A. 静电力的差异

吸附层析法（　　）　　　　　　B. 特异性结合

亲和层析法（　　）　　　　　　C. 溶解度不同

DEAE-纤维素离子交换层析法(　　)　D. 吸附能力强弱

(3) 下列培养基最适合于哪种微生物，请把实验方法与相应的原理搭配起来。

完全培养基（　　）　　　　　　A. 链霉菌

肉汤培养基（　　）　　　　　　B. 病毒

高氏一号合成培养基(　　)　　　C. 营养缺陷型细菌

鸡胚（　）　　　　　　　　　　D. 金黄色葡萄球菌

(4) 现有待区分的、取自正常人体的几组液体，根据是否有颜色反应来鉴别。请在可以区分开的项目后的括号内标明"√"，否则标明"×"。

检测项	试剂	待区分的样液
A	双缩脲试剂	组织液与淋巴(　　)
B	双缩脲试剂	细胞外液与细胞内液（　　）
C	斐林试剂	血浆与尿液（　　）
D	斐林试剂	组织液与淋巴(　　)

39. 下列英文缩写是生物学的一些常用术语，请选择相应的名称。

E. coli ——　　　　　　　　HLA ——

PEG ——　　　　　　　　　　PEP ——

GPT ——　　　　　　　　　　OTC ——

A. 人类白细胞抗原　　　B. 非处方药　　　C. 聚乙二醇

D. 磷酸烯醇式丙酮酸　　E. 谷丙转氨酶　　F. 大肠杆菌

40. 下图是培育表达人乳铁蛋白的乳腺生物反应器的技术路线。图中 tet^{R} 表示四环素抗性基因，amp^{R} 表示氨苄青霉素抗性基因，*Bam*HⅠ、*Hind*Ⅲ、*Sma*Ⅰ直线所示为三种限制酶的酶切位点。

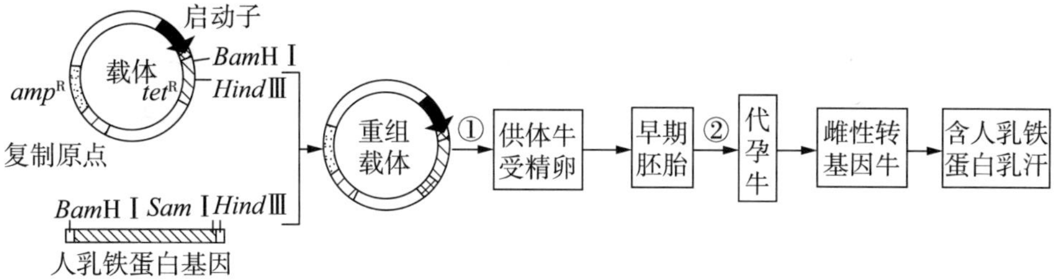

据图回答：

（1）图中将人乳铁蛋白基因插入载体，需用______（填字母代号）限制酶同时酶切载体和人乳铁蛋白基因。

A. *Bam*HⅠ　　　B. *Hind*Ⅲ　　　C. *Sma*Ⅰ

筛选含有重组载体的大肠杆菌首先需要在含______的培养基上进行。

A. 四环素　　　B. 氨苄青霉素

（2）能使人乳铁蛋白基因在乳腺细胞中特异性表达的调控序列是______（填字母代号）。

A. 启动子　　　B. tet^R　　　C. 复制原点　　　D. amp^R

（3）过程①可采用的操作方法是______（填字母代号）。

A. 农杆菌转化　　　B. 大肠杆菌转化　　　C. 显微注射　　　D. 细胞融合

（4）为检测人乳铁蛋白是否成功表达，可采用______（填字母代号）技术。

A. 核酸分子杂交　　　B. 基因序列分析

C. 抗原—抗体杂交　　　D. PCR

第五部分：生物学科教学知识

41.《普通高中生物课程标准（实验）》强调“注重生物科学史的学习”。因为科学史材料不仅是重要的教育资源，而且是培养学生科学素养的生动教材。“细胞膜的流动镶嵌模型”这一节中有一部分内容是科学家对生物膜结构的探索历程，您会怎样运用这部分科学史来加深学生对该模型的理解？

42. 生长素对植物的生长有重要的调节作用。有的教师通过演示教学法来帮助学生形象化地感知生长素对植物生长的影响；也有的教师采用发现教学法，提供相应的材料和器材，让学生自主研究，寻找结论……如果是您，您会选择哪种教学方法？为什么？

43. 为证实DNA（而非蛋白质）是遗传物质，生物教材中选择同时讲艾弗里的肺炎球菌实验和赫尔希等人的噬菌体侵染细菌实验。这样的安排对您教学的启发是什么？您在教学中会怎样处理这一问题？

44. 在“减数分裂”各时期的识图和计数方面，学生经常会出现一些错误。请写出学生的一些常见错误并具体、详细地分析其原因。

13　高中体育教师专业知识测查问卷

老师，您好！感谢您接受问卷调查。这是一份调查教师专业知识状况的问卷，将为我们的研究提供非常有价值的信息。问卷匿名填写，不会涉及您和您所在学校的评价活动。请独立填写，反映您的真实看法和知识状况。

第一部分：个人基本信息

1. 您的性别：□男　□女

2. 您的教龄：□1~3 年　□4~6 年　□7~9 年　□10~12 年
□13~15 年　□16~18 年　□18 年以上

3. 您的第一学历：□中师　□大专　□本科　□硕士研究生　□博士研究生

4. 下列称号，您属于哪一类型？(同时拥有多种称号的，请选择最高称号)
□校级骨干教师　□区级骨干教师　□市级骨干教师
□省级骨干教师　□国家级骨干教师　□非骨干教师

5. 您的专项是（只选一个主项）：□田径　□篮球　□排球　□足球
□武术　□羽毛球　□网球　□乒乓球　□健美操　□体操　□速滑
□其他

第二部分：教育理论知识

6. 学生掌握知识的关键环节是(　　)。
A. 感知　　B. 理解　　C. 运用　　D. 记忆

7. 技能形成的基本途径是(　　)。
A. 讲解　　B. 观察　　C. 示范　　D. 练习

8. 机械学习与有意义学习划分的主要依据是(　　)。
A. 是否理解学习材料　　B. 是否主动学习
C. 学习内容是否复杂　　D. 是否反复练习

9. 素质教育的重点是(　　)。

A. 知识与技能的传授　　B. 创新精神与实践能力的培养

C. 个性的培养　　D. 情感、态度、价值观的教育

10. 以下关于直接经验和间接经验的阐述错误的是(　　)。

A. 学生在学校教育过程中以学习间接经验为主

B. 学生在学校教育过程中以学习直接经验为主

C. 间接经验的学习需要以一定的直接经验为基础

D. 间接经验与直接经验是学生的两个同样重要的知识来源

11. 下面对“最近发展区”的理解正确的是(　　)。

A. “最近发展区”是指与教学内容有紧密联系的其他学科的内容领域

B. “最近发展区”是指学生通过最近的学习已经获得的发展区域

C. “最近发展区”是指学生现有的水平与经过教学所能达到的水平之间的差距

D. “最近发展区”要求教学适应学生的身心发展，不能超越学生现有的水平

12. 下列关于教学重点和教学难点的表述正确的是(　　)。

A. 教学重点是相对于教学内容体系而言的，教学难点是相对于学生接受能力而言的

B. 教学重点未必是教学难点，但教学难点一定是教学重点

C. 教学难点未必是教学重点，但教学重点一定是教学难点

D. 教学重点和教学难点是相同的

13. 下列评价方法比较适合考查学生学习历程的是(　　)。

A. 纸笔测验　　B. 实际操作

C. 档案袋评价　　D. 问卷调查

14. 以下关于学习方式的阐述正确的是(　　)。

A. 接受式学习是指学生将学习材料作为现成的结论性知识来加以接受

B. 探究式学习强调学生的主动参与，要求学生探索人类尚未发现的知识

C. 合作学习是指两个或两个以上的学习者在同一时间和地点学习同一内容

D. 自主学习是指学生一个人独自学习

第三部分：课程知识

15. 新课程提出了三维目标，分别是知识与技能、过程与方法和(　　)。

A. 思想品德　　B. 创新精神

C. 实践能力　　D. 情感态度与价值观

16. 下列属于体验性目标的陈述方式是(　　)。

A. 说出、表演、展示　　B. 设计、制作、创作

C. 感受、参加、养成　　D. 解释、完成、背诵

17. 在当前新课程背景下，教材编写、教学、评估的依据是(　　)。

A. 课程纲要　　B. 课程计划　　C. 课程标准　　D. 教学大纲

18.《普通高中体育与健康课程标准（实验）》中学生学习评价的范围包括：体能、知识与技能、(　　)、情意表现和合作精神、健康行为等方面。

A. 学习目的　　B. 学习的积极性

C. 学习态度　　D. 学习的主动性

19.《普通高中体育与健康课程标准（实验）》规定，高中三年学生修满(　　)个学分方可达到体育与健康课程的毕业要求。

A. 18　　B. 10　　C. 11　　D. 13

20.《普通高中体育与健康课程标准（实验）》指出，建议有志于向体育运动及相关专业方向发展的学生，在完成必修学分基础上，至少再选择(　　)个学分以上的体育与健康课程内容进行学习。

A. 3　　B. 4　　C. 5　　D. 6

21.《普通高中体育与健康课程标准（实验）》要求，从实际出发，以(　　)需要为中心来选择和设计教学内容。

A. 运动项目　　B. 教师　　C. 学生发展　　D. 社会适应

22. 体育与健康课程是对原有的体育课程进行深化改革，突出(　　)的一门课程。

A. 运动参与目标　　B. 健康目标

C. 社会适应目标　　D. 运动技能目标

23. 在《普通高中体育与健康课程标准（实验）》中，“学会将体育活动中形成的良好心理品质迁移到日常学习和生活中，从而进一步提高心理健康水平”是体育与健康课程(　　)内容标准的主要教学要求。

A. 身体健康　　B. 心理健康　　C. 运动技能　　D. 社会适应

24. 高中体育与健康课程的内容由田径类项目、球类项目、体操类项目、水上或冰雪类项目、民族民间体育类项目、(　　)以及健康教育专题等七个系列组成。

A. 地方特色类项目　　B. 定向越野类项目

C. 新兴运动类项目　　D. 拓展类项目

25.《普通高中体育与健康课程标准（实验）》强调评价内容的全面性和(　　)，在评价方法的选择上要关注学生的个体差异，实现评价主体的多元性，关注学生的进步和发展。

A. 可选择性　　B. 规定性　　C. 方向性　　D. 目的性

26. 高中体育与健康课程目标体系中，三个目标层次的递进关系为(　　)。

A. 课程目标　领域目标　水平目标

B. 水平目标　课程目标　领域目标

C. 领域目标　课程目标　水平目标

D. 课程目标　水平目标　领域目标

27. 高中体育教师在教学中的主导性主要表现在：贯彻体育教学指导思想、(　　)、选用恰当的教学方法和手段、对学生进行体育学习评价等几个方面。

A. 教师在教学中起主要作用　　B. 对教学内容进行选择和加工

C. 教师为主，学生为辅　　D. 教师对学生的热爱

28. 在下列练习中，哪一种采用的不是降低难度的方法？(　　)

A. 用实心球代替铅球练习铅球　　B. 利用下坡代替平地练习途中跑

C. 用排球代替篮球练习投篮球　　D. 用竹枪代替金属枪练习标枪

29. 下列哪一项技术最适合采用逆进分段法进行分解教学？(　　)

A. 网球正手击球技术　　B. 篮球三步上篮技术

C. 蹲踞式起跑技术　　D. 急行跳远技术

第四部分：体育学科知识

(一) 体育基础理论知识

30. 下列哪些规律是体育教学的特殊规律？(　　)

A. 认知规律　　B. 社会制约规律

C. 人体机能适应性规律　　D. 学生身心发展规律

31. 学校体育最主要的本质功能是(　　)。

A. 教养功能　　B. 教育功能

C. 美育功能　　D. 强身健体功能

32. 正常成年人有多少块骨？(　　)

A. 203　　B. 204　　C. 205　　D. 206

33. 运动中大量出汗或运动员急性减体重，使体内的电解质随汗液大量流失，造成体内电解质平衡失调，肌肉兴奋性增高容易引发肌肉(　　)。

A. 僵硬　　B. 痉挛　　C. 松弛　　D. 颤抖

34. 某比赛有121人参加，比赛采用单淘汰赛制，第一轮比赛(　　)人轮空。

A. 5　　B. 6　　C. 7　　D. 8

35. 有五支篮球队参加比赛，若采用单循环赛制，则共有(　　)场比赛。

A. 5　　B. 10　　C. 15　　D. 20

36. 下列各项不属于急性闭合性软组织损伤早期处理原则之一的是(　　)。

A. 制动　　B. 止血

C. 清理创伤，预防感染　　D. 镇痛

37. 对酸痛的局部肌肉进行(　　)，有助于损伤组织的修复及痉挛的缓解。

A. 冷敷　　B. 凉敷　　C. 温敷　　D. 热敷

38. 下列不属于正确预防和治疗亚健康方法和措施的是(　　)。

A. 学会放松，保持良好的状态　　B. 睡眠充足

C. 合理的运动，科学的饮食　　D. 经常吃一些药物和保健品

39. 激烈运动后，下列做法正确的是(　　)。

A. 立即停止活动，进行休息

B. 马上淋浴，消除运动产生的热量

C. 递减运动强度，逐渐结束运动

D. 马上补充水分和食物，减少运动消耗

40. 在田径场地上，计算100米跑的距离是从(　　)。

A. 起跑线的前沿至终点线的前沿　　B. 起跑线的后沿至终点线的后沿

C. 起跑线的前沿至终点线的后沿　　D. 起跑线的后沿至终点线的前沿

41. 走和跑的区别在于(　　)。

A. 跑的速度快，走的速度慢

B. 跑时身体重心起伏大，走时身体重心起伏小

C. 跑的步幅大，走的步幅小

D. 跑时身体有腾空，走时身体没有腾空

42. 跨栏跑时，摆动腿过栏后应积极下压，(　　)落地。

A. 全脚掌　　B. 前脚掌　　C. 双脚　　D. 脚后跟

43. 在篮球运动中，(　　)是进攻队员背对或侧对篮板接球，以他为枢纽，与同伴密切配合而形成的一种里应外合的方法。

A. 挤过配合　　B. 突分配合　　C. 掩护配合　　D. 策应配合

44. 篮球双手胸前传球的准备姿势是：双手持球于(　　)，两肘自然弯曲于体侧，成基本站立姿势。

A. 胸前　　B. 体侧　　C. 腹前　　D. 胸腹之间

45. 在篮球比赛中，队员双脚站在地面上接住活球，(　　)中枢脚。

A. 前面的那只脚是　　B. 两脚都可成为

C. 只有一脚可成为　　D. 两脚都不能成为

46. 排球比赛场上6名队员分前后排站立，获得发球权的队，6名队员必须按(　　)方向轮转。

A. 逆时针　　B. 顺时针　　C. 任意　　D. 上下

47. 排球比赛每个回合中，每方最多可以击球(　　)次，就要将球击入对方场地内（拦网触球也算）。

A. 2　　B. 3　　C. 4　　D. 5

48. 排球正面双手垫球时的击球点应保持在(　　)高度。

A. 膝盖前　　B. 胸前　　C. 腹前　　D. 腰前

49. 在世界杯足球比赛中，每队每场可替换的队员人数是(　　)。

A. 3 人　　B. 4 人　　C. 5 人　　D. 7 人

50. 足球比赛时，守门员如何处理同队队员故意用脚的回传球？(　　)

A. 用脚触球后，可以用手　　B. 绝对不可以用手

C. 可以直接将球抱起　　D. 可用手击出

51. 足球项目中，使用脚内侧踢球的时候，一般选择(　　)的助跑方式。

A. 斜线　　B. 直线　　C. 弧线　　D. 斜线加直线

52. 乒乓球运行弧线的高低主要取决于击球时的出手角度和速度，而出手速度主要取决于(　　)。

A. 打击距离　　B. 空中运行轨迹

C. 击球时的作用时间　　D. 击球的力量

53. 乒乓球击球的四个环节是(　　)。

A. 判断　移动　击球　还原　　B. 移动　准备　击球　还原

C. 判断　挥拍　击球　还原　　D. 移动　挥拍　击球　还原

54. 乒乓球比赛时，发球抢攻的效果取决于(　　)。

A. 落点与旋转的变化　　B. 力量与速度的变化

C. 接发球的质量和防御能力　　D. 发球质量和进攻能力

55. 关于队列的描述，下列说法错误的是(　　)。

A. 学生前后重叠成一行叫路　　B. 学生左右并列成一排叫列

C. 每一排的排头称为基准学生　　D. 队伍的两端为翼

56. 体操队形练习的内容包括(　　)。

A. 直线行进、绕场行进、斜线行进

B. 分队走、并队走、一路纵队变多路纵队走

C. 图形行进、队形变化、靠拢和散开

D. 直线行进、图形行进、斜线行进

57. 基本体操中的镜面示范是指(　　)。

A. 面对练习者做同方向的动作　　B. 背对练习者做同方向的动作

C. 面对练习者做反方向的动作　　D. 背对练习者做反方向的动作

58. 武术的基本步型是(　　)。

A. 弓步、马步、虚步、并步、仆步

B. 弓步、马步、插步、虚步、仆步

C. 弓步、马步、虚步、击步、仆步

D. 弓步、马步、虚步、仆步、歇步

59. 二十四式简化太极拳是以(　　)太极拳为基础。

A. 杨式　　B. 陈式　　C. 吴式　　D. 武术

60. 武术动作中，蹬腿的力点在(　　)。

A. 脚跟　　B. 脚尖　　C. 脚掌　　D. 脚背

61. 学校健美操的主要教学手段是(　　)。

A. 长套路　　B. 基本动作

C. 基本理论知识　　D. 小组合、短套路

62. 在健美操音乐的选配时，应根据音乐(　　)动作，根据动作制作音乐。

A. 变化　　B. 表演　　C. 表现　　D. 选择

63. 下列哪种动作一般不出现在健美操第一部分的动作设计中？(　　)

A. 踏步　　B. 深呼吸　　C. 跳跃　　D. 拉伸

(二) 运动技能知识

64. 田径项目中，完整三级跳远技术练习时，对三跳的要求是(　　)。

A. 一跳“平”、二跳“远”、三跳“高”

B. 一跳“远”、二跳“平”、三跳“高”

C. 一跳“远”、二跳“高”、三跳“平”

D. 一跳“高”、二跳“平”、三跳“远”

65. 田径项目中，掷标枪最后用力的完成应在(　　)。

A. 倒数第一步　　B. 倒数第二步　　C. 倒数第三步　　D. 倒数第四步

66. 田径项目中，背越式跳高身体过杆后，以(　　)先接触海绵包。

A. 头部　　B. 肩部　　C. 背部　　D. 臀部

67. 在田径比赛中，田赛项目比赛若设置资格赛，按规定至少应有(　　)名运动员进入决赛。

A. 9　　B. 10　　C. 11　　D. 12

68. 篮球体前变向换手运球（以右手为例）。队员运球使球经自己体前右侧反弹到左侧前方，同时右脚向左前方跨出，上体左转、侧肩，换左手按拍

球的(　　)，左脚跨出蹬地加速，从对手右侧突破。

A. 后上方　　B. 后方　　C. 上方　　D. 右后上方

69. 篮球项目中，单手肩上投篮时，最用力地拨球指应该是(　　)。

A. 拇指和无名指　　B. 中指和食指

C. 食指和小指　　D. 拇指和小指

70. 篮球项目中，行进间单手肩上投篮又称“三步上篮”，是在行进间接球或运球后做近距离投篮时所采用的一种方法。“三步”的动作特点是(　　)。

A. 一大、二小、三高　　B. 一大、二大、三高

C. 一小、二大、三快　　D. 一小、二小、三快

71. 篮球裁判员宣判违例的程序是(　　)。

A. 鸣哨同时做违例手势—做违例类型手势—指出比赛方向—递交或反弹传球

B. 鸣哨同时做违例手势—指出比赛方向—做违例类型手势—递交或反弹传球

C. 做违例类型手势—鸣哨同时做违例手势—指出比赛方向—递交或反弹传球

D. 鸣哨同时做违例手势—做违例类型手势—递交或反弹传球—指出比赛方向

72. 排球项目中，造成上手传球时传不高也传不远的最主要原因可能是(　　)。

A. 击球点过前　　B. 击球点过高

C. 两臂外张过大　　D. 手形不正确，大拇指朝前

73. 排球垫球时的发力顺序是(　　)。

A. 蹬地—伸膝—跟腰—摆臂

B. 蹬地—摆臂—伸膝—跟腰

C. 准备姿势—手臂后引—手臂直接前摆

D. 准备姿势—手臂直接前摆—还原

74. 排球项目上手发球技术（以右手发球为例）是左手抛球，右手用全掌击球的(　　)。

A. 后中部　　B. 后下部　　C. 后部　　D. 后中下部

75. 在排球比赛中，运动员过中线犯规，第二裁判员的手势程序是(　　)。

①指出发球方向　②犯规性质　③犯规队员

A. ①+②+③　　B. ②+①+③　　C. ②+③+①　　D. ③+②+①

76. 足球项目中，停球时停球腿屈膝外转并前迎，用脚内侧接触球的刹那，随球(　　)把地滚球停在所需的位置上。

A. 前压　　B. 上拉　　C. 下切　　D. 后撤

77. 足球项目中，完成前额正面头顶球技术过程中，最佳击球时机是(　　)。

A. 身体后仰时　　B. 身体恢复垂直状态时

C. 身体摆至前额的前上方时　　D. 没有

78. 足球项目中，出球准确是由多方面因素决定的，但是(　　)是决定出球准确性的最主要环节。

A. 判断　　B. 助跑　　C. 站位　　D. 脚触球

79. 足球比赛中，下列哪些行为将被黄牌警告？(　　)

①延误比赛重新开始　②以语言或行动表示异议　③暴力行为

A. ①+②　　B. ②+③　　C. ①+③　　D. 只有③

80. 乒乓球项目中，在学习乒乓球正手拉上旋球，球不旋转的最主要原因是(　　)。

A. 引拍太靠体后侧　　B. 击球的上部，拍面前倾

C. 小臂前收向上　　D. 摩擦球时拍面未包住球

81. 乒乓球项目中，球速快、弧线低、路线长的发球技术是(　　)。

A. 平击发球　　B. 正手发奔球

C. 反手发急上旋球　　D. 反手下旋发球

82. 乒乓球项目中，在搓球时，前臂向前下方挥拍，手腕配合用力，击球后有前送动作是(　　)。

A. 快搓　　B. 慢搓　　C. 搓转球　　D. 搓不转球

83. 体操项目中，后滚翻时身体依次着垫的部位是(　　)。

A. 臀部—腰—后背　　B. 臀部—腰—后背—头

C. 臀部—后背—头　　D. 腰—后背—头

84. 体操项目中，肩肘倒立—前滚成蹲立动作的下列说法正确的是(　　)。

A. 仰卧时，向后倒肩、举腿、翻臀　B. 倒肩时，先举腿，再翻臀

C. 倒立时，两手撑腰的两侧　D. 后倒肩时，同时举腿、翻臀

85. 健美操项目中，低冲击动作是指(　　)。

A. 总有一只脚接触地面的动作　B. 两只脚都接触地面的动作

C. 两只脚都离开地面的动作　D. 重心接近地面的动作

86. 健美操项目中，开合跳落地时的技术要领是(　　)。

A. 直膝、全脚掌落地缓冲　B. 屈膝、全脚掌落地缓冲

C. 从脚前掌过渡到全脚掌、屈膝缓冲　D. 全脚掌落地、屈膝缓冲

87. 在太极拳项目中，在做左野马分鬃时，左脚上步的方向是(　　)。

A. 正左方　B. 左前方　C. 正前方　D. 右前方

88. 在太极拳手挥琵琶动作中前脚的状态是(　　)。

A. 脚尖点地　B. 脚跟着地

C. 全脚着地　D. 脚掌外侧着地

89. 武术项目中，腾空飞脚要求脚高(　　)。

A. 过肩　B. 过腰　C. 过膝　D. 过头

第五部分：体育学科教学知识

90. 下列哪项是发展学生灵敏素质的有效方法？(　　)

A. 图形变换跑　B. 自然地形跑

C. 轮流领先跑　D. 加速跑

91. 在教授跨栏项目时，为让学生体会到摆动腿的蹬跨动作，您认为下列哪一种方法最有效？(　　)

A. 将其比喻成过河迈脚的动作　B. 将其比喻成踹门的动作

C. 将其描述为跨步　D. 将其比喻成骑自行车的动作

92. 排球正面传球手指手腕弹击力差，有拍打动作应该采用下列哪种方法纠正？(　　)

A. 进一步示范、讲解

B. 用足球、篮球做传球练习，增加指腕力量

C. 传固定球，体会正确的击球点

D. 自传或对墙传球练习

93. 在足球脚背内侧踢球技术教学中，初学者踢球时脚底不敢贴地，下列解决这一问题最有效的方法是(　　)。

A. 多做示范，让学生分解练习　　B. 对墙练习，强化技术动作

C. 采用软球，练习用脚尖将球搓起　　D. 反复强调，让学生完整练习

94. 在体操肩肘倒立教学中，为了让学生把两腿夹紧，您认为采用什么措施能够很好地解决这个问题。

95. 在排球垫球教学中，学生在初学时垫球总是屈肘，您认为采用什么措施能够很好地解决这个问题?

96. 在篮球三步上篮的教学中，初学者掌握不好每一步的大小，您认为采用什么措施能够很好地解决这个问题?

97. 现有篮球场一块、小黑板六块、粉笔若干、班级人数 40 人（男女各 20 人)，请设计一个耐久跑练习方案。(可附图示)

14　高中信息技术教师专业知识测查问卷

老师，您好！感谢您接受问卷调查。这是一份调查教师专业知识状况的问卷，将为我们的研究提供非常有价值的信息。问卷匿名填写，不会涉及您和您所在学校的评价活动。请独立填写，反映您的真实看法和知识状况。

第一部分：个人基本信息

1. 您的性别：□男　□女

2. 您的教龄：□1~3 年　□4~6 年　□7~9 年　□10~12 年
□13~15 年　□16~18 年　□18 年以上

3. 您所在的学校位于：□省会城市　□地级市　□县级市或县　□乡镇

4. 您的第一学历：□中师　□大专　□本科　□硕士研究生　□博士研究生

5. 下列称号，您属于哪一类型？(同时拥有多种称号的，请选择最高称号)
□校级骨干教师　□区级骨干教师　□市级骨干教师
□省级骨干教师　□国家级骨干教师　□非骨干教师

第二部分：教育理论知识

6. 学生掌握知识的关键环节是(　　)。
A. 感知　B. 理解　C. 运用　D. 记忆

7. 技能形成的基本途径是(　　)。
A. 讲解　B. 观察　C. 示范　D. 练习

8. 机械学习与有意义学习划分的主要依据是(　　)。
A. 是否理解学习材料　B. 是否主动学习
C. 学习内容是否复杂　D. 是否反复练习

9. 素质教育的重点是(　　)。
A. 知识与技能的传授　B. 创新精神与实践能力的培养

C. 个性的培养　　　　　　　　　　D. 情感、态度、价值观的教育

10. 以下关于直接经验和间接经验的阐述错误的是(　　)。

A. 学生在学校教育过程中以学习间接经验为主

B. 学生在学校教育过程中以学习直接经验为主

C. 间接经验的学习需要以一定的直接经验为基础

D. 间接经验与直接经验是学生的两个同样重要的知识来源

11. 下面对“最近发展区”的理解正确的是(　　)。

A. “最近发展区”是指与教学内容有紧密联系的其他学科的内容领域

B. “最近发展区”是指学生通过最近的学习已经获得的发展区域

C. “最近发展区”是指学生现有的水平与经过教学所能达到的水平之间的差距

D. “最近发展区”要求教学适应学生的身心发展，不能超越学生现有的水平

12. 下列关于教学重点和教学难点的表述正确的是(　　)。

A. 教学重点是相对于教学内容体系而言的，教学难点是相对于学生接受能力而言的

B. 教学重点未必是教学难点，但教学难点一定是教学重点

C. 教学难点未必是教学重点，但教学重点一定是教学难点

D. 教学重点和教学难点是相同的

13. 下列评价方法比较适合考查学生学习历程的是(　　)。

A. 纸笔测验　　B. 实际操作　　C. 档案袋评价　　D. 问卷调查

14. 以下关于学习方式的阐述正确的是(　　)。

A. 接受式学习是指学生将学习材料作为现成的结论性知识来加以接受

B. 探究式学习强调学生的主动参与，要求学生探索人类尚未发现的知识

C. 合作学习是指两个或两个以上的学习者在同一时间和地点学习同一内容

D. 自主学习是指学生一个人独自学习

第三部分：课程知识

15. 新课程提出了三维目标，分别是知识与技能、过程与方法和(　　)。

A. 思想品德　　　　　　　　　　B. 创新精神

C. 实践能力　　　　　　　　　　D. 情感态度与价值观

16. 下列属于体验性目标的陈述方式是(　　)。

A. 说出、表演、展示　　B. 设计、制作、创作

C. 感受、参加、养成　　D. 解释、完成、背诵

17. 在当前新课程背景下，教材编写、教学、评估的依据是(　　)。

A. 课程纲要　　B. 课程计划　　C. 课程标准　　D. 教学大纲

18. 您认为高中信息技术课程的培养总目标是（单选）(　　)。

A. 培养学生获取、加工、管理、表达与交流信息的能力

B. 培养学生与他人合作、协同解决问题的能力及决策能力

C. 培养学生遵守信息社会的伦理道德及法律法规

D. 培养学生在信息社会生存必备的信息素养

19.《普通高中技术课程标准（实验）》提出“通过部分智能信息处理工具软件的使用，体验其基本工作过程，了解其实际应用价值”，这句话中“体验”和“了解”两个词语分别对应学习目标中的哪项目标水平要求？(　　)

A. 知识性目标中的了解水平、技能性目标中的模仿水平

B. 情感性目标中的经历感受水平、知识性目标中的了解水平

C. 情感性目标中的认同水平、知识性目标中的理解水平

D. 技能性目标中的独立操作水平、情感性目标中的领悟水平

20.《普通高中技术课程标准（实验）》中算法与程序设计模块结构图如下图，那么在课标中信息技术基础必修模块结构图由 4 个主题构成，请把下图框中的内容补充完整。

例：算法与程序设计模块结构图

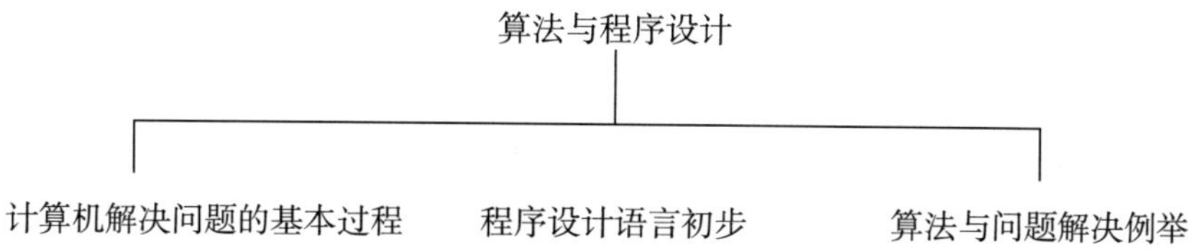

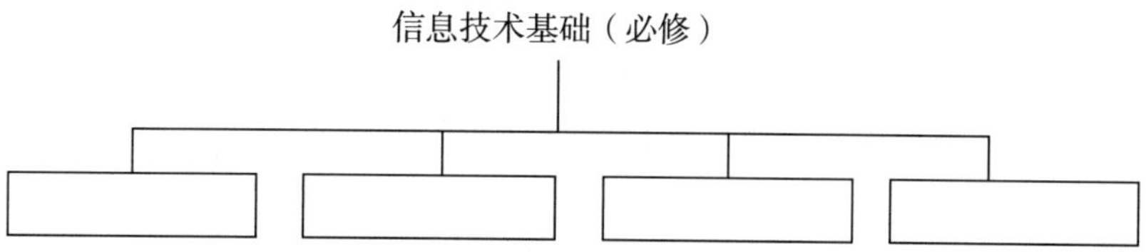

第四部分：信息技术学科知识

21. 请填写以下五个框。

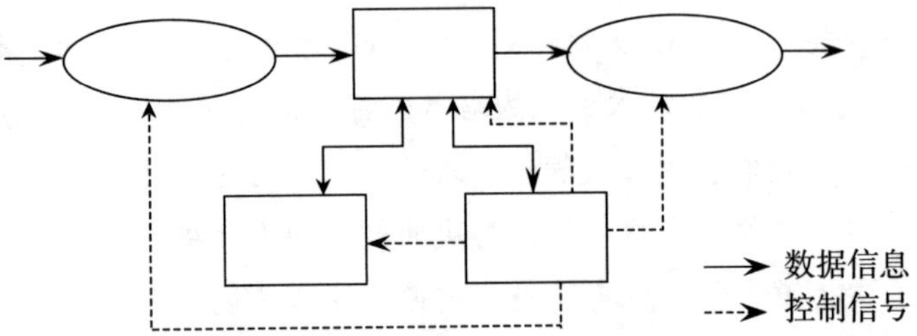

计算机各部件配合工作图

22. 对下列基本概念理解正确的一项是(　　)。

A. 信息安全技术的核心和关键是防火墙技术

B. 信息技术就是计算机技术和网络技术

C. 数据是信息的载体。计算机存储的是数据，当人们应用数据时即获得信息

D. 信息系统由硬件、软件和数据资源组成

23. 武王伐纣作为中国历史上的重大事件却没有甲骨文资料记载其确切年代。现代考古工作者根据历史传说中的“天象”，利用天文知识成功地完成了该时间的判定。这说明信息具有(　　)特征。(信息的特征)

A. 可传递性　　B. 时效性

C. 载体依附的可转换性　　D. 价值性

24. Office 软件中的 Office 助手采用了下列哪种技术？(　　)

A. 虚拟现实技术　　B. 模式识别技术

C. 智能代理技术　　D. 计算机网络技术

25. 下列说法正确的是(　　)。

A. Word 允许为文档的每个节设置不同的页眉和页脚

B. PowerPoint 所提供的自定义动画功能可以对幻灯片进行超链接设置

C. Excel 创建学生成绩图表时如果漏掉了一列，可以在图表选项对话框中进行修改

D. FrontPage 在设计网页时，MP3 格式的文件可以直接插入

26. 下列(　　)不是常见的计算机网络安全措施。

A. 建立严格的管理机制

B. 使用可靠的人员进行计算机和网络管理

C. 加密和经常更改密码

D. 将用户的权限都设为最高级别

27. 下面关于算法说法错误的是(　　)。

A. 算法必须有输出

B. 算法必须在计算机上用某种语言实现

C. 算法不一定有输入

D. 算法必须在有限步执行后能结束

28. VB 函数 InStr（）检查是否包含另一子串：含有子串则返回值为子串在父串中第一次出现的位置，不包含子串则返回值为0。那么，InStr（“CAT-bCACBC”，“BC”）的值为(　　)。

A. 0　　B. 4　　C. 8　　D. 1

29. 程序如下：

```
k=-20
do while　(k=0)
k=k+1
loop
```

以下说法正确的是(　　)。

A. do while 语句执行了 21 次　　B. while 循环是无限循环

C. 循环体语句一次也不执行　　D. 循环体语句执行一次

30. 下面是一组有序的数组元素：

1	2	3	4	5	6	7	8	9	10	11	12	13	14
all	bre	car	dua	eve	fre	geo	hen	hoo	joe	kar	kea	mar	oli

现进行对分查找，查找 joe 所访问的过程是(　　)。

A. geo　kea　kar　joe　　B. geo　car　kar　joe

C. geo　kar　hoo　joe　　D. geo　hoo　kar　joe

31. 关于音频处理，下列说法错误的是(　　)。

A. 利用某些软件可以将CD音轨信息转换成WAV格式

B. 在Cool Edit或者Cool Edit Pro内，不能连接2个音频片段

C. 在Cool Edit或者Cool Edit Pro内，可以将WAV格式转换成为MP3

D. 用MP3做背景音乐，音量相对较小时，可调节幅度使之增大

32. 下列(　　)是不能对视频信息实施编辑操作的。

A. 采集视频文件

B. 剪切、复制、粘贴视频片段

C. 与音频片段合成，调整叠加透明度

D. 增加场景过渡特技、滤镜效果、叠加字幕

33. 下列哪些说法是正确的？(　　)

(1) 图像都是由一些排成行列的点（像素）组成的，通常称为位图或点阵图

(2) 图形是用计算机绘制的画面，也称矢量图

(3) 图像的最大优点是容易进行移动、缩放、旋转和扭曲等到变换

(4) 图形文件中只记录生成图的算法和图上的某些特征点，数据量较小

A. (1)(2)(3)　　B. (1)(2)(4)

C. (1)(2)　　D. (1)(3)(4)

34. 下列叙述正确的是(　　)。

A. 一个计算机的网络组成包括传输介质和通信设备

B. 教师利用E-mail与学生和家长进行的是在线实时交流

C. FTP协议能够快速上传、下载图片、文字或其他资料

D. URL由三部分组成，分别是HTTP、hostname和path

35. DNS（domain name system，域名系统）是一个域名服务的协议，提供(　　)服务。

A. 域名到IP地址的转换　　B. IP地址到域名的转换

C. 域名到物理地址的转换　　D. 物理地址到域名的转换

36. 网络上只要有一个结点故障就可能会使整个网络瘫痪的网络结构是(　　)。

A. 星形　　B. 总线形　　C. 环形　　D. 分布式网络

37. 设计制作动态网页的过程是(　　)。

A. 建立动态站点→构建开发环境→创建数据库→向网页添加动态内容→

构建服务器行为

B. 创建数据库→构建开发环境→建立动态站点→向网页添加动态内容→构建服务器行为

C. 构建开发环境→建立动态站点→创建数据库→向网页添加动态内容→构建服务器行为

D. 向网页添加动态内容→构建开发环境→建立动态站点→创建数据库→构建服务器行为

38. 在关系数据库中，无论是对现实世界中实体集的描述还是对实体集之间关系的描述，都可以采用统一的数据结构(　　)来表示和存储。

A. 一维表　　B. 数据表　　C. 三维表　　D. 二维表

39. 下列(　　)不是数据库系统应具有的特征。

A. 数据的独立性、共享性　　B. 数据的广泛性

C. 数据的冗余度　　D. 数据的一致性、数据的完整性

40. 对于数据库、数据库管理系统和数据库应用系统三者的描述正确的是(　　)。

A. 数据库强调的是系统软件，数据库管理系统强调的是数据，数据库应用系统强调的是数据库的整个运行系统

B. 数据库强调的是系统软件，数据库管理系统强调的是数据库的整个运行系统，数据库应用系统强调的是数据

C. 数据库强调的是数据，数据库管理系统强调的是系统软件，数据库应用系统强调的是数据库的整个运行系统

D. 数据库强调的是数据，数据库管理系统强调的是数据库的整个运行系统，数据库应用系统强调的是系统软件

41. 从参赛作品表中找出作品得分为70~79分作品名称的命令最合适的是(　　)。

A. SELECT

FROM 参赛作品表

SET 作品得分 BETWEEN 70 AND 79

B. SELECT 作品名称，作品得分

FROM 参赛作品表

SET 作品得分 BETWEEN 70 OR 79；

C. SELECT 作品名称，作品得分

FROM 参赛作品表

WHERE 作品得分 BETWEEN 70 AND 79

D. SELECT 作品名称，作品得分

FROM 参赛选手表

WHERE 作品得分 BETWEEN 70 OR 79

42. 专家系统是以(　　)为基础、以推理为核心的系统。

A. 专家　　B. 软件　　C. 知识　　D. 解决问题

43. 下列不是知识表示法的是(　　)。

A. 产生式规则表示法　　B. “与/或”图表示法

C. 状态空间表示法　　D. 计算机表示法

44. 专家系统的正向推理是以(　　)作为出发点，按照一定的策略，应用知识库中的知识，推断出结论的过程。

A. 需要解决的问题　　B. 已知事实

C. 证明结论　　D. 表示目标的谓词或命题

45. 请区分信息泛滥、信息垃圾和信息危害，并分别举一应对措施。

信息泛滥：________________

信息垃圾：________________

信息危害：________________

46. 您在教授计算机病毒特征的过程中，以下哪种措施是合理的？(　　)

A. 把计算机病毒样本放在光盘中供学生试用

B. 把计算机病毒样本存在网上邻居中供学生试用

C. 把计算机病毒样本存储在不上网的实验机中供学生试用

D. 把计算机病毒样本存储在样本文件中供学生试用

47. 在进行文字处理过程中，以下哪项操作宜于学术交流？(　　)

A. 使用拼写检查校正错误　　B. 文件另存为生成网页系统

C. 使用审阅功能进行修订与批注　　D. 使用格式刷快速更改版式

48. 以下在信息传播的“信道”环节上最相近的一组是(　　)。

A. 信号灯　烽火　　B. 手机　飞鸽

C. GPS　邮驿　　　　　　　　　　D. 飞信　电报

49. 下列能表明技术与信息传播无关的概念是(　　)。

A. 模数转换　　B. 虚拟游览　　C. 狼烟烽火　　D. 刻舟求剑

50. 以下可做信息载体的是(　　)。

(1) 文字　(2) 光纤　(3) 磁带　(4) 石板　(5) 空气

A. (1)(2)(3)　　　　　　　　B. (2)(3)(4)

C. (2)(3)(4)(5)　　　　　　D. (1)(2)(3)(4)(5)

51. 关于“进制”的说法正确的是(　　)。

A. 中国古代的“十六两称”采取了十六进制

B. 用一双鞋子有两只可以类比二进制

C. 进制之间不可以相互转换，不能数据共享

D. 进制是一种数学方法，有共同的规律可以遵循

52. 以下措施最方便维护系统的是(　　)。

A. 使用网络版电子教室　　　　B. 使用网络版操作系统

C. 使用系统还原功能　　　　　D. 使用网关屏蔽功能

53. 以下不属于网络教室资源管理的是(　　)。

A. 使用 FTP 空间　　　　　　B. 使用网上邻居

C. 使用资源平台　　　　　　　D. 使用远程桌面

54. 局限网络变慢、上网掉线时，不当的应急措施是(　　)。

A. 全部重新安装系统，保证用户机无毒

B. 对网络用机查杀病毒

C. 交换机断电重启

D. 修复用户机网络连接

55. 身体质量指数（BMI）是衡量身体健康与否的标准之一。科学家经过大量的统计、分析，推导出计算公式为：$BMI=w/(h\times h)$，其中 w 表示体重（单位为千克），h 表示身高（单位为米）。一般认为其值 20~25 为“健康”，否则认为“欠健康”。如要编写程序，输入某个人的身高和体重，判断并输出他（她）健康与否。解决问题的算法通常有：A. 解析法，B. 递归法，C. 冒泡排序法，D. 二分查找法等。

本题主要适合采用上述哪种算法？(　　)

56. 某学生要完成一个多媒体作品，根据创作过程回答以下问题。

要加工视频素材，如利用视频编辑软件连接一段视频和一张图片，请根据以下几个环节用字母写出正确的操作顺序。

A. 对视频片段进行剪辑 B. 设置图片长度 C. 预览生成 .avi 文件

D. 设置转场方式 E. 插入图片、视频

请用字母排出正确的创作顺序：____________________

第五部分：信息技术学科教学知识

57. 在必修课中，动画信息加工是比较形象且技术含量高的内容。对于变形、运动动画的教学，您认为哪种更适合零起点的学生？(　　)

A. 先讲变形后讲运动，不涉及元件转换或建立

B. 先讲变形后讲运动，涉及元件转换或建立

C. 先讲运动后讲变形，不涉及元件转换或建立

D. 先讲运动后讲变形，涉及元件转换或建立

58. 在讲解PS图像裁切时，您认为结合哪一项艺术知识比较合适？请简要说明原因。(　　)

A. 透视与焦点　　B. 色彩与格调

C. 比例与构图　　D. 渲染与材质

原因：______________________________

59. 在信息技术基础的表格数据处理一节中（以Excel软件为例），您认为学生会在理解以下知识点时遇到什么困难？并简要说明原因。您在教学中是如何帮助学生突破这一难点的？

(1) 公式的设置与应用；

(2) 不同类型的图形生成；

(3) 排序、筛选与汇总。

60. 下面呈现的是给学生的一道题。

程序如下：

```
k=-20
do while  (k=0)
k=k+1
```

loop

以下说法正确的是(　　)。

A. do while 语句执行了 21 次　　　B. while 循环是无限循环

C. 循环体语句一次也不执行　　　D. 循环体语句执行一次

上面这道题的 4 个答案中，您认为正确的答案是哪一个？学生最容易选错哪个选项，为什么？请问您如何向学生解释正确答案？

61. 在讲授循环结构的算法时，通常会举 1+2+3+…+100=？这个例子来说明，您预计在课堂教学中学生理解这个例子会遇到的困难有累加器、计数器的作用等，您将采取怎样的方式帮助他们理解和掌握？当学生理解了该例子后，您将针对初值、终值、步长等如何提出问题进行拓展？

出 版 人　李　东
责任编辑　韩敬波
版式设计　杨玲玲
责任校对　贾静芳
责任印制　叶小峰

图书在版编目（CIP）数据

教师专业知识发展研究／马云鹏等著. —北京：教育科学出版社，2020. 5
ISBN 978-7-5191-2126-6

Ⅰ. ①教…　Ⅱ. ①马…　Ⅲ. ①师资培养—研究　Ⅳ. ①G451. 2

中国版本图书馆 CIP 数据核字（2020）第 052631 号

教师专业知识发展研究
JIAOSHI ZHUANYE ZHISHI FAZHAN YANJIU

出版发行	教育科学出版社		
社　　址	北京·朝阳区安慧北里安园甲 9 号	**邮　　编**	100101
总编室电话	010-64981290	**编辑部电话**	010-64989374
出版部电话	010-64989487	**市场部电话**	010-64989009
传　　真	010-64891796	**网　　址**	http：//www. esph. com. cn
经　　销	各地新华书店		
制　　作	北京金奥都图文制作中心		
印　　刷	北京玺诚印务有限公司		
开　　本	720 毫米×1020 毫米　1/16	**版　　次**	2020 年 5 月第 1 版
印　　张	28	**印　　次**	2020 年 5 月第 1 次印刷
字　　数	389 千	**定　　价**	65. 00 元